차 례

제 13 권 천지(天地)의 창조
(卷十三 有始覽 : 第一, 凡七篇)

명망(名望)은 헛되이 서지 않고
공업(功業)은 저절로 이루어지지 않으며
국가는 헛되이 존재하지 않는다.
반드시 현자(賢者)가 있어야
이루어지는 것이다.
현자의 도(道)는 커서 알기가 어렵고
미묘(微妙)해서 보기가 어렵다.
그러므로 현자를 보고 공경할 줄 모르면
마음에서 감동하지 않고
마음에서 감동하지 않으면
그것을 깊이 알 수 없고
현자의 말을 깊이 이해하지 못하게 되니…

제13권 천지(天地)의 창조

1. 처음이 있다〔一曰有始〕

가. 하늘과 땅의 유래(由來)

하늘과 땅은 처음이 있었다. 하늘의 도는 미묘(微妙)하여 만물을 생성(生成)시키고, 땅의 도는 충실하여 만 가지의 각기 다른 형상을 이루었다.

하늘과 땅이 화합하여 모든 만물이 변화하고 자라는 것을 대도(大道)라고 한다. 이는 추위와 더위, 해와 달, 낮과 밤으로써 그것을 분별하고, 형상이 다르고 능력이 다른 것으로써 그것을 설명할 수가 있다.

대저 물질은 화합하여 이루어지고 헤어져 태어나는 것이다. 화합하는 것과 이루어지는 것을 알고, 헤어지는 것과 태어나는 것을 알면 천지의 변화는 이루어지는 것이다. 변화가 이루어진다(平者)는 것은 다 마땅히 그 정상을 살피고 그 형상을 분별하는 것이다.

하늘에는 구야(九野)가 있고, 땅에는 구주(九州)가 있고, 흙에는 구산(九山)이 있고, 산에는 구새(九塞)가 있고, 습지(濕地)에는 구수(九藪)가 있고, 바람에는 팔등(八等)이 있으며, 물에는 육천(六川)이 있는 것이다.

天地有始 天微以成 地塞¹⁾以形 天地合和 生之大經²⁾也 以寒暑日

月晝夜知之 以殊形殊能異宜說之 夫物合而成 離而生 知合知成 知
離知生 則天地平矣 平也者 皆當察其情 處其形 天有九野 地有九
州 土有九山 山有九塞 澤有九藪³⁾ 風有八等 水有六川

1) 地塞(지색) : 땅이 꽉 차다. 충실(充實)하다.

2) 大經(대경) : 대도(大道)와 같다.

3) 藪(수) : 초목이 우거져 덤불진 습지.

나. 무엇을 구야(九野)라 하는가

무엇을 가리켜 구야(九野)라 하는가.

중앙을 균천(鈞天)이라 하는데 그곳에 위치하는 별은 각(角)·항(亢)·저(氐)이다.

동방을 창천(蒼天)이라 하는데 그곳에 위치하는 별은 방(房)·심(心)·미(尾)이다.

동북방을 변천(變天)이라 하는데 그곳에 위치하는 별은 기(箕)·두(斗)·견우(牽牛)이다.

북방을 현천(玄天)이라 하는데 그곳에 위치한 별은 무녀(婺女)·허(虛)·위(危)·영실(營室)이다.

서북방을 유천(幽天)이라 하는데 그곳에 위치하는 별은 동벽(東壁)·규(奎)·루(婁)이다.

서방을 호천(顥天)이라 하는데 그곳에 위치하는 별은 위(胃)·묘(昴)·필(畢)이다.

서남방을 주천(朱天)이라 하는데 그곳에 위치하는 별은 자휴(觜觿)·삼(參)·동(東)·정(井)이다.

남방을 염천(炎天)이라 하는데 그곳에 위치하는 별은 여귀(輿鬼)·유(柳)·칠성(七星)이다.

동남을 양천(陽天)이라 하는데 그곳에 위치하는 별은 장(張)·익(翼)·진(軫)이다.

무엇을 가리켜 구주(九州)라 하는가.

황하(黃河)와 한수(漢水) 사이를 예주(豫州)라 하는데 주

(周)나라에 해당한다.

청하(淸河)와 서하(西河) 사이를 기주(冀州)라 하는데 진
(晉)나라에 해당한다.

황하와 제수(濟水) 사이를 연주(兗州)라 하는데 위(衛)나라
에 해당한다.

동방을 청주(靑州)라 하는데 제(齊)나라에 해당한다.

사수(泗水)가 흐르는 곳을 서주(徐州)라 하는데 노(魯)나라
에 해당한다.

동남을 양주(揚州)라 하는데 월(越)나라에 해당한다.

남방을 형주(荊州)라 하는데 초(楚)나라에 해당한다.

서방을 옹주(雍州)라 하는데 진(秦)나라에 해당한다.

북방을 유주(幽州)라 하는데 연(燕)나라에 해당한다.

무엇을 가리켜 구산(九山)이라 하는가.

회계(會稽)·태산(太山)·왕옥(王屋)·수산(首山)·태화(太
華)·기산(岐山)·태행(太行)·양장(羊腸)·맹문(孟門)의 아홉
산을 이른다.

무엇을 가리켜 구새(九塞)라 하는가.

대분(大汾)·명액(冥阨)·형완(荊阮)·방성(方城)·효(殽)·
정형(井陘)·영자(令疵)·구주(句注)·거용(居庸)의 아홉 곳의
험하고 막힌 곳을 이른다.

무엇을 가리켜 구수(九藪)라 하는가.

오(吳)나라의 구구(具區), 초(楚)나라의 운몽(雲夢), 진(秦)
나라의 양화(陽華), 진(晉)나라의 대륙(大陸), 양(梁)나라의 포
전(圃田), 송(宋)나라의 맹제(孟諸), 제(齊)나라의 해우(海隅),
조(趙)나라의 거록(鉅鹿), 연(燕)나라의 대소(大昭) 등 아홉 습
지의 초목이 우거져 덤불진 곳을 이른다.

무엇을 가리켜 팔풍(八風)이라 하는가.

동북을 염풍(炎風)이라 하고, 동방을 도풍(滔風)이라 하고, 동
남을 훈풍(熏風)이라 하고, 남방을 거풍(巨風)이라 하고, 서남을
처풍(凄風)이라 하고, 서방을 요풍(飂風)이라 하고, 서북을 여풍

(厲風)이라 하며, 북방을 한풍(寒風)이라 한다.

그러면 무엇을 가리켜 육천(六川)이라 하는가.

하수(河水)·적수(赤水)·요수(遼水)·흑수(黑水)·강수(江水)·회수(淮水)의 여섯 강을 이른다.

무릇 사해(四海) 안의 동서는 2만8천리, 남북은 2만6천리, 물길은 8천리, 물을 받는 것이 또한 8천리, 계곡을 통하는 것이 여섯이요, 이름있는 강이 6백, 내륙으로 흐르는 물이 3천, 작은 강은 만의 수를 헤아린다.

何謂九野 中央曰鈞天[1] 其星角亢氐[2] 東方曰蒼天 其星房心尾[3] 東北曰變天 其星箕斗牽牛[4] 北方曰玄天 其星婺女虛危營室[5] 西北曰幽天 其星東壁奎婁[6] 西方曰顥天 其星胃昴畢[7] 西南曰朱天 其星觜嶲參東井[8] 南方曰炎天 其星輿鬼柳七星[9] 東南曰陽天 其星張翼軫[10]

何謂九州 河漢[11]之間爲豫州 周也 兩河[12]之間爲冀州 晉也 河濟[13]之間爲兗州 衛也 東方爲靑州 齊也 泗[14]上爲徐州 魯也 東南爲揚州 越也 南方爲荊州 楚也 西方爲雍州 秦也 北方爲幽州 燕也

何謂九山 會稽 太山 王屋 首山 太華 岐山 太行 羊腸 孟門[15]

何謂九塞 大汾 冥阨 荊阮 方城 殽 井陘 令疵 句注 居庸[16]

何謂九藪 吳之具區[17] 楚之雲夢[18] 秦之陽華[19] 晉之大陸[20] 梁之圃田[21] 宋之孟諸[22] 齊之海隅[23] 趙之鉅鹿[24] 燕之大昭[25]

何謂八風 東北曰炎風[26] 東方曰滔風[27] 東南曰熏風[28] 南方曰巨風[29] 西南曰凄風[30] 西方曰飂風[31] 西北曰厲風[32] 北方曰寒風[33]

何謂六川 河水 赤水 遼水 黑水 江水 淮水[34] 凡四海之內 東西二萬八千里 南北二萬六千里 水道八千里 受水者亦八千里 通谷六 名川六百 陸注三千 小水萬數

1) 鈞天(균천) : 균(鈞)은 평(平)과 같으며, 중앙이라는 뜻.

2) 角亢氐(각항저) : 각각 28수(宿)의 별 이름.

3) 房心尾(방심미) : 각각 28수의 별 이름.

4) 箕斗牽牛(기두견우) : 각각 28수의 별 이름.

5) 婺女虛危營室(무녀허위영실) : 각각 28수의 별 이름.

6) 東壁奎婁(동벽규루) : 각각 28수의 별 이름.

7) 胃昴畢(위묘필) : 각각 28수의 별 이름.

8) 觜巂參東井(자휴삼동정) : 각각 28수의 별 이름.

9) 輿鬼柳七星(여귀류칠성) : 각각 28수의 별 이름.

10) 張翼軫(장익진) : 각각 28수의 별 이름.

11) 河漢(하한) : 황하(黃河)와 한수(漢水).

12) 兩河(양하) : 청하(淸河)와 서하(西河).

13) 河濟(하제) : 황하와 제수(濟水).

14) 泗(사) : 사수(泗水).

15) 會稽·太山·王屋·首山·太華·岐山·太行·羊腸·孟門(회계·태산·왕옥·수산·태화·기산·태행·양장·맹문) : 모두 중국의 큰 산 이름. 회계는 지금의 회계산(會稽山), 태산은 태산군(太山郡)에 있고, 왕옥(王屋)은 제수(濟水)가 흘러 나오는 산. 수산(首山)은 수양산(首陽山), 태화(太華)는 서악(西嶽)이요, 기산(岐山)은 미양현의 주(周)나라 도읍지의 산. 태행(太行)은 하내(河內) 야왕현 북쪽에 있는 산. 양장(羊腸)은 태원(太原)의 진양현(晉陽縣)에 있는 산. 맹문(孟門)은 태행산(太行山) 끝에 있다고 함.

16) 大汾·冥阨·荊阮·方城·殽·井陘·令疵·句注·居庸(대분·명액·형완·방성·효·정형·영자·구주·거용) : 중국의 아홉 곳의 요새를 거론한 것.

17) 具區(구구) : 오(吳)와 월(越)의 중간. 지금의 태호(太湖).

18) 雲夢(운몽) : 지금의 동정호(洞庭湖).

19) 陽華(양화) : 화음(華陰)의 서쪽.

20) 大陸(대륙) : 위헌자(魏獻子)가 사냥하던 곳.

21) 圃田(포전) : 지금의 하남(河南) 중모(中牟).

22) 孟諸(맹제) : 양(梁)나라 휴양(睢陽)의 동남쪽.

23) 海隅(해우) : 미상(未詳).

24) 鉅鹿(거록) : 광아택(廣阿澤).

25) 大昭(대소) : 지금의 태원군(太原郡)에 있다.

26) 炎風(염풍) : 팔괘(八卦)의 간기(艮氣)를 생(生)하는 곳으로서, 일명 조풍

(條風)이라고도 한다.

27) 滔風(도풍) : 팔괘의 진기(震氣)를 생하는 곳으로서, 일명 명서풍(明庶風)
이라고도 한다.

28) 熏風(훈풍) : 팔괘의 손기(巽氣)를 생하는 곳으로서, 일명 청명풍(淸明風)
이라고도 한다.

29) 巨風(거풍) : 팔괘의 이기(離氣)를 생하는 곳으로서, 일명 경풍(景風)이라
고도 한다.

30) 凄風(처풍) : 팔괘의 곤기(坤氣)를 생하는 곳으로서, 일명 양풍(凉風)이라
고도 한다.

31) 飂風(요풍) : 팔괘의 태기(兌氣)를 생하는 곳으로서, 일명 창합풍(閶闔風)
이라고도 한다.

32) 厲風(여풍) : 팔괘의 건기(乾氣)를 생하는 곳으로서, 일명 부주풍(不周風)
이라고도 한다.

33) 寒風(한풍) : 팔괘의 감기(坎氣)를 생하는 곳으로서, 일명 광막풍(廣莫風)
이라고도 한다.

34) 河水·赤水·遼水·黑水·江水·淮水(하수·적수·요수·흑수·강수·회수) :
중국의 여섯 개의 천(川). 하수는 곤륜산 동북쪽에서 흐르는 물. 적수는 곤륜
산 동남쪽에서 흐르는 물. 요수는 지석산(砥石山)에서 흐르는 물. 흑수는 곤
륜산 서북쪽에서 흐르는 물. 강수는 민산(岷山)에서 흐르는 물. 회수는 동백
산(桐柏山)에서 흐르는 물이다.

다. 하늘과 땅이 형성된 까닭

무릇 사극(四極)의 안은 동서의 길이가 5억9만7천리요, 남북
의 길이 또한 5억9만7천리, 북두칠성(北斗七星)은 하늘과 함께
돌고 있으나 천극(天極 : 北極星)은 움직이지 않는다.

동지(冬至)에는 태양이 원도(遠道)를 돌아 사극을 도는데 그
것을 현명(玄明)이라고 한다.

하지(夏至)에는 태양이 근도(近道)를 돌아 위로 함께 가므로

높아지는데 추(樞) 밑에 이르러서는 낮과 밤이 없다.

　백민(白民)의 남쪽, 건목(建木) 아래에서는 낮 동안 그림자가 없고 소리를 질러도 메아리가 없다. 대개 천지의 중심이다.

　천지만물은 사람의 몸과 비유될 수 있는데, 이것을 대동(大同)이라 한다. 허다한 이목구비(耳目口鼻)와 허다한 오곡과 춥고 더운 것이 서로 다를 때 만물이 갖추어진다고 이를 것이다. 하늘은 만물을 헤아리고, 성인은 그것을 봄으로써 종류를 관찰하는 것이다. 모든 해답은 천지가 형성되는 까닭, 천둥·번개가 생성하는 까닭, 음양과 모든 것의 정(精), 사람과 동물의 안평(安平)한 바에 있는 것이다.

　凡四極[1]之內 東西五億有九萬七千里 南北亦五億有九萬七千里 極星[2]與天俱游 而天極不移 冬至日行遠道[3] 周行四極 命曰玄明 夏至日行近道[4] 乃參於上[5] 當樞之下 無晝夜 白民[6]之南 建木[7]之下 日中無影 呼而無響 蓋天地之中也 天地萬物 一人之身[8]也 此之謂大同 衆耳目鼻口也 衆五穀寒暑也 此之謂衆異 則萬物備也 天斟[9]萬物 聖人覽焉[10] 以觀其類 解在乎天地之所以形 雷電之所以生 陰陽材物之精 人民禽獸之所安平

1) 四極(사극) : 동서남북의 사방으로서 가장 먼 거리의 한계를 뜻함.

2) 極星(극성) : 신성(辰星) 곧 북두칠성(北斗七星)을 말한다.

3) 遠道(원도) : 외도(外道).

4) 近道(근도) : 내도(內道).

5) 參於上(참어상) : 위로 함께 가다.

6) 白民(백민) : 해외(海外) 극내(極內)에 있다고 하는 상상의 나라. 지금의 남북극의 백야지대.

7) 建木(건목) : 중제(衆帝)가 따라 오르고 내리고 한다는 곳으로, 광군(廣郡) 남쪽에 있다고 한다.

8) 一人之身(일인지신) : 천지만물을 사람의 몸에 비유한다는 말.

9) 斟(침) : 헤아리다.

10) 焉(언) : 그 것.

2. 순응하는 것은 동일하다〔二曰應同〕

가. 하늘은 상서로운 징조를 보인다

무릇 제왕(帝王)될 자가 장차 일어나려고 하면 하늘은 반드시 먼저 상서로운 징조를 아래로 백성들에게 나타낸다.

황제(黃帝) 때에 하늘은 먼저 큰 지렁이와 땅강아지를 나타내었다. 이것을 보고 황제는 말하기를 "토기(土氣)가 승(勝)한다"고 하였다. 토기가 승하는 까닭에 그 빛깔은 황색을 숭상하고 모든 것은 토(土)를 근본으로 삼았다.

우왕(禹王) 때에 하늘은 먼저 초목(草木)을 나타내어 가을과 겨울에도 시들지 않았다. 이것을 보고 우왕은 말하기를 "목기(木氣)가 승한다"고 하였다. 목기가 승하는 까닭에 그 빛깔은 청색을 숭상하고 모든 것은 목(木)을 근본으로 삼았다.

탕왕(湯王) 때에 하늘은 먼저 칼을 나타내어 물에서 나오게 하였다. 이것을 보고 탕왕이 말하기를 "금기(金氣)가 승한다"고 하였다. 금기가 승하는 까닭에 그 빛깔은 백색을 숭상하고 모든 것은 금(金)을 근본으로 삼았다.

문왕(文王) 때에 하늘은 먼저 불을 나타내어 붉은 까마귀가 붉은 글을 머금고 주(周)의 왕실로 모여들었다. 이것을 보고 문왕이 말하기를 "화기(火氣)가 승한다"고 하였다. 화기가 승하는 까닭에 그 빛깔은 적색을 숭상하고 모든 것은 화(火)를 근본으로 삼았다.

불을 대신할 것은 반드시 장차 물이 될 것이니, 하늘은 또한 먼저 수기(水氣)가 승할 것을 보일 것이다. 수기가 승하는 까닭에 그 빛깔은 흑색을 숭상하고 모든 것은 수(水)를 근본으로 삼는다. 그런데 수기가 이르는 곳은 어느 곳인지 수(數)의 갖춤을 아직 알지 못한다.

  그 다음은 장차 토(土)로 옮길 것이다. 하늘이 하는 일은 계절에 따라 변화시키는 일이요, 지상(地上)의 백성들이 농사짓는 것을 돕지는 않는 것이다.

  凡帝王者之將興也 天必先見祥乎下民 黃帝之時 天先見¹⁾大螾大螻²⁾ 黃帝曰 土氣勝 土氣勝故 其色尚黃³⁾ 其事則⁴⁾土 及禹之時 天先見草木 秋冬不殺 禹曰 木氣勝 木氣勝故 其色尚靑⁵⁾ 其事則木 及湯之時 天先見金刃 生於水 湯曰 金氣勝 金氣勝故 其色尚白⁶⁾ 其事則金 及文王之時 天先見火 赤烏銜丹書 集於周社 文王曰 火氣勝 火氣勝故 其色尚赤⁷⁾ 其事則火 代火者必將水 天且先見水氣勝 水氣勝故 其色尚黑⁸⁾ 其事則水 水氣至而不知數備 將徙於土 天爲者時 而不助⁹⁾農於下

1) 見(현) : 나타내다.

2) 大螾大螻(대인대루) : 큰 지렁이와 큰 땅강아지.

3) 尙黃(상황) : 황색을 숭상한다. 황색은 토색(土色)이기 때문이다.

4) 則(칙) : 근본으로 삼는다.

5) 尙靑(상청) : 청색을 숭상한다. 청색은 나무의 빛깔이기 때문이다.

6) 尙白(상백) : 백색을 숭상한다. 백색을 금의 빛깔로 보기 때문이다.

7) 尙赤(상적) : 적색을 숭상한다. 적색은 화색(火色)이기 때문이다.

8) 尙黑(상흑) : 흑색을 숭상한다. 수색(水色)을 검게 보기 때문이다.

9) 助(조) : 이루다. 성(成)과 같다.

나. 용(龍)이 있어야 비를 내리게 한다

  종류가 같으면 진실로 서로 어울리려고 하고, 기운이 같으면 합치고, 소리가 비슷하면 화합한다. 그래서 궁음(宮音)을 두드리면 다른 궁음이 이에 화답(和答)하고, 각음(角音)을 두드리면 다른 각음이 이에 화답한다. 평지에다 물을 부으면 물은 습(濕)한 곳을 향하여 흐르고, 섶나무를 펴놓고 불을 지르면 불은 마른 데를 좇아 탄다.

　산운(山雲)은 풀이 우거진 것과 같고, 수운(水雲)은 물고기 비늘과 같고, 한운(旱雲)은 타오르는 연기와 같으며, 우운(雨雲)은 물결과 같다. 모두 그 생겨난 바와 유사하여 그것으로써 사람에게 보여 화(和)하지 않는 것이 없다. 그러므로 용(龍)이 있어야 비를 내리게 할 수 있고, 형체가 있어야 그림자를 쫓으며, 스승이 있는 곳에는 반드시 회초리가 있게 마련이다.

　화(禍)와 복(福)이 오는 곳을 일반 사람들은 천명(天命)이라고 할 뿐이요, 어찌 그 말미암은 바를 알 것인가.

　類固相召 氣同則合 聲比則應 鼓宮[1]而宮動 鼓角[2]而角動 平地注水 水流濕 均薪施火 火就燥 山雲草莽[3] 水雲魚鱗[4] 旱雲煙火[5] 雨雲水波[6] 無不皆類其所生以示人 故以龍致雨 以形逐影 師之所處 必生棘楚[7] 禍福之所自來 衆人以爲命 安知其所由

1) 宮(궁) : 오음(五音) 중의 궁음(宮音).
2) 角(각) : 오음 중의 각음(角音).
3) 山雲草莽(산운초망) : 산운은 풀이 우거진 것과 같다. 산에는 풀이 우거지는 곳이므로 그렇게 보인다는 말. 산운은 적우운(積雨雲).
4) 水雲魚鱗(수운어린) : 수운은 물고기 비늘과 같다. 물은 물고기가 노는 곳이므로 그렇게 보인다는 말. 수운은 권적운(卷積雲).
5) 旱雲煙火(한운연화) : 한운은 타오르는 연기와 같다. 한(旱)은 가물다는 뜻으로 가물면 모든 것이 타는 것이므로 그렇게 보인다는 말. 한운은 권운(卷雲).
6) 雨雲水波(우운수파) : 우운은 물결과 같다. 비가 내리면 물이 괴고 물결이 일기 때문에 그렇게 보인다는 말. 우운은 쇄층운(碎層雲).
7) 棘楚(극초) : 회초리.

다. 봉황새와 기린이 오지 않는 것은
　대저 새의 보금자리를 뒤집어엎고 그 알을 깨뜨리면 봉황새가 오지 않고, 짐승의 배를 갈라 그 태(胎)를 먹으면 기린(麒麟)이 오지 않으며, 못의 물을 퍼내어 고기를 다 잡으면 거북이나 용이 살지 않는다.

만물이 그 동류(同類)를 따라 사는 것을 다 기록할 수 없다. 자식은 어버이에게서 끊을 수없고 신하는 임금에게서 끊을 수가 없다.

임금과 신하 사이에 뜻이 맞으면 신하는 임금을 섬기고, 뜻이 맞지 않으면 신하는 임금에게서 물러간다. 그러므로 임금이 비록 존귀하다고 하더라도 옳고 그른 것을 분명히 가릴 줄을 몰라서 흰 것을 가지고 검다고 한다면 신하는 그것을 따를 수가 없다.

비록 친애하는 아버지라 하더라도 검은 것을 가지고 희다고 한다면 자식은 어버이를 따를 수가 없다. 그래서 황제(黃帝)는 말하기를

"하늘의 위덕(威德)은 광대하고 끝이 없다. 원(元)과 기(氣)는 같은 것이다."

라고 하였다. 그러므로 이르기를

"원기(元氣)를 같이 하는 것은 인의(仁義)를 같이 하는 것보다 현명하고, 인의를 같이 하는 것은 무력(武力)을 같이 하는 것보다 현명하고, 무력을 같이 하는 것은 같은 세상에 함께 살자고 하는 것보다 현명하고, 같은 세상에 함께 살자고 하는 것은 불인(不仁)과 불의(不義)한 것보다 현명하다."

라고 하였다.

천자는 원기를 같이 하고, 왕자(王者)는 인의를 같이 하고, 패자(覇者)는 무력을 같이 한다. 근로자가 세상을 함께 죽고 산다는 것은 천박한 것이요, 나라를 잃은 자가 불인하고 불의한 짓을 같이하는 것은 거칠고 나쁘다. 그 지혜가 더욱 거칠고 나빠지면 그와 같이 하는 것도 더욱 거칠고 나빠지며, 그 지혜가 더욱 정묘(精妙)해지면 그같이 하는 것도 더욱 정묘해 진다. 무릇 뜻을 쓰는 것은 정묘하지 않을 수 없다. 소위 정묘하다는 것은 오제(五帝)와 삼왕(三王)이 성공을 거둔 요결(要訣)이다. 성취함이 서

로 같고 종류가 서로 같은 것이 모두 이치에 맞는다.

그러므로 요(堯)임금은 선을 행하여 모든 사람이 선에 이르렀고, 걸왕(桀王)은 불선을 행하여 모든 사람의 잘못을 가져왔다.

상잠(商箴)에 이르기를

"하늘은 재앙을 내리고 상서로움을 베푼다. 이는 모두 그 원인한 바가 있다."

라고 하였다. 그러므로 화(禍)와 복(福)은 사람이 그것을 불러들이는 것이라고 말할 수 있다. 나라가 어지러운 것은 나라 안에서만 어지러운 것이 아니라 반드시 외적(外敵)을 불러들이는 외환(外患)으로 연장되게 마련이다.

내란(內亂)으로 반드시 나라가 멸망하는 것은 아니지만 외적을 불러들이면 나라의 존재가 위태로워지는 것이다.

夫覆巢毀卵 則鳳凰¹⁾不至 刳獸食胎 則麒麟²⁾不來 乾澤涸漁 則龜龍不住 物之從同 不可爲記 子不遮乎親 臣不遮乎君 君同則來 異則去 故君雖尊 以白爲黑 臣不能聽³⁾ 父雖親 以黑爲白 子不能從 黃帝曰 芒芒昧昧⁴⁾ 因天之威 與元同氣 故曰同氣 ⁵⁾賢於同義 同義賢於同力 同力賢於同居 同居賢於同名⁶⁾ 帝者同氣 王者同義 覇者同力 勤者同居 則薄矣 亡者同名 則㸹⁷⁾矣 其智彌㸹者 其所同彌㸹 其智彌精者 其所同彌精 故凡用意不可不精 夫精五帝三王之所以成也 成齊類同皆有合 故堯爲善而衆善至 桀爲非而衆非來 商箴⁸⁾云 天降災布祥 並有其職 以言禍福 人或召之也 故國亂非獨亂⁹⁾也 又必召寇¹⁰⁾ 獨亂未必亡也 召寇則無以存矣

1) 鳳凰(봉황) : 상상의 상서로운 새. 봉은 수컷, 황은 암컷.

2) 麒麟(기린) : 상상의 상서로운 짐승. 기는 수컷, 인은 암컷. 봉황·기린·거북·용을 아울러 四靈(사령)이라고 한다.

3) 聽(청) : 따르다. 종(從)과 같다.

4) 芒芒昧昧(망망매매) : 너무도 광대하여 분간하기 어려운 모양.

5) 氣(기) : 원기(元氣).

6) 名(명) : 불인(不仁)하고 불의(不義)한 것.

7) 犓(추) : 거칠고 나쁘다.

8) 商箴(상잠) : 책의 이름.

9) 獨亂(독란) : 내란(內亂).

10) 召寇(소구) : 외적(外敵)을 불러들인다. 곧 외환(外患).

라. 군대를 동원하는 것은

무릇 군대를 동원함에는 유리(有利)한 것을 구하는 데에 있고,
인의를 행하는 데에 있다.

어지러운 나라를 공격하면 취약(脆弱)해질 것이고, 취약해지
면 공격하는 자는 유리해진다. 어지러운 나라를 공격하려면 정의
로워야 하고, 정의롭다면 공격하는 자는 번영한다.

번영하고 또한 이로움이 있으면 보통의 군주도 오히려 그것을
행할 수 있거늘, 하물며 현명한 군주에 있어서이겠는가. 그러므로
땅과 보배로운 기물(器物)을 떼어주고, 말을 낮추어 굴복하는 것
으로는 공격을 멈추게 하는데 부족하고 오직 나라를 다스리는 재
주가 있어야 그것으로써 남의 나라로 하여금 감히 공격해 오지 못
하게 할 수가 있는 것이다.

나라가 잘 다스려지면 반드시 굳세어질 것이니 이로움을 얻기
위한 자의 공격이 없을 것이고, 명성을 얻기 위한 자의 공벌도 받
지 않는다. 무릇 군대로써 남의 나라를 공벌하는 것은 이로움을
얻기 위해서가 아니면 명성을 얻기 위해서다.

명성과 실리(實利)를 얻지 못한다면 비록 나라가 크고 군대가
강하다 하더라도 어찌 공격할 것인가. 모든 실마리는 사묵(史墨)
이 돌아와야 그 내용을 자세히 알고 위(衛)나라를 습격하지 않게
하는 데에 있다고 하였다. 조간자(趙簡子)는 가히 움직이고 정지
하는 것(動靜)을 아는 사람이라고 할 수 있다.

凡兵之用也 用於利 用於義 攻亂則脆 脆則攻者利 攻亂則義 義則
攻者榮 榮且利 中主猶且爲之 況於賢主乎 故割地寶器 卑辭屈服 不

足以止攻 惟治爲足 治則爲利者不攻矣 爲名者不伐矣 凡人之攻伐
也 非爲利則因爲名也 名實不得 國雖彊大者 曷爲攻矣 解在乎史墨[1]
來而報不襲衛 趙簡子可謂知動靜矣

1) 史墨(사묵) : 조간자(趙簡子)의 신하. 사묵(史默).

3. 허물을 버린다〔三曰去尤〕

가. 남을 의심하는데 잘못이 있다

세상에서 말하는 것들을 들으면 남을 편향되게 논하는 소리가
많다. 남을 편향되게 논하는 소리가 많으면 듣고 보는데 있어 반
드시 바르지 못하고 미혹되며 정리(情理)에 합당하지 않아 이치
에 맞지 않고 어긋난다.

그것은 편향되게 논하는 사람들이 세상에 많기 때문인 것으로
그 요점은 남이 기뻐하는 것과 남이 미워하는 바에 따라 연유한다.

동쪽을 바라보는 자는 서쪽 담장을 보지 않고, 남쪽을 향해 보
는 자는 북쪽을 보지 않는다. 이것은 자신이 뜻을 두는 쪽이 있어
한쪽만 보기 때문이다.

도끼를 잃은 사람이 있어 그 이웃집 아이가 훔쳐갔다고 의심하
게 되었다. 그의 걸음걸이를 보아도 그렇고, 그의 안색을 살펴도
그렇고, 말하는 것을 보아도, 행동이나 태도를 보아도 어느 것 하
나 그가 도끼를 훔치지 않았다고 생각할 수가 없었다. 그러다가
어느날 어느 골짜기에서 그 도끼를 찾았다. 그 뒤에 그 이웃집 아
이를 다시 보니 그의 행동이나 태도에 있어서 그가 도끼를 훔쳤
으리라고 의심할 만한 데를 한 군데서도 찾을 수 없었다.

그것은 이웃집 아이가 그동안에 변한 것이 아니라 의심을 했던
그 자신의 그 아이를 보는 눈이 변한 것이었다. 변한 것은 다른 데
에 있는 것이 아니라 남을 편향되게 보는 자신에게 있었던 것이다.

世之聽者多有所尢¹⁾ 多有所尢 則聽必悖矣 所以尢者多故 其要必
因人所喜 與因人所惡 東面望者不見西牆 南鄕視者不覩北方 意²⁾有
所在也 人有亡鈇者 意其隣之子 視其行步竊鈇也 顔色竊鈇也 言語
竊鈇也 動作態度無爲而不竊鈇也 扣其谷而得其鈇 他日復見其隣
之子 動作態度無似竊鈇者 其隣之子非變也 己則變矣 變也者無他
有所尢也

1) 尢(왕) : 걸음걸이가 한쪽으로 기울다. 다리가 휘어지다.
2) 意(의) : 의심하다. 의(疑)와 같다.

나. 갑옷을 비단으로 만들다

주(邾)나라 옛 법에 '갑옷을 비단으로 만든다'고 하였다. 공식
기(公息忌)라는 사람이 주나라 군주에게 말하였다.

"갑옷은 사대(絲帶)로 만드는 것만 같지 못합니다. 무릇 갑옷
은 견고하게 하여야 하는데, 그것은 천의 간격을 촘촘하게 하는
것입니다. 지금 비단으로 만들어 간격을 촘촘하게 하였다고 하지
만, 힘에 견디게 하면 그 견디는 힘은 반정도밖에 쓸 수가 없습니
다. 그러나 사대로 만들면 그렇지 않습니다. 간격을 촘촘하게 하
면 힘을 다 쓸 수 있습니다."

이 말에 대하여 주나라 군주는 과연 그럴 것이라고 하면서 물
었다.

"어떻게 하면 사대를 많이 구할 수 있을까?"

이에 공식기가 대답하였다.

"나라에서 필요하면 백성들이 그것을 만들어 냅니다."

그리하여 주나라 군주는

"그렇다면 좋다."

하고 영(令)을 내려 담당 관원에게 갑옷을 만드는 데에는 반드시
사대로써 하게 하였다. 공식기는 자기의 말이 받아들여진 것을 알
고 그 집안사람들에게 사대를 만들도록 분부하였다.

그런데 공식기를 중상모략하는 사람이 있어 말하였다.

"공식기가 사대를 쓰도록 한 까닭은 그 집안에서 많은 사대를 만들기 때문입니다."

이 말을 들은 주나라 군주는 기분이 좋지 않았다. 그래서 다시 영을 내려 담당 관원에게 갑옷을 만드는데 있어 사대를 쓰지 말도록 하였다. 이것은 주나라 군주가 공식기를 의심하는데서 저지른 처사였다. 갑옷을 만드는데 있어 사대로 만드는 것이 유리하다면 공식기가 많은 사대를 만든다고 해도 무엇이 손해될 게 있겠는가. 사대로써 갑옷을 만드는 것이 불리하다면 공식기에게 사대가 없다고 해도 무슨 이로움이 있겠는가. 사대를 만들고 만들지 않고를 가지고 공식기의 건의를 걱정할 것이 못된다. 사대를 사용하는 마음을 살피지 않을 수 없는 것이다.

邾[1]之故法 爲甲裳[2]以帛 公息忌謂邾君曰 不若以組[3] 凡甲之所以爲固者 以滿竅也 今竅滿矣 而任力者半耳 且組則不然 竅滿則盡任力矣 邾君以爲然曰 將何所以得組也 公息忌對曰 上用之則民爲之矣 邾君曰善 下令 令官爲甲必以組 公息忌知說之行也 因令其家皆爲組 人有傷之者曰 公息忌之所以欲用組者 其家多爲組也 邾君不說 於是復下令 令官爲甲無以組 此邾君之有所尤也 爲甲以組而便 公息忌雖多爲組 何傷也 以組不便 公息忌雖無組 亦何益也 爲組與不爲組 不足以棄公息忌之說 用組之心 不可不察也

1) 邾(주) : 나라 이름. 춘추시대 노(魯)나라에 딸려 있던 작은 제후국. 지금의 산동성 추현(山東省鄒縣)에 해당한다.
2) 甲裳(갑상) : 갑옷.
3) 組(조) : 사대(絲帶). 비단에 견주어 강인(强靭)하므로 강한 힘에 견딜 수 있다.

다. 지독히 추한 아들을 자랑하다

노(魯)나라에 추악(醜惡)하게 생긴 한 사람이 있었다. 그 아버지가 어느 날 밖에 나갔다가 상돌(商咄)이라는 사람을 보고 돌아와 그 이웃 사람에게 말하였다.

"상돌이란 사람은 내 자식에게 미치지 못한다."

그러나 실상 그의 아들은 지극히 못생긴 사람이었고, 상돌은 지극히 잘생긴 미남이었다. 그가 지극히 잘생긴 미남을 지극히 못생긴 자기의 아들만 못하다고 한 것은 자기 아들에 대한 사랑에 치우쳤기 때문이다.

그러므로 잘생긴 것 중의 못생긴 것을 알고, 못생긴 것 중의 잘생긴 것을 안 뒤에라야 능히 잘생기고 못생긴 것을 판단할 수 있는 것이다.

장자(莊子)가 말하였다.

"기왓장과 같은 보잘것없는 것을 걸고 내기를 하면 잘 맞추고, 대구(帶鉤)와 같은 값진 것을 걸고 내기를 하면 두려워 잘 맞추지 못하며, 황금을 걸고 내기를 하면 위태롭다. 내기를 걸고 하는 길흉(吉凶)의 조짐은 다 같다. 더욱이 위태로운 바가 있는 것은 반드시 겉으로 소중하게 여기는 바가 있는 것이다. 겉으로 소중한 바가 있는 것은 뚜껑을 새게 하고 속으로 파가 듯이 내심으로 편안하지 않다."

노나라 사람은 겉으로 소중히 여기는 바가 있다고 이를 것이다.

그의 본뜻은 제(齊)나라 사람이 금(金)을 얻고자 하는 마음에서 그 밖의 것을 알지 못하는 데에 있고, 진(秦)나라의 묵자(墨者)가 서로 투기(妬忌)하는 것은 다 꼬부라진 생각이 있어서이다.

노담(老耼)은 그 이치를 해득하였는데 그것은 나무를 심어 홀로 서는 것과 같다. 반드시 세속(世俗)에 합치되지 않는다면 어찌 확대할 것인가.

魯有惡[1]者 其父出而見商咄 反而告其隣曰 商咄不若吾子矣 且其子至惡也 商咄至美也 彼以至美不如至惡 尤乎愛也 故知美之惡 知惡之美 然後能知美惡矣 莊子[2]曰 以瓦投者翔 以鉤投者戰 以黃金投者殆 其祥一也 而有所殆者 必外有所重也 外有所重者 蓋內掘

魯人可謂外有重矣 解在乎齊人之欲得金也 及秦墨者之相妬也 皆有
所乎尤也 老聃則得之矣 若植木而立乎獨 必不合於俗 則何可擴矣

1) 惡(악) : 못생기다. 추악(醜惡)하다.
2) 莊子(장자) : 전국시대의 철인(哲人). 송(宋)나라 사람으로 이름은 주(周).
   만물일원론(萬物一元論)을 주장하였다. 그의 인생관은 사생(死生)을 초월
   하여 절대 무한의 경지에 소요함을 목적으로 하였다. 노자(老子)와 함께 도
   가(道家)의 대표적인 학자. 저서에 '장자(莊子)'가 있다.

4. 말을 듣는 것〔四曰聽言〕

가. 선(善)과 불선(不善)의 구분

남의 말을 들을 때에는 깊이 생각해 가면서 들어야 한다. 그렇
게 하지 않으면 선(善)과 불선(不善)을 분별하지 못하게 되고, 선
과 불선을 분별하지 못하면 어지러움이 그보다 더 클 수가 없다.

하(夏)·은(殷)·주(周) 삼대(三代)의 성왕(聖王)들은 선과
불선을 분별할 수 있었으므로 천하의 왕자(王者)가 되었다.

지금 천하는 더욱 쇠란(衰亂)하여지고, 성왕의 세상을 다스리
는 도(道)는 일찍이 폐(廢)하여 끊어졌다. 각 나라의 군주들은
그 환락(歡樂)을 성대하게 하고, 그 종과 북을 크게 하며, 정자와
동산을 사치스럽게 함으로써 남의 재물을 빼앗아 백성을 죽음으
로 쓰는 것을 가벼이 여겨 그것으로써 개인적인 탐욕을 자행했다.

늙은이와 병약한 자는 추위에 떨고 배고픔에 허덕이며, 씩씩하
고 아름다운 사람은 여리고 여위어져 백성들은 거의 곤궁하고 굴
욕을 다한 데다가, 더하여 죽지 않으면 포로의 신세가 되며, 밖으
로 죄 없는 나라를 공격하여 땅을 빼앗고, 무고한 백성을 벌주어
재물을 빼앗는 등 포악무도한 짓을 자행하면서도 종묘의 편안함
과 사직(社稷)이 위태롭지 않기를 바란다.

또한 어렵지 않은가. 가령 지금 어떤 사람이 있어 말하기를

"모씨(某氏)는 재물이 많다. 그런데 그 방은 뒷담이 낮은데다가 밤에 집을 지키는 개도 죽었다. 그 형세가 구멍을 뚫고 들어갈 만하지 않은가."

라고 한다면 반드시 그것을 옳지 않다고 한다. 또 말하기를

"모국(某國)은 백성들이 굶주리고, 그 성곽(城郭)은 낮으며, 성을 지키는 군대는 적다. 습격하여 그것을 빼앗을 것이다."

라고 한다면 그것은 옳지 않다고 하지 않는다. 그것은 곧 분별을 하지 못하는 것이다.

'주서(周書)'에 이르기를

"가는 자를 좇지 말며, 오는 자를 기다리지 말라. 이 세상을 현명하게 하면 그것을 천자라 이른다."

라고 하였다.

그러므로 지금의 세상에서 능히 선과 불선을 분별할 수 있는 사람이면 왕자 되기가 어렵지 않다.

聽言不可不察 不察則善不善不分 善不善不分 亂莫大焉 三代分善不善 故王 今天下彌衰 聖王之道廢絶 世主[1]多盛其歡樂 大其鐘鼓 侈其臺榭[2] 苑囿 以奪人財 輕用民死 以行其忿 老弱凍餒 夭胎[3]壯狡[4] 汔盡窮屈 加以死虜 攻無罪之國以索地 誅不辜之民以求利 而欲宗廟之安也 社稷之不危也 不亦難乎 今人曰 某氏多貨 其室培濕[5] 守狗死 其勢可穴[6]也 則必非之矣 曰某國饑 其城郭庳 其守具寡 可襲而篡之 則不非之 乃不知類[7]矣 周書[8]曰 往者不可及 來者不可待 賢明其世 謂之天子 故當今之世 有能分善不善者 其王不難矣

1) 世主(세주) : 세상의 군주(君主)들. 곧 각 제후국들의 군주.
2) 臺榭(대사) : 정자를 말한다.
3) 胎(척) : 여위다. 척(瘠)과 같다.
4) 狡(교) : 아름답다. 교(佼)와 같다.
5) 培濕(배습) : 뒤의 담장이 낮다는 뜻.
6) 可穴(가혈) : 구멍을 뚫을 만하다. 담을 뚫고 들어갈 만하다.

7) 類(유) : 여기서는 분별한다는 뜻.

8) 周書(주서) : 상서(商書). 곧 '서경(書經)' 중의 한 편명.

나. 표류자는 사람을 보면 기뻐한다

선과 불선의 분별은 의(義)에 근본을 두는 것이지 사랑에 있는 것은 아니다. 사랑과 이로움의 작용은 크다.

대해(大海)를 표류하는 사람은 십여일 또는 한 달 동안을 항해하다가 사람 비슷한 존재를 보고는 기뻐하고, 1년이 지나면 일찍이 나라 안에서 보았던 것을 보고도 기뻐한다. 그것은 사람을 보지 못하고 지낸 기간이 더욱 오래 됨으로써 사람을 그리워하는 마음이 더욱 깊어져서일까.

어지러운 세상의 백성들이 성왕의 다스림을 받지 못함이 오래다. 그래서 성왕의 다스림을 밤낮없이 바란다. 그러므로 현명한 군주나 뛰어난 선비는 백성을 구하고 세상을 건지고자 마음 쓰는 일에 힘쓰지 아니하면 안 된다.

善不善本於義 不於愛 愛利之爲道大矣 夫流於海者 行之旬月[1]
見似人者而喜矣 及其朞年也 見其所嘗見物於中國者而喜矣 夫去
人滋久[2] 而思人滋深歟 亂世之民 其去聖王[3] 亦久矣 其願見之 日
夜無間 故賢王秀士之欲憂黔首者 不可不務也

1) 旬月(순월) : 십여일 또는 한 달.

2) 滋久(자구) : 더욱 오래다. 자는 유(愈)와 같다.

3) 聖王(성왕) : 여기서는 성왕이 다스리는 세상을 뜻한다.

다. 말달리기의 명수는 조보(趙父)

공을 이루는 것이 이름을 이루는 것에 앞서고, 일을 이루는 것이 공을 이루는 것에 앞서며, 남의 말을 듣는 것이 일을 아는 것보다 앞선다.

일의 이치를 알지 못하고 어떻게 남의 말을 바르게 들을 수 있
으며, 실정을 알지 못하고 어떻게 남의 말을 감당할 수 있겠는가.

그것은 마치 참새들이 지저귀는 소리와 같이 들릴 것이다. 그것
을 분별하는가 못하는가에 달렸다.

조보(趙父)는 처음으로 대두(大豆)에게서 말달리기를 배웠고,
봉문(蠭門)은 처음으로 감승(甘蠅)에게서 활쏘기를 배웠다. 조
보는 대두에게 말달리기를 배우고, 봉문은 감승에게 활쏘기를 배
워 전심전력 정진하여 깊은 경지에 이르러서 남의 추종(追從)을
불허하였다.

남의 추종을 불허함에 있어서는 조보는 말달리기로써 멀리 있
는 것을 급히 추적하고, 봉문은 활쏘기로써 능히 위해(危害)를
제거하고 폭력을 막았다.

무릇 사람 또한 반드시 남의 마음을 익히 안 뒤에라야 그 말하
는 바를 바르게 들을 수 있는 것이다.

그 마음에 지닌 뜻을 익히 알기는 어렵고 학문을 익힘으로써 알
수 있다. 배우지 않고 남의 말을 정확하게 들을 수 있는 사람은 고
금을 통하여 있지 않았다.

모든 뜻은 백규(白圭)가 혜자(惠子)를 비난한 데에서 비롯되
었다. 공손룡(公孫龍)이 연(燕)나라의 소왕(昭王)을 설득하여
군대의 동원을 막고, 공락(空洛)을 만나서 응답한 것에 미친다.
공천(孔穿)이 공손룡을 평의(評議)한 것과, 적전(翟翦)이 혜자
의 법을 어지럽게 한 것이다. 이 네 사람의 의론(議論)은 모두 다
많은 까닭이 있었다. 단독으로 논하지 않을 수 없는 것이다.

功先名 事先功 言先事 不知事 惡[1]能聽言 不知情 惡能當言 其與
人穀言[2]也 其有辯乎 其無辯乎 造父[3]始習於大豆[4] 蠭門[5]始習於甘
蠅[6] 御大豆 射甘蠅 而不徙[7] 人以爲性者也 不徙之所以致遠追急也
所以除害禁暴也 凡人亦必有所習其心 然後能聽說 不習其心 習之
於學問 不學而能聽說者 古今無有也 解在乎白圭[8]之非惠子也 公孫
龍[9]之說燕昭王以偃兵 及應空洛之遇也 孔穿[10]之議公孫龍 翟翦[11]

之難惠子之法 此四士者之議 皆多故矣 不可不獨論

1) 惡(오) : 어찌. 하(何)와 같다.

2) 穀言(곡언) : 참새들이 지저귀는 소리와 같이 잘 알아들을 수 없는 소리.

3) 造父(조보) : 말달리기를 잘하던 사람.

4) 大豆(대두) : 조보에게 말달리기를 가르친 스승.

5) 蠭門(봉문) : 활쏘기를 잘하던 사람.

6) 甘蠅(감승) : 봉문에게 활쏘기를 가르친 스승.

7) 不徙(불사) : 옮기지 않는다. 곧 깊은 경지에 이르러 남의 추종(追從)을 불
   허한다는 뜻.

8) 白圭(백규) : 주(周)나라 사람. 불굴편에 자세하게 나와 있다.

9) 公孫龍(공손룡) : 변설자(辯說者)로 알려진 인물. 연(燕)나라의 소왕(昭
   王)을 설득하여 군대의 동원을 막았다.

10) 孔穿(공천) : 변설자(辯說者).

11) 翟翦(적전) : 변설자(辯說者).

5. 삼가하여 듣다〔五曰謹聽〕

가. 행동이 과오를 저지르지 않는 것

  옛날 하(夏)나라의 우왕(禹王)은 한 번 머리감는 동안에 세 차
례나 머리를 움켜잡았고, 한 번 식사하는 동안에 세 차례나 일어
나서 도(道) 있는 선비를 예우(禮遇)하였다.

  그것은 자신이 알지 못하는 것을 물어서 그것으로써 부족한 점
을 보충하여 도에 밝고자 함에서였다. 자신의 부족한 점을 보충
하면 사물을 대함에 있어서 다투는 일이 없다. 심정을 유쾌하고
평정하게 가지고 찾아오는 선비를 기다리면 그것을 스스로 얻을
수 있다. 사리에 순응하여 한 가지 한 가지 처리하여 능히 그 헤
아림을 다 설명할 수 있다.

　나라를 잃은 군주는 이와 반대로 스스로 현명하다고 여겨 남을 업신여긴다. 남을 업신여기면 진언(進言)하는 자는 체면을 지키기 위해 감히 극언(極言)을 하지 못한다.

　말을 듣는 사람은 스스로 많이 아는 것처럼 하지만 실상은 얻는 바가 없다. 그렇다면 천하를 가지고 있다 하더라도 무슨 유익한 것을 얻을 수 있겠는가.

　곧 어두운 것을 밝다고 하고, 어지러운 것을 안정되다고 하고, 무너진 것을 이루어졌다고 하고, 위험한 것을 편안하다고 한다. 그러므로 은나라와 주나라는 이로 인하여 멸망하고, 비간(比干)은 이로 인하여 죽었다.

　어그러지고 미혹된 일로써는 승리를 거둘 수 없는 것이다. 그러므로 군주에게 맡겨진 일은 의심스러운 것에서 과실이 없고, 의심하지 않는 것에서 과실을 많이 저지른다.

　알지 못하는 것에는 과실이 없고 아는 것에서 과실을 저지른다. 그러므로 비록 의심하지 않고 비록 이미 알고 있다 하더라도 반드시 그것을 살피는데 있어서는 법도로써 하고, 그것을 헤아리는 데 있어서는 양(量)으로써 하고, 그것을 시험하는 데 있어서는 술수(術數)로써 한다.

　그 의심하지 않는 바를 조심하고 이미 안다고 생각하는 것을 잘 살핌으로써 과실이 없게 하면 옳고 그른 것을 잃는 일이 없고, 행동에 있어 과오(過誤)를 저지르는 일이 없게 된다.

昔者禹一沐而三捉髮[1] 一食而三起 以禮有道之士 通乎己之不足也[2] 通乎己之不足 則不與物爭矣 愉易平靜以待之 使夫自得之 因然而然之 使夫自言之 亡國之主反此 乃自賢而少[3]人 少人則說者持容而不極 聽者自多[4]而不得 雖有天下何益焉 是乃冥之昭 亂之定 毁之成 危之寧 故殷周以亡 比干以死 詐而不足以擧 故人主之性 莫過乎所疑[5] 而過於其所不疑 不過乎所不知 而過於其所以知 故雖不疑 雖已知 必察之以法 揆之以量 驗之以數 若此則是非無所失 而擧措無所過矣

1) 一沐而三捉髮(일목이삼착발) : 한 번 머리를 감는 동안 세 번 머리를 움켜쥐다. 곧 찾아오는 현사(賢士)를 맞이하기 위해 머리 감는 일을 세 번씩이나 중단하고, 머리를 움켜쥐고 나와 현사를 예우했다는 말.

2) 通乎己之不足也(통호기지부족야) : 자기가 모르는 것을 물어서 부족한 것을 보충하여 도를 밝히고자 한다는 뜻.

3) 少(소) : 여기서는 업신여기다. 경시(輕視)하다의 뜻.

4) 自多(자다) : 스스로 많이 알다. 스스로 현명한 체 하다.

5) 莫過乎所疑(막과호소의) : 의심하는 것은 감히 행하지 않으므로 과실(過失)이 없다는 말.

나. 세상의 현인(賢人)을 얻는 방법

대저 요(堯)임금은 어떻게 해서 현인(賢人)을 천하에서 얻고자 하여 순(舜)을 시험하여 등용할 수 있었으며, 순임금은 어떻게 해서 현인을 천하에서 얻고자 하여 우(禹)를 시험하여 등용할 수 있었던가.

그것은 남이 말한 바를 귀로 들어서 옳고 그름을 판단하여 결단하였을 뿐이다. 귀로 들어서 판단해야 하는 것은 의리에 합치되는 것을 구하는 근본이다.

이제 미혹(迷惑)된 자는 의리에서 구하는 근본을 알지 못하고 그 다음으로 오제(五帝)와 삼왕(三王)이 다스림을 이룬 까닭을 관찰할 줄 모르기 때문이다.

어찌하여 스스로 이 세상에 옳지 않은 것을 알고, 어찌하여 스스로 자신이 남에게 미치지 못하는 것을 알 것인가. 가장 높이 밝은 사람은 그것을 알고, 그 다음은 그 알지 못하는 것을 안다. 알지 못하는 것은 묻고, 할 수 없는 것은 배운다.

'주잠(周箴)'에 이르기를

"대저 스스로 배울 것을 생각하면 덕(德)은 아직 늦지 않다."

라고 하였다.

어진 사람에게 배우고 묻는 것을 시행한 것은 삼대(三代)가 창성(昌盛)한 까닭이다. 알지 못하면서 스스로 아는 체하는 것은 모든 재화(災禍)를 불러들이는 근본이다.

夫堯惡得賢天下而試[1]舜 舜惡得賢天下而試禹 斷之於耳[2]而已矣 耳之可以斷也 反[3]性命之情也 今夫惑者非知反性命之情 其次非知 觀於五帝三王之所以成也 則奚自知其世之不可也 奚自知其身之不 逮也 太上[4]知之 其次知其不知 不知則問 不能則學 周箴[5]曰 夫自 念斯學 德未暮 學賢問知 三代之所以昌也 不知而自以爲知 百禍之 宗[6]也

1) 試(시) : 시험삼아 쓰다. 시용(試用)하다.
2) 斷之於耳(단지어이) : 귀로 들어서 그것을 판단하다.
3) 反(반) : 여기서는 근본으로 풀이된다. 본(本)과 같다.
4) 太上(태상) : 세상에 태어나면서부터 아는 사람. 생이지지자(生而知之者). 가장 높이 밝은 사람.
5) 周箴(주잠) : 주(周)나라 시대의 훈계가 되는 말.
6) 宗(종) : 근본.

다. 도(道)는 미묘하여 보기가 어렵다

명망(名望)은 헛되이 서지 않고, 공업(功業)은 저절로 이루어 지지 않으며, 국가는 헛되이 존재하지 않는다. 반드시 현자(賢者) 가 있어서 이루어지는 것이다. 현자의 도(道)는 커서 알기가 어 렵고 미묘(微妙)해서 보기가 어렵다. 그러므로 현자를 보고 공경 할 줄 모르면 마음에서 감동하지 않고, 마음에서 감동하지 않으 면 그것을 깊이 알 수 없고, 현자의 말을 깊이 이해하지 못하게 되 니, 불선(不善)함이 이보다 큰 것이 없다.

군주가 현명하여 세상이 잘 다스려지면 현자가 상위(上位)에 존재하고, 군주가 어리석어 세상이 어지러워지면 현자는 하위(下 位)에 존재한다.

이제 주(周)나라 왕실은 이미 멸망하였고, 천자는 존재하지 않는다. 어지러움이란 천자가 없는 것보다 더 큰 것이 없다.

천자가 없으면 제후(諸侯) 사이에 서로 정벌을 일삼게 되어 강자는 약자를 정벌하여 승리하고, 군대가 많은 자는 군대가 적은 자를 폭력으로 위압하는 등 군대를 동원하여 서로 잔인하게 살상(殺傷)을 일삼기에 쉴 날이 없다.

지금의 세상이 바로 이에 해당하는 시대다. 그러므로 지금과 같은 시대에 도(道)있는 선비를 구하려면 사해(四海)의 바닷가나 깊은 산속, 벽지(僻地) 먼 곳이나 유한(幽閒)한 깊은 곳에서나 구할 수 있을 것이다. 이와 같이 하여 현명한 선비를 얻는다면 참으로 다행한 일이다. 구하여 현명한 선비를 얻을 수 있다면 무엇을 하고자 한들 얻지 못할 것이며 무엇을 한들 이루지 못할 것인가.

태공(太公)이 자천(滋泉)에서 낚시질을 한 것은 은(殷)나라 주왕(紂王)의 어지러운 세상을 만나 물러나 숨어 산 것이었는데, 문왕(文王)이 그를 만나 천하의 왕자가 된 것이다.

문왕은 천승(千乘 : 제후국을 말한다)의 군주였고 주왕은 천자였으나, 천자는 그것을 잃었고 천승의 군주는 그것을 얻었다. 문왕은 태공의 현명함을 알아 그를 얻을 수 있었고 주왕은 그것을 몰라 잃은 것이다. 많은 백성을 다스림에 있어 아는 것을 기다리지 않고 부리며, 예로써 대우하지 않으면서 명령한다. 도 있는 선비는 모름지기 반드시 예로써 대하고 반드시 아는 것으로써 대우한 뒤에 그 지혜를 다할 수 있는 것이다.

이 모든 해설은 승서(勝書)에서의 주공(周公)을 설득하는 데에 있으니, 잘 들으라고 이를 것이다. 또한 제(齊)나라의 환공(桓公)이 소신인 직(稷)을 만나고 위(魏)나라의 문후(文侯)가 전자방(田子方)을 만난 것은 다 선비를 잘 예우한 것이라 이를 것이다.

名不徒立 功不自成 國不虛存 必有賢者¹⁾ 賢者之道 牟而難知 妙而難見 故見賢者而不聳²⁾ 則不惕³⁾於心 不惕於心 則知之不深 不深知賢者之所言 不祥莫大焉 主⁴⁾賢世治 則賢者在上 主不肖世亂 則

賢者在下 今周室旣滅[5] 而天子已絶[6] 亂莫大於無天子 無天子則彊
者勝弱 衆者暴寡 以兵相殘 不得休息 今之世當之矣 故當今之世 求
有道之士 則於四海之內 山谷之中 僻遠幽閒之所 若此則幸於得之[7]
矣 得之則何欲而不得 何爲而不成 太公釣於滋泉 遭紂之世也 故文
王得之而王 文王千乘也 紂天子也 天子失之 而千乘得之 知之與不
知也 諸衆齊民 不待知而使 不待禮而令 若夫有道之士 必禮必知 然
後其智能可盡 解在乎勝書之說周公 可謂能聽矣 齊桓公之見小臣
稷 魏文侯之見田子方也 皆可謂能禮士矣

1) 必有賢者(필유현자) : 반드시 현자가 있어 이루어진다는 말.

2) 聳(용) : 공경하다. 삼가다. 경(敬)과 같다.

3) 惕(척) : 감동하다.

4) 主(주) : 군주(君主). 제후(諸侯).

5) 周室旣滅(주실기멸) : 주(周)나라는 이미 멸망하다. 진(秦)나라 소왕(昭王)
   52년에 서주(西周)가 멸망하였고, 다시 7년 후에 동주(東周)도 망하였다.

6) 天子已絶(천자이절) : 천자가 이미 끊어지다. 동주가 멸망한 지 3년만에 진
   (秦)나라의 왕이 시황제(始皇帝)가 되어 천자가 되었다. 그 3년 동안은 중
   원에 천자가 끊어졌을 때였다.

7) 之(지) : 현자(賢者)를 가리킨다.

6. 근본을 힘쓴다〔六曰務本〕

가. 공적인 일을 먼저하고 사적인 일은 후에

　일찍이 시험삼아 상고시대의 기록을 살펴보았다. 삼왕시대의
왕을 보좌(補佐)한 이들은 그 명망이 영화롭지 않은 이가 없었
고, 그 작위(爵位)가 안온(安穩)하지 않은 이가 없었다. 그것은
다름이 아니라 그의 공적이 컸기 때문이다.

　'시경(詩經)'에 이르기를

"날씨가 흐리니 처량하고
구름이 빠르니 번성하구나.
때 맞춰 비를 내려 공전(公田)을 먼저 적시고
드디어 나의 사전(私田)에 미치도다."
라고 하였다. 삼왕의 보좌관들은 모두 공적인 일을 먼저 하고 나서 사적인 일을 잘 처리했음을 알 수 있다.

세속적인 군주를 보좌하는 이들이 명망과 작위를 바라는 것은 삼왕을 보좌하던 이들의 그것과 같아지는 것이나, 그 명망은 욕되지 않은 이가 없고 그 작위는 위태롭지 않은 이가 없다. 그것은 사심이 있고 공적인 덕망(德望)이 없기 때문이다.

모두 그 자신이 나라에서 존귀해질 수 없을 것을 근심하고 그 군주가 천하에서 존귀해지지 않을 것을 근심하지 않는다. 모두 그 가문이 부(富)하여질 수 없을 것을 근심하고 그 나라가 커지지 않을 것을 근심하지 않는다.

그것은 영화롭기를 바라면서 결과가 더욱 욕되고, 안온하기를 바라면서 결과는 더욱 위태로워지는 까닭이다.

안온하고 위태로운 것이나 영화와 치욕의 근본은 군주에게 있고, 군주의 근본은 종묘(宗廟)에 있고, 종묘의 근본은 백성에게 있으며, 백성이 다스려지고 어지러워지는 것은 담당 관원에게 있다.

'주역(周易)'에 이르기를
"돌아와 자기의 본분을 지키고, 정상적인 도리를 넘지 않는 것이니 어찌 그것이 허물이겠는가. 마땅히 길조(吉兆)다."
라고 하였다.

이 말은 본디 변이(變異)가 없으면 움직여 마침내 기쁨이 있을 것이라는 말이다. 이제 관직에 처하여 거칠고 어지러우며, 재물 앞에서 탐욕을 일삼고, 군주를 가까이 모시는 자리에서 아첨이나 하고, 대오(隊伍)를 거느리고는 피로하여 용기가 없는데 이런 모양으로 군주에게는 많은 것을 바라니 어찌 어렵지 않겠는가.

嘗試觀於上志[1] 三王之佐 其名無不榮者 其實[2]無不安者 功大故

也 詩[3]云 有晻凄凄[4] 興雲祁祁[5] 雨我公田[6] 遂及我私[7] 三王之佐 皆
能以公及其私矣 俗主之佐 其欲名實也 與三王之佐同 而其名無不
辱者 其實無不危者 無公故也 皆患其身不貴於國也 而不患其主之
不貴於天下也 皆患其家之不富也 而不患其國之不大也 此所以欲
榮而愈辱 欲安而益危 安危榮辱之本在於主 主之本在於宗廟 宗廟
之本在於民 民之治亂在於有司 易[8]曰 復自道 何其咎 吉 以言本無
異 則動[9]卒有喜 今處官則荒亂 臨財則貪得 列[10]近則持諫[11] 將[12]衆
則罷怯[13] 以此厚望於主 豈不難哉

1) 上志(상지) : 상고시대의 기록. 곧 상세(上世)의 고서(古書). 상기(上記).

2) 實(실) : 작위(爵位). 관작(官爵)의 지위.

3) 詩(시) : '시경(詩經)' 소아(小雅) 대전(大田)편 3장의 일부.

4) 晻凄凄(엄처처) : 엄은 어둡다. 날씨가 흐리다. 처처는 처량한 모양.

5) 祁祁(기기) : 성한 모양.

6) 公田(공전) : 정전법(井田法)에서 8가구가 공동으로 경작하여 소출을 나라
   에 세금으로 바치는 땅. 정전(井田)의 중심에 있다.

7) 私(사) : 사전(私田). 공전의 둘레에 있어 개인적으로 경작하는 땅.

8) 易(역) : 주역(周易). 소축(小畜)괘 상전(象傳) 초구(初九)의 내용.

9) 動(동) : 움직이다. 건괘(乾卦)가 움직여서 본디의 자리로 돌아가 마침내 시
   작으로 복귀한다.

10) 列(열) : 자리. 위(位).

11) 持諫(지간) : 공정하지 않다. 아첨하다.

12) 將(장) : 거느리다.

13) 罷怯(파겁) : 피로하여 약하고 용기가 없다는 말.

나. 군자가 취할 것이 아닌 것

　이제 여기 사람이 있어 몸을 닦고 일을 처리하는 능력에 있어
서는 사람들이 가히 자신을 부끄럽게 느끼고 있으나 재물을 탐하
는데 있어서는 모든 재물을 자기만을 위하여 가진다.

　이와 같이 하여 부자가 되고자 하는 것은 도둑질이 아니고는 얻

을 수 없다. 그러므로 영화로움과 부유한 것은 스스로 이르는 것
이 아니고 공로(功勞)에 말미암은 것이다. 공로는 심히 적으면서
바라는 것이 많은 것은 허망된 것이고, 공로가 없이 영화롭고 부
자가 되기를 바라는 것은 거짓된 것이다.

거짓되고 허망한 길은 군자가 취할 바 아니니, 사람들이 많이
하는 말이 있다.

"나라의 임금이 나를 써준다면 국가에는 반드시 재앙과 근심거
리가 없어질 것이다."

그러나 자기를 써주는 것이 반드시 옳은 것은 아니다. 그리고
그 자신이 스스로 현명하다고 하는 것과 같지도 않다. 자신이 오
히려 근심거리이다. 자기를 나라에서 써준다고 어찌 근심거리 없
기를 얻을 수 있겠는가. 자기 몸은 자기가 제재한다. 그 제재할 것
을 버리고 그 제재할 수 없는 것을 빼앗는 것은 잘못된 짓이다.

아직 나라를 다스릴 수는 없다고 하더라도 한 관리의 일은 다
스릴 수가 있다. 이와 같으면 안으로 어버이를 섬기고 밖으로 친
구와 사귀는 데에도 반드시 얻을 수 있는 것이다. 진실로 어버이
를 섬기면서 아직 효도하지 못하고, 친구와 사귀면서 아직 돈독
하지 못한 것을 얻지 못하는 것으로 어찌 나라 다스리는 일을 잘
할 수 있을 것인가.

그러므로 사람을 논하는데 있어서는 그 아직 얻지 못하는 것을
가지고 논하지 말고, 이미 얻은 바를 써서 그것으로써 아직 얻지
못한 바를 알 것이다.

今有人於此 修身會計則可恥 臨財物資盡則爲己 若此而富者 非
盜則無所取 故榮富非自至也 緣功伐[1]也 今功伐甚薄 而所望厚 誣
也 無功伐而求榮富 詐也 詐誣之道 君子不由[2] 人之議多曰 上[3]用
我則國必無患 用己者未必是也 而莫若其身自賢 而己猶有患 用己
於國 惡得無患乎 己所制也 釋其所制 而奪乎其所不制 誖[4] 未得治
國 治官[5]可也 若夫內事親 外交友 必可得也 苟事親未孝 交友未篤
是所未得 惡能善之矣 故論人無以其所未得 而用其所已得 可以知

其所未得矣

1) 攻伐(공벌) : 공로(功勞).

2) 由(유) : 쓰다. 용(用)과 같다.

3) 上(상) : 임금. 군주.

4) 誖(패) : 어긋나다. 잘못되다.

5) 官(관) : 작은 정치. 소정(小政). 한 관리의 일. 일관지사(一官之事).

다. 시험한 후에 등용하다

　옛날에 임금을 섬기는 자는 반드시 먼저 잘 감당할 수 있는 일에 복무하고 난 뒤에 임명(任命)을 받았다. 그리고 반드시 자신이 스스로 그 임무를 감당할 수 있는가를 살핀 뒤에 그것에 맞게 봉록(俸祿)을 받았다. 군주가 비록 과분한 봉록을 주더라도 신하는 헛되이 그것을 받으려 하지 않았다.

　'시경(詩經)' 대아(大雅)에 이르기를

　"상제(上帝)는 그대에게 임(臨)하여

　　너의 마음을 의심하지 않느니."

하였는데 이것은 충신의 품행을 설한 것이다.

　해설은 정(鄭)나라 군주가 피첨(被瞻)의 의(義)를 물은 데에 있다. 박의(薄疑)가 위(衛)나라 사군(嗣君)에게 권하여 그것으로써 무거운 세금을 없앴다. 이 두 선비는 다 근본을 아는 데에 가깝다.

　古之事君者 必先服能¹⁾然後任²⁾ 必反情³⁾然後受⁴⁾ 主雖過與 臣不徒取 大雅⁵⁾曰 上帝臨汝 無貳⁶⁾爾心 以言忠臣之行也 解在鄭君之問被瞻之義也 薄疑應衛嗣君⁷⁾ 以無重稅 此二士者 皆近知本矣

1) 服能(복능) : 감당할 수 있는 일에 복무한다는 뜻.

2) 任(임) : 임명. 임명을 받는다는 말.

3) 反情(반정) : 정상에 바탕을 두다. 곧 자신이 감당하는 일에 맞는다.

4) 受(수) : 받는다. 곧 봉록(俸祿)을 받는다는 뜻.

5) 大雅(대아) : '시경(詩經)'의 대아(大雅)를 말한다.
6) 貳(이) : 의심하다. 의(疑)와 같다.
7) 衛嗣君(위사군) : 위나라의 뒤를 이은 군주. 곧 평후(平侯)의 아들을 가리킨다.

7. 큰 것을 깨달아라〔七曰諭大〕

가. 천하제일의 성군(聖君)이 되고자

옛날 순(舜)임금은 고금을 통하여 제일가는 성군(聖君)이 되고자 하였으나 뜻을 이루지 못하고 마침내 제업(帝業)을 이루는 데에 족하였다.

우왕(禹王)은 천하에 제업을 이루고자 하였으나 뜻을 이루지 못하고 마침내 이방(異邦) 여러 나라의 미개한 풍속을 바로잡는 데에 족하였다.

탕왕(湯王)은 우왕의 일을 계승하여 이루고자 하였으나 뜻을 이루지 못하고 마침내 사방의 거친 백성들을 복종시키는 데에 족하였다.

무왕(武王)은 탕왕에 미치고자 하였으나 뜻을 이루지 못하고 마침내 천하에 왕도(王道)를 세우는 데에 족하였다.

오패(五覇)는 삼왕(三王)의 왕업을 계승하고자 하였으나 뜻을 이루지 못하고 마침내 제후(諸侯)의 우두머리가 되는 데에 족하였다.

공자와 묵자(墨子)는 대도를 세상에 펴고자 하였으나 뜻을 이루지 못하고 마침내 성현의 명성을 이루는 데에 족하였다.

대저 품었던 원대한 뜻이 이루어지지는 않았으나 마침내는 각각 이루어진 바가 있을 뿐이다.

'하서(夏書)'에 이르기를

"천자가 덕을 넓게 베풀고 행하면 신(神)과 무(武)와 문(文)

이 함께 할 것이다."

라고 하였다. 그러므로 힘써야 할 것은 행하는 데에 있고, 행하는 데에는 반드시 큰 것을 구해야 한다.

땅이 크면 상상(常祥)·부정(不庭)·기무(岐毋)·군저(群抵)·천적(天翟)·부주(不周) 등이 있고, 산이 크면 호표(虎豹)·웅비(熊羆)·원저(蝯蛆) 등이 있으며, 물이 크면 교룡(蛟龍)·원타(黿鼉)·전유(鱣鮪) 등이 있다.

'상서(商書)'에 이르기를

"오래 묵은 사당에서 괴이한 현상을 볼 것이다. 만부(萬夫)의 장(長)이 꾀를 이룬다. 공중에는 못과 방죽이 없고 우물 속에는 큰 고기가 없으며, 새로 이루어진 숲에는 큰 나무가 없다. 무릇 일을 꾀하여 이루기 위해서는 반드시 넓고 크고, 수가 많고, 오래된 것에 의지해야 한다."

라고 하였다. 사실이 그러하므로 믿을 만한 말이다.

昔舜欲旗[1]古今而不成 旣足以成帝矣 禹欲帝而不成 旣足以正殊俗[2]矣 湯欲繼禹而不成 旣足以服四荒[3]矣 武王欲及湯而不成 旣足以王道矣 五伯欲繼三王而不成 旣足以爲諸侯長矣 孔丘墨翟[4]欲行大道於世而不成 旣足以成顯名矣 夫大義之不成 旣有成矣已 夏書曰 天子之德廣運 乃神乃武乃文 故務在事 事在大 地大則有常祥不庭岐毋群抵天翟不周[5] 山大則有虎豹熊羆蝯蛆[6] 水大則有蛟龍黿鼉鱣鮪[7] 商書曰 五世之廟[8] 可以觀怪 萬夫之長可以生謀 空中之無澤陂也 井中之無大魚也 新林之無長木也 凡謀物之成也 必由廣大衆多長久 信也

1) 旗(기) : 덮는다는 뜻이다. 복(覆)과 같다. 곧 고금을 통하여 제일가는 성군(聖君)이 되고자 했다는 말.

2) 殊俗(수속) : 다른 풍속. 곧 이방(異邦) 여러 나라들의 미개한 풍속.

3) 四荒(사황) : 사방의 거친 백성.

4) 孔丘墨翟(공구묵적) : 공구는 유가(儒家)의 조(祖)인 공자(孔子). 구(丘)는 공자의 이름. 묵적은 묵가(墨家)의 시조인 묵자(墨子)로 적(翟)은 묵자의 이름.

5) 常祥不庭岐毋群抵天翟不周(상상부정기무군저천적부주) : 모두 짐승의 이름이나 구체적으로 어떤 짐승인지는 알 수 없다.
6) 虎豹熊羆蝯蛆(호표웅비원저) : 호는 범. 표는 표범. 웅은 곰. 비는 큰 곰이라는 짐승인데 곰의 일종. 원과 저는 원숭이의 일종으로 원저(猿狙).
7) 蛟龍鼅鼄鱣鮪(교룡원타전유) : 교룡은 전설상의 용의 한 종류. 원은 큰 자라. 타는 악어. 전과 유는 둘 다 큰 물고기의 이름.
8) 五世之廟(오세지묘) : 오래 묵은 사당. 오세(五世)는 오래 묵었다는 뜻. 묘(廟)는 귀신을 섬기는 사당으로 이런데서는 괴이한 현상을 볼 수 있다.

나. 사람이 제비와 참새만도 못해서야

계자(季子)가 말하기를

"제비와 참새같은 작은 새들이 한 지붕 밑에 살면서 서로 편안함을 다투어 새끼와 어미가 서로 먹이를 먹이고 받아 먹으면서 화합하고 흡족하게 즐거움을 누리니 스스로 편안하고 안락하다.

그러다가 한번 아궁이와 굴뚝이 깨지면 불길이 솟아올라 마룻대와 들보가 타기에 이른다. 그래도 제비나 참새는 얼굴빛 하나 변하지 않는다. 그것은 무엇을 뜻하는가. 곧 불꽃이 타올라 장차 자기에게 미칠 재화(災禍)를 알지 못하기 때문이다.

남의 신하가 되어서 제비나 참새의 지혜를 벗어난 사람은 적다. 대저 남의 신하가 된 자는 그 작록(爵祿)과 부귀(富貴)를 증진시켜 부자(父子)와 형제가 서로 더불어 무리를 지어 한 나라의 경영을 사사롭게 함으로써 그 집안의 화평만을 구하며, 서로 즐김으로써 국가의 사직이 위태로워지는 것을 돌보지 않는다. 그것은 아궁이와 굴뚝이 부서져 장차 불길이 치솟을 것을 모르는 것과 같다. 그것이야말로 제비나 참새의 지혜와 다를 것이 없는 것이다."

라고 하였다. 그러므로

"천하가 크게 어지러우면 국가가 편안할 수 없고, 한 나라가 다 어지러우면 집안이 편안할 수 없으며, 한 집안이 다 어지러우면 몸이 편안할 수 없다."
라고 하는 말은 이것을 두고 하는 말이다. 그러므로 작은 것이 안
정되려면 반드시 큰 것을 의지하고, 큰 것이 안정되려면 반드시
작은 것을 의지한다. 크고 작고, 귀하고 천한 것이 서로 돕고 의지
한 뒤에 모두 그 즐거움을 누리게 된다. 천하고 작은 것을 안정시
키는 것은 큰 것을 소중히 여기는 데에 있다.

　이것의 모든 뜻은 박의(薄疑)가 위(衛)나라의 사군(嗣君)을
설득함에 있어 왕술(王術)로써 하고, 두혁(杜赫)이 주(周)나라
의 소문군(昭文君)을 설득하여 천하를 안정시켰으며, 또 광장(匡
章)이 혜자(惠子)를 비난함으로써 제(齊)나라 왕을 왕자(王者)
되게 한 데에 있다.

　季子曰 燕雀[1]爭善 處於一室之下 子母相哺也 姁姁[2]焉相樂也 自
以爲安矣 竈突[3]決則火上焚棟 燕雀顔色不變 是何也 乃不知禍之將
及己也 爲人臣免於燕雀之智者寡矣 夫爲人臣者 進其爵祿富貴 父
子兄弟相與比周[4]於一國 姁姁焉相樂也 以危其社稷 其爲竈突近也
而終不知也 其與燕雀之智不異矣
　故曰 天下大亂 無有安國 一國盡亂 無有安家 一家皆亂 無有安身
此之謂也 故小之定也必恃大 大之安也必恃小 小大貴賤 交相爲恃
然後皆得其樂 定賤小在於貴大 解在乎薄疑說衛嗣君以王術 杜赫
說周昭文君[5]以安天下 及匡章之難惠子以王齊王也[6]

1) 燕雀(연작) : 제비나 참새와 같은 작은 새.
2) 姁姁(후후) : 서로 즐거워하는 모양.
3) 竈突(조돌) : 조는 부뚜막으로 아궁이를 뜻한다. 돌은 굴뚝. 아궁이와 굴뚝이
　 깨지면 불길이 치솟아 결국 집을 태우기 마련이다.
4) 比周(비주) : 무리지어 한 나라의 경영을 사사롭게 함으로써 한 집안의 화평
　 만을 구한다는 뜻.
5) 昭文君(소문군) : 주(周)나라 말세(末世)에 동과 서로 갈린 뒤의 군호(君號).
6) 匡章之難惠子以王齊王也(광장지난혜자이왕제왕야) : 광장(匡章)은 맹자의
　 제자. 혜자는 혜시(惠施). 6론(六論)의 애류(愛類)편에 자세하게 나와 있다.

제14권 효행을 보라
(卷十四 孝行覽 : 第二, 凡八篇)

무릇 맛의 근본은
물을 가장 먼저로 칩니다.
짜고 쓰고 시고 맵고 단 맛의 오미(五味)를
물과 나무와 불의 세 가지 재료로
아홉 번 끓여서 아홉 번 변하게 하니
불이 그것을 조절합니다.
때로는 센 불로 때로는 약한 불로
비린 냄새를 없애고 누린 냄새를 제거하고
노린 냄새를 제거함으로써
반드시 그것을 이겨내는 데에
그 이치를 잃지 않아야 합니다.

제14권 효행을 보라

1. 효도의 실천〔一曰孝行〕

가. 근본을 다스리는 것은

무릇 천하를 위하여 국가를 다스리는 데에는 반드시 그 근본을 다스리고 그 끝을 뒤로 한다.

이른바 근본이라는 것은 밭갈고 김매고 씨 뿌리고 심는 것을 말하는 것이 아니라 그 사람을 다스리는 것을 이르는 말이다. 그 사람을 다스린다는 것은 가난한 것을 부(富)하게 하고 적은 것을 많게 하는 것이 아니라 그 근본을 다스리는 것을 말한다.

근본을 다스림에는 효도(孝道)보다 귀한 것은 없다. 군주가 효도하면 명성이 빛나고 영화로워지며 신하들이 복종하고 천하가 칭송하고 기린다.

남의 신하된 자가 효도하면 임금을 섬김에 충성을 다하고, 관직에 있으면서 청렴하고, 어려운 일을 당하여 죽는 것을 두려워하지 않는다.

선비와 백성이 효도하면 밭갈고 김매는 일에 부지런하여 빠르고, 적을 방어함에는 견고(堅固)하고, 전쟁터에 나아가서는 물러나지 않는다.

대저 효(孝)라는 것은 삼황오제(三皇五帝)가 천하를 다스려 평정한 국가적인 기본이요, 그리고 모든 일의 기강(紀綱)이 되는 것이다.

凡爲天下治國家 必務本而後末 所謂本者 非耕耘種殖之謂 務其
人也 務其人 非貧而富之 寡而衆之 務其本也 務本莫貴於孝 人主孝
則名章榮[1] 下服聽[2] 天下譽[3] 人臣孝則事君忠 處官廉 臨難死 士民
孝則耕芸疾[4] 守戰固 不罷北[5] 夫孝 三皇五帝之本務 而萬事之紀也

1) 章榮(장영) : 빛나고 영화롭다. 장은 창(彰)과 같다.

2) 下服聽(하복청) : 신하들이 복종한다는 말.

3) 譽(예) : 칭송하고 기린다.

4) 耕芸疾(경운질) : 밭갈고 김매는 일이 빠르다. 부지런히 농사일에 힘쓴다는
   말. 운(芸)은 운(耘)과 같다.

5) 不罷北(불파배) : 패배(敗北)하여 후퇴하지 않는다.

나. 천자(天子)의 효도란

대저 효도 한 가지로써 백 가지 선(善)한 것을 이르게 하고, 백
가지 사악(邪惡)한 것을 물러가게 한다. 천하에 따를 것은 오직
효도일 뿐이다.

그러므로 사람을 논함에 있어서는 반드시 먼저 친근한 어버이
에게서부터 하고난 뒤에 소원(疏遠)한 남에게 미치고, 반드시 먼
저 소중하게 여기는 어버이에게서부터 하고난 뒤에 가벼이 여길
남에게 미치는가를 보아야 할 것이다.

지금 여기 사람이 있어 자기 어버이에게 효도를 소중하게 행하
고 나서 남도 대수롭지 않게 여기지 않는다면 그는 효도를 돈독
하게 지키는 사람이다.

이것이 선왕(先王)이 효도로써 천하를 다스린 까닭이다. 그러
므로 그 어버이를 사랑하면서 감히 남을 미워하지 않고, 그 어버
이를 공경하면서 감히 남을 가벼이 여기지 않는다.

어버이를 섬김에 있어 사랑과 공경을 다하고 나서 그 찬란한 광
채를 백성에게 베풀고 천하에 고루 미치게 하는 것이 바로 천자
의 효행이다.

夫執一術¹⁾而百善至 百邪去 天下從者其惟孝也 故論人必先以所
親²⁾ 而後及所疏³⁾ 必先以所重⁴⁾ 而後及所輕 今有人於此 行於親重
而不簡慢⁵⁾於輕疏⁶⁾ 則是篤謹孝道 先王之所以治天下也 故愛其親
不敢惡人⁷⁾ 敬其親 不敢慢人 愛敬盡於事親 光燿加於百姓 究於四
海 此天子之孝也

1) 一術(일술) : 효술(孝術). 곧 효도 한 가지.

2) 所親(소친) : 친근한 바. 곧 어버이.

3) 所疏(소소) : 소원(疏遠)한 바. 곧 남.

4) 所重(소중) : 소중한 바. 곧 어버이.

5) 簡慢(간만) : 대수롭지 않게 여김.

6) 輕疏(경소) : 가벼이 여기고 소원함. 곧 남.

7) 惡人(오인) : 남을 미워하다.

다. 형벌 중에서 불효가 제일 크다

증자(曾子)가 이르기를

"사람의 신체는 부모가 남기신 것이다. 부모가 남긴 것을 행동
함에 있어 감히 공경하고 삼가지 않을 수 있겠는가. 거처(居處)
가 장중하지 않으면 그것은 효도가 아니다. 임금을 섬기되 충성
으로 섬기지 않으면 그것은 효도가 아니다. 관직에 임(臨)하여 공
경하지 않으면 그것은 효도가 아니다. 벗과 사귐에 있어 신의(信
義)가 돈독하지 않으면 그것은 효도가 아니다. 전쟁터에 나가 용
감하지 않으면 그것은 효도가 아니다. 이 다섯 가지 행동을 이루
지 못하면 재앙이 부모에게 미칠 것이니 감히 공경하지 않을 것
인가."

라고 하였다.

'상서(商書)'에 이르기를

"3백 가지 형법(刑法) 중에서 부모에게 효도하지 않는 죄보다
더 무거운 것은 없다."

고 하였다.

증자가 이르기를

"선왕(先王)이 천하를 다스린 데에는 다섯 가지가 있으니, 덕(德)을 귀하게 여기고, 귀한 것을 귀하게 여기고, 노인을 귀하게 여기고, 어른을 공경하고, 어린이를 사랑하는 것을 말한 것이다. 이 다섯 가지로 선왕은 천하를 안정시킨 것이다."

라고 하였다.

이른바 덕을 귀하게 여기는 것은 그 성인(聖人)에 가까워지기 위해서다. 이른바 귀한 것을 귀하게 여기는 것은 그 군주에게 가까워지기 위해서다. 이른바 노인을 귀하게 여기는 것은 그 어버이에게 가까워지기 위해서다. 이른바 어른을 공경하는 것은 그 형에게 가까워지기 위해서다. 이른바 어린이를 사랑하는 것은 그 아우에게 가까워지기 위해서다.

曾子曰 身者父母之遺體也 行父母之遺體 敢不敬乎 居處不莊[1] 非孝也 事君不忠 非孝也 莅[2]官不敬 非孝也 朋友不篤 非孝也 戰陳 無勇 非孝也 五行[3]不遂 災及乎親 敢不敬乎

商書曰 刑三百 罪莫重於不孝

曾子曰 先王之所以治天下者五 貴德貴貴貴老敬長慈幼 此五者 先王之所以定天下也 所謂貴德 爲其近於聖也 所謂貴貴 爲其近於 君也 所謂貴老 爲其近於親也 所謂敬長 爲其近於兄也 所謂慈幼 爲 其近於弟也

1) 莊(장) : 장중(莊重)하다. 여기서는 공경한다는 뜻이다.

2) 莅(이) : 임(臨)하다.

3) 五行(오행) : 다섯 가지 행동. 곧 위에 지적한 다섯 가지 행동.

라. 부모를 봉양하는 다섯 가지 도(道)

증자가 이르기를

"부모가 낳은 것은 자식이 감히 죽이지 못하고, 부모가 세운 것

은 자식이 감히 치워 없애지 못하고, 부모가 온전하게 한 것은 자
식이 감히 헐지 못한다."
라고 하였다.

그러므로 물을 건너려면 배를 타고 헤엄을 치지 않으며, 길을
가려면 대도(大道)로 가고 지름길로 가지 않아, 지체(肢體)를 온
전하게 보존함으로써 종묘에 제사를 받드는 것이 효도라고 할 것
이다.

부모를 봉양하는 데에는 다섯 가지 도리가 있으니, 궁실(宮室)
을 잘 손보아 침상을 편안하게 하고 음식을 조절하는 것은 몸을
봉양하는 도리요, 오색(五色)을 세우고 오채(五采)를 베풀어 무
늬를 조화있게 꾸미는 것은 눈을 봉양하는 도리요, 육률(六律)을
바로 잡고 오성(五聲)을 고르게 하며 팔음(八音)을 집합하는 것
은 귀를 봉양하는 도리요, 오곡(五穀)을 익히고 육축(六畜)을 삶
고 오미(五味)를 조화하는 것은 입을 봉양하는 도리요, 안색을
온화하게 하고 말씨를 기쁘게 하고 행동거지를 공경하여 조심하
는 것은 뜻을 봉양하는 도리다.

이 다섯 가지 도리를 고루 운용하여 부모의 마음을 즐겁게 해
드리는 것은 부모를 잘 봉양한다고 말할 수 있다.

曾子曰 父母生之 子弗敢殺 父母置之 子弗敢廢 父母全之 子弗敢
闕[1] 故舟而不游[2] 道而不徑 能全支體 以守宗廟 可謂孝矣 養有五
道 修宮室 安牀第 節飮食 養體之道也 樹五色 施五采[3] 列文章[4] 養
目之道也 正六律[5] 龢五聲[6] 雜八音[7] 養耳之道也 熟五穀[8] 烹六畜[9]
龢煎調[10] 養口之道也 龢顏色 說[11]言語 敬進退 養志之道也 此五者
代進而厚用之 可謂善養矣

1) 闕(궐) : 헐다. 훼(毀)와 같다.
2) 舟而不游(주이불유) : 배를 타고 헤엄치지 않는다. 곧 물을 건널 때 자기 몸
   을 상하지 않게 하기 위해 위험한 짓을 하지 않는다는 뜻.
3) 五采(오채) : 오채(五彩). 오색(五色).
4) 列文章(열문장) : 무늬를 조화있게 꾸미다. 청색과 적색을 문(文)이라 하고,

적색과 백색을 장(章)이라 한다.

5) 六律(육률) : 십이율(十二律) 중 양성(陽聲)에 속하는 여섯 가지 소리. 곧 태주(太簇)·고선(姑洗)·황종(黃鐘)·이칙(夷則)·무역(無射)·유빈(蕤 賓).

6) 龢五聲(화오성) : 오성(五聲)을 고르게 하다. 화는 화(和)와 같고 오성은 음 악의 궁상각치우(宮商角徵羽)의 다섯 음율(音律).

7) 雜八音(잡팔음) : 악기의 재료에 따른 여덟 가지 소리를 집합한다. 잡은 집 합한다는 뜻. 여덟 가지 소리는 금(金)·석(石)·사(絲)·죽(竹)·포(匏)·토 (土)·혁(革)·목(木).

8) 五穀(오곡) : 쌀·보리·조·콩·기장 등의 다섯 가지 곡식

9) 六畜(육축) : 집에서 기르는 대표적인 여섯 가지 가축. 곧 소·말·돼지·양· 닭·개를 말한다.

1) 龢煎調(화전조) : 양념인 오미(五味)를 조화한다. 오미는 신맛(酸味)·쓴맛 (苦味)·매운맛(辛味)·단맛(甘味)·짠맛(鹹味).

11) 說(열) : 기쁘게 하다. 열(悅)과 같다.

마. 효도는 몸과 뜻을 기르는 것

악정자(樂正子) 춘(春)이 대청에서 내려오다 다리를 다쳤는 데 치료해서 나은 지 수개월이 되도록 얼굴에 근심하는 빛을 띠 고 있었다. 그래서 문인(門人)이 이상하게 여겨 물었다.

"선생님께서는 대청에서 내려오시다가 다리를 다치셨습니다. 그러나 치료를 하시어 나은 지 몇 달이 지났건만 아직도 안색에 근심이 가시지 않으시니, 감히 그 까닭을 알고자 합니다."

악정자 춘이 대답하였다.

"너는 좋은 질문을 하였다. 나는 일찍이 증자께 들었고 증자는 공자께 그것을 들었는데 그 말을 들려주마. '부모가 자식을 온전 하게 낳아 주셨으면 자식은 그 몸을 온전하게 지녀서, 그 몸을 다 치게 하는 일이 없고 그 형체가 손상되는 일이 없도록 하는 것을 효행(孝行)이라고 할 수 있을 것이다. 그래서 군자는 지척(咫尺)

의 가까운 거리를 걸을 때에도 그것을 잊어서는 안 된다'고 하셨
다. 나는 효행의 도(道)를 잊고 있었으니 그것을 근심하는 것이
다."

그러므로 이르기를

"몸은 내 홀로의 몸이 아니요, 엄친(嚴親)이 남기신 몸이라."
고 한다. 백성에게 기본적으로 가르치는 것을 효도라고 하고 그
효를 실행하는 것을 봉양(奉養)이라고 한다.

봉양은 잘 할 수 있으나 부모를 공경하기는 쉽지 않다. 공경은
잘 할 수 있으나 마음을 편안하게 해드리기는 쉽지 않다.

마음을 편안하게 해드릴 수는 있으나 돌아가실 때까지 변하지
않기는 쉽지 않다. 부모가 돌아가신 뒤에도 그 몸을 삼가고 조심
스레 행동하여 부모에게 좋지 않은 소리를 듣지 않게 하는 것을
종신(終身)토록 효행하는 것이라고 이를 수 있다.

인(仁)이라고 하는 것은 그것을 어질게 하는 것이요, 예(禮)라
고 하는 것은 그것을 실행하는 것이요, 의(義)라고 하는 것은 그
것을 마땅하게 하는 것이요, 신(信)이라고 하는 것은 그것을 성
실하게 하는 것이요, 강(强)이라고 하는 것은 그것을 힘써 노력
하는 것이다.

즐거움은 이것을 순종하는 데서 생기고 형벌은 이것을 거역하
는 데서 생긴다.

樂正子春[1] 下堂[2]而傷足 瘳而數月不出 猶有憂色 門人問之曰 夫
子下堂而傷足 瘳而數月不出 猶有憂色 敢問其故 樂正子春曰 善乎
而問之 吾聞之曾子 曾子聞之仲尼 父母全而生之 子全而歸之 不虧
其身 不損其形 可謂孝矣 君子無行咫步[3]而忘之 余忘孝道是以憂 故
曰 身者非其私有也 嚴親之遺躬也 民之本教曰孝 其行孝曰養 養可
能也 敬爲難 敬可能也 安爲難 安可能也 卒爲難 父母旣沒 敬行其
身 無遺父母惡名 可謂能終矣 仁者仁此者也 禮者履此者也 義者宜
此者也 信者信此者也 彊[4]者彊此者也 樂自順此生也 刑自逆此作也

1) 樂正子春(악정자춘) : 증자(曾子)의 제자.

2) 堂(당) : 여기서는 대청(大廳)을 가리킨다. 관청이나 사사로운 집의 중심이
   되는 집채의 가운데 있는 마루.
3) 咫步(지보) : 아주 가까운 짧은 거리를 걷다.
4) 彊(강) : 강(强)과 같으며 노력한다는 뜻.

2. 맛은 근본(二曰本味)

가. 공명을 세우는 것은

그 근본을 구하여 열흘이 지나면 반드시 얻을 수 있으나 그 말
단을 구하면 수고만 하고 마침내 보람이 없다. 공명(功名)을 세
우는 것은 일의 근본을 얻는 데서 이루어지고 현인(賢人)과 더
불어 다스리는 데서 얻을 수 있는 것이니, 현인이 아니면 누가 그
것을 다스릴 수 있겠는가. 그러므로 이르기를
　"현인을 얻어 근본을 다스리는 데에 있다."
라고 하였다.

　求之其本 經旬必得 求之其末 勞而無功 功名之立 由事之本也 得
賢之化[1]也 非賢其孰知乎事化[2] 故曰其本在得賢
1) 賢之化(현지화) : 현인(賢人)을 얻어 그와 함께 다스린다는 뜻.
2) 事化(사화) : 일이 되다. 곧 일의 근본과 현인을 얻어 그와 함께 다스리는 것
   을 이어받는 것을 말한다.

나. 뽕을 따다 얻은 어린아이

유신씨(有侁氏)의 딸이 뽕을 따다가 공상(空桑)이라는 땅에
서 한 어린아이를 얻어 그 군주에게 바쳤다. 군주는 그 아기를 고
기장사 하는 사람에게 맡겨 기르게 하고, 아울러 그 아기에 대한

내력을 살피게 하였다. 그래서 살펴보니 이런 이야기가 있었다.

"그 어미는 이수(伊水)의 물 위에 살면서 잉태(孕胎)하였는데, 꿈에 천신(天神)이 나타나 그에게 일러 말하기를 '돌절구에서 물이 나오니 동쪽으로 달려 돌아보지 말라'고 하였다. 밝은 날 돌절구에서 물이 나오는 것을 보고 그 이웃사람에게 말하였다. 그리고 동쪽으로 10리를 달려 그 고을을 돌아보니 고을은 모두 물에 잠기고 그 몸은 변하여 공상(空桑)이 되었다. 그래서 그 아기를 이름지어 이윤(伊尹)이라 한다."

이것이 이윤이 공상에서 태어난 유래였다.

이윤이 장성하여 총명하고 재주와 지혜가 있었다. 상(商)나라 탕왕(湯王)은 이윤이 현명하다는 소문을 듣고 사람을 시켜 유신씨에게 그를 자기에게 달라고 청하였다. 그러나 유신씨는 주기를 허락하지 않았다. 그렇지만 이윤은 탕왕을 따르고자 하였다.

탕왕은 유신씨의 딸을 취하여 혼인하겠다고 청하였고, 유신씨는 기뻐하여 허락하고 이윤을 딸려 딸을 탕왕에게 보냈다. 이것으로 현명한 군주가 도 있는 인사를 구하는 데에는 어떠한 방법이라도 쓰지 않는 것이 없다는 사실을 알 수 있게 한다.

또한 도 있는 인사가 현명한 군주를 가려 구하는 데에도 행하지 않는 방법이 없는 것이다.

이와 같이 현명한 군주와 도 있는 인사가 서로 만난 뒤에 즐거워하고, 꾀하지 않고도 친숙하여지고, 약속하지 않고도 서로 믿어 서로 지혜와 힘을 다하여 위험을 무릅쓰고 괴로움을 참아가면서 마음속으로 그것을 기뻐하여 즐거워한다.

이것이 공명(功名)을 크게 이루는 연유이다. 군주와 신하가 반드시 서로 구하다가 얻은 뒤에 이룸이 있는 것이니, 진실로 단독으로는 공을 이룰 수 없다. 현사(賢士)가 홀로 거만하게 그 재주를 스스로 믿거나 군주가 분발하여 그 힘을 홀로 자랑하는 일이 있으면 그 명호(名號)는 반드시 폐하여 멸(滅)하고, 사직(社稷)은 반드시 위태로워진다.

그러므로 황제(黃帝)가 사방으로 사람을 보내 현사를 구하였고, 요(堯)임금과 순임금은 백양(伯陽)과 속이(續耳)를 얻은 연후에 공업을 이루었다.

무릇 현명한 사람의 덕은 그 현명함을 알고 그를 기용하는 데서 발휘된다.

백아(伯牙)가 거문고를 두드리니 종자기(鍾子期)가 곁에서 그 소리를 들었다. 백아가 바야흐로 거문고를 타면서 뜻을 태산(太山)에다 두면 종자기가 말하기를 "좋도다. 거문고 타는 소리가 외외(巍巍)하여 마치 태산과 같구나." 하고, 잠시 후에 뜻을 흐르는 물에다 두고 타면 "좋도다. 그 소리가 탕탕(湯湯)하여 마치 흐르는 물과 같구나." 하였다.

뒤에 종자기가 세상을 떠났다. 백아는 거문고를 깨뜨리고 거문고의 현(絃)을 끊어 버려 죽을 때까지 거문고를 타지 않았다. 생각건대 세상에는 다시 거문고 타는 소리를 아는 사람이 없을 것이라고 여긴 것이리라. 홀로 거문고 타는 데에만 이와 같은 것은 아니다. 어진 선비(賢士) 또한 이와 같다.

비록 어진 선비가 있다고 하더라도 예(禮)로써 그를 대우하지 않는다면 어진 선비가 어찌 충성을 다할 것인가.

말을 모는 사람이 잘하지 못하면 천리마라도 스스로 천 리를 달릴 수 없다.

有侁氏女子采¹⁾桑 得嬰兒于空桑²⁾之中 獻之其君 其君令烰人³⁾ 養之 察其所以然 曰其母居伊水⁴⁾之上孕 夢有神告之曰 曰⁵⁾出水而東走 毋顧 明日視臼出水 告其隣 東走十里 而顧其邑 盡爲水 身因化爲空桑 故命之曰伊尹 此伊尹生空桑之故也 長而賢湯聞伊尹 使人請之有侁氏 有侁氏不可 伊尹亦欲歸湯 湯於是請取婦爲婚 有侁氏喜 以伊尹媵女 故賢主之求有道之士 無不以⁶⁾也 有道之士求賢主無不行也 相得然後樂 不謀而親 不約而信 相爲殫⁷⁾智竭力 犯危行苦 志懽樂之 此功名所以大成也 固不獨 士有孤而自恃 人主有奮而好獨者 則名號必廢熄 社稷必危殆 故黃帝立四面⁸⁾ 堯舜得伯陽續耳⁹⁾然後成 凡賢人之德 有以知之也 伯牙¹⁰⁾鼓琴 鍾子期¹¹⁾聽之 方鼓琴

而志在太山 鍾子期曰 善哉乎鼓琴 巍巍[12]乎若太山 少選之間[13] 而
志在流水 鍾子期又曰 善哉乎鼓琴 湯湯[14]乎若流水 鍾子期死 伯牙
破琴絶絃 終身不復鼓琴 以爲世無足復爲鼓琴者 非獨琴若此也 賢
者亦然 雖有賢者 而無禮以接之 賢奚由盡忠 猶御之不善 驥[15]不自
千里也

1) 采(채) : 따다. 채(採)와 같다.

2) 空桑(공상) : 지명(地名)이라고 한다.

3) 烰人(부인) : 소 잡는 사람. 고기장수.

4) 伊水(이수) : 물 이름. 강 이름.

5) 臼(구) : 절구. 돌절구.

6) 以(이) : 쓰다. 용(用)과 같다.

7) 殫(탄) : 다하다. 진(盡)·갈(竭)과 같다.

8) 黃帝立四面(황제입사면) : 황제가 현사(賢士)를 구하기 위해 사방으로 사
   람을 보냈다는 말.

9) 伯陽續耳(백양속이) : 백양은 고대 중국 요(堯)임금의 현신(賢臣). 속이는
   고대 중국 순(舜)임금의 현신.

10) 伯牙(백아) : 초(楚)나라 사람으로 탄금(彈琴)의 명수(名手).

11) 鍾子期(종자기) : 楚(초)나라 사람으로 연주하는 음악의 소리를 듣고 그 감
    정을 잘 판별하였다고 한다.

12) 巍巍(외외) : 높은 산이 우뚝 솟은 모양.

13) 少選之間(소선지간) : 아주 짧은 동안. 잠시 동안.

14) 湯湯(탕탕) : 넓고 큰 물이 흐르는 모양. 탕탕(蕩蕩).

15) 驥(기) : 하루에 천 리를 달리는 말. 천리마(千里馬).

다. 무엇으로 나를 기쁘게 할 것인가

　탕왕(湯王)은 이윤(伊尹)을 얻고 종묘(宗廟)에 고하여 재화
(災禍)를 멀리하고 복을 불러들이는 의식을 행하는데, 목욕재계
(沐浴齋戒)하고 횃불을 들어 밝히며, 소·양·돼지 등 희생(犧牲)
의 피를 몸에 바르고 행하였다.

　다음 날 조회(朝會)를 열어 그를 만났다. 이때 이윤은 아주 좋은 맛에 대하여 이야기함으로써 탕왕을 기쁘게 해주었다.

　탕왕이 묻기를

"그대를 얻었으니 무엇을 할 것인가?"

하니 이윤이 대답하였다.

"임금님의 나라는 작아 그것으로써 갖추기에는 족하지 못합니다. 천자가 되신 뒤에나 갖출 수 있을 것입니다.

　대저 세 가지 종류의 금수(禽獸)가 있으니, 물에 사는 것의 맛은 비린내가 나고, 고기를 먹고 사는 것의 맛은 누린내가 나고, 풀을 먹고 사는 것의 맛은 노린내가 납니다. 비록 냄새가 고약한 것에도 또한 좋은 맛이 있으니 모두 쓰이는 바가 있습니다.

　무릇 맛의 근본은 물을 가장 먼저로 칩니다. 짜고 쓰고 시고 맵고 단 맛의 오미(五味)를 물과 나무와 불의 세 가지 재료로 아홉 번 끓여서 아홉 번 변하게 하니 불이 그것을 조절합니다. 때로는 센 불로 때로는 약한 불로 비린 냄새를 없애고 누린 냄새를 제거하고 노린 냄새를 제거함으로써 반드시 그것을 이겨내는 데에 그 이치를 잃지 않아야 합니다.

　맛을 조절하여 고르게 하는 일은 반드시 달고 시고 쓰고 맵고 짠맛으로써 먼저 하고 뒤에 하고, 많이 쓰고 적게 써 맛을 조화하는 일이 매우 미묘한 것으로 모두 그 조화에 따라 생깁니다.

　그리고 솥 안에서의 변화는 정묘(精妙)하고 미묘하고 섬세(纖細)하여 말로써 설명할 수 없고 뜻으로도 무엇에 비유할 수가 없습니다. 활쏘기와 말달리기의 미묘함이나 음양(陰陽)의 변화나 사시(四時)의 운행과 같습니다.

　오래되어도 못쓰게 되지 않고, 익어도 문드러지지 않고, 달되 진하지 않고, 시되 지독하지 않고, 짜되 줄지 않고, 맵되 맹렬하지 않고, 담백하되 맛없지 않고, 살찌되 기름이 끼지 않습니다.

　고기로서 좋은 것은 성성(猩猩 : 원숭이과의 동물) 이의 입술, 환환(獾獾 : 새의 일종)의 구이, 준연(雋觾 : 새의 일종)의 꼬리, 술탕(述蕩)의 발바닥, 모상(旄象)의 꼬리입니다.

유사(流沙)의 서쪽, 단산(丹山)의 남쪽에는 옥(沃)나라 백성들이 먹는 봉황새의 알이 있습니다.

물고기로서 좋은 것은 동정호(洞庭湖)의 보어(鱄魚), 동해의 이어(鮞魚)등이 있습니다.

예수(醴水)의 물고기를 이름하여 주별(朱鼈)이라고 하는데 여섯 개의 발에 푸른 구슬 백 개가 달렸다고 합니다.

관수(藿水)의 물고기는 이름하여 요어(鰩魚)라고 하는데, 그 형상은 잉어와 같고 날개가 있어 언제나 서해에서 밤에 날아와 동해에서 헤엄을 칩니다.

나물로서 좋은 것은 곤륜산(崑崙山)의 부평초(浮萍草), 수목(壽木)의 과실입니다.

지고(指姑)의 동쪽인 중용(中容)이라는 나라에 있는 붉은 나무와 검은 나무의 잎사귀가 있습니다.

여무(餘瞀)의 남쪽인 남극의 언덕에 나물이 있는데, 그 이름을 가수(嘉樹)라 하고 그 빛깔은 푸른 구슬과 같습니다.

또 양화산(陽華山)의 향운(香芸), 운몽택(雲夢澤)의 미나리, 구구택(具區澤)의 순무가 있고, 침연(浸淵)의 풀이 있는데 이름하여 토영(土英)이라고 합니다.

조미료(調味料)로 좋은 것은 양박(陽樸)의 생강, 초요산(招搖山)의 계피(桂皮), 월락(越駱)의 죽순(竹筍), 전유(鱣鮪)의 젓갈, 대하택(大夏澤)의 소금이 있고, 재게산(宰揭山)의 옥로(玉露)가 있는데 그 빛깔은 구슬과 같습니다. 그리고 장택(長澤)의 큰 알이 있습니다.

곡식으로 좋은 것은 현산(玄山)의 벼, 부주(不周)의 조, 양산(陽山)의 메기장, 남해(南海)의 검은 기장이 있습니다.

물로서 좋은 것은 삼위산(三危山)의 노수(露水), 곤륜산의 샘이 있고, 저강(沮江)가의 언덕에 요수(搖水)라는 이름의 못이 있으며, 왈산(曰山)의 물, 고천산(高泉山) 위의 용천(涌泉)이 있습니다.

과실의 좋은 것은 기주(冀州)의 들에 있는 사당(沙棠)나무 열

매, 상산(常山) 북쪽 투연(投淵) 못가에 백과(百果)가 있는데 이것은 사후에 신이 된 모든 제위(帝位)에 있던 이들이 먹는 것입니다.

기산(箕山) 동쪽 청조산(靑鳥山)에 감로(甘櫨)가 있고, 장강(長江) 강가의 귤, 운몽택(雲夢澤)의 유자(柚子), 한수(漢水) 위의 석이(石耳)가 있는데 위에서 말한 진품(珍品)인 좋은 맛들입니다.

말로서 좋은 것은 청룡(靑龍)의 필(匹)이 있고, 유풍(遺風)의 승(乘)이 있는데, 우선 천자가 되지 못하면 얻어 갖출 수 없습니다.

천자는 억지로 되는 것이 아니고 반드시 먼저 인의(仁義)의 도(道)를 알아야 합니다. 도는 남에게 있는 것이 아니라 자기에게 있는 것이니, 자기 스스로 인의의 도를 이룸으로써 천자가 되는 것입니다.

천자가 되면 아주 좋은 맛을 갖추게 되는 것입니다."

그러므로 가까운 것을 살피는 것은 먼 데의 것을 알기 위해서다. 자기를 완성하는 것은 남을 완성시키기 위해서다.

성왕(聖王)이 천하를 다스리는 도는 먼저 자기를 완성하고 나서 뒤에 남을 완성시키는 데에 있는 것이니, 어찌 이 정도(正道)를 가볍게 여기고 많은 일을 할 수 있을 것인가.

湯得伊尹 祓[1]之於廟 爝以爟火[2] 釁以犧猳[3] 明日設朝[4]而見之 說湯以至味 湯曰 可對而爲乎 對曰 君之國小 不足以具之 爲天子然後可具 夫三群之蟲[5] 水居者腥 肉玃者臊[6] 草食者羶 臭惡猶美[7] 皆有所以 凡味之本 水最爲始 五味三材[8] 九沸九變 火爲之紀[9] 時疾時徐[10] 減腥去臊除羶 必以其勝 無失其理 調和之事 必以甘酸苦辛鹹 先後多少 其齊[11]甚微 皆有自起 鼎中之變 精妙微纖 口弗能言 志不能喻 若射御之微 陰陽之化 四時之數 故久而不弊 熟而不爛 甘而不噥[12] 酸而不酷 鹹而不減 辛而不烈 澹而不薄 肥而不䐃[13] 肉之美者 猩猩之脣 玃玃之炙 雋鰰之翠 述蕩之掔[14] 旄象之約[15] 流沙[16]之西 丹山[17]之南 有鳳之丸[18] 沃民[19]所食 魚之美者 洞庭[20]之鱄 東

海之鰅[21] 醴水[22]之魚 名曰朱鼈 六足有珠百碧[23] 藋水[24]之魚名曰鰩
其狀若鯉而有翼 常從西海夜飛游於東海 菜之美者 崑崙[25]之蘋[26] 壽
木之華[27] 指姑[28]之東 中容[29]之國 有赤木玄木之葉[30]焉 餘瞀[31]之南
南極之崖 有菜其名曰嘉樹[32] 其色若碧 陽華之芸[33] 雲夢[34]之芹 具區
[35]之菁 浸淵[36]之草 名曰土英[37] 和[38]之美者 陽樸[39]之薑 招搖[40]之桂
越駱之菌[41] 鱣鮪之醢[42] 大夏[43]之鹽 宰揭[44]之露 其色如玉 長澤[45]之
卵 飯[46]之美者 玄山[47]之禾 不周[48]之粟 陽山之穄[49] 南海之秬[50] 水之
美者三危[51]之露 崑崙之井 沮江之丘 名曰搖水 曰山之水 高泉之山
其上有涌泉焉 冀州[52]之原 果之美者 沙棠之實[53] 常山[54]之北 投淵[55]
之上 有百果焉 群帝[56]所食 箕山[57]之東 靑鳥[58]之所 有甘櫨[59]焉 江
浦[60]之橘 雲夢之柚 漢上石耳[61] 所以致之 馬之美者 靑龍之匹[62] 遺
風之乘[63] 非先爲天子不可得而具 天子不可彊爲[64] 必先知道 道者止
彼在己 己成而天子成 天子成則至味具 故審近所以知遠也 成己所
以成人也 聖王之道要矣 豈越越[65]多業哉

1) 祓(불) : 푸닥거리. 재화(災禍)를 멀리하고 복을 불러들이는 의식.

2) 爟火(관화) : 제사지낼 때 횃불을 드는 일.

3) 釁以犧猳(흔이희가) : 소·양·돼지의 피를 몸에 바르다. 흔은 희생(犧牲)의
   피를 몸에 바르는 일. 희가는 희생으로 쓰이는 소·양·돼지의 세 가축.

4) 設朝(설조) : 조회(朝會)를 열다.

5) 三群之蟲(삼군지충) : 바다고기. 육류를 먹는 짐승. 풀을 먹는 짐승 등 세 가
   지 종류의 금수(禽獸). 충은 금수의 뜻.

6) 肉玃者臊(육확자조) : 고기를 먹고 사는 것. 곧 육식동물(肉食動物). 조는
   누린내를 말한다.

7) 臭惡猶美(취악유미) : 냄새가 나쁜 것이 오히려 좋다. 곧 냄새가 고약한 것
   이라도 만들기에 따라서 좋은 음식을 만들 수 있다는 말.

8) 三材(삼재) : 물과 나무와 불의 세 가지 재료.

9) 紀(기) : 조절한다는 뜻.

10) 時疾時徐(시질시서) : 질은 빠르게의 뜻으로 센불을. 서는 천천히의 뜻으로
    약한 불을 나타낸다.

11) 齊(제) : 조화(調和)하다.

12) 醲(농) : 진하다. 농(濃)과 같다.

13) 腠(후) : 기름이 낀다는 뜻.

14) 逑蕩之掔(술탕지완) : 술탕은 짐승의 이름. 완은 발바닥.

15) 旄象之約(모상지약) : 모상은 짐승의 이름. 약은 꼬리의 뜻.

16) 流沙(유사) : 사막지대. 돈황(燉煌)의 서쪽 8백리에 있다고 한다.

17) 丹山(단산) : 남방에 있는 산의 이름.

18) 鳳之丸(봉지환) : 봉황새의 알. 환은 난(卵)과 같다.

19) 沃民(옥민) : 옥(沃)나라 백성. 옥은 나라 이름.

20) 洞庭(동정) : 호수의 이름. 동정호(洞庭湖).

21) 鮞(이) : 물고기의 이름. 곤이(鯤鮞).

22) 醴水(예수) : 물의 이름.

23) 珠百碧(주백벽) : 푸른 구슬 백 개.

24) 藋水(관수) : 물의 이름.

25) 崑崙(곤륜) : 산의 이름으로 서북방에 있는데 그 높이는 9만8천리라고 한
다. 곤륜산(崑崙山).

26) 蘋(빈) : 부평초(浮萍草). 개구리밥.

27) 壽木之華(수목지화) : 수목(壽木)은 곤륜산 꼭대기에 있는 나무. 화는 꽃
으로 과실이라는 뜻. 이 과실을 먹으면 죽지 않는다고 한다.

28) 指姑(지고) : 고여산(姑餘山).

29) 中容(중용) : 나라의 이름.

30) 赤木玄木之葉(적목현목지엽) : 붉은 나무·검은 나무의 잎. 이 잎을 먹으면
신선이 된다고 한다.

31) 餘瞀(여무) : 남방에 있는 산의 이름.

32) 嘉樹(가수) : 나물의 이름인데 이것을 먹으면 신령(神靈)스러워진다고 한다.

33) 陽華之芸(양화지운) : 양화는 산의 이름인데 오(吳)나라와 월(越)나라 사
이에 있다. 운은 향풀. 향운(香芸).

34) 雲夢(운몽) : 초(楚)나라에 있는 못의 이름.

35) 具區(구구) : 오(吳)나라와 월(越)나라의 사이에 있는 못의 이름.

36) 浸淵(침연) : 못의 이름.

37) 土英(토영) : 꽃의 이름. 영은 꽃.

38) 和(화) : 음식의 맛을 조화하는 재료. 조미료(調味料).

39) 陽樸(양박) : 촉(蜀)지방에 있는 지명(地名).

40) 招搖(초요) : 산의 이름.

41) 越駱之菌(월락지균) : 월락은 나라 이름. 균은 죽순(竹筍).

42) 鱣鮪之醢(전유지해) : 전유는 큰 물고기로 다랑어. 해는 젓갈.

43) 大夏(대하) : 못의 이름.

44) 宰揭(재게) : 산의 이름.

45) 長澤(장택) : 서방에 있는 못의 이름.

46) 飯(반) : 곡식.

47) 玄山(현산) : 지명(地名).

48) 不周(부주) : 산의 이름. 곤륜산 서북에 있다.

49) 陽山之穄(양산지제) : 양산의 기장. 양산은 곤륜산 남방에 있는 산. 제는 메
기장으로 직(稷)과 같다.

50) 秬(거) : 검은 기장. 서(黍)와 같다.

51) 三危(삼위) : 산의 이름.

52) 冀州(기주) : 중원(中原)에 있는 지명(地名).

53) 沙棠之實(사당지실) : 사당나무의 열매. 사당은 나무의 이름으로 곤륜산에
있다고 한다.

54) 常山(상산) : 산 이름.

55) 投淵(투연) : 못의 이름.

56) 群帝(군제) : 과거 제위(帝位)에 있다가 사후에 신이 된 이들.

57) 箕山(기산) : 지명으로 요(堯)임금 때의 현인(賢人)인 허유(許由)가 은거
하던 곳.

58) 靑鳥(청조) : 산의 이름으로 곤륜산 동쪽에 있다.

59) 甘櫨(감로) : 과실의 이름.

60) 江浦(강포) : 장강(長江)의 강가. 강(江)은 장강을 가리키고 포(浦)는 강
가를 말한다.

61) 漢上石耳(한상석이) : 한수 위의 석이(石耳). 석이는 나물 이름.

62) 靑龍之匹(청룡지필) : 청룡의 필(匹). 청룡은 7척 이상의 큰 말을 이르고
필은 말의 이름.

63) 遺風之乘(유풍지승) : 유풍의 승(乘). 유풍은 빨리 달리는 말을 이르고 승
은 말의 이름.

64) 天子不可彊爲(천자불가강위) : 천자는 억지로 되는 것이 아니다. 곧 천자
는 천명(天命)에 순종함으로써 천명을 받아 되는 것이라는 말.

65) 越越(월월) : 경솔하다. 가볍게 여기다.

3. 시기가 제일이다〔三曰首時〕

가. 때가 오기를 기다리는 것

성인이 일을 처리함에 있어서는 느지러진 듯하면서 급하고, 늦
는 듯하면서 빠르다. 그러면서 시기가 이르기를 기다린다. 왕계력
(王季歷)이 괴로워하면서 죽으니 그의 아들인 문왕(文王)이 그
것을 슬퍼하며 괴로워했다.

또 유리(羑里)에서 당한 치욕을 잊지 않았으나 아직 때가 좋지
않아 신하로서 주왕(紂王)을 섬겼다.

무왕(武王)은 주(紂)를 토벌할 일에 대하여 밤낮을 가리지 않
고 계획하기를 일찍이 게을리하지 않았고 또한 왕문(王門)의 치
욕을 잊지 않으면서 주를 섬기다가 즉위한 지 12년인 갑자일(甲
子日)에 비로소 주를 토벌하는 일을 이루었으니 시기는 진실로
쉽게 얻어지는 것이 아니었다.

태공망(太公望)은 동이(東夷) 출신의 현사(賢士)였다. 세상
을 평정(平定)하고자 뜻을 두었으나 현군(賢君)을 만나지 못하
고 있다가 문왕이 현명하다는 소문을 들었으므로 위수(渭水)에
서 낚시질을 하면서 그를 만날 시기를 살피고 있었다.

聖人之於事 似緩而急[1] 似遲而速 以待時 王季歷[2]困而死 文王苦
之[3] 有不忘羑里之醜[4] 時未可也 武王事之 夙夜不懈 亦不忘王門之

辱⁵⁾ 立⁶⁾十二年而成甲子之事⁷⁾ 時固不易得 太公望東夷之士⁸⁾也 欲
定一世而無其主⁹⁾ 聞文王賢 故釣於渭¹⁰⁾以觀之

1) 似緩而急(사완이급) : 느지러진 듯하면서 급하다. 완은 하는 일 없는 무위
   (無爲)를 뜻하고, 급은 성공함을 이르는 말.
2) 王季歷(왕계력) : 주(周)나라 문왕(文王)의 아버지로 나라 일에 수고하다
   가 죽었다.
3) 文王苦之(문왕고지) : 문왕이 아버지 죽은 것에 대하여 슬퍼한 것을 말한다.
4) 羑里之醜(유리지추) : 은(殷)나라 주왕(紂王)이 무도(無道)하여 문왕을 유
   리(羑里)로 잡아다 괴롭혔던 치욕(恥辱).
5) 王門之辱(왕문지욕) : 옥문지욕(玉門之辱)의 잘못. 문왕(文王)이 유리(羑
   里)에서 돌아올 때 왕문(王門 : 玉門)을 세워 왕과 같은 지위를 과시했건만
   무왕(武王)은 그의 뒤를 이었으면서도 신하로서 주왕을 섬긴 사실을 치욕으
   로 여겼다.
6) 立(입) : 즉위(卽位).
7) 甲子之事(갑자지사) : 무왕이 갑자일(甲子日)에 은의 주왕(紂王)과 싸워
   이겼던 사건.
8) 東夷之士(동이지사) : 태공망(太公望)이 주나라 도읍의 동쪽에 살았으므로 이
   르는 말. 동이는 상고시대 중국 동쪽 지방에 거주하던 미개 민족을 이르던 말.
9) 主(주) : 현주(賢主). 현군(賢君).
10) 渭(위) : 주나라 도읍 가까이에 있던 물 이름. 위수(渭水).

나. 때를 기다린 오자서(伍子胥)

오자서(伍子胥)는 오(吳)나라 왕을 만나보고자 하였으나 뜻
을 이루지 못하였다. 객(客)으로 이 사실을 왕자(王子)인 광(光)
에게 말하는 자가 있었다.

왕자 광은 오자서의 못생긴 얼굴이 보기 싫어 그의 말을 듣지
않고 만나기를 거절하였다. 그래서 객이 그 까닭을 물었다.

왕자 광이 말하였다.

"그의 얼굴 생김새는 내가 가장 싫어하는 바다."

이 말을 들은 오자서는 말하였다.

"그것은 쉬운 일입니다. 원컨대 왕자는 당상(堂上)에 앉아 있으면서 겹으로 휘장을 두르고 있고, 나는 다만 왕자의 옷소매나 보면서 그와 이야기를 하고 싶습니다."

이 말을 들은 왕자는 그렇다면 좋다면서 그와 만나기를 허락하였다. 이렇게 해서 오자서와 이야기를 나누었는데, 오자서가 말하는 중간에 왕자 광은 휘장을 걷어치우고 그의 손을 잡고 마주앉아 그의 이야기를 들었다.

오자서가 이야기를 마치니 왕자 광은 크게 기뻐하였다. 오자서는 생각건대 장차 오(吳)나라를 차지할 사람은 반드시 왕자 광이라고 하였다.

이야기를 마친 오자서가 물러나 들에서 농사짓기 7년만에 과연 왕자 광이 오왕(吳王) 요(僚)를 대신해서 오나라의 왕이 되었고, 오자서는 나라 일을 다스리는 자리에 임용(任用)되었다.

이에 자서(子胥)는 법제(法制)를 정비하고, 현인(賢人)을 예로써 대우하며, 사졸(士卒)을 선발하여 전투를 연습시켰다. 그렇게 하기 6년 뒤에 백거(柏擧)에서 초(楚)나라와 싸워 크게 이겼다.

아홉 번 싸워 아홉 번을 이기고 패하여 쫓겨가는 적을 천 리까지 쫓아가니 소왕(昭王)은 드디어 달아나고 마침내 초나라의 도읍인 영(郢)을 점령하였다.

자서는 손수 왕궁을 향해 활을 쏘고, 초나라 평왕(平王)의 무덤을 파헤쳐 그 시신에게 회초리질 하기 3백 번을 하였다.

앞서 7년 동안 농사지은 것은 그 아버지의 원수를 잊었던 것이 아니라 때를 기다리고 있었던 것이다.

伍子胥欲見吳王¹⁾而不得 客有言之於王子光者 見之而惡其貌 不聽其說而辭之 客請²⁾之王子光 王子光曰 其貌適吾所甚惡也 客以聞³⁾伍子胥 伍子胥曰 此易故⁴⁾也 願令王子居於堂上 重帷⁵⁾而見其衣若手⁶⁾ 請因說之 王子許 伍子胥說之半 王子光舉帷 搏其手而與之坐 說畢 王子光大說 伍子胥以爲有吳國者 必王子光也 退而耕于野七

年 王子光代吳王僚爲王 任[7]子胥 子胥乃修法制 下[8]賢良 選練士 習
戰鬪 六年然後大勝楚于柏擧[9] 九戰九勝 追北[10]千里 昭王出奔隨[11]
遂有郢[12] 親射王宮 鞭荆平之墳[13]三百 鄕[14]之耕 非忘其父之讐也 待
時也

1) 吳王(오왕) : 오나라 왕인 요(僚)를 가리킨다.

2) 請(청) : 청하다. 곧 물었다는 뜻. 문(問)과 같다.

3) 聞(문) : 들려주다. 곧 말해주었다는 뜻.

4) 易故(이고) : 쉬운 일. 고(故)는 사(事)와 같다.

5) 重帷(중유) : 휘장을 겹으로 치다.

6) 衣若手(의약수) : 옷소매.

7) 任(임) : 나라를 다스리는 자리에 임용(任用)되었다는 말.

8) 下(하) : 예로써 대우하였다는 뜻.

9) 柏擧(백거) : 초나라 고을의 이름.

10) 北(배) : 쫓겨나다. 달아나다.

11) 隨(수) : 드디어. 수(遂)와 같다.

12) 郢(영) : 초나라의 도읍.

13) 鞭荆平之墳(편형평지분) : 초나라 평왕의 무덤을 파헤쳐 시신에게 회초리
질을 하다. 형(荆)은 초(楚)를 달리 이르는 말. 평(平)은 초나라의 평왕(平
王). 평왕이 무고(誣告)하는 말을 듣고 오자서의 아버지와 형을 죽이고 오자
서마저 죽이려 하여 오자서는 오나라로 망명하였던 것이다. 그래서 그는 그
부형(父兄)의 원수를 갚기 위하여 초나라 궁전을 향해 활을 쏘았고, 평왕의
무덤을 파헤쳐 그 시신에게 회초리질을 하였던 것이다.

14) 鄕(향) : 먼저. 전(前)과 같다.

다. 세상 일은 가까우면서도 먼 것

묵적(墨翟)의 사상을 배우고 따르는 사람 중에 전구(田鳩)라
는 사람이 있었는데, 그가 진(秦)나라의 혜왕(惠王)을 만나보고
자 진나라에 머무르기를 3년 동안이나 있었으나 아직도 만나보
지 못하였다.

객(客)으로서 그 사실을 초(楚)나라 왕에게 말한 자가 있어 전구가 가서 초나라 왕을 만나보니 초나라 왕이 기뻐하며 그에게 장군의 부절(符節)을 주어 그로 하여금 진나라로 가게 하였다.

그는 진나라에 이르러 혜왕을 만나게 되었는데 사람에게 일러 말하였다.

"진나라로 가는 길은 먼저 초나라로 가는 것인가."

세상 일은 진실로 가까우면서 멀고, 멀면서 가까운 것이 있으니 시기 또한 그러하다. 은(殷)나라의 탕왕(湯王)이나 주(周)나라의 무왕(武王)이 현명하다고 하나 하(夏)나라의 걸왕(桀王)이나 은나라의 주왕(紂王)의 무도(無道)한 시절을 만나지 않았다면 왕도(王道)를 이룰 수 없었을 것이고, 반대로 걸왕이나 주왕의 무도한 시절이 있었다 하더라도 탕왕이나 무왕이 현명하지 않았다면 또한 왕도를 이룰 수 없었을 것이다.

성인이 시기를 만나는 것은 밝은 날 걸어가는 사람이 그림자와 서로 떨어질 수 없는 것과 같다. 그러므로 도(道)있는 선비가 때를 만나지 못하면 깊은 곳에 숨어 은거(隱居)하거나 수고하면서 그 때를 기다린다. 그러다가 한번 시기가 이르면 포의(布衣)로서 천자가 된 사람도 있고, 천승(天乘)의 군주로서 천하를 얻은 사람도 있고, 비천(卑賤)한 신분으로서 삼왕(三王)을 보좌한 사람도 있으며, 필부(匹夫)로서 만승(萬乘)의 천자에게 보복을 가한 사람도 있다.

그러므로 성인이 귀중하게 여기는 바는 오직 시기를 기다리는 것이다. 바야흐로 물이 얼어서 굳으면 농부가 씨를 뿌려 농사를 짓지 못하고, 농부가 농사를 지으려면 반드시 봄날이 오기를 기다려야 한다.

그러므로 사람이 비록 지혜롭다 하더라도 때를 만나지 못하면 공을 이루지 못한다. 바야흐로 나뭇잎이 무성할 때 아름다운 것이요, 온종일 그 잎을 따면 알지 못하는 사이에 그 잎은 다 떨어지고 만다.

가을에 서리가 내리면 모든 숲이 다 시든다. 일이 어렵고 쉬운

것은 적고 큰 데에 있는 것이 아니고 힘써 그 때를 아는 데에 있
는 것이다.

墨者有田鳩[1] 欲見秦惠王 留秦三年而弗得見 客有言之於楚王者
往見楚王 楚王說之 與將軍之節[2]以如秦 至因見惠王 告人曰 之秦
之道[3] 乃之楚乎 固有近之而遠[4] 遠之而近[5]者 時亦然 有湯武之賢
而無桀紂之時不成[6] 有桀紂之時而無湯武之賢亦不成 聖人之見時
若步之與影不可離[7] 故有道之士未遇時 隱匿分竄 勤以待時 時至有
從布衣而爲天子者[8] 有從千乘而得天下者 有從卑賤而佐三王者[9]
有從匹夫而報萬乘者[10] 故聖人之所貴唯時也 水凍方固 后稷不種
后稷之種 必待春 故人雖智而不遇時無功 方葉之茂美 終日采之而
不知 秋霜既下 衆林皆贏 事之難易 不在小大 務在知時

1) 田鳩(전구) : 제(齊)나라 사람으로 목적의 겸애설을 따르는 사람.

2) 節(절) : 신표(信標). 부절(符節).

3) 之秦之道(지진지도) : 진나라로 가는 길. 앞의 지(之)는 간다는 동사, 뒤의
   지(之)는 관형격.

4) 近之而遠(근지이원) : 가까우면서 멀다. 곧 진나라 혜왕을 만나기 위해 진나
   라에 3년이나 묵었으니 진나라에 가까이 있으면서도 만나지 못하고 먼 초나
   라를 거쳐서야 만나게 된 것을 이르는 뜻.

5) 遠之而近(원지이근) : 멀고도 가깝다. 곧 먼 초나라를 돌아서 왔지만 결국 3
   년씩이나 묵던 가까운 진나라라는 뜻.

6) 不成(불성) : 탕왕이나 무왕이 현명하더라도 걸왕이나 주왕의 무도(無道)한
   때가 아니었다면 왕도(王道)를 이루지 못했을 것이라는 뜻.

7) 影不可離(영불가리) : 사람이 밝은 날에 그림자를 떼놓고 다닐 수 없듯이, 도
   있는 현자도 때를 떼어놓고 생각할 수 없다는 뜻.

8) 布衣而爲天子者(포의이위천자자) : 아무 관직(官職)에도 없던 사람이 천자
   가 되다. 포의(布衣)는 관직에 있지 않은 사람을 이르는 말. 요(堯)임금이나
   순(舜)임금의 경우를 뜻한다.

9) 卑賤而佐三王者(비천이좌삼왕자) : 비천한 신분으로 삼왕을 보좌한 사람.
   곧 태공망(太公望)이 주(周)나라의 무왕을 도왔고 이윤(伊尹)이 은나라의

탕왕을 도왔으며, 부열(傳說)이 은나라의 고종(高宗)을 보좌한 경우를 가리
킨다.

10) 匹夫而報萬乘者(필부이보만승자) : 평범한 남자로서 만승(萬乘)의 대국
에 대하여 원수를 갚고자 한 사람. 진(晉)나라의 예양(豫讓)이 지백(智伯)
을 위하여 조양자(趙襄子)를 죽이려고 했던 일 같은 것을 가리킨다.

라. 일의 성공은 시기의 선택에 있다

정(鄭)나라의 자양(子陽)이 살해를 당하였는데 그것은 제구
(猘狗)의 난(亂)으로 말미암은 것이었다.

제(齊)나라의 고국(高國)이 피살되었는데 그것은 실우(失牛)
의 난으로 말미암은 것이었다. 그것은 사람들이 어지러운 시기를
이용하여 자양과 고국을 살해한 것이었다.

개와 소가 오히려 부르짖어 사람을 인도하였으니, 하물며 사람
으로써 창도함에 있어서이겠는가.

굶주린 말이 마구간에 꽉 차 있으면서 소리없이 조용한 것은 아
직 마초(馬草)인 꼴을 보지 못해서이고, 배고픈 개가 굴속에 꽉
차 있으면서 소리없이 조용한 것은 아직 뼈다귀를 보지 못해서이
다. 굶주린 말들이 꼴을 보고 배고픈 개들이 뼈다귀를 보면 다투
어 먹으려 덤빌 것이므로 그 어지러움은 막을 수 없을 것이다.

어지러운 세상의 백성들이 소리없이 조용한 것은 아직 현자(賢
者)를 보지 못해서이다.

일단 현자를 보면 모두 그쪽으로 달려가는 것을 막을 길이 없
을 것이다. 가는 자는 그의 형체를 보러 가는 것이 아니라 백성들
의 마음을 기쁘게 해주기 때문이다.

제(齊)나라의 민왕(湣王)이 동제(東帝 : 동쪽의 천자)라 칭
(稱)하였으나 제후(諸侯)들이 그에게 복종하지 않고 그 기회를
이용하여 노(魯)나라는 제나라의 서주(徐州)를 약취(略取)하였
으며, 조(趙)나라는 위(魏)나라의 도읍인 수릉(壽陵)을 점령하
여 민심을 잃으니 위(魏)나라가 그 기회를 이용하여 조나라의 견

씨(繭氏) 지방을 점유(占有)하였다.

　노나라나 위나라는 다 작은 나라로써 뜻을 큰 나라에 두고 그
때를 만난 것이었다. 그러므로 현명한 군주나 뛰어난 선비가 벼
슬 없는 사람을 근심하고자 하는 것은 어지러운 것을 근심하여 그
것을 구하는 것이다.

　하늘은 두 번 기회를 주지 않고, 시기는 오래 머물러 있지 않는
다. 능히 두 가지 일은 못한다. 모든 일의 성공은 적당한 시기에
있는 것이다.

　鄭子陽[1]之難[2] 猘狗[3]潰[4]之 齊高國[5]之難 失牛潰之 衆因之[6]以殺
子陽高國 當其時 狗牛猶可以爲人唱[7] 而況乎以人爲唱乎 飢馬盈廄
嘆然[8] 未見芻也 飢狗盈窖嘆然 未見骨也 見骨與芻 動不可禁 亂世
之民嘆然 未見賢者也 見賢人則往不可止 往者非其形 心之謂乎 齊
以東帝[9]困於天下[10] 而魯取徐州 邯鄲以壽陵困於萬民 而衛取繭氏[11]
以魯衛之細[12] 而皆得志於大國 遇其時也 故賢主秀士之欲憂黔首者
亂世當之矣 天不再與 時不久留 能不兩工[13] 事在當之

1) 鄭子陽(정자양) : 정(鄭)나라의 재상(宰相)인 자양(子陽).

2) 難(난) : 자양이 살해된 사건을 말한다.

3) 猘狗(제구) : 미친 개. 광견(狂犬).

4) 潰(궤) : 여기서는 난(難)의 뜻.

5) 齊高國(제고국) : 제(齊)나라의 실력자인 고국(高國).

6) 衆因之(중인지) : 제구(猘狗)와 실우(失牛)를 쫓는 어지러운 때를 이용했
　　다는 뜻.

7) 狗牛猶可以爲人唱(구우유가이위인창) : 결과적으로 개나 소가 사람을 부르
　　짖어 인도한 것이 된다는 뜻.

8) 嘆然(막연) : 소리없이 조용한 모양.

9) 東帝(동제) : 동쪽의 천자라는 뜻. 동쪽에 있는 제나라의 민왕(湣王)이 동제
　　(東帝)라 자칭하고 서쪽 나라인 진(秦)나라가 서제(西帝)라 자칭하여 천하
　　를 양분(兩分)하려고 하였으나 제후들이 복종하지 않아 실패한 일이 있다.

10) 困於天下(곤어천하) : 천하에게 괴로움을 당하다. 곧 제후들이 복종하지 않

았다는 뜻.

11) 繭氏(견씨) : 지방의 이름.

12) 細(세) : 작은 나라. 소(小)와 같다.

13) 兩工(양공) : 하늘은 기회를 두 번 두지 않고 때는 오래 머무르지 않는 두 가지를 말한다.

4. 상은 의로워야 한다〔四曰義賞〕

가. 자연의 섭리를 잘 살펴야 한다

봄 기운이 다가오면 초목이 생장(生長)하고 가을 기운이 다가오면 초목이 쇠락(衰落)한다. 생장하고 쇠락하는 것은 그렇게 되게 함으로 그렇게 되는 것이지 저절로 되는 것이 아니다.

그러므로 그렇게 되게 하는 것이 오면 만물은 그렇게 되지 않는 것이 없고, 그렇게 되게 하는 것이 오지 않으면 만물은 그렇게 되는 것이 없다.

옛날 사람들은 그렇게 되게 하는 까닭을 살핀다. 그러므로 만물은 쓰이지 않는 것이 없다. 상주고 벌주는 권리는 군주가 그렇게 되게 하는 것이다. 그 권리를 쓰는 것이 의(義)로우면 충신(忠信)과 친애(親愛)의 도(道)가 나타나고, 그것이 오래 나타나서 더욱 좋아지면 백성들은 거기 안정되는 것이 천성(天性)처럼 되는데, 이것을 교화가 이루어진 것이라고 한다.

교화가 이루어지면 비록 후한 상과 엄격한 위엄으로써 권장한다고 하더라도 그 전에 사람들 스스로가 충신(忠信)과 친애가 천성처럼 되어 있으므로 그렇게 되는 것을 막을 수가 없다.

그러므로 백성을 잘 가르치는 자는 그것을 상이나 벌로써 하지 않고 교화로써 이루어지게 한다. 교화가 이루어지면 상이나 벌로써는 막을 수 없다.

상이나 벌로써 백성의 불충(不忠)과 불신(不信)을 막을 수 없는 것도 또한 그러하다.

간위(姦僞)·적난(賊亂)·탐려(貪戾)의 도(道)가 일어나서 오래도록 끊이지 않으면 백성들은 그것이 습성이 되어 천성처럼 된다. 변방의 융(戎)·이(夷)·호(胡)·학(貉)·파(巴)·월(越) 등의 미개한 백성들은 간위와 적란과 탐려가 천성처럼 되어 있어 비록 후한 상과 엄격한 벌이 있다고 하지만 능히 막지 못한다.

초(楚)나라 사람들은 양판(兩版)으로 성(城)의 담을 쌓았는데, 초나라의 장수가 된 오기(吳起)가 그것을 바꾸게 하였더니 그것이 오랜 습성(習性)이 된 초나라에서는 도리어 그를 미워하였다.

사(邪)된 상벌(賞罰)을 정기(正氣)의 상벌로 바꾸면 백성은 사를 버리고 정(正)을 따르게 되므로 안락해진다. 서쪽의 미개 민족인 저(氐)와 강(羌)의 백성들은 적에게 잡히면 연루(連累)가 되어 죽게 될 것을 근심하지 않고 죽은 뒤에 화장(火葬)이 되지 않을 것을 근심한다.

이것은 모두 하늘의 정기를 얻지 못하고 사특한 것이 되는 것이다. 상이나 벌을 가함에는 삼가지 않을 수 없는 것이다. 상벌을 바르게 함으로써 백성을 바르게 하고 상벌을 바르게 하지 않음으로써 백성들을 사특하도록 만드는 것이다.

春氣至則草木産[1] 秋氣至則草木落 産與落或使之 非自然也 故使之者至 物無不爲 使之者不至 物無可爲 古之人審其所以使 故物莫不爲用 賞罰之柄[2] 此上之所以使也 其所以加者義 則忠信親愛之道彰 久彰而愈長 民之安之若性[3] 此之謂敎成 敎成則雖有厚賞嚴威弗能禁 故善敎者不以賞罰而敎成 敎成而賞罰弗能禁 用賞罰不當亦然 姦僞賊亂[4] 貪戾[5]之道興 久興而不息 民之讐之[6]若性 戎夷胡貉巴越[7]之民 是以雖有厚賞嚴罰弗能禁 郢人[8]之以兩版垣也 吳起變之而見惡 賞罰易而民安樂 氐羌[9]之民其虜也 不憂其係纍而憂其死不焚也[10] 皆成乎邪也 故賞罰之所加 不可不愼 且成而賊民

1) 産(산) : 생장(生長)한다.

2) 柄(병) : 권한. 권리.

3) 性(성) : 성품. 천성(天性).

4) 賊亂(적란) : 도적떼로 말미암은 어지러움.

5) 貪戾(탐려) : 욕심이 많아 정도(正道)에 어긋나는 일.

6) 讐之(수지) : 그것을 쓰다. 용(用)과 같다.

7) 戎夷胡貉巴越(융이호학파월) : 상고시대 중국 주변에 거주하던 미개한 민족들.

8) 郢人(영인) : 초(楚)나라 사람. 영은 초나라의 도읍.

9) 氐羌(저강) : 중국 서쪽에 거주하던 미개한 두 민족인 저와 강.

10) 憂其死不焚也(우기사불분야) : 그 죽은 뒤에 태워지지 않을 것을 근심한다. 분은 화장(火葬)을 뜻하는 것으로 그들은 죽어서 화장으로 장례를 치르는 것을 영광으로 알았던 것 같다.

나. 재앙과 근심은 나라 안에서 발생

옛날에 진(晉)나라 문공(文公)이 장차 초(楚)나라와 성복(城濮)에서 싸우고자 할 때 구범(咎犯)을 불러 물었다.

"초나라의 군세는 많고 우리 나라 군세는 적습니다. 어찌하면 좋겠습니까?"

구범은 대답하였다.

"신(臣)이 듣건대 '예(禮)를 번거롭게 하는 임금은 문(文)을 싫어하지 않고, 전쟁을 번거롭게 하는 임금은 속이는 술수(術數)를 싫어하지 않는다'고 하였습니다. 주군(主君)께서도 기습(奇襲)의 술책(術策)을 쓰실 뿐입니다."

문공은 구범의 말을 옹계(雍季)에게 하였다. 이 말은 들은 옹계는 대답하였다.

"못의 물을 다 퍼내고 고기를 잡는다면 어찌 고기를 잡지 못하겠습니까. 그러나 다음 해에는 그 못에 고기가 없을 것입니다. 산의 숲을 다 태우고 사냥을 한다면 어찌 짐승을 잡지 못하겠습니까. 그러나 다음 해에는 그 숲에 짐승이 없을 것입니다. 남을 속이

는 술책으로는 비록 일시적인 이점(利點)은 있다고 하더라도 뒤
에는 두 번 다시 그런 이점이 있을 수 없습니다. 따라서 그것은 좋
은 방법이 아닙니다."

그러나 문공은 구범의 계모(計謀)에 따라 초나라 군대를 성복
에서 격파하였다. 그리고 돌아와 상(賞)을 주는데 있어, 옹계를
으뜸 공신으로 삼는 것이었다. 그래서 좌우에서 간(諫)하여 말하
였다.

"성복 싸움에서 승리를 거둔 공은 구범의 계모(計謀)에 의한
것입니다. 주군께서 그의 말을 받아들이시어 이루어진 것인데 상
을 주는데 있어 그를 뒤로 돌리시니 혹 잘못 생각하신 것이 아니
옵니까."

이에 대하여 문공이 말하였다.

"옹계의 말은 백세(百世)의 이로움이요, 구범의 계모는 일시적
인 일이니, 어찌 일시적인 일을 가지고 백세의 이로움을 앞설 수
있겠는가."

공자가 이 이야기를 듣고 말하였다.

"어려움을 당하여 속임수를 쓰면 그것으로써 적을 물리치기에
는 족하다. 그러나 돌아와 현자(賢者)를 높이는 것은 그것으로써
덕(德)에 대한 갚음으로 족하다. 문공의 처사가 비록 처음과 끝
을 일치시키지는 못했지만 그것으로써 제후(諸侯)의 패자(覇
者)가 되기에는 족하다."

상(賞)이 그 마땅한 자리에 주어지면 백성들의 마음이 선(善)
한 방향으로 돌아오고, 백성들의 마음이 선한 방향으로 돌아가면
교화(教化)가 이루어진 것이다. 속임수로써 이루어진 것은 이루
어졌다고 하더라도 반드시 무너지고, 그 승리도 반드시 무너진다.

천하에는 싸워서 이긴 자는 많다. 그러나 패자의 일컬음을 받은
사람은 다섯 사람에 불과하니, 문공은 그 중의 한 사람이다. 그것
은 승리를 성공으로 이끄는 도리를 알고 있었기 때문이다. 승리
를 거두었더라도 승리를 성공으로 이끄는 도리를 알지 못한다면
승리하지 않은 것이나 다름 없다.

　진(秦)나라는 서융(西戎)과 싸워 이겼으나 효(殽)에서 패하
였고, 초(楚)나라는 중원의 여러 나라와 싸워 이겼으나 백거(柏
擧)에서 패하였다.

　그러나 주(周)나라의 무왕(武王)은 승리를 성공으로 이끄는
도리를 알고 있었다. 그러므로 은(殷)나라의 주왕(紂王)과 한 번
싸워 승리를 거두고 천하의 왕자(王者)가 되었다.

　많은 속임수가 나라 안에 보편화 되면 그것으로써 편안할 수 없
다. 재앙과 근심거리는 홀로 외환(外患)에만 있는 것이 아니라
나라 안에서 발생하는 것이다.

　昔晉文公將與楚人戰於城濮[1] 召咎犯而問曰 楚衆我寡 奈何而可
咎犯對曰 臣聞繁禮之君不足[2]於文 繁戰之君不足於詐 君亦詐之而
已 文公以咎犯言告雍季[3] 雍季曰 竭澤而漁 豈不獲得 而明年無魚
焚藪而田 豈不獲得 而明年無獸 詐僞之道 雖今偸[4]可 後將無復[5] 非
長術也 文公用咎犯之言 而敗楚人於城濮 反而爲賞 雍季在上 左右
諫曰 城濮之功 咎犯之謀也 君用其言而賞後其身 或者不可乎 文公
曰 雍季之言 百世之利也 咎犯之言 一時之務[6]也 焉有以一時之務
先百世之利者乎 孔子聞之曰 臨難用詐 足以却敵 反而尊賢 足以報
德 文公雖不終始[7] 足以覇矣 賞重則民移之 民移之則成焉 成乎詐
其成毁 其勝敗 天下勝者衆矣 而覇者乃五[8] 文公處其一 知勝之所
成也 勝而不知勝之所成 與無勝同 秦勝於戎而敗乎殽[9] 楚勝於諸夏
而敗乎柏擧 武王得之矣 故一勝而王天下 衆詐盈國 不可以爲安 患
非獨外也

1) 城濮(성복) : 초나라 북방의 지명(地名).

2) 不足(부족) : 싫어하지 않는다. 불염(不厭). 족은 염(厭)과 같다.

3) 雍季(옹계) : 문공이 19년 동안 떠돌아다닐 때 그를 따르던 사람.

4) 偸(투) : 일시적으로 임시변통으로.

5) 無復(무부) : 다시는 없다.

6) 一時之務(일시지무) : 한 때의 일. 무는 사(事)와 같다.

7) 不終始(부종시) : 처음과 끝이 일치하지 못하다. 먼저와 나중이 모순되다. 곧

먼저 작전은 구범의 말을 따르고, 뒤의 상을 주는 것은 옹계를 수공자(首功者)로 삼은 것을 두고 이르는 말.

8) 覇者乃五(패자내오) : 패자는 곧 다섯. 다섯은 제(齊)의 환공(桓公), 진(晉)의 문공(文公), 진(秦)의 목공(穆公), 송(宋)의 양공(襄公), 초(楚)의 장왕(莊王)의 오패(五覇).

9) 秦勝於戎而敗乎殽(진승어융이패호효) : 진나라가 서융과 싸워 이겼으나 효에서 패하다. 곧 승리를 성공으로 이끄는 도리를 몰라 승리하지 않은 것과 다름이 없었다는 뜻.

다. 상벌을 잘 쓴 조양자

조양자(趙襄子)가 진양(晉陽)의 포위를 뚫고 나와 그 공로자 다섯 사람에게 상(賞)을 주는데 고사(高赦)가 수공자(首功者)였다.

그것을 이상하게 여긴 장맹담(張孟談)이 물었다.

"진양성 안에 갇혀 계실 때 고사는 큰 공로가 없었는데 상(賞)을 주는데 있어서는 그를 가장 공로(功勞)가 많은 사람으로 하심은 무슨 까닭이십니까?"

조양자가 대답하였다.

"과인(寡人)의 나라와 사직(社稷)이 위태롭고, 내 몸이 근심 가운데 놓여 있을 때 과인과 더불어 교제하면서 군신(君臣)의 예를 잃지 않은 자는 오직 고사 한 사람뿐이었다. 나는 그것을 가지고 그를 수공자(首功者)로 삼는 것이다."

중니(仲尼)가 그 이야기를 듣고 말하였다.

"양자(襄子)는 상 주는 것을 잘 했다고 할 것이다. 고사 한 사람을 상줌으로써 천하에 남의 신하된 자가 감히 예를 잃지 않을 것이다."

이로써 군대를 다스림에 있어 가볍게 처사하지 않았다. 그렇게 해서 북으로 대(代)의 땅을 취할 수 있었고, 동으로 제(齊)나라를 핍박(逼迫)하였으며, 장맹담으로 하여금 성(城)을 넘어 몰래

가서 위환자(魏桓子)와 한강자(韓康子)와 더불어 지백(智伯)을 공격할 것을 기약하고, 마침내 지백의 머리를 끊어 그것으로써 술잔을 삼고 드디어 진(晉)나라를 삼분(三分)하여 조(趙)·위(魏)·한(韓)으로 분립하였다.

어찌 상벌(賞罰)을 써 바로잡지 않을 것인가.

趙襄子出圍[1] 賞有功者五人 高赦爲首 張孟談曰 晉陽之中 赦無大功 賞而爲首何也 襄子曰 寡人之國危 社稷殆 身在憂約之中 與寡人交而不失君臣之禮者惟赦 吾是以先之 仲尼聞之[2]曰 襄子可謂善賞矣 賞一人[3]而天下之爲人臣 莫敢失禮 爲六軍[4]則不可易[5] 北取代[6] 東迫齊 令張孟談踰城潛行 與魏桓[7]韓康[8]期而擊智伯 斷其頭以爲觴 遂定三家[9] 豈非用賞罰當邪

1) 趙襄子出圍(조양자출위) : 조양자가 포위망(包圍網)에서 빠져나오다. 조양자는 진(晉)나라의 실력자였는데 또다른 실력자인 지백(智伯)이 조양자에게 영지(領地)를 분할해 줄 것을 요구하였다. 조양자가 그것을 거절하니 지백은 위환자(魏桓子)·한강자(韓康子)와 합세(合勢)하여 조양자를 진양성(晉陽城)에 가두기 3개월이 되었다. 조양자는 장맹담(張孟談)으로 하여금 몰래 성을 넘어 위환자와 한강자를 찾아가 그들을 달래 지백을 배반하게 하였다. 그래서 위환자와 한강자는 지백의 군(軍)에 반기를 들게 되었고 마침내 조양자는 지백의 군을 깨뜨리고 그를 살해하기에 이르렀다.

2) 仲尼聞之(중니문지) : 중니가 이 이야기를 듣다. 중니는 공자의 자(字)인데, 조양자의 사건은 공자 사후 20년의 일이니 이 말을 믿기 어렵다. 아마도 어느 유자(儒者)가 한 말이 잘못 전해진 것 같다.

3) 一人(일인) : 고사(高赦)를 가리키는 말.

4) 六軍(육군) : 군대의 총칭(總稱). 전군(全軍).

5) 不可易(불가이) : 가볍게 여기지 않다. 이(易)는 경(輕)과 같다.

6) 代(대) : 작은 제후국(諸侯國)으로 지금의 산서성(山西省) 광령현(廣靈縣) 서쪽에 위치한다.

7) 魏桓(위환) : 진(晉)나라의 실력자로 뒤에 위(魏)나라를 세웠다. 위환자(魏桓子).

8) 韓康(한강) : 진나라의 실력자로 뒤에 한(韓)나라를 세웠다. 한강자(韓康子).

9) 三家(삼가) : 조양자·위환자·한강자의 세 집안. 곧 세 사람이 합세하여 智伯(지백)
의 군을 격파하고 나서 진(晉)나라를 삼분(三分)하여 조(趙)·위(魏)·한(韓)의 세 나
라로 분립(分立)한 것을 이르는 말. 이렇게 진나라가 삼진(三晉)으로 분립하기 전을 역
사상 춘추시대(春秋時代)라 하고 그 이후는 전국시대(戰國時代)가 된다.

5. 공격은 오래한다〔五曰長攻〕

가. 시대를 잘 만나야 한다.

무릇 치란(治亂)과 존망(存亡)과 안위(安危)와 강약(强弱)
은 반드시 그 상대(相對)하는 바가 있은 연후에 이루어지는 것
이요, 각각 하나만으로는 베풀어지지 않는다.

걸왕(桀王)이나 주왕(紂王)이 비록 어리석었다 하더라도 그
의 멸망은 탕왕(湯王)이나 무왕(武王)을 만났기 때문이다.

걸왕이나 주왕이 탕왕이나 무왕을 만나게 된 것은 하늘의 뜻이
지, 걸왕이나 주왕이 어리석었기 때문만은 아니었다.

탕왕이나 무왕이 비록 현명하였다 하더라도 그들이 천하의 왕
자(王者)가 된 것은 걸왕이나 주왕을 만났기 때문이다.

탕왕이나 무왕이 걸왕이나 주왕을 만나게 된 것은 하늘의 뜻이
지, 탕왕이나 무왕이 현명하여서가 아니었다.

만약 걸왕이나 주왕이 탕왕이나 무왕을 만나지 않았다면 반드
시 멸망하지는 않았을 것이다. 걸왕이나 주왕이 멸망하지 않았다
면 비록 그들이 어리석었다 하더라도 그 치욕(恥辱)이 이에 이
르지는 않았을 것이다. 만약 탕왕이나 무왕으로 하여금 걸왕이나
주왕을 만나게 하지 않았다면 반드시 천하에 왕업(王業)을 이루
지는 못했을 것이다.

탕왕이나 무왕이 왕자가 되지 못하였다면 비록 그들이 현명하
였다 하더라도 그 나타난 영화가 이에 이르지는 않았을 것이다.

그러므로 군주로서 큰 공을 이루면 어리석다는 소리를 듣지 않으며, 나라를 멸망하게 만든 군주는 현명하다는 소리를 듣지 못한다.

이것을 비유해 말하건대 독실한 농부가 토지의 좋은 것을 분별하여 부지런히 밭갈고 김매는 것과 같다. 그렇다고 반드시 수확이 있는 것은 아니다. 그러나 수확은 밭갈고 김매는 그 농부가 반드시 거두게 된다.

우선 때맞추어 내리는 비를 만나는 데에 있으니, 때맞추어 내리는 비는 하늘의 뜻이지 독실한 농부가 잘 해서 되는 것은 아니다.

凡治亂存亡安危强弱 必有其遇[1] 然後可成 各一則不設[2] 故桀紂雖不肖 其亡遇湯武也 遇湯武天也 非桀紂之不肖也 湯武雖賢 其王[3] 遇桀紂也 遇桀紂天也 非湯武之賢也 若桀紂不遇湯武 未必亡也 桀紂不亡 雖不肖 辱未至於此 若使湯武不遇桀紂 未必王也 湯武不王雖賢 顯未至於此 故人主有大功 不聞不肖 亡國之主不聞賢 譬之若良農辯土地之宜 謹[4]耨之事 未必收也 然而收者 必此也 始在於遇時雨 遇時雨天也 非良農所能爲也

1) 遇(우) : 만나는 것. 곧 상대(相對)가 있다는 뜻.
2) 各一則不設(각일즉불설) : 각각 혼자서는 베풀어지지 않는다. 곧 다스려지는 것은 어지러운 상대가 있으므로 다스려진다는 뜻.
3) 王(왕) : 천하의 왕자(王者). 곧 천자(天子).
4) 謹(근) : 부지런하다. 여기서는 근(勤)과 같다.

나. 월왕에게 붙잡힌 오왕 부차

월(越)나라가 흉년이 들어 크게 굶주리고 있었다. 월왕 구천(句踐)은 그것을 걱정하여 범려(范蠡)를 불러 그 대책을 의논하였다.

그때 범려가 말하였다.

"왕께서는 무엇을 근심하십니까. 지금의 기근(饑饉)은 월나라의 행운(幸運)이요, 오(吳)나라의 재앙(災殃)입니다. 대저 오나

라는 퍽 부유(富裕)하고 재력의 여유가 있습니다. 그리고 오왕
부차(吳王夫差)는 아직 나이 어린데다가 지혜는 적고 재주는 가
볍습니다. 일시적인 명예를 좋아하고 후환(後患)을 생각하지 않
습니다.

왕께서 만약 예물을 두텁게 하고 말을 낮추어 오나라에 식량을
원조해 달라고 간청하시면 식량을 얻을 수 있을 것입니다. 식량
만 얻게 되면 마침내 월나라는 오나라를 점유(占有)하는 것이나
마찬가지인데 왕께서는 무엇을 근심하십니까."

이 말을 듣고 월왕(越王)은

"좋다"

하고는, 사람을 시켜 오나라에 식량 원조를 간청하였다.

오왕(吳王)은 이 간청을 듣고 식량을 원조하고자 하였다.

이 사실을 안 오자서(伍子胥)가 나아가 간하여 말하였다.

"식량을 주어서는 안 됩니다. 대저 오나라와 월나라는 국경을
접한 이웃 나라이고, 교통이 편리한데다가 서로 원수지간으로 싸
우는 적국입니다. 오나라에서 월나라를 멸망시키지 않으면 반드
시 월나라가 오나라를 멸망시킬 것입니다.

연(燕)나라·진(秦)나라·제(齊)나라·진(晉)나라와 같은 나
라들은 산이 많은 내륙(內陸) 지방에 처해 있으니 어찌 능히 오
호(五湖)와 구강(九江)을 건너고, 십칠액(十七阨)을 넘어 오나
라를 침공하여 점유할 수 있겠습니까. 그래서 '오나라가 월나라
를 멸망시키지 않으면 월나라가 오나라를 멸망시킨다'는 말이 있
습니다. 이제 월나라에 곡식을 보내 그들을 먹여 살리신다면 그
것은 우리의 원수를 자라게 하고 기르는 것이 됩니다. 그것은 재
물을 축내고 백성들을 두려워하게 만드는 것이니, 나중에 후회해
도 미치지 못합니다. 곡식을 주지 말고 그들을 이 기회에 공격하
여 그 술수(術數)를 굳게 하시는 것만 같지 못합니다.

이것은 옛날 우리 선왕(先王)께서 패자(覇者)가 되신 까닭입
니다. 그리고 그 기근은 누구에게나 있을 수 있는 일로 오히려 연
못이나 언덕과 같습니다. 누구의 나라에고 없겠습니까."

그러나 오왕 부차는 이렇게 말하였다.

"그렇지 않다. 나는 듣건대 '의로운 군대는 굴복한 나라를 공격하지 않고, 어진 사람은 굶주린 사람을 구제한다' 라고 하였다. 지금 월나라는 이미 굴복하였는데 그들을 공격하는 것은 의로운 군대가 아니다. 월나라 백성의 굶주림을 보고 구제하지 않는 것은 어진 정사가 아니다. 의롭지 않고 어질지 않으면서 비록 열 개의 월나라를 얻는다고 하더라도 나는 그렇게 하지 않겠다." 하면서 드디어 월나라에 식량을 제공하였다.

그후 3년을 넘기지 못하여 오나라에 또한 기근이 닥쳐왔다. 그래서 이번에는 오나라에서 사람을 시켜 월나라에 식량 원조를 청하였다. 월왕은 식량을 제공하지 않고 곧 오나라를 공격하니, 오왕 부차는 월나라에 사로잡히고 말았다.

越國大饑 王¹⁾恐召范蠡而謀 范蠡曰 王何患焉 今之饑 此越之福而吳之禍也 夫吳國甚富而財有餘 其王²⁾年少智寡才輕 好須臾之名³⁾ 不思後患 王若重幣⁴⁾卑辭 以請糴於吳則食可得也 食得其卒越必有吳 而王何患焉 越王曰善 乃使人請食於吳 吳王 將與之 伍子胥進諫曰 不可與也 夫吳之與越 接土隣境⁵⁾ 道易人通⁶⁾ 仇讐敵戰之國也 非吳喪⁷⁾越 越必喪吳 若燕秦齊晉 山處陸居 豈能踰五湖九江 越十七陌以有吳哉 故曰非吳喪越 越必喪吳 今將輸之粟 與之食 是長吾讐而養吾仇也 財匱⁸⁾而民恐 悔無及也 不若勿與而攻之 固其數也 此昔吾先王⁹⁾之所以霸 且夫饑饉代事¹⁰⁾也 猶淵之與阪 誰國無有 吳王曰 不然 吾聞之 義兵不攻服 仁者食饑餓 今服而攻之 非義兵也 饑而不食 非仁體¹¹⁾也 不仁不義 雖得十越 吾不爲也 遂與之食 不出三年而吳亦饑 使人請食於越 越王弗與 乃攻之 夫差爲禽

1) 王(왕) : 월왕(越王)인 구천(句踐).

2) 其王(기왕) : 그 왕. 오왕(吳王)인 부차(夫差)를 가리킨다.

3) 須臾之名(수유지명) : 일시적인 명예.

4) 重幣(중폐) : 예물(禮物)을 두터이하다.

5) 接土隣境(접토인경) : 땅을 맞대고 국경을 이웃하다. 곧 국경을 접한 이웃나

라라는 뜻.

6) 道易人通(도이인통) : 길은 사람이 통행하기 쉽다. 곧 교통이 편리하다는 뜻.

7) 喪(상) : 멸망시키다. 멸(滅)과 같다.

8) 匱(궤) : 궤 속의 곡식을 퍼내 곡식을 축낸다는 뜻.

9) 先王(선왕) : 월왕 합려(闔閭)를 가리킨다.

10) 代事(대사) : 돌려가면서 있는 일. 누구에게나 있을 수 있는 일.

11) 仁體(인체) : 인정(仁政). 어진 정사.

다. 식(息)과 채(蔡)를 빼앗은 초문왕(楚文王)

초(楚)나라의 문왕(文王)이 식(息)나라와 채(蔡)나라를 빼앗고자 하면서 먼저 짐짓 거짓으로 채나라 군주인 애후(哀侯)와 친선 관계를 맺고 그와 더불어 모의(謀議)하여 말하였다.

"나는 식나라를 빼앗고자 하는데 어찌하면 좋겠습니까?"

이에 대하여 채나라 애후는 대답하였다.

"식나라 군주의 부인은 나의 처제입니다. 내가 식나라 군주와 그의 부인을 연회에 청하는 것 같이 할 것이니, 그 때를 이용하여 왕과 내가 함께 가서 식나라를 습격하는 것이 좋을 것입니다."

초(楚)나라 왕이 좋다고 승낙하고는 채나라 군주와 함께 연회석에 참례하는 체 하면서 드디어 식나라를 쳐 취하고 돌아오는 길에 채나라에 머무르면서 또 채나라를 쳐 취하였다.

楚王[1]欲取息與蔡[2] 乃先佯善蔡侯[3] 而與之謀曰 吾欲得息 奈何 蔡侯曰 息夫人[4] 吾妻之姨[5]也 吾請爲饗息侯與其妻者 而與王俱 因 而襲之 楚王曰 諾 於是與蔡侯以饗禮 入於息 因與俱 遂取息 旋舍[6] 於蔡 又取蔡

1) 楚王(초왕) : 초(楚)나라의 문왕(文王)을 가리킨다.

2) 息與蔡(식여채) : 식(息)나라와 채(蔡)나라. 두 나라 다 당시의 작은 제후국.

3) 蔡侯(채후) : 채나라 군주인 애후(哀侯)를 가리킨다.

4) 息夫人(식부인) : 식(息)나라 군주의 부인.

5) 妻之姨(처지이) : 아내의 여동생. 곧 처제. 이는 아내의 여자 형제.
6) 旋舍(선사) : 싸움에 이기고 돌아오는 길에 머물렀다는 뜻.

라. 상복을 입고 하옥산에 오른 조양자

조간자(趙簡子)가 병이 들었다. 태자인 양자(襄子)를 불러 유언(遺言)하였다.

"내가 죽어 장례를 치르거든 상복은 최복(衰服)으로 하고, 하옥산(夏屋山)에 올라가 바라보아라."

이에 태자는 삼가 그렇게 하겠다고 대답하였다.

조간자가 세상을 떠났다. 장례를 마친 뒤에 양자는 최복을 입고 대신(大臣)들을 불러 말하였다.

"하옥산에 올라가서 바라보기를 원한다."

이에 대하여 모든 대신들은 간하여 말하기를

"하옥산에 올라가 바라보는 것은 놀이입니다. 최복을 입고 놀이하시는 것은 옳지 않습니다."

하고 말렸다. 그러나 양자는 말하기를

"이것은 돌아가신 아버님의 명령이오 과인이 감히 그 명을 어길 수는 없소."

하니, 여러 신하들이 삼가 그 뜻에 따랐다. 양자가 하옥산에 올라가 대(代)나라의 땅을 바라보니, 그 경색(景色)이 퍽 아름다웠다. 이에 양자는

"돌아가신 아버님께서는 반드시 이것으로써 나에게 지시하시는 바가 있으실 것이다."

하고 생각하고는, 돌아와 대나라를 빼앗을 계획을 세우고, 우선 그 나라와 친선 관계를 맺었다.

대나라 군주는 여색(女色)을 좋아하였다. 그것을 이용하여 그 누이를 그에게 시집보낼테니 아내로 삼아 달라고 청하였다. 이 청을 대나라 군주가 받아들였으므로 양자는 그 누이를 대나라로 출가시켰다. 양자가 대나라 군주를 기쁘게 해주기 위해 사용한 방

법은 그밖에도 여러 가지가 있었다.

대나라는 양마(良馬)의 명산지였는데 대나라 군주는 좋은 말을 양자에게 주어 보답하였다.

양자는 대나라 군주를 만나 술을 함께 마시자고 청하여 술취한 대나라 군주를 살해하고 그 나라를 빼앗아 버렸다.

먼저 춤추는 자 수백명으로 하여금 춤추게 하고 그들이 가지고 춤추는 깃털 속에 병기(兵器)를 감추고, 대금두(大金斗)를 갖추어 두었다. 이 때 대나라 군주가 나타나 흥겹게 술에 취해 있을 때 대금두를 치켜들어 대나라 군주를 내리치니 단번에 머리가 깨져 뇌수(腦髓)가 땅에 흩어져 범벅이 되었다. 이에 춤추던 자들이 병기를 잡아 싸워 대나라 군주를 따르는 자들을 모조리 죽였다.

그런 후 양자는 대나라 군주의 수레로써 그의 아내를 맞이하니, 그 아내는 멀리서 그 정상을 듣고 비녀를 갈아 스스로 목을 찔러 죽었다. 그러므로 조씨(趙氏) 집안에서는 지금까지도 자계(刺笄)의 증거와 반두(反斗)의 호(號)가 남아 있다.

이 월왕(越王) 구천(句踐)과 초(楚)나라 문왕(文王)과 조(趙)나라 양자(襄子)의 세 군주는 각자 그 목적을 이루기 위한 수단으로 떳떳한 도리를 따르지 못했으나 후세에 그들을 일컫는 것은 그들이 성공을 거두었기 때문이다. 이에 공이 있으면 그의 잘못은 덮어진다. 비록 왕자(王者)라도 그러할 것이다.

趙簡子病 召太子[1]而告之曰 我死已葬 服衰[2]而上夏屋之山[3]以望
太子敬諾 簡子死 已葬 服衰召大臣而告之曰 願登夏屋以望 大臣皆
諫曰 登夏屋以望是游也 服衰以游不可 襄子曰 此先君之命也 寡人
弗敢廢 群臣敬諾 襄子上於夏屋以望代俗[4] 其樂[5]甚美於是襄子曰
先君必以此敎之也 及歸 慮所以取代 乃先善之 代君好色 請以其弟
姊[6]妻之 代君許諾 弟姊已往 所以善代者乃萬故[7] 馬郡[8]宜馬 代君
以善馬奉襄子 襄子謁於代君 而請觴之 馬郡盡[9] 先令舞者置兵其羽
[10]中數百人 先具大金斗[11] 代君至酒酣 反斗而擊之 一成腦塗地[12] 舞
者操兵以鬪 盡殺其從者 因以代君之車迎其妻 其妻遙聞之狀 磨笄

以自刺 故趙氏至今有刺笄之證 與反斗之號 此三君¹³⁾者 其有所自
而得之 不備遵理 然而後世稱之 有功故也 有功於此而無其失 雖王
可也

1) 太子(태자) : 조양자(趙襄子)를 가리킨다.

2) 服衰(복최) : 상복(喪服)을 최복(衰服)으로 입으라는 말. 최복은 1년간 입
　는 상복. 비록 부친의 상이지만 3년을 입지 말고 1년만 입으라는 뜻이니, 상
　복을 입고는 대나라를 공략할 수 없기 때문에 1년으로 단축하라는 유언이다.

3) 夏屋之山(하옥지산) : 하옥산. 대(代)나라 남쪽에 있는 산이다.

4) 代俗(대속) : 대(代)나라의 땅. 속(俗)은 여기서 토(土)와 같다.

5) 樂(악) : 여기서는 경색(景色)을 뜻한다.

6) 弟姉(제자) : 누이. 제(弟)는 덧붙인 불필요한 말.

7) 萬故(만고) : 대나라 군주를 기쁘게 해준 일이 누이를 시집 보낸 것 외에도
　퍽 많다는 뜻.

8) 馬郡(마군) : 대나라는 말의 명산지(名産地)이므로 대나라를 달리 이르는 말.

9) 馬郡盡(마군진) : 마군인 곧 대나라를 멸망시켰다는 뜻.

10) 羽(우) : 춤추는 자가 가지고 춤추는 새의 깃털.

11) 大金斗(대금두) : 금으로 만든 큰 술잔. 이것은 크고 무거우므로 사람을 쳐
　　죽일 수 있다.

12) 一成腦塗地(일성뇌도지) : 대금두를 한번 내리쳐서 죽이는데 성공하였으
　　므로 머리가 깨져 뇌수가 땅으로 흩어져 뒤범벅이 되었다는 뜻.

13) 三君(삼군) : 세 군주. 곧 앞 이야기의 주인공인 월왕(越王) 구천과 초(楚)
　　나라 문왕. 그리고 조양자를 가리킨다.

6. 사람을 신중히 여기다〔六曰愼人〕

가. 하늘의 명과 인간이 할 일
공명(功名)을 크게 세우는 것은 천명(天命)이다. 천명인 까닭

으로 해서 인위(人爲)인 수양을 삼가지 않아 인의(仁義)를 닦지
않는 것은 옳지 않다.

대저 순(舜)임금이 요(堯)임금을 만난 것은 천명이다. 순이 역
산(歷山)에서 밭갈고, 강가에서 질그릇을 굽고, 뇌택(雷澤)에서
낚시질을 하니, 천하의 모든 백성이 그것을 기뻐하고 현사(賢士)
가 모두 즐겨 그 뜻을 따른 것은 인위(人爲)다.

대저 우(禹)가 순을 만난 것은 천명이다. 우가 천하를 두루 돌
면서 현자(賢者)를 구하고, 다스려 백성을 이롭게 하며 수로(水
潦)와 천택(川澤)이 막혀 괸 것을 모두 뚫어 통하게 한 것은 인
위다.

대저 탕왕(湯王)이 걸(桀)을 만나고, 무왕(武王)이 주(紂)를
만난 것은 천명이다. 탕왕과 무왕이 몸을 닦고 선업(善業)을 쌓
으며, 의(義)를 행하여 그것으로써 백성의 괴로움을 근심한 것은
인위다.

　功名大立天也 爲是故 因不愼其人[1]不可 夫舜遇堯天也 舜耕於歷
山 陶於河濱 釣於雷澤 天下說之 秀士從之人[2]也 夫禹遇舜天也 禹
周於天下以求賢者 事[3]利黔首 水潦川澤之湛滯壅塞可通者 禹盡爲
之人也 夫湯遇桀 武遇紂天也 湯武修身積善爲義 以憂苦於民人也

1) 不愼其人(불신기인) : 그 인위(人爲)인 수양을 삼가지 않다. 곧 인의(仁義)
　를 닦지 않는다는 말.
2) 人(인) : 인위(人爲).
3) 事(사) : 다스리다. 치(治)와 같다.

나. 시대가 그렇게 사람을 만든다

순(舜)이 밭갈고 고기잡을 때의 그 현명하고 어리석음은 천자
가 된 때와 서로 한 가지였다. 그가 아직 때를 만나기 전에는 그
무리에 속하는 사람들과 함께 땅에서 곡식을 거두었고 물에서 고
기를 잡았으며, 창포와 갈대를 엮어 그릇을 만들고 그물을 뜨고

하는 등의 일을 많이 하여 손발에 박힌 못이 없어질 날이 없었는
데, 그렇게 한 뒤에라야 춥고 배고픈 근심을 면할 수가 있었다.

그 때의 만남에 이르러서는 천자의 지위에 올랐고, 현사(賢士)
들이 돌아와 의지했으며 만백성이 그것을 기렸다.

남녀노소(男女老少)가 다 모여 요란스럽게 떠받들면서 기뻐하
지 않는 자가 없었다. 이에 순임금은 시를 지어 읊었는데

"넓고 넓은 천하에 왕의 땅이 아닌 데가 없고,

땅이 끝난 바닷가까지 왕의 백성이 아닌 이가 없구나."
라고 하였다. 이것은 모든 것을 다 소유하는 것을 나타내는 뜻이
었다. 모든 것을 다 소유한다는 것은 현명함을 더하는 것이 아니
고, 모든 것이 없다고 하는 것은 현명함을 더는 것이 아니라 때가
그렇게 하게 하는 것이다.

舜之耕漁 其賢不肯與爲天子同 其未遇時也 以其徒屬堀地財[1] 取
水利 編蒲葦 結罘網 手足胼胝[2]不居[3] 然後免於凍餒之患 其遇時也
登爲天子 賢士歸之 萬民譽之 丈夫女子振振殷殷[4] 無不戴說 舜自
爲詩曰 普天之下 莫非王土 率土之濱[5] 莫非王臣 所以見盡有之也
盡有之 賢非加也 盡無之 賢非損也 時使然也

1) 堀地財(굴지재) : 땅에서 재물을 파내다. 곧 땅을 갈아 곡식을 거둔다는 뜻.
　　굴은 굴(掘)의 오자(誤字). 재는 곡(穀)의 뜻.
2) 胼胝(변지) : 살에 박힌 군더더기 살인 못.
3) 不居(불거) : 멈추지 않다. 곧 없어지지 않는다는 뜻.
4) 振振殷殷(진진은은) : 많은 사람이 모여 요란스럽게 떠드는 모양.
5) 率土之濱(솔토지빈) : 땅이 끝나는 바닷가까지.

다. 양가죽 다섯 장의 몸값

백리해(百里奚)가 아직 때를 만나지 못하고 있을 때 괵(虢)나
라가 망하였다. 그 때 진(晉)나라의 포로가 되어 있다가 도망하
여 진(秦)나라로 가 남의 소를 먹이면서 세월을 보내고 있는데,

진(秦)나라의 대부(大夫)인 공손지(公孫枝)가 그의 현명함을
알고 기뻐하여 양의 가죽 다섯 장으로 그의 몸값을 치러 자유의
몸이 되게 하고는, 그를 목공(繆公)에게 소개하면서 사흘 동안
그에게 대부의 직책을 맡겨 줄 것을 청하였다.

이에 대하여 목공이 말하였다.

"양의 가죽 다섯 장으로 몸값을 치르고 대부의 직책을 맡긴다
면 천하의 웃음거리가 되지 않겠는가."

공손지가 대답하여 말하였다.

"현명함을 믿고 그에게 임무를 맡기는 것은 군주의 영명(英明)
함이요, 현명하면서 사양하고 아랫자리를 원하는 것은 신하의 충
성된 마음입니다. 군주는 밝은 군주가 되고, 신하는 충성스런 신
하가 됩니다. 그가 진실로 현명하여 나라 사람들이 장차 마음으
로 복종하고, 적국이 또한 두려워한다면 누가 웃을 겨를이 있겠
습니까."

목공은 드디어 백리해를 믿고 임용하였는데, 그의 계략은 맞아
떨어지지 않는 것이 없었고, 그의 거사(擧事)는 반드시 성공을
거두었다. 그것은 백리해의 현명함이 증가한 것이 아니다. 백리해
가 비록 현명하였다 하더라도 목공을 만나지 않았다면 반드시 이
와 같은 명성을 이루지는 못했을 것이다.

지금 세상에는 백리해같은 인물이 없음을 어찌 알겠는가. 그러
므로 군주로서 현사(賢士)를 구하고자 하면 널리 각 방면으로 찾
지 않으면 안 된다.

百里奚之未遇時也 亡虢[1]而虜晉 飯牛[2]於秦傳鬻[3]以五羊之皮 公
孫枝得而說之 獻諸[4]繆公 三日請屬事[5]焉 繆公曰 買之五羊之皮而
屬事焉 無乃天下笑乎 公孫枝對曰 信賢而任之 君之明也 讓賢而下
之 臣之忠也 君爲明君 臣爲忠臣 彼信賢 境內將服 敵國且畏 夫誰
暇笑哉 繆公遂用之 謀無不當 擧必有功 非加賢也 使百里奚雖賢 無
得繆公 必無此名矣 今焉知世之無百里奚哉 故人主之欲求士者 不
可不務博也

1) 亡虢(망괵) : 괵(虢)나라를 멸망시키다. 이것은 잘못된 말이다. 백리해(百里 奚)는 우(虞)나라의 신하로 진(晉)나라가 괵나라를 치기 위해 우나라의 길 을 빌리려고 할 때 그 부당성을 지적하고 우나라 군주에게 간(諫)하려고 했 으나 그것이 받아들여지지 않을 것을 알고 진(秦)나라로 망명(亡命)하였던 것이다.

2) 飯牛(반우) : 소를 먹이다. 양우(養牛)와 같다.

3) 鬻(육) : 몸값을 치르다. 속(贖)과 같다.

4) 獻諸(헌제) : 그를 바치다. 곧 그를 소개하다. 헌은 소개하다로 풀이되며, 제 는 지(之)와 같은 것으로 백리해를 가리킨다.

5) 屬事(촉사) : 일을 위촉하다. 곧 대부(大夫)의 직책을 맡긴다는 뜻.

라. 선생은 부끄러움을 모르시는가?

공자가 진(陳)나라와 채(蔡)나라 사이를 오가면서 곤궁하게 지낼 때 이레 동안이나 밥을 먹지 못하였다. 이때 명아주로 국을 끓였는데 곡식은 한 알도 섞이지 않았다. 재여(宰予)는 극도로 지쳐 있었는데 공자는 방에서 거문고를 타면서 노래를 부르고 있었고, 안회(顔回)는 밖에서 나물을 캐고 있었다.

자로(子路)와 자공(子貢)이 마주보고 말하였다.

"선생님께서는 노(魯)나라에서는 추방을 당하고, 위(衛)나라 에서는 자취를 감추었으며, 송(宋)나라에서는 죽이려고 나무를 자르는 일까지 당하셨는데 이제 또 진나라와 채나라에서 곤궁하 게 지내신다. 선생님을 죽이려고 한 자는 죄가 없고, 선생님을 욕 보이려고 하는 자는 막지 못한다. 그렇건만 선생님께서는 거문고 를 타면서 노래 부르고 북을 두드리면서 춤을 추시는데 아직도 그 소리가 끊이지 않으니, 대체 선생님의 부끄러워할 줄 모르는 것 이 이와 같은 것이란 말인가."

이런 말을 들은 안회는 아무 말도 하지 않고 들어가 공자에게 그 말을 고하였다. 공자는 그 말을 듣고 낯빛을 바꾸어 거문고를 밀어놓고 길게 탄식하면서 말하였다.

"유(由)와 사(賜)는 참으로 소인(小人)이로구나. 불러라. 내 그들에게 말해주마."

그래서 자로와 자공은 방으로 들어갔다. 자공이 먼저 말하였다.

"이와 같은 것을 곤궁하다고 말할 수 있습니다."

이 말에 대하여 공자가 말하였다.

"이 무슨 당치 않은 말이냐. 군자가 도(道)에 통달하면 그것을 달(達)이라 이르고, 도에 통달하지 못하면 그것을 궁(窮)이라 이른다. 지금 내가 인의(仁義)의 도를 지킴에 있어 난세(亂世)의 화환(禍患)을 만난 것이 이와 같다. 어찌 이것을 곤궁하다 이르겠느냐. 그러므로 안으로 살펴 도를 닦음에 부끄러운 것이 없고 환난(患難)을 당하여도 그 덕(德)을 잃지 않는다. 큰 추위가 이미 이르렀고 서리와 눈이 이미 내린 뒤에 나는 송백(松柏)의 무성한 것을 안다.

옛날에 제(齊)나라의 환공(桓公)은 그 패업(覇業)을 거(莒)에서 이루었고, 진(晉)나라 문공(文公)은 조(曹)에서 패업을 이루었으며, 월왕(越王) 구천(句踐)은 회계(會稽)에서 패업을 이루었다. 지금 내가 진나라와 채나라에서 양식이 떨어진 것은 그것이 도리어 행운일는지도 모른다."

공자는 말을 마치고 위엄있게 다시 비파를 당겨 타고, 자로는 맞서 방패를 잡고 춤을 추었다. 이 광경을 보고 자공이 말하였다.

"나는 하늘의 높음을 알지 못하고 땅의 깊음을 알지 못한다."

옛날에 도를 얻은 사람은 곤궁하여도 또한 즐거워하였고, 통달하여도 또한 즐거워하였다. 도를 즐거워함은 곤궁하고 통달함에 있지 않다.

도를 얻은 사람에게는 곤궁함과 통달함이 하나다. 한서(寒暑)와 풍우(風雨)가 순환하듯이 자연의 차례다. 그러므로 허유(許由)는 영양(潁陽)에서 즐겼고, 공백(共伯)은 공수산(共首山)에서 뜻을 얻었다.

孔子窮於陳蔡[1]之間 七日不嘗食 藜羹不糝[2] 宰予[3]備[4]矣 孔子弦

歌⁵⁾於室 顔回擇菜於外 子路與子貢相與而言曰 夫子逐於魯 削迹於
衛⁶⁾ 伐樹於宋⁷⁾ 窮於陳蔡 殺夫子者無罪 藉⁸⁾夫子者不禁 夫子弦歌
鼓舞 未嘗絶音 蓋君子之無所醜⁹⁾也若此乎 顔回無以對 入以告孔子
孔子憯然推琴 喟然而歎曰 由與賜¹⁰⁾小人也 召吾語之 子路與子貢
入 子貢曰 如此者可謂窮矣 孔子曰 是何言也 君子達於道之謂達 窮
於道之謂窮 今丘¹¹⁾也拘仁義之道 以遭亂世之患 其所也 何窮之謂
故內省而不疚於道¹²⁾ 臨難而不失而德 大寒旣至 霜雪旣降 吾是以
知松柏之茂也 昔桓公得之莒¹³⁾ 文公得之曹¹⁴⁾ 越王得之會稽¹⁵⁾ 陳蔡
之阨¹⁶⁾ 於丘其幸乎 孔子烈然返瑟而弦 子路抗然執干而舞 子貢曰
吾不知天之高也 不知地之下也 古之得道者 窮亦樂 達亦樂 所樂非
窮達也 道得於此 則窮達一也 爲寒暑風雨之序矣 故許由虞乎潁陽¹⁷⁾
而共伯¹⁸⁾ 得乎共首¹⁹⁾

1) 陳蔡(진채) : 진(陳)나라와 채(蔡)나라. 둘 다 춘추시대의 제후국.
2) 藜羹不糝(여갱불삼) : 명아주국에 곡식의 낟알이 섞이지 않았다.
3) 宰予(재여) : 공자의 제자.
4) 備(비) : 극도로 지쳐있다는 뜻. 비(憊)와 같다.
5) 弦歌(현가) : 거문고의 줄을 튕기면서 노래를 부르다.
6) 削迹於衛(삭적어위) : 위(衛)나라에서 자취를 감추다. 삭은 여기서 감추다의
   뜻이다. 위나라는 춘추시대 제후국의 하나. 공자가 노나라에서 위나라로 갔는
   데 해치고자 하는 자가 있어 자로의 처형 집에 숨어 살던 것을 이르는 말이다.
7) 伐樹於宋(벌수어송) : 송(宋)나라에서는 나무를 베다. 송나라는 춘추시대
   제후국의 하나. 공자가 송나라를 지나면서 여러 제자와 더불어 큰 나무 밑에
   서 예(禮)를 익히는데, 송나라 사람이 공자를 죽이고자 그 나무를 베어 넘긴
   일이 있는데 그것을 두고 하는 말이다.
8) 藉(자) : 욕되게 하다. 욕(辱)과 같다.
9) 醜(추) : 부끄러워하다. 치(恥)와 같다.
10) 由與賜(유여사) : 유(由)는 자로의 이름. 사(賜)는 자공의 이름.
11) 丘(구) : 공자의 이름. 곧 공자가 자신을 가리켜 이르는 말로 '나'라는 뜻.
12) 不疚於道(불구어도) : 도에 병들지 않다. 곧 도를 닦음에 있어 부끄러울 것
    이 없다는 뜻.

13) 桓公得之莒(환공득지거) : 제(齊)나라 환공(桓公)이 거(莒) 땅에서 패자
    (覇者)의 뜻을 얻었다는 뜻.

14) 文公得之曹(문공득지조) : 진(晉)나라의 문공(文公)이 조(曹) 땅에서 패
    자의 뜻을 얻었다는 뜻.

15) 越王得之會稽(월왕득지회계) : 월(越)나라 왕 구천(句踐)은 회계산(會稽
    山)에서 패자의 뜻을 얻었다는 뜻. 월왕 구천은 오패의 한 사람인데 오(吳)
    나라와 싸워 패하여 항복하고 회계산에 갇혀 지낸 일이 있다. 그가 패자가 된
    것은 그런 곤궁한 일을 겪었기 때문에 될 수 있었다는 말.

16) 阨(액) : 막히다의 뜻인데, 여기서는 식량이 떨어져 곤궁한 일을 당하는 것
    을 뜻한다.

17) 虞乎潁陽(우호영양) : 우(虞)는 즐기다. 영양은 영수(潁水)의 북쪽. 곧 기
    산을 말한다. 양(陽)은 강의 북쪽을 가리킨다.

18) 共伯(공백) : 상고시대 공국(共國)의 제후. 그는 나라를 버리고 공수산(共
    首山)에 숨어 살며 그의 뜻을 얻었다고 한다.

19) 共首(공수) : 산의 이름. 공수산(共首山).

7. 우연히 합하는 것이다(七曰遇合)

가. 짝을 못만나면 죽는 새와 고기

무릇 우(遇)라는 것은 만나는 것이다. 때의 형편이 만날 수 없
으면 반드시 때를 만날 때까지 기다린 뒤에 행동할 것이다.

비익조(比翼鳥)는 짝을 만나지 못하면 나무 위에서 죽고, 비목
어(比目魚)는 짝을 만나지 못하면 바다 속에서 죽는다.

공자가 열국(列國)을 두루 돌면서 세상의 제후를 차례로 찾아
제(齊)나라로 갔다가 다시 위(衛)나라로 가고 하면서 80여 제후
를 만났고, 배우기 위해 따르는 제자가 3천 명에 이르렀으며, 그
중 통달한 제자가 70인이었다.

　그 70인은 모두 현명하여 만승(萬乘)의 군주가 그 중 한 사람이라도 얻으면 등용하여 스승으로 삼았는데, 그것은 사람이 없어서가 아니었다.

　공자는 이와 같이 천하를 돌면서 겨우 노(魯)나라의 사구(司寇)라는 관직을 얻는 데에 그쳤으니, 그것은 그 때에 천자가 될 만한 인재가 없었고 또 천하의 제후들이 크게 어지러운 난세(亂世)였기 때문이었다.

　난세에는 어리석은 자들이 등용되어 행복해지는 경우가 많다. 그러나 어리석은 자들이 등용되면 반드시 그 임무를 감당하지 못한다. 그 맡은 바 임무를 오래도록 감당하지 못하면 그 행복은 도리어 재앙으로 바뀐다. 그 행복을 크게 누린 자는 반대 급부로 받는 재앙 또한 크다. 그 재앙은 홀로 자기에게만 미치는 것이 아니다. 군자는 행복한 데에 처하지 않고 임시변통으로 일을 처리하지 않는다. 반드시 자신의 능력을 살핀 뒤에 일을 맡고, 일을 맡은 뒤에 능력을 헤아려 처리한다.

　凡遇合也 時不合 必待合而後行 故比翼之鳥[1]死乎木 比目之魚[2]死乎海 孔子周流[3]海內[4] 再干世主 如齊至衛 所見八十餘君 委質[5]爲弟子者三千人 達徒[6]七十人 七十人者 萬乘之主得一人用可爲師 不爲無人 以此游 僅至於魯司寇 此天子之所以時絶也 諸侯之所以大亂也 亂則愚者之多幸也 幸則必不勝其任矣 任久不勝則幸反爲禍 其幸大者其禍亦大 非禍獨及己也 故君子不處幸 不爲苟 必審諸己然後任 任然後動

1) 比翼之鳥(비익지조) : 암컷과 수컷이 눈과 날개가 하나씩이어서 짝을 짓지 않으면 날지 못한다는 전설적인 새. 비익조(比翼鳥).
2) 比目之魚(비목지어) : 암컷과 수컷이 눈이 한쪽에 하나씩만 붙어 있어 짝을 짓지 않으면 떠다니지 못한다는 전설적인 물고기. 눈이 한쪽만 붙어있는 넙치라는 고기를 이르기도 한다. 비목어(比目魚).
3) 周流(주류) : 두루 떠돌아다니는 것.
4) 海內(해내) : 천하(天下). 곧 천하의 열국(列國)이라는 뜻.

5) 委質(위질) : 제자로 따르는 사람.
6) 達徒(달도) : 육예(六藝)에 통달한 제자.

나. 세상에는 제짝이 있기 마련

무릇 남의 말을 잘 들을 수 있는 사람은 반드시 논의(論議)하는 사리(事理)에 통달한 사람이다. 지금 세상의 군주로서 능히 논의하는 사리에 통달한 사람은 적다. 그러므로 만나는 바 어찌 소홀하지 않을 수 있겠는가.

무릇 음악을 잘 들을 수 있는 사람은 반드시 오성(五聲)에 통달한 사람이다.

그러나 세상 사람으로서 오성을 능히 이해하는 사람은 적다. 그러므로 음악을 들음에 있어 좋고 나쁘다고 하는 것이 어찌 소홀하지 않을 수 있겠는가.

객(客)이 있어 월왕(越王)을 만나 피리를 불었다. 우(羽)·각(角)·궁(宮)·치(徵)·상(商)의 오음(五音)에 어그러지는 일이 없었다. 그러나 월왕은 기뻐하지 않았다.

그것은 속된 음악을 좋아하는 그가 고아(高雅)한 음악을 모르기 때문에 기뻐하지 않은 것이다.

도(道)를 이야기함에 있어서도 또한 이와 같은 경우가 있다. 한 여자가 남의 아내가 되기 위해 시집을 가는데, 어떤 사람이 그 부모에게 말하였다.

"시집을 갔다고 해서 꼭 자식을 낳는 것은 아닙니다. 의복이나 기물(器物)을 밖에다가 간수해 두고 아기를 낳지 못하여 쫓겨나게 될 것에 미리 대비해 두어야 합니다."

이 말을 들은 부모가 과연 그럴 것이라고 여겨 그 딸로 하여금 의복과 기물을 밖에다 간수하게 하였다. 뒤에 그 사실을 안 시부모는

"내 며느리가 다른 마음을 품고 있으니 함께 살 수 없다."

고 하면서 내쫓아 버렸다. 여자의 부모는 자기를 위해 꾀를 내 준

사람을 충심(忠心)이라고 여겨 그를 좋은 사람으로 여겼으니, 또한 그의 꾀로 말미암아 자기 딸이 내쫓겼다는 사실을 알지 못하는 것이다.

한 나라의 종묘(宗廟)가 멸망하고 천하를 잃는 것 또한 이와 같이 이치에 맞지 않는데서 연유하는 것이다.

그러므로 말하기를

"우(遇)는 만나는 것이요, 정상적인 도리가 아니다."

라고 하는데, 때에 있어 우연히 그렇게 되는 것이다.

사람이 여색을 대함도 같다. 아름다운 얼굴을 좋아하지 않는 사람은 없다. 그러나 아름다운 사람을 꼭 만나는 것은 아니다. 그러므로 모모(嫫母)는 못생겼으면서도 황제(黃帝)의 총애(寵愛)를 받았다. 황제는 말하였다.

"그대의 부덕(婦德)을 격려하여 잊지 않는다. 그대의 올바름은 쇠퇴하지 않는다. 그대가 비록 못생겼으나 어찌 해롭게 할 수 있으랴."

사람이 맛있는 음식을 대함에 있어서도 같다.

달고 부드러운 음식을 좋아하지 않는 사람은 없다. 그러나 달고 부드러운 음식을 꼭 먹게 되는 것은 아니다. 그래서 문왕(文王)은 창포(菖蒲)로 담근 김치를 좋아하였다. 공자가 이 이야기를 듣고 감복하여 창포 김치를 먹기 3년만에야 겨우 찡그리지 않고 먹을 수 있게 되었다.

몸에서 고약한 냄새를 풍기는 사람이 있었다. 친척이나 형제나 처첩(妻妾), 그 밖의 아는 사람들은 모두 그와 함께 있기를 싫어하였다. 그 사람은 그것을 깨닫고 스스로 괴로워하다가 바닷가로 물러가 살고 있었다.

그런데 그 바닷가의 어느 사람이 그 냄새를 좋아하여 밤낮으로 그를 따르면서 그의 곁을 떠나지 않았다. 좋아하는 것도 또한 이와 같은 것이 있다.

凡能聽說者 必達乎論議者也 世主之能識論議者寡 所遇惡得不苟

凡能聽音者 必達於五聲 人之能知五聲者寡 所善惡得不苟 客有以
吹籟[2]見越王者 羽角宮徵商不繆越王不善 爲野音[3]而反善之 說之
道亦有如此者也 人有爲人妻者 人告其父母曰 嫁不必生[4]也 衣器之
物可外藏之 以備不生[5] 其父母以爲然 於是令其女常外藏 姑妐[6]知
之曰 爲我婦而有外心[7] 不可畜 因出之 婦之父母以謂爲己謀者以爲
忠 終身善之 亦不知所以然矣 宗廟之減天下之失 亦由此矣 故曰 遇
合也 無常說 適然也 若人之於色也 無不知說美者 而美者未必遇也
故嫫母執乎黃帝[8] 黃帝曰 厲女[9]德而弗忘 與女正而弗衰 雖惡奚傷
若人之於滋味 無不說甘脆[10] 而甘脆未必受也 文王嗜昌蒲菹[11] 孔子
聞而服之 縮頞而食之 三年然後勝之 人有大臭者 其親戚兄弟妻妾
知識 無能與居者 自苦而居海上 海上人有說其臭者 晝夜隨之而弗
能去 說亦有若此者

1) 苟(구) : 소홀하다.

2) 籟(뇌) : 세 구멍으로 된 피리.

3) 野音(야음) : 속된 음악. 통속적인 음악.

4) 嫁不必生(가불필생) : 시집을 간다고 해서 꼭 자식을 낳는 것은 아니라는 뜻.

5) 備不生(비불생) : 자식 못낳을 것에 대한 대비.

6) 姑妐(고종) : 시부모

7) 外心(외심) : 딴 마음. 이심(異心).

8) 嫫母執乎黃帝(모모집호황제) : 모모(嫫母)가 황제의 총애를 받다. 모모는
   황제(黃帝)의 제4비(妃)인데 퍽 못생겼다고 한다. 집(執)은 총애를 받는다
   는 뜻.

9) 女(여) : 너. 그대. 여(汝)와 같다.

10) 甘脆(감취) : 달고 부드러운 음식. 맛있는 음식.

11) 昌蒲菹(창포저) : 창포로 담근 김치. 창포김치. 창은 창(菖)과 같다.

다. 진나라를 망하게 한 추악한 사람

진(陳)나라에 추악(醜惡)하게 생긴 사람이 있었다. 그 이름은
돈흡수미(敦洽讎麋)였다.

광대뼈가 툭 튀어나오고 얼굴은 넓적하며, 빛깔은 검붉고 눈알이 축 쳐진데다가 코는 크며, 긴 팔뚝은 구부러져 있었다. 진나라 제후가 그를 만나보고 퍽 기뻐하며 밖으로는 그 나라를 다스리게 하고 안으로는 자신의 신변을 돌보게 하였다.

그때 초(楚)나라에서 제후들의 회합이 있었는데, 진나라 제후는 마침 병이 들어 참가할 수 없었으므로 돈흡수미를 보내 사과하게 하였다. 초나라 왕은 그 이름이 괴이해서 먼저 그를 만나보았다. 객(客)인 돈흡수미가 진언(進言)하는데 그 사람의 생김새가 그 이름의 추악함과 비등하고, 그 말이 또한 그 생김새의 추악함과 비등하였다. 그래서 초나라 왕은 노하여 여러 대부(大夫)들을 모아 그들에게 말하기를

"진나라 제후는 그 사람이 사신이 될 수 없는 것을 알지 못하였으니 이것은 모르는 것이다. 알면서 사신으로 보냈다면 이것은 나를 모독한 것이다. 모독은 또 지혜롭지 못한 것이다. 토벌(討伐)하지 않을 수 없다."

하고는 군사를 일으켜 진나라를 토벌하였다. 3개월만에 진나라는 멸망하였다.

돈흡수미와 같은 추악한 인물은 남을 놀라게 하기에 족하고, 그의 언어는 나라를 멸망시키기에 족하였다. 그럼에도 진나라 제후의 벗으로서는 그 위에 오르는 자가 없었고, 나라가 멸망하는 지경에 이르러서도 그에 대한 우정은 쇠퇴하지 않았다.

대저 마땅히 우애로써 만나지 말아야 할 사람을 만나면 반드시 멀지 않아 폐(廢)하고, 마땅히 만나야 할 사람을 만나지 못하는 것은 나라가 어지러워지는 까닭이요, 세상이 쇠퇴하는 까닭이 된다.

천하의 백성이 괴로움을 근심하고 수고를 거듭하게 됨은 마땅히 만나야 할 것을 만나지 못하는 데서 생긴다. 사람을 기용(起用)하는 표준은 가장 높은 덕으로써 하고, 그 다음은 일로써 하고, 또 그 다음은 세운 공으로써 한다.

이 세 가지로써 할 수 없으면 나라는 반드시 잔망(殘亡)하고 여러 가지 병이 크게 이르러 몸은 반드시 재앙을 당하고 나이 70

이나 90까지 살 수 있으면 크게 다행한 일이다.

현성(賢聖)인 순(舜)임금의 후예가 도리어 백성들을 재앙으로 몰아 갔고, 그것으로써 그 자신도 재앙을 당하였으니, 어찌 능히 홀로 면할 수 있을 것인가.

陳有惡人¹⁾焉 曰敦洽讐麋 椎顙廣顏 色如浹赭 垂眼臨鼻²⁾ 長肘而盭³⁾ 陳侯見而甚說之 外使治其國 內使制其身 楚合諸侯 陳侯病不能往 使敦洽讐麋往謝焉 楚王怪其名而先見之 客有進狀有惡其名⁴⁾ 言有惡狀 楚王怒 合大夫而告之曰 陳侯不知其不可使 是不知也 知而使之 是侮也 侮且不智 不可不攻也 興師伐陳 三月然後喪 惡足以駴人 言足以喪國 而友之足於陳侯而無上也 至於亡而友不衰 夫不宜遇而遇者 則必廢 宜遇而不遇者 此國之所以亂 世之所以衰也 天下之民 其苦愁勞務從此生 凡擧人之本 太上以志⁵⁾ 其次以事 其次以功 三者弗能 國必殘亡 群孽大至 身必死殃 年得至七十九十猶尙幸 賢聖之後 反而孽民 是以賊其身 豈能獨哉

1) 惡人(악인) : 추악(醜惡)하게 생긴 사람. 못생긴 사람.
2) 垂眼臨鼻(수안임비) : 수안은 축쳐져 있는 눈알. 임비는 코가 크다. 임은 대(大)와 같다.
3) 盭(려) : 구부러지다.
4) 狀有惡其名(상유악기명) : 생김새가 그 이름의 추악함과 비등하게 못생겼다는 뜻.
5) 志(지) : 덕(德)과 같다.

8. 몸에서 비롯된다〔八曰必己〕

가. 진실은 잘 받아들이지 않는다

몸 밖의 사물은 필요한 것이 아니다. 그러므로 용봉(龍逢)은 주

살(誅殺)되었고, 비간(比干)은 육시(戮屍)를 당하였고, 기자
(箕子)는 거짓 미쳤고, 악래(惡來)는 피살되었으며, 걸왕(桀王)
과 주왕(紂王)은 멸망하였다.

군주로서 그 신하의 충성된 마음을 바라지 않는 사람은 없으나
진심에서 우러나는 충성된 마음을 처음부터 반드시 믿지 않는다.

그래서 오원(伍員)은 강물에 던져졌으며, 장굉(萇宏)은 죽어
그 피를 간직하기 3년에 벽색(碧色)으로 변하였다.

부모로서 그 자식의 효도를 바라지 않는 사람은 없으나 진정에
서 우러나오는 효성스러운 마음은 아직 반드시 애정으로 받지 못
한다. 그래서 효성스러운 마음은 의심을 받는 것으로 증자(曾子)
는 스스로 상심(傷心)하였다.

外物不可必 故龍逢[1]誅 比干戮 箕子狂 惡來[2]死 桀紂亡 人主莫不
欲其臣之忠 而忠未必信 故伍員[3]流乎江 萇宏[4]死 藏其血三年而爲
碧 親莫不欲其子之孝 而孝未必愛 故孝己疑 曾子悲

1) 龍逢(용봉) : 걸왕(桀王)의 신하로 걸왕의 무도(無道)함을 간(諫)하다가 노
   한 걸왕에게 주살(誅殺)되었다.
2) 惡來(악래) : 주왕의 포악한 짓을 도운 간신(奸臣)으로 뒤에 주(周)나라 무
   왕(武王)에게 피살되었다.
3) 伍員(오원) : 오자서(伍子胥)를 이르는 말로 오왕(吳王) 부차(夫差)를 간
   하여 월왕(越王) 구천(句踐)에게 식량 원조를 하지 말라고 했으나 오왕은
   그의 말을 믿지 않고 도리어 그를 죽여 부대에 넣어 강물에 던졌다.
4) 萇宏(장굉) : 주(周)나라 경왕(敬王)의 대부(大夫)로서 부당하게 죽임을 당
   한 것이 원통하여 사후 3년이 되도록 그 피를 간직했다가 벽색(碧色)으로 변
   하였다고 한다.

나. 쓸모가 없어 제 수명을 다하는 것

장자(莊子)가 산 속을 가다가 높고 굵으며 가지와 잎이 무성한
퍽 아름다운 나무를 보았다. 그런데 마침 벌목(伐木)하는 사람이

그 곁에 서 있으면서도 베려고 하지 않았다. 그래서 베지 않는 까닭을 물으니 그는 대답하였다.

"쓸모가 없어서 베지 않습니다."

그래서 장자는 혼자말로 말하였다.

"이 나무는 쓸모가 없음으로 제 목숨을 다 살게 되는구나."

그리고 산에서 나와 읍내(邑內)로 들어가서 옛 친구의 집에서 묵게 되었다. 옛 친구는 기뻐하면서 술과 안주를 장만하는데 동자(童子)를 시켜 손님을 위해 기르는 거위를 잡아 대접하도록 하라고 하였다. 동자가 물었다.

"한 마리는 잘 울고 한 마리는 울지 못합니다. 어느 놈을 잡을까요."

이 물음에 대하여 주인은 대답하였다.

"울지 못하는 놈을 잡아라."

다음날에 제자가 장자에게 묻기를

"지난번에 산 속의 나무는 쓸모가 없음으로 해서 제 목숨을 누릴 수가 있었고, 주인 집의 거위는 쓸모가 없음으로 해서 죽었습니다. 선생님께서는 어느 편을 취하시겠습니까."

하니 장자가 웃으면서 대답하였다.

"나는 장차 쓸모가 있고 쓸모가 없는 것의 중간에 처하고자 한다. 쓸모있고 쓸모없는 중간은 그것이 같은 것 같으면서도 다르다. 그래서 아직 연루(連累)됨을 면치 못한다. 그러나 도덕같은 것은 그렇지 않다.

의심하지 않고 헐뜯지 않는다. 한 마리의 용과 한 마리의 뱀이 때와 더불어 함께 변하면서도 굳이 하나로만 하지 않는다. 한 번 오르고 한 번 내리는 것으로써 중화(中和)하여 법도가 된다. 그리고 만물보다 먼저 부유(浮遊)하여 만물을 만물로 하고 더욱이 만물이 만물이 아니게 하니 어찌 얻어서 걱정할 것인가. 이것은 신농씨(神農氏)와 황제(黃帝)의 법칙이다.

만약 만물의 정상이 인륜(人倫)에 이른다면 그렇지 않다. 이루어짐이 있으면 무너짐이 있고 성(盛)함이 있으면 쇠(衰)함이 있

고, 이로움이 있으면 상처나는 것이 있고, 차는 것이 있으면 이지
러지는 것이 있고, 곧은 것이 있으면 굽은 것이 있고, 합치는 것이
있으면 헤어지는 것이 있고, 아끼는 것이 있으면 버리는 것이 있
고, 지혜가 많으면 꾀하고, 어질지 않으면 남을 속이니, 어찌 얻는
것이 필요한가."

莊子行於山中 見木甚美長大 枝葉盛茂 伐木者止其旁而弗取 問
其故曰 無所可用 莊子曰 此以不材¹⁾得終其天年²⁾矣 出於山 及邑舍
故人³⁾之家 故人喜 具酒肉 令豎子⁴⁾爲殺鴈⁵⁾饗之 豎子請曰 其一鴈
能鳴 一鴈不能鳴 請奚殺 主人之公曰 殺其不能鳴者 明日弟子問於
莊子曰 昔者山中之木 以不材得終天年 主人之鴈以不材死 先生將
何以處 莊子笑曰 周⁶⁾將處於材不材之間 材不材之間 似之而非也
故未免乎累 若夫道德則不然 無訝無訾 一龍一蛇 與時俱化 而無肯
專爲 一上一下 以禾⁷⁾爲量⁸⁾ 而浮游乎萬物之祖⁹⁾ 物物而不物於物
則胡可得而累 此神農黃帝之所法 若夫萬物之情 人倫之傳¹⁰⁾則不然
成則毁 大¹¹⁾則衰 廉則剉¹²⁾ 尊¹³⁾則虧 直則戧¹⁴⁾ 合則離 愛則隳¹⁵⁾ 多
智則謀 不肖則欺 胡可得而必

1) 不材(부재) : 재목감이 아니다. 쓸모가 없다.
2) 天年(천년) : 타고난 목숨. 천수(天壽).
3) 舍故人(사고인) : 옛 친구의 집에서 묵다. 사는 머무르다의 뜻.
4) 豎子(수자) : 잔심부름하는 더벅머리 아이. 동자(童子).
5) 鴈(안) : 기러기. 여기서는 거위를 말한다.
6) 周(주) : 장자의 이름. 곧 '나'의 뜻.
7) 禾(화) : 중화(中和).
8) 量(양) : 법도(法度).
9) 祖(조) : 선(先)과 같다.
10) 傳(전) : 이르다. 지(至)와 같다.
11) 大(대) : 성(盛)과 같다.
12) 廉則剉(염즉좌) : 염은 이로움으로 이(利)와 같다. 좌는 꺾이다로 상처나다.
13) 尊(존) : 차다. 영(盈)과 같다.

14) 觟(위) : 굽다. 곡(曲)과 같다.
15) 愛則隳(애즉휴) : 애는 아끼다. 휴는 버리다로 폐(廢)와 같다.

다. 도둑에게 죽은 우결(牛缺)

우결(牛缺)은 상지(上地)에 사는 큰 선비였는데, 하지(下地)인 한단(邯鄲)에 갔다가 우수(耦水)의 사탄(沙灘) 속에서 도둑을 만났다.

도둑이 여행용 자루 속에 든 재물을 다 달라고 하므로 모두 주었고, 그 수레와 말도 달라고 해서 주었으며, 또 그 의복도 달라고 해서 주었다.

우결이 거기서 떠나가는데 도둑이 저희들끼리 말하기를

"이 사람은 천하의 현인(賢人)이다. 지금 우리에게 이런 모욕을 당했으니 그는 반드시 우리를 만승(萬乘)의 군주에게 고발할 것이고, 그러면 만승의 군주는 반드시 국법에 의해 우리를 잡아 죽일 것이니, 우리는 살아남을 수 없을 것이다. 우리 함께 따라가 그를 죽여 그 흔적을 없애는 것만 같지 못하다."

하고는 함께 추격하여 30리를 가서 기어이 그를 죽였는데, 이것은 도둑이 우결을 천하의 현인으로 알았기 때문이었다.

맹분(孟賁)이 강을 건너는데 그 대오(隊伍)에서 앞장을 섰다. 사공이 질서를 지키지 않는데 대해 노하여 삿대로 그의 머리를 내리쳤다. 생각건대 사공은 그가 맹분인 줄을 모르고 한 행동이었으리라.

배가 중간쯤에 이르렀을 때 맹분이 성난 눈으로 사공을 노려보는데 머리끝이 곤두서고 눈은 찢어지고 귀밑털이 꼿꼿했다.

배 안의 모든 사람이 놀라 허둥대면서 부산하게 움직여 물속으로 떨어지면서 사공에게 그가 맹분이라는 사실을 알려주었다.

또한 감히 그를 바로 보지 못하고 물을 건너서도 그를 앞을 서려고 하는 자가 거의 없었다. 그러니 하물며 그를 욕되게 하는 사람이 있었겠는가. 이것은 사공이 그가 맹분인 줄을 몰랐기 때문이었다.

 알고 알지 못하는 것은 다 믿을 것이 못 된다. 그것은 다만 화조(和調 : 선한 것)를 가까이 하면 화(禍)를 면할 수 있지만 오히려 필요로 하지 않는다. 대개 화조를 변별하지 못하는 자가 있으면 선한 사람 또한 능히 화를 면하지 못함이 있다.

 송(宋)나라의 사마(司馬)인 환퇴(桓魋)가 보배로운 구슬을 가지고 있었는데 죄에 저촉될 것을 두려워하여 나라 밖으로 망명하였다.

 송나라 제후가 사람을 시켜 구슬의 소재를 물으니 연못에 던졌다고 했다. 그래서 연못의 물을 다 퍼내고 구슬을 찾았으나 구슬은 없고 연못 속에 살던 물고기들만 다 죽었다. 이것은 화(禍)와 복이 서로 미친 것이라고 말할 수 있다.

 주왕(紂王)의 무도(無道)함이 상(商)나라 조정에서 행하여졌으나 그로 말미암은 화는 온 천지에 가득찼다.

 화조(和調)같은 것이라도 그것을 행할 수 없는 주왕같은 인물에게 무슨 도움이 되겠는가.

 牛缺[1]居上地[2] 大儒也 下之邯鄲[3] 遇盜於耦沙之中 盜求其橐中之載[4] 則與之 求其車馬 則與之 求其衣被 則與之 牛缺出而去 盜相謂曰 此天下之顯人[5]也 今辱之如此 此必愬[6]我於萬乘之主 萬乘之主必以國誅我 我必不生 不若相與追而殺之 以滅其迹 於是相與趨之 行三十里 及而殺之 此以知故也 孟賁[7] 過於河 先其五[8] 船人怒而以檝𥲝其頭 顧不知其孟賁也 中河 孟賁瞋目而視船人 髮植[9] 目裂 鬢指 舟中之人 盡揚播[10] 入於河 使船人知其孟賁 弗敢直視 涉無先者 又況於辱之乎 此以不知故也 知與不知皆不足恃 其惟和調近之 猶未可必 蓋有不辨和調者 則和調有不免也 宋桓司馬[11]有寶珠 抵罪出亡 王[12]使人間珠之所在曰 投之池中 於是竭池而求之無得 魚死焉 此言禍福之相及也 紂爲不善於商 而禍充天地 和調何益

1) 牛缺(우결) : 우는 성이요, 결은 이름으로 진(秦)나라 사람이다.
2) 上地(상지) : 서쪽의 높은 지대라는 뜻에서 진(秦)나라를 이른다.

3) 下之邯鄲(하지한단) : 저지대인 한단. 하는 진나라를 상지(上地)라고 하는
   데 대한 대칭(對稱). 한단은 조(趙)나라의 도읍지.
4) 橐中之載(탁중지재) : 자루 속에 든 재물. 재는 재(財)와 같다.
5) 顯人(현인) : 현인(賢人).
6) 愬(소) : 고발하다.
7) 孟賁(맹분) : 당시의 용사(勇士).
8) 五(오) : 대오(隊伍). 오(伍)와 같다.
9) 髮植(발식) : 머리카락이 곤두서다.
10) 揚播(양파) : 갈팡질팡 허둥대며 부산하게 움직이다.
11) 桓司馬(환사마) : 사마(司馬)인 환퇴(桓魋). 사마는 군정(軍政)을 맡은 관
    직의 이름.
12) 王(왕) : 송(宋)나라 제후를 가리킨다.

라. 장생(長生)을 구하다 죽은 사나이

장의(張毅)라는 사람은 공경하는 것을 좋아하였다. 문 위에 친
휘장(揮帳)은 낡아 있었고, 많은 이웃집 문전을 지날 때에는 반
드시 빠른 걸음으로 걸었다.

수레를 부리는 종이나 친척, 인척, 동자(童子)를 모두 공경함
으로써 그 몸을 편안하게 하지 않는 이가 없었는데, 그는 그 목숨
을 마치지 못하고 안으로 열병이 들어 죽었다.

단표(單豹)라는 사람은 도술(道術)을 좋아하였다. 그래서 세
상 일에 관여하지 않고 속세를 떠나, 낟알을 먹지 않고 솜을 넣은
따뜻한 옷을 입지 않았다.

산 속에 있는 암굴(巖窟) 안에 살면서 장생(長生)할 것을 구
했으나 오래 살지 못하고 범의 밥이 되고 말았다.

공자가 길을 가다가 쉬고 있는데, 말이 도망을 쳐 남의 논의 벼
를 뜯어먹었다. 그래서 농부가 달려가 그 말을 붙잡았다. 자공(子
貢)이 가 농부를 설득하였으나 농부는 그 말을 듣지 않았다. 시
골 사람으로서 처음으로 공자를 스승으로 섬기는 자가 있었는데

그가 말하였다.

"제가 가 농부를 설득해 보겠습니다."

그는 농부에게 가 말하였다.

"그대는 동해에서 농사짓지 않고 나는 서해에서 농사짓지 않는다. 그러니 우리 말이 그대의 벼를 뜯어 먹지 않을 수 있겠는가."

이 말을 들은 농부가 크게 기뻐하면서

"말하는 것이 또한 모두 이와 같이 말을 잘한다. 누구인가. 먼저 사람과 같구나."

하고는 말을 풀어 주었다.

이 이야기가 이와 같이 이치에 맞지 않건만 오히려 보람이 있었으니 외물(外物)이 어찌 필요하겠는가.

군자가 공경으로써 자신을 닦음에는 남을 공경하되 반드시 공경을 보는 것이 아니요, 남을 사랑하되 반드시 사랑을 보는 것이 아니다. 남을 공경하고 사랑하는 것은 자신이요, 공경하고 사랑하는 것을 보는 것은 남이다.

군자는 자기에게 있는 것을 필요로 하고 남에게 있는 것을 필요로 하지 않는다. 자기에게 있는 것을 필요로 하면 만나지 않는 것이 없다.

張毅好恭 門閭帷薄[1] 聚居衆[2] 無不趨[3] 輿隷嬀嬌[4]小童 無不敬以定其身 不終其壽 內熱而死[5] 單豹好術 離俗棄塵 不食穀實 不衣芮[6]溫 身處山林巖堀 以全其生 不盡其年 而虎食之 孔子行道而息 馬逸食人之稼 野人[7]取其馬 子貢請往說之 畢辭 野人不聽 有鄙人[8]始事孔子者 曰請往說之 因謂野人曰 子不耕於東海 吾不耕於西海也 吾馬何得不食子之禾 其野人大說 相謂曰 說亦皆如此其辯也 獨如嚮[9]之人 解馬而與之 說如此其無方也而猶行 外物豈可必哉 君子之自行也 敬人而不必見敬 愛人而不必見愛 敬愛人者己也 見敬愛者人也 君子必在己者 不必在人者也 必在己 無不遇矣

1) 帷薄(유박) : 휘장(揮帳)이 낡았다.

2) 聚居衆(취거중) : 모여 사는 많은 사람. 곧 많은 이웃.

3) 無不趨(무불추) : 빨리 걷지 않음이 없다. 곧 빠른 걸음으로 걷다.

4) 姻媾(연구) : 친척과 인척. 친인척.

5) 內熱而死(내열이사) : 안으로 열병이 들어 죽었다. 곧 겉으로는 공경하였지만 속으로는 긴장했다는 말.

6) 芮(예) : 솜.

7) 野人(야인) : 농부.

8) 鄙人(비인) : 촌사람.

9) 獨如孰(독여향) : 독은 누구. 숙(孰)과 같다. 향은 먼저. 앞.

제15권 클수록 삼간다
(卷十五 愼大覽 : 第三, 凡八篇)

무릇 일을 처리하려면
반드시 법도에 의해서 행하되
법도가 바뀌는 것은
또한 때에 따라서 바뀌어야 한다.
이와 같은 논리로 일을 행할 수 있으면
일을 그르치는 일이 없을 것이다.
대저 감히 법을 의논하지 못하는 자는 백성이요,
죽음으로써 법을 지키는 자는 담당 관리요,
때에 따라 법을 바꾸는 자는 현명한 군주다.

제15권 클수록 삼가다

I. 커질수록 삼가다〔一曰愼大〕

가. 나라가 커질수록 두려워해야

현명한 군주는 나라가 더욱 커지면 더욱 두려워하고, 더욱 강해지면 더욱 무서워한다. 무릇 나라가 크다는 것은 이웃 나라를 침범하여 그들의 영토를 깎아내 가짐으로써 커지는 것이요, 나라가 강하다는 것은 적국과 싸워 이김으로써 그렇게 되는 것이다.

적국과 싸워 이기면 원망이 많아지고, 이웃 나라를 깎아내 작게 만들면 근심이 많아진다.

근심이 많고 원망소리가 높아지면 비록 나라가 강대하다고 하더라도 어찌 두렵지 않고 어찌 무섭지 않겠는가. 현명한 군주는 편안할 때 위험한 것을 생각하고, 영달했을 때 곤궁한 것을 생각하고, 얻은 것이 있을 때 잃는 것을 생각한다.

'주서(周書)'에 이르기를

"깊은 연못가에 다다른 것 같이 하고, 엷은 얼음을 딛듯이 하라."

고 하였다. 일을 처리함에 있어 삼가고 조심하라는 말이다.

賢主愈大愈懼 愈彊愈恐 凡大者小隣國也 彊者勝其敵也 勝其敵
則多怨 小隣國則多患[1] 多患多怨 國雖彊大 惡[2]得不懼 惡得不恐 故
賢主 於安思危 於達思窮 於得思喪 周書[3]曰 若臨深淵 若履薄氷 以

言慎事也

1) 小隣國則多患(소인국즉다환) : 이웃 나라가 작아지면 근심이 많다. 곧 나라
   가 커지는 것은 이웃 나라를 침범하여 그 영토를 취함으로써 이웃 나라가 작
   아지는 것을 뜻하는데 그렇게 되면 이웃 나라가 원망하게 되므로 그것이 근
   심거리가 된다는 말.

2) 惡(오) : 어찌. 하(何)·안(安)과 같다.

3) 周書(주서) : 주(周)나라의 역사서.

나. 하(夏)나라가 천명(天命)을 다한 이유

하(夏)나라의 걸왕(桀王)은 무도(無道)하여 모질고 사나우며
고집이 세고 욕심이 많아 천하가 떨고 두려워하면서 그것을 근심
하였다. 걸왕은 말하는 것이 일치하지 않고 모든 것이 산란하여
도무지 그 진정을 알기가 어려웠다. 그리고 아첨하는 신하인 간
신(干辛)은 위세를 부려 제후들을 속이고 업신여겼는데 그러한
행태는 만백성에게까지 미쳤다.

어진 선비들은 답답하여 원한을 품고 있었는데 걸왕은 충신인
관용봉(關龍逢)을 죽이고 많은 흉악한 무리들을 거느렸다. 일반
백성들은 괴로워하며 모두 멀리 떠나 버릴 뜻을 가지고 있었으며
감히 바른 소리를 하는 사람이 없었다. 그들은 항상 깜짝깜짝 놀
래는 듯하며 살아가고 대신들도 근심하기를 백성들과 한 가지로
하여 각자 배반할 뜻을 가지고 있으면서도 감히 그 뜻을 결합하
지 못하고 있었다.

이로 말미암아 걸왕은 더욱 스스로 현명하다고 여겨 자기가 잘
못 저지른 일을 도리어 자랑으로 삼고 나쁜 것을 선(善)이라고
착각하였다. 그러므로 임금의 도(道)는 고립되었고 민심은 무너
질 수 밖에 없었다.

상(商)나라의 탕왕(湯王)은 이것을 두렵게 여기고 천하가 편
안치 않은 것을 근심하여 이윤(伊尹)으로 하여금 하나라로 가 걸
왕의 동정을 살피게 하고자 하였다.

하나라에서 이윤을 의심할까 두려워 탕왕이 친히 이윤을 잡으
려는 듯이 활을 쏘았다. 그래서 이윤은 하나라로 도망을 쳐 3년
동안 거기 머물러 있었다. 3년만에 박도(亳都)로 돌아온 이윤은
탕왕에게 보고하였다.

"걸왕은 말희(末嬉)에게 미혹되어 그의 아름답고 고운 용모만
을 좋아하며 백성을 돌보지 않습니다. 백성의 뜻은 흩어지고 상
하가 서로 미워하며, 백성의 마음은 원한이 쌓일대로 쌓여 모두
말하기를 '하늘은 하나라를 돌보지 않으니 하나라의 천명은 다
했다' 라고 합니다."

이 보고를 듣고 탕왕은 이윤에게 일러 말하기를

"그대가 나에게 말하는 하나라의 정황은 모두 백성들의 노래와
일치한다."

하고는 이윤의 계략에 따라 반드시 하나라를 멸망시키겠다는 결
심을 보였다. 이윤은 또 하나라의 정황을 살피기 위해 하나라로 가
서 말희에게 접근하였다. 그리하여 말희에게서 이런 말을 들었다.

"간밤에 천자가 꿈을 꾸었는데 서쪽에도 태양이 있고 동쪽에도
태양이 있는데, 두 태양이 서로 싸우다가 서쪽의 태양이 승리하
고 동쪽의 태양이 패했다고 합니다."

이 이야기를 이윤은 탕왕에게 고하였다.

이 때 상나라에는 큰 가뭄이 들었건만 탕왕은 오히려 이윤의 계
모를 믿고 군사를 일으켰다. 군사로 하여금 동쪽으로부터 하나라
서쪽으로 나가 진격하게 하였다. 그런데 아직 양쪽 군사가 접전
도 하기 전에 걸왕의 군사는 패하여 달아났고, 탕왕의 군사는 그
를 쫓아 대사(大沙)라는 곳까지 이르렀다. 걸왕은 드디어 피살되
었고 천하의 치욕을 당하였으니 직간(直諫)을 할 수 없어서였다.
그것을 이제 후회한다 하더라도 어찌할 도리가 없는 것이다.

이렇게 해서 상나라의 탕왕이 천자가 되었고, 하나라 백성들은
마치 부모를 만난 것 같이 크게 기뻐하였다. 조정의 인사는 이동
이 없었고, 농부들은 농토에서 떠나지 않고 그대로 농사를 지었
으며, 상인들은 그들의 점포를 옮기는 일이 없이, 상(商)나라 사

람들을 친애하기 하나라 사람들과 같이 하였다.

　이것이 지공(至公)이요, 지안(至安)이요, 지신(至信)이다. 이
것은 모두 이윤의 계모에 의한 것으로 가뭄의 재앙도 피하지 않
았던 것이다.

　이와 같이 이윤을 등용하여 대대로 상(商)나라의 천하를 누리
게 된 것이다.

　桀爲無道 暴戾頑貪 天下顚恐而患之 言者不同 紛紛分分[1] 其情
難得 干辛[2]任威 凌轢諸侯 以及兆民 賢良鬱怨 殺彼龍逢 以服群凶
衆庶泯泯 皆有遠志 莫敢直言 其生若驚 大臣同患 弗周而畔 桀愈
自賢 矜過善非 主道重塞 國人大崩 湯乃惕懼 憂天下之不寧 欲令
伊尹往視曠[3]夏 恐其不信 湯由親自射伊尹 伊尹奔夏三年 反報于
亳[4]曰 桀迷惑於末嬉[5] 好彼琬琰[6] 不恤其衆 衆志不堪 上下相疾 民
心積怨 皆曰上天弗恤 夏命其卒[7] 湯謂伊尹曰 若[8]告我曠夏盡如詩[9]
湯與伊尹盟 以示必滅夏 伊尹又復往視曠夏 聽於末嬉 末嬉言曰 今
昔天子夢西方有日 東方有日 兩日相與鬪 西方日勝 東方日不勝 伊
尹以告湯 商涸旱[10] 湯猶發師以信伊尹之盟 故令師從東方出於國西
以進 未接刃而桀走 逐之至大沙 身體離散 爲天下戮[11] 不可正諫 雖
後悔之 將可奈何 湯立爲天子 夏民大說 如得慈親 朝不易位 農不
去疇 商不變肆 親郼[12]如夏 此之謂至公 此之謂至安 此之謂至信 盡
行伊尹之盟 不避旱殃 祖[13]伊尹世世享商

1) 紛紛分分(분분분분) : 산란하고 어수선하여 종잡을 수 없는 모양.

2) 干辛(간신) : 걸왕(桀王)에게 아첨하는 신하.

3) 曠(광) : 상대방의 실정을 몰래 살피다. 간첩(間諜).

4) 亳(박) : 상(商)나라의 도읍지.

5) 末嬉(말희) : 걸왕에게 총애를 받은 여자.

6) 琬琰(완염) : 아름답고 고운 모습.

7) 夏命其卒(하명기졸) : 하늘이 하(夏)나라에 준 천명이 다하다. 곧 하나라는
　 멸망한다는 뜻. 졸은 진(盡)과 같다.

8) 若(약) : 그대. 너. 여(汝)와 같다.

9) 詩(시) : 여기서는 백성들 사이에 떠도는 노래. 민요(民謠).

10) 涸旱(고한) : 가뭄의 재앙. 한재(旱災).

11) 天下戮(천하륙) : 천하의 치욕(恥辱).

12) 鄭(위) : 상(商)나라의 별칭. 곧 은(殷)나라의 별칭.

13) 祖(조) : 여기서는 쓰다의 뜻. 등용(登用)하다. 용(用)과 같다.

다. 은(殷)나라가 망한 까닭을 묻다

주(周)나라의 무왕(武王)은 은(殷)나라와 싸워 이기고는 은나라 도읍으로 들어가 아직 수레에서 내리기도 전에 먼저 명(命)하여 황제(黃帝)의 후예(後裔)를 주(鑄)에 봉(封)하고, 제요(帝堯)의 후예를 여(黎)에 봉하고, 제순(帝舜)의 후예를 진(陳)에 봉하고 나서, 수레에서 내려 명하여 하후(夏后)의 후예를 기(杞)에 봉하고, 성탕(成湯)의 후예를 송(宋)에 세워 상림(桑林)을 받들어 제사지내게 하였다.

이에 무왕은 더욱 두렵게 여겨 큰 한숨을 짓고 눈물을 흘리면서 주공 단(周公旦)에게 명하여 은나라의 원로(元老)들에게 가서 은나라가 멸망한 까닭을 묻게 하고, 또 많은 사람들이 기뻐하는 것과 백성들이 바라는 것을 묻게 하였다.

은나라 원로들은 대답하였다.

"반경(盤庚)의 어진 정치가 회복되기를 바랍니다."

무왕은 반경의 정치를 회복시키고, 거교(巨橋)의 창고를 열어 곡식을 풀고 녹대(鹿臺)에 간직되어 있는 재화(財貨)를 풀어 나누어 주면서 백성들에게 사사로운 욕망이 없음을 보였다. 또한 구속된 죄수들을 풀어 그들의 죄상을 사면해 주고, 아울러 재물을 나누어 주고, 채무를 면제해 줌으로써 곤궁한 자들을 구제하였다.

비간(比干)의 무덤을 높여 봉하고, 기자(箕子)가 살던 궁실(宮室)을 청정(淸淨)하게 하였으며, 상용(商容)의 마을을 표창하여 그 앞을 지나는 사람은 빠른 걸음으로 걷게 하고, 수레를 탄 사람은 내려 걸어가면서 경의를 나타내게 하였다.

3일이 지나기 전에 일찍이 은나라를 정벌하는데 더불어 꾀하였던 현사(賢士)들은 모두 제후로 봉하였고, 여러 대부(大夫)들은 서사(書社)로써 상을 내리고, 일반 서민에게는 정사를 베풀어 요역(徭役)과 부세(賦稅)를 면제해 주었다. 그러한 뒤에 황하(黃河)를 건너 서쪽 호경(鎬京)으로 돌아가 종묘(宗廟)에 제사를 지내 공(功)을 고하였다.

군사용으로 쓰던 말들을 화산(華山)에 풀어주고 운반용으로 부리던 소들을 도림(桃林)에 풀어주고는 그 말들은 다시 타지 않고 그 소들은 다시 부리지 않았다. 또 북과 깃발과 갑옷과 무기들에는 짐승의 피를 발라 무기창고에 간직하여 두고 한평생 다시 꺼내 쓰는 일이 없었는데, 이것은 모두 무왕의 덕(德)이었다.

그러므로 주나라 초기에 천하가 태평하여 명당(明堂)의 바깥문을 닫지 않은 것은 천하에 대하여 사사로이 감춰둔 것이 없다는 것을 보인 것이다. 다만 사사로이 감춘 것이 아닌 가장 중요한 것으로 부고(府庫)에 간직한 것은 지켜야 했다.

무왕이 은나라와 싸워 이기고 두 사람의 포로를 얻었는데 그들에게 물었다.

"그대들의 나라에 요사(妖邪)스러운 것이 있는가?"

이 물음에 대하여 한 포로가 대답하기를

"우리나라에는 요괴(妖怪)가 있습니다. 대낮에 별을 볼 수 있고, 하늘에서 내리는 비가 피와 같으니, 이것이 우리나라의 요사스러운 일입니다."

하니, 또 한 포로가 말하였다.

"그것이 요괴이기는 합니다. 비록 그러하나 그것은 큰 요괴가 아닙니다. 우리나라의 가장 큰 요사스러움은 자식이 부모의 명을 듣지 않고 동생이 형의 말을 듣지 않으며, 군주의 명령이 행하여지지 않는 것입니다. 이것이 요사스러움의 큰 것입니다."

무왕은 이 말을 듣고 자리를 옮겨 두 번 절하였다.

이것은 그 포로를 높인 것이 아니라 그가 한 그 말은 존중할 만한 것이었기 때문이다.

그러므로 '주역(周易)'에 이르기를
"범의 꼬리를 밟고 두려워하나 마침내 길(吉)할 것이다."
라고 하였다.

武王勝殷 入殷未下轝[1] 命封黃帝之後於鑄[2] 封帝堯之後於黎 封
帝舜之後於陳 下轝 命封夏后之後於杞 立成湯之後於宋 以奉桑林[3]
武王乃恐懼 太息流涕 命周公旦進殷之遺老[4] 而問殷之亡故 又問衆
之所說 民之所欲 殷之遺老對曰 欲復盤庚之政[5] 武王於是復盤庚之
政 發巨橋之粟[6] 賦[7]鹿臺之錢[8] 以示民無私 出拘救罪 分財棄責 以
振窮困 封比干之墓 靖箕子之宮 表商容之閭[9] 士過者趨 車過者下
三日之內 與謀之士[10]封爲諸侯 諸大夫賞以書社[11] 庶士施政去賦[12]
然後濟於河[13] 西歸[14] 報於廟 乃稅[15]馬於華山 稅牛於桃林 馬弗復乘
牛弗復服 釁鼓旗甲兵[16] 藏之府庫 終身不復用 此武王之德也 故周
明堂外戶不閉 示天下不藏也 唯不藏也 可以守至藏 武王勝殷 得二
虜而問焉曰 若國有妖乎 一虜對曰 吾國有妖 晝見星而天雨血 此吾
國之妖也 一虜對曰 此則妖也 雖然 非其大者也 吾國之妖甚大者 子
不聽父 弟不聽兄 君令不行 此妖之大者也 武王避席[17]再拜之 此非
貴虜也 貴其言也 故易[18]曰 愬愬[19]履虎尾 終吉

1) 轝(여) : 수레. 여(輿)와 같다.
2) 封黃帝之後於鑄(봉황제지후어주) : 황제(黃帝)의 후예(後裔)를 주(鑄)나
   라에 봉(封)하다. 여기서는 봉한다는 것은 제후(諸侯)를 삼는다는 말. 황제
   는 고대 오제(五帝)의 한 사람. 후는 후예 곧 후손(後孫). 주는 나라 이름이
   다. 뒤에 나오는 여(黎)·진(陳)·기(杞)·송(宋)도 다 나라 이름이다.
3) 桑林(상림) : 상산(桑山)의 숲. 여기에 탕왕의 사당이 있으므로 그의 후예인
   송(宋)나라 제후에게 제사를 받들게 한 것이다.
4) 遺老(유로) : 멸망한 은나라에 남아 있는 원로(元老)들.
5) 盤庚之政(반경지정) : 반경(盤庚)의 어진 정치. 반경은 은나라 중흥(中興)
   의 군주였다.
6) 巨橋之粟(거교지속) : 거교의 곡식. 거교는 주왕(紂王)의 곡창(穀倉)의 이름.
7) 賦(부) : 풀다. 펴다. 발(發)·포(布)와 같다.

8) 鹿臺之錢(녹대지전) : 녹대의 재화(財貨). 녹대는 주왕의 재물 창고

9) 商容之閭(상용지려) : 상용이 살던 마을. 상용은 은나라의 어진이.

10) 與謀之士(여모지사) 무왕이 은나라를 토벌할 때 참모(參謀)의 역할을 맡았던 인사들.

11) 書社(서사) : 25가(家)를 한 서사(書社)라 하여 그곳에서 나오는 세(稅)를 상으로 받게 하였다는 말.

12) 去賦(거부) : 요역(徭役)과 세금을 면제해 주다.

13) 濟於河(제어하) : 물을 건너다. 도하(渡河). 하는 황하(黃河).

14) 西歸(서귀) : 황하를 건너 서쪽 주나라의 도읍인 호경(鎬京)으로 돌아갔다는 말.

15) 稅(세) : 풀어주다. 석(釋)과 같다.

16) 釁鼓旗甲兵(흔고기갑병) : 전쟁에 쓰던 북과 깃발과 갑옷과 병기들에 짐승의 피를 발라 두다. 곧 전쟁을 다시는 하지 않는다는 뜻.

17) 避席(피석) : 자리를 옮기다. 곧 천자의 자리에서는 절을 할 수 없음으로 자리를 피했다는 말.

18) 易(역) : 주역(周易). 역경(易經).

19) 愬愬(소소) : 두려워하는 모양.

라. 조(趙)씨는 창성할 것이다

조양자(趙襄子)가 신목자(辛穆子)로 하여금 적(翟)나라를 공벌(攻伐)하게 하였다. 신목자는 노인성(老人城)과 중인성(中人城)을 점령하고 사자를 보내 승전을 보고하는 것이었다.

조양자는 막 주먹밥을 먹고 있다가 그 소식을 듣고 근심스러운 낯빛을 짓는 것이었다.

그리하여 좌우의 시종들이 말하였다.

"하루아침에 두 성을 함락시켰으니 이것은 누구나 기뻐할 일입니다. 그런데 주군께서는 근심스러운 안색이시니 무슨 까닭이십니까."

이에 대하여 조양자가 대답하였다.

"강하(江河)와 같은 큰물이라도 넘치는 것이 3일을 지나지 못하고 사나운 회오리바람과 폭우도 하루 중 순간에 지나지 않는다. 오늘날 조씨(趙氏)의 덕행(德行)이 쌓이지 않았는데, 하루아침에 두 성을 함락시켰으니 그 멸망의 두려움이 나의 신상에 미치지 않을 것인가."

공자가 이 이야기를 듣고 말하였다.

"조씨는 창성(昌盛)할 것이다."

대저 그것을 근심하는 것은 장차 창성할 징조요, 그것을 기뻐하는 것은 장차 멸망할 조짐이다. 싸워서 이기는 일은 어려운 것이 아니다. 그 승리를 유지하여 지키는 일이 어려운 것이다.

현명한 군주는 그 승리의 성과를 능히 지켜 지니므로 그 행운이 후세에까지 미친다. 제(齊)·초(楚)·오(吳)·월(越) 등의 나라들은 모두 일찍이 승리하였으나 마침내는 모두 멸망하였으니 그 승리의 성과를 보지(保持)함에 이르지 못하였기 때문이었다. 오직 도(道)있는 사람만이 승리를 보지할 수 있는 것이다.

공자는 힘이 강하여 잠긴 성문의 자물쇠를 한 손으로 움켜잡고 성문을 들어올릴 만한 힘을 지니고 있었지만 힘으로써 세상에 알려지지 않았고, 묵자는 공격해 오는 적을 막아 지키는데 능하여 공수반(公輸般)으로 하여금 마음으로 복종하게 하였으나 용병(用兵)으로 천하에 알려지지 않았다. 승리를 잘 보지(保持)하는 자는 술(術)로써 약한 것을 강하게 하는 것이다.

趙襄子攻翟[1] 勝老人中人[2] 使使者來謁之[3] 襄子方食搏飯[4] 有憂色 左右曰 一朝而兩城下[5] 此人之所以喜也 今君有憂色何 襄子曰 江河之大也 不過三日 飄風暴雨 日中不須臾 今趙氏之德行無所於積 一朝而兩城下 亡其及我乎 孔子聞之曰[6] 趙氏其昌乎 夫憂所以爲昌也 而喜所以爲亡也 勝非其難者也 持[7]之其難者也 賢主以此持勝 故其福及後世 齊莉吳越皆嘗勝矣 而卒取亡 不達乎持勝也 唯有道之主能持勝 孔子之勁擧國門[8]之關 而不肯以力聞 墨子爲守攻[9] 公輸般[10]服而不肯以兵加[11] 善持勝者以術彊弱

1) 攻翟(공적) : 적(翟)나라를 공벌하다. 조양자(趙襄子)는 신목자(辛穆子)로 하여금 적나라를 공격하게 하였다. 적(翟)은 적(狄)으로 고대 중국 북방에 거주하던 미개한 민족이었다. 북적(北狄).

2) 老人中人(노인중인) : 노인성(老人城)·중인성(中人城)의 두 성.

3) 謁之(알지) : 그것을 보고하다. 알은 고(告)와 같다.

4) 搏飯(박반) : 주먹밥을 먹다.

5) 下(하) : 함락(陷落)시키다. 점령하다.

6) 孔子聞之曰(공자문지왈) : 이때는 이미 공자의 사후(死後)이므로 믿기 어렵다. 잘못된 문장같다.

7) 持(지) : 유지(維持). 보지(保持).

8) 國門(국문) : 성문(城門). 이 말은 실은 공자 아버지의 이야기다.

9) 墨子爲守攻(묵자위수공) : 묵자가 공격해 오는 적을 막다. 곧 초(楚)나라의 명장인 공수반(公輸般)이 송(宋)나라의 성(城)을 아홉 번 공격해 왔으나 묵자가 그것을 지켜 아홉 번 다 몰아냈다는 말. 그래서 묵수(墨守)라는 말이 생겨났다.

10) 公輸般(공수반) : 초나라의 명장(名將).

11) 不肯以兵加(불긍이병가) : 용병(用兵)으로 천하에 알려지지 않았다. 곧 묵자는 겸애설(兼愛說)을 주창한 묵가(墨家)의 비조(鼻祖)로서, 한편 용병도 뛰어났지만 그의 명성은 사상가로서 천하에 알려질 뿐, 그 용병술을 말하는 사람은 없다는 이야기다.

2. 공훈을 헤아리다〔二曰權勳〕

가. 작은 충성은 큰 충성의 도적

이(利)는 둘을 얻을 수 없고 충(忠)은 아울러 온전할 수 없다. 작은 이득을 버리지 않으면 큰 이득을 얻을 수 없고 작은 충성을 버리지 못하면 큰 충성은 이루어질 수 없다. 그러므로 작은 이득

은 큰 이득을 해치는 것이요, 작은 충성은 큰 충성의 도적이 되는
것이다. 성인은 작은 것을 버리고 큰 것을 취한다.

　옛날에 초(楚)나라 공왕(龔王)은 진(晉)나라 여공(厲公)과
더불어 언릉(鄢陵)에서 싸웠는데, 초나라 군대가 패하여 공왕이
상처를 입었다.

　싸움에 다달아 군의 사령관인 자반(子反)이 갈증(渴症)이 나
물을 가져오라고 했다. 그런데 사동(使童)인 양곡(陽穀)이 기장
으로 빚은 술을 들고와 권하는 것이었다.

　자반은 그를 꾸짖으면서

　"치워라. 이것은 술이 아니냐."

하고 물리쳤다. 그래도 사동인 양곡은

　"이것은 술이 아닙니다."

하면서 다시 권하는 것이었다. 자반이 또

　"빨리 치우지 못할까."

하고 꾸짖었지만 양곡은 또

　"이것은 술이 아닙니다."

하는 것이었다. 이에 자반은 마침내 그 술을 받아 마셨다.

　자반의 사람됨이 술을 몹시 즐겨 한시도 술을 입에서 떼지 못
하는 사람이었다. 그래서 술에 취한 채로 나가 싸웠다.

　싸움이 이미 끝나고 공왕은 다시 싸울 것을 모의하기 위해 사
람을 시켜 사령관인 자반을 불렀는데, 자반은 마음에 걸리는 것
이 있어 병을 핑계로 하여 나가지 못하였다. 그래서 공왕은 친히
가 그를 만나기 위해 말을 타고 장막 안으로 들어서니 술 냄새가
대단해서 그대로 돌아와 탄식하여 말하기를

　"오늘의 싸움에서 나 자신은 상처를 입었고 의지할 사람은 사
령관뿐인데 그 사령관이 저 모양이니, 이것은 초나라의 사직(社
稷)을 잊은 것이요, 우리 사병들을 돌보지 않는 것이니, 나는 함
께 다시 싸울 사람이 없다."

하고는 이에 군사를 거두어 돌아갔다. 그리고 사령관인 자반은 참
형(斬刑)을 당하였다.

사동인 양곡이 술을 권한 것은 자반으로 하여금 술에 취하게 하기 위해서가 아니라 충성된 마음에서 우러난 것이었지만, 그 결과는 자반으로 하여금 참형을 당하게 하였던 것이다. 그래서 작은 충성은 큰 충성의 도적이라고 하는 것이다.

利不可兩 忠不可兼 不去小利則大利不得 不去小忠則大忠不至[1]
故小利大利之殘[2]也 小忠大忠之賊也 聖人去小取大
　昔荊龔王與晉厲公戰於鄢陵 荊師敗 龔王傷[3] 臨戰 司馬子反渴而
求飮 豎陽穀操黍酒而進之 子反叱曰 譆 退酒也 豎陽穀對曰 非酒
也 子反曰 亟退却也 豎陽穀又曰 非酒也 子反受而飮之 子反之爲
人也 嗜酒甘而不能絶於口 以醉 戰旣罷 龔王欲復戰而謀 使召司馬
子反 子反辭以心疾 龔王駕而往視之 入幄中 聞酒臭[4]而還曰 今日
之戰 不穀親傷[5] 所恃者司馬也 而司馬又若此 是忘荊國之社稷 而
不恤吾衆也 不穀無與復戰矣 於是罷師去之 斬司馬子反以爲戮 故
豎陽穀之進酒也 非以醉子反也 其心以忠也 而適足以殺之 故曰 小
忠大忠之賊也

1) 不至(부지) : 이루지 못한다. 불성(不成).
2) 殘(잔) : 해치다. 해(害) · 손(損)과 같다.
3) 龔王傷(공왕상) : 공왕이 상처를 입다. 곧 공왕이 이 싸움에서 진(晉)나라의 대부(大夫)인 여기(呂錡)가 쏜 화살에 맞아 눈을 다친 것을 이르는 말이다.
4) 聞酒臭(문주취) : 술 냄새를 맡다.
5) 親傷(친상) : 자신이 상처를 입다.

나. 작은 이익은 큰 이익을 해친다

옛날에 진(晉)나라 헌공(獻公)이 순식(筍息)으로 하여금 우(虞)나라의 길을 빌려 괵(虢)나라를 치게 하였다.

순식이 말하기를

"청컨대 수극(垂棘)의 구슬과 굴산(屈產)의 말을 우(虞)나라 제후에게 뇌물을 주고 길을 빌려달라고 요구하면 반드시 길을 빌릴 수 있을 것입니다."

하였다. 헌공은 말하기를

"수극의 구슬은 대대로 내려오는 보물이요, 굴산의 말은 내가 사랑하는 준마(駿馬)인데, 만약 우공이 나의 예물을 받고도 길을 빌려주지 않는다면 그것을 어찌할 것인가."

하고 망설였다. 이에 대하여 순식은 말하였다.

"그렇지 않습니다. 그가 만약 저에게 길을 빌려주지 않으려면 제가 주는 예물을 받지 않을 것입니다. 만약 제가 주는 예물을 받고 길을 저에게 빌려준다면 그것은 예물을 집 안의 창고에서 받아 그것을 집 밖의 창고에 간직하는 것과 마찬가지입니다. 그리고 그것을 집 안의 마굿간에서 받아 집 밖에 있는 마굿간에다 매두는 것과 같습니다. 주군(主君)께서는 무엇을 근심하십니까."

이 말을 듣고 헌공은 그것을 허락하였다.

순식으로 하여금 굴산의 말과 수극의 구슬을 우공에게 예물로 바치고 괵나라를 정벌하기 위한 길을 빌리도록 하였다.

우공은 보물과 준마가 탐나 길을 빌려주고자 하였다.

이에 궁지기(宮之奇)가 간(諫)하여 말렸다.

"허락하셔서는 안 됩니다. 우나라와 괵나라는 수레와 보목(輔木)과 같은 관계로 수레는 보목에 의지하고 보목 또한 수레에 의지합니다. 우나라와 괵나라의 형세가 그렇습니다.

옛 사람들이 말하기를 '순망치한(脣亡齒寒), 곧 입술이 없어지면 이가 시리다'고 하였습니다. 대저 괵나라가 망하지 않는 것은 우나라에 의지가 되고, 우나라가 망하지 않는 것은 또한 괵나라에게 의지가 되는 것입니다. 만약 진나라에게 길을 빌려주신다면 괵나라는 아침에 멸망하고 우나라는 저녁에 그 뒤를 따를 것입니다. 어떻게 그에게 길을 빌려줄 수 있겠습니까."

그러나 우공은 그 충고를 듣지 않고 순식에게 길을 빌려주었다.

이에 순식은 괵나라를 공벌하여 승리를 거두고, 돌아오는 길에 또 우나라를 공격하여 또한 승리를 거두었다. 그리고 순식은 뇌물로 주었던 수극의 구슬을 빼앗아 받들어 들고, 굴산의 준마를

도로 찾아 끌고 돌아와 진나라 헌공에게 승전을 보고하였다. 이
에 헌공은

"수극의 구슬은 바로 이것이고 굴산의 준마도 이빨이 조금 자
랐구나."

하면서 기뻐하였다. 그러므로 '작은 이득은 큰 이득을 해롭게 하
는 것' 이라고 말하는 것이다.

　昔者晉獻公 使荀息[1]假道於虞以伐虢 荀息曰 請以垂棘之璧[2] 與
屈産之乘[3] 以賂虞公[4] 而求假道焉 必可得也 獻公曰 夫垂棘之璧 吾
先君之寶也 屈産之乘 寡人之駿也 若受吾幣 而不吾假道 將奈何 荀
息曰 不然 彼若不吾假道 必不吾受也 若受我而假我道 是猶取之內
府 而藏之外府也[5] 猶取之內皁[6]而著之外皁也 君奚患焉 獻公許之
乃使荀息以屈産之乘爲庭實[7] 而加以垂棘之璧 以假道於虞而伐虢
虞公濫[8]於寶與馬而欲許之 宮之奇[9]諫曰 不可許也 虞之與虢也 若
車之有輔也 車依輔 輔亦依車 虞虢之勢是也 先人有言曰 脣竭而齒
寒 夫虢之不亡也恃虞 虞之不亡也亦恃虢也 若假之道 則虢朝亡 而
虞夕從之矣 奈何其假之道也 虞公弗聽而假之道 荀息伐虢 克之 還
反伐虞 又克之 荀息操璧牽馬而報 獻公喜曰 璧則猶是也 馬齒亦薄
長矣 故曰 小利大利之殘也

1) 筍息(순식) : 진(晉)나라의 명장(名將).
2) 垂棘之璧(수극지벽) : 수극에서 생산된 아름다움 구슬. 수극은 미옥(美玉)
　　의 생산지로 알려진 곳.
3) 屈産之乘(굴산지승) : 굴읍(屈邑)에서 생산된 말. 굴읍은 명마(名馬)의 생
　　산지로 알려진 곳. 승은 여기서 말을 뜻하나 네 마리의 말을 일승(一乘)이라
　　고 한다.
4) 虞公(우공) : 우나라의 제후.
5) 是猶取之內府而藏之外府也(시유취지내부이장지외부야) : 예물을 집안의
　　창고에서 받아서 집 밖의 창고에 간직하는 것과 같다. 곧 이 말은 일단 주었
　　다가 나중에 되찾아 올 수 있다는 것을 암시한 것.
6) 皁(조) : 마굿간.

7) 庭實(정실) : 우공에게 주는 예물이라는 뜻.

8) 濫(남) : 탐내다. 탐(貪)과 같다.

9) 宮之奇(궁지기) : 우(虞)나라의 현신(賢臣).

다. 하고자 하는 것을 먼저 찾는 것

중산국(中山國)에 구요(仇繇 : 仇由)라는 지방이 있었는데 지백(智伯)이 그곳을 공격하고자 하지만 통과할 수 있는 길이 없었다.

지백은 꾀를 내 큰 종(鐘)을 만들어 큰 길로 갈 수 있는 두 바퀴짜리 방차(方車)에 실어 보냈다. 그런데 구요의 군주는 산기슭을 잘라내 골짜기를 메꾸어 길을 내어 장차 그 큰 종을 받아들이려고 했다. 이에 적장만지(赤章蔓枝)가 그것을 간(諫)하여 말리면서 말하였다.

"'시경(詩經)'에 이르기를 '오직 법칙이 있어 나라를 안정시킨다'고 하였습니다. 우리가 어찌 지백에게서 종을 얻을 수 있겠습니까. 대저 지백의 사람됨이란 욕심이 많고 신의가 없으니, 반드시 우리를 공격하고자 하나 길이 없음으로 큰 종을 만들어 방차 두 바퀴짜리 수레에 실어 주군께 보내는 것입니다. 그러면 주군께서는 산기슭을 파내 골짜기를 메워 길을 만들어 그 종을 맞이하실 것이니, 그때를 이용하여 반드시 군대를 따르게 할 것입니다."

그러나 구요의 군주는 듣지 않았다. 그래서 잠시 후에 적장만지는 또 그것을 간하여 말렸다. 그런데 군주는

"대국(大國)에서 호의(好意)로써 하는 일을 그대가 거역하는 것은 상서롭지 못하다. 그대는 그 말을 그만두라."

하는 것이었다. 적장만지는

"남의 신하된 몸으로 충성되고 곧지 않은 것은 죄가 된다. 그러나 그 충성과 곧음이 받아들여지지 않는다면 몸을 빼어 멀리 가는 도리밖에 없다."

하고는 드디어 차곡(車轂)을 끊어 버리고 떠나 위(衛)나라에 닿았다. 적장만지가 위나라에 이른 지 7일만에 구요는 마침내 지백에 의해 멸망되었다. 이것은 구요의 군주가 종을 가지고 싶은 마음이 앞서서였다. 종을 가지고 싶은 마음이 앞서면 구요를 안정시킨다는 말은 통하지 않는다. 무릇 남의 말을 듣고 자신이 갖고자 하는 마음에 대하여 깊이 살피지 않으면 안 된다. 그러므로 가장 좋은 것은 그 하고자 하는 바를 먼저 찾는 일이다.

中山之國[1]有仇繇者[2] 智伯欲攻之而無道也 爲鑄大鐘 方車二軌以遺之 仇繇之君將斬岸堙谿[3]以迎鐘 赤章蔓枝[4]諫曰 詩[5]云 唯則定國 我胡[6]以得是於智伯 夫智伯之爲人也 貪而無信 必欲攻我而無道也 故爲大鐘 方車二軌以遺君 君因斬岸堙谿以迎鐘 師必隨之 弗聽 有頃諫之 君曰 大國爲懽[7]而子逆之不祥 子釋之 赤章蔓枝曰 爲人臣不忠貞罪也 忠貞不用遠身可也 斷轂而行 至衛七日而仇繇亡 欲鐘之心勝也 欲鐘之心勝 則安仇繇之說塞矣 凡聽說所勝不可不審也 故太上先勝

1) 中山之國(중산지국) : 지금의 하북성(河北省) 중부에 있던 제후국. 중산국(中山國).
2) 仇繇者(구요자) : 구요라는 지방. 진(晉)나라 국경에 다가붙은 지방. 다른 문헌에 의하면 구요(仇繇)를 구유(仇由)로 쓴 것이 많다. 자(者)는 지방이라는 뜻.
3) 斬岸堙谿(참안인계) : 산기슭을 끊어 계곡을 메우다. 인은 매(埋)와 같다.
4) 赤章蔓枝(적장만지) : 구요의 현신(賢臣).
5) 詩(시) : 이 시는 시경에 빠져 있다.
6) 胡(호) : 어찌. 해(奚)·안(安)과 같다.
7) 懽(환) : 호의(好意).

라. 작은 이득 때문에 나라 잃은 제왕(齊王)

연(燕)나라의 창국군(昌國君)이 다섯 나라의 군대를 통솔하

여 제(齊)나라를 공격하였다. 제나라에서는 촉자(觸子)로 하여
금 장수를 삼아 제수(濟水)에서 다섯 나라의 연합군인 천하의 군
대를 맞이하여 싸우게 하였다.

　제나라 왕은 싸움을 독촉하기 위하여 사람을 촉자에게 보내 치
욕적인 말로 헐뜯어 말하였다.

　"싸우지 않는다면 반드시 그대의 집안을 멸망시키고 그대 조상
들의 무덤을 파헤쳐 버리겠다."

　이 말을 들은 촉자는 심히 괴로워하면서 제나라 군대를 패전으
로 몰고 가고자 하였다. 그래서 천하의 대군과 싸우는데 싸움이
한창 벌어졌을 때 징을 쳐 제나라 군대를 후퇴시키니 제나라는 마
침내 패배하고, 천하의 대군은 그 승리를 이용하여 추격을 계속
하였다. 촉자는 이로 인하여 한 마리의 말을 타고 달아났는데 어
디로 갔는지 알지 못했고, 그 뒤로도 그에 대한 소문은 없었다.

　그래서 달자(達子)가 또 그 나머지 부대를 거느리고 진주(秦
周)의 성문에 주둔하였는데 그 군사들에게 상을 주는 일이 없으
므로 사람을 시켜 제나라 왕에게 상으로 줄 금품(金品)을 청구
하였다.

　그런데 제나라 왕은 성을 내면서 말하였다.

　"너희 패잔병 조무래기들아. 어떻게 너희들에게 금품을 줄 수
있단 말이냐."

　그 뒤 달자는 연(燕)나라와 싸워서 크게 패하였으니, 달자는 전
사하고 제나라 왕은 거(莒) 땅으로 달아났다. 연나라 군대는 패
군을 추격하여 제나라 도읍에 입성(入城)하여 서로 다투어 가면
서 금고를 뒤져 많은 돈을 털어갔다.

　이것이야말로 작은 이득인 금품을 탐하다가 큰 이득인 나라를
잃은 것이다.

昌國君¹⁾將²⁾五國之兵³⁾ 以攻齊 齊使觸子將⁴⁾ 以迎天下之兵⁵⁾於濟
上 齊王⁶⁾欲戰 使人赴觸子 恥而詈之曰 不戰必刳若類⁷⁾ 掘若壟 觸
子苦之 欲齊軍之敗 於是以天下兵戰 戰合 擊金⁸⁾而却之卒北⁹⁾ 天下

兵乘之 觸子因以一乘去[10] 莫知其所 不聞其聲 達子又帥其餘卒 以
軍於秦周[11] 無以賞 使人請金[12]於齊王 齊王怒曰 若殘豎子之類[13] 惡
能給若金 與燕人戰 大敗 達子死 齊王走莒 燕人逐北入國 相與爭
金於美唐[14]甚多 此貪於小利以失大利者也

1) 昌國君(창국군) : 연(燕)나라의 장군인 악의(樂毅).

2) 將(장) : 통솔하다.

3) 五國之兵(오국지병) : 다섯 나라의 연합군. 오국은 연(燕)·진(秦)·한(韓)·
   조(趙)·위(魏)나라.

4) 將(장) : 장군. 총사령관.

5) 天下之兵(천하지병) : 천하의 군대. 천하 강대국 대부분인 다섯 나라의 연합
   군을 이르는 말.

6) 齊王(제왕) : 제나라의 민왕(湣王)을 가리킨다.

7) 劃若類(잔약류) : 그대의 무리를 죽인다. 곧 너의 집안을 다 죽인다는 말. 약
   은 여(汝)와 같다.

8) 擊金(격금) : 징을 치다. 옛날 전쟁에서는 전진의 신호로 북을 치고, 후퇴의
   신호로 징을 쳤다. 금은 금속제인 징을 뜻한다.

9) 卒北(졸배) : 마침내 패배(敗北)하다.

10) 一乘去(일승거) : 한 마리의 말을 타고 달아나다.

11) 秦周(진주) : 제나라 성문(城門)의 이름.

12) 金(금) : 상으로 나누어 줄 금품(金品).

13) 殘豎子之類(잔수자지류) : 패잔병 조무래기들이라는 뜻.

14) 美唐(미당) : 금고(金庫).

3. 어진이를 예우하라〔三曰下賢〕

가. 군주에게 거만한 도 있는 현사(賢士)

도(道) 있는 현사(賢士)는 본디 군주에게 거만하고 군주로서

어리석은 사람 또한 도 있는 현사에게 거만하다. 항상 이렇게 서로 거만만 부린다면 어느 때에나 서로 만나 상대에게서 얻는 것이 있을 것인가.

이것은 유가(儒家)와 묵가(墨家)가 서로 옳다고 다투는 것이나 제(齊)나라와 초(楚)나라의 복장이 서로 다른 것 같이 언제까지나 서로 다르기만 할 것이다.

그러나 현명한 군주는 그렇지 않다. 현사가 비록 자기에게 거만하게 굴더라도 자기는 더욱 그 현사를 예로써 대우한다. 그러면 현사인들 어찌 거기 감동되어 그에게로 돌아가지 않을 것인가. 현사가 돌아가는 곳은 천하의 민심(民心)이 따라 가는 것으로 제(帝)가 된다.

제(帝)라는 글자의 의의는 천하 사람들의 주인이요, 왕(王)이라는 글자의 의의는 천하 사람들의 돌아서 간다(往)는 뜻이다.

도를 얻은 사람은 귀(貴)함이 천자가 되어서도 거만하지 않고, 부(富)함이 천하를 소유하고도 자랑하지 않고, 비천(卑賤)하여 포의(布衣)를 입고서도 아무런 굴욕(屈辱)을 느끼지 않고, 가난함이 입을 것이나 먹을 것이 없어도 걱정하지 않는다.

간절(懇切)하게 그 진실로 스스로 도 있음을 보이고, 분명히 사리를 깨달아 회의(懷疑)를 품지 않고, 걸출(傑出)하게 뛰어나 반드시 바꾸는 일이 없고, 순환(循環)하는 법칙에 따라 음(陰)과 양(陽)에 동화(同化)된다.

분명하고 진솔(眞率)하여 그 심지(心志)가 견고함을 보이고, 삼가고 성실하여 거짓이나 속임이 없고, 혜매는 것 같되 그 지기(志氣)가 원대(遠大)하고, 어둡고 분명하지 않되 그 깊이를 헤아릴 수 없고, 확고(確固)하여 그 절조(節操)의 고상(高尙)함을 꺾을 수 없고, 여유가 있어 굳이 스스로 옳다고 하지 않고, 마음이 넓고 커서 나아가 지혜와 생각을 다하며, 마음 내키는 대로 하여 세속적(世俗的)인 비방이나 명예를 가벼이 여긴다.

하늘로써 법을 삼고, 덕으로써 행(行)을 삼고, 도(道)로써 본(本)을 삼고, 사물을 변화시키되 끝나는 바가 없고, 정기(精氣)

는 하늘에 가득 차 다하지 않고, 신(神)은 우주를 덮되 경계가 없고, 그 시작을 모르며, 그 종말을 모르며, 그 문을 모르며, 그 끝을 모르며, 그 근본을 모르며, 그 큼은 밖이 없고 그 작음은 안이 없으니, 이것을 지극히 귀한 도(道)라 이르는 것으로 현사(賢士)에 이와 같은 사람이 있다.

오제(五帝)도 현사를 얻어 벗으로 삼지 못했고, 삼왕(三王)도 현사를 얻어 인도하는 스승으로 삼지 못했으니, 제왕으로서의 존귀(尊貴)함과 영화(榮華)를 버린다면 그를 가까이 얻을 수 있을 것이다.

有道之士固驕人主 人主之不肖者亦驕有道之士 日[1]以相驕 奚時相得 若儒墨之議[2] 與齊荊之服[3]矣 賢主則不然 士雖驕之 而己愈禮之 士安得不歸之 士所歸 天下從之帝 帝也者[4]天下之遹[5]也 王也者[6]天下之往也 得道之人貴爲天子而不驕倨 富有天下而不騁夸[7] 卑爲布衣[8]而不瘁攝[9] 貧無衣食而不憂懾 狠乎[10]其誠自有也 覺乎其不疑有以也 桀乎其必不渝移也 循乎[11]其與陰陽化也 恩恩乎[12]其心之堅固也 空空乎[13]其不爲巧故[14]也 迷乎其志氣之遠也 昏乎其深而不測也 確乎其節之不庫也 就就乎[15]其不肯自是 鵠乎[16]其羞周智慮也 假乎[17]其輕俗誹譽也 以天爲法 以德爲行 以道爲宗 與物變化而無所終窮 精充天地而不竭 神覆宇宙而無望 莫知其始 莫知其終 莫知其門 莫知其端 莫知其源 其大無外 其小無內 此之謂至貴 士有若此者 五帝弗得而友 三王弗得而師 去其帝王之色[18] 則近可得之矣

1) 日(일) : 날로. 항상.
2) 儒墨之議(유묵지의) : 유가(儒家)와 묵가(墨家)의 쟁의(爭議). 유가와 묵가의 사상이 근본적으로 다르기 때문에 일치할 수 없다.
3) 齊荊之服(제형지복) : 제(齊)나라와 초(楚)나라의 복장(服裝). 제나라와 초나라의 복장은 서로 다르다. 형(荊)은 초(楚)의 다른 이름.
4) 帝也者(제야자) : 제(帝)라는 글자의 의의(意義).
5) 遹(적) : 주인. 주(主).
6) 王也者(왕야자) : 왕(王)이라는 글자의 의의.

7) 騁夸(빙과) : 자랑하다. 뽐내다.

8) 布衣(포의) : 관직(官職)이 없는 선비. 관복(官服)의 상대되는 말.

9) 瘁攝(췌섭) : 굴욕(屈辱)으로 풀이된다.

10) 狠乎(간호) : 간절하다. 간(懇)과 같다.

11) 循乎(순호) : 순환(循環)하는 법칙을 따르다.

12) 恩恩乎(총총호) : 분명하고 진솔하다.

13) 空空乎(공공호) : 삼가고 성실하다.

14) 巧故(교고) : 거짓과 속임.

15) 就就乎(취취호) : 마음에 여유가 있다.

16) 鵠乎(곡호) : 마음이 넓고 크다.

17) 假乎(가호) : 마음 내키는 대로 하다.

18) 帝王之色(제왕지색) : 제왕으로서의 존귀(尊貴)함과 영화(榮華).

나. 하루 세 번 찾아가 만나지 못한 사람

요(堯)임금은 선권(善綣)을 보는데 있어 제왕(帝王)의 존엄으로써 하지 않고 북면(北面)하여 그에게 가르침을 청하였다. 요임금은 천자요, 선권은 포의(布衣)의 선비에 불과한데 무슨 까닭으로 이와 같이 극진한 예로써 대우하는 것일까. 그것은 선권이 도(道)를 얻은 선비이기 때문이었다.

도 있는 선비에게는 교만할 수 없다. 요임금은 스스로 덕행(德行)이나 지혜를 논함에 있어 그와 같지 못하다고 여겨 북면을 하여 그에게 가르침을 청한 것이다. 이것은 지극히 공평하다고 할 것이니, 지극히 공평하지 않으면 누가 능히 현자(賢者)를 예우(禮遇)할 것인가.

주공 단(周公旦)은 문왕(文王)의 아들이요, 무왕(武王)의 동생이며, 성왕(成王)의 숙부다. 빈민들이 사는 마을에 독 밑을 깨뜨려서 창으로 삼고 사는 가난한 현사(賢士) 70인이 있었다.

문왕이 일찍이 찾아갔으나 만나보지 못했고, 무왕은 찾아가서 만나보기는 했으나 마음으로 기쁘게 진실로 감복하지 못했는데,

주공 단이 나이어린 성왕을 안고 가서 마음으로 기쁘게 진실로 감복하였다. 그러므로 "성왕은 다만 몸으로써 현사에게 굽힌 것이 아닌가"라고들 말한다.

제(齊)나라 환공(桓公)이 소신직(小臣稷)을 보기 위하여 하루에 세 번 찾아가서 만나보지 못했다. 그래서 시종이라는 사람이 말하였다.

"만승(萬乘)의 군주로서 포의의 선비를 만나기 위해 하루에 세 번이나 갔다가 만나지 못하셨으니, 또한 만나는 일을 그만 두심이 좋겠습니다."

환공이 말하기를

"그렇지 않다. 선비로서 녹(祿)과 작(爵)을 가벼이 여기는 자는 본디부터 그 주인을 가벼이 여기나니, 그 주인이 패왕(覇王)을 가벼이 여기는 자 또한 그 선비를 가벼이 여긴다. 가령 선생이 녹과 작을 가벼이 여긴다 하더라도 나는 감히 패왕을 가벼이 여기는 방법을 쓸 것인가. 마침내 그를 만날 것이니 그만두는 것은 옳지 않다."

하고는 다섯 번을 가서 드디어 만날 수 있었다.

세상에서는 환공의 내행(內行)을 많이 지적하지만 내행이 비록 닦아지지 않았다 하더라도 패업(覇業)을 이룰 수 있었던 것이다. 진실로 현자(賢者)에게 굽혀 예우하는 언론이 실행되고 또 내행이 닦아진다면 어찌 왕천하(王天下)하지 못할 것인가.

堯不以帝見善綣[1] 北面[2]而問焉 堯天子也 善綣布衣也 何故禮之
若此其甚也 善綣得道之士也 得道之人不可驕也 堯論其德行達智
而弗若 故北面而問焉 此之謂至公 非至公 其孰能禮賢

周公旦文王之子也 武王之弟也 成王之叔父也 所朝於窮巷[3]之中
甕牖[4]之下者七十人 文王造[5]之而未遂 武王遂之而未成[6] 周公旦抱
少主[7]而成之 故曰成王不唯以身下士邪

齊桓公見小臣稷[8] 一日三至[9] 弗得見 從者曰 萬乘之主見布衣之
士 一日三至而弗得見 亦可以止矣 桓公曰 不然 士驁祿爵[10]者固輕

其主 其主鷔覇王者亦輕其士 縱夫子鷔祿爵 吾庸[11]敢鷔覇王乎 遂
見之 不可止 世多擧桓公之內行 內行雖不修 覇亦可矣 誠行之此論
而內行修 王猶少[12]

1) 善綣(선권) : 요임금 때의 도(道) 있는 현사(賢士).

2) 北面(북면) : 북쪽을 향해 앉다. 제왕(帝王)은 남쪽을 향해 앉는 것인데 여
   기서 북쪽을 향해 앉은 것은 제왕의 존엄을 돌보지 않은 것을 뜻한다.

3) 窮巷(궁항) : 가난한 사람들이 사는 마을. 빈민촌(貧民村).

4) 甕牖(옹유) : 독 밑을 깨뜨려서 창으로 삼는 가난한 사람의 집.

5) 造(조) : 만나러 찾아간다는 뜻.

6) 遂之而未成(수지이미성) : 만나기는 했으나 마음으로 기쁘게 진실로 감복하
   지는 못했다는 뜻.

7) 少主(소주) : 나이어린 임금. 성왕(成王)을 가리킨다.

8) 小臣稷(소신직) : 제나라 환공 당시에 있었던 한 처사(處士).

9) 至(지) : 가다. 왕(往)과 같다.

10) 鷔祿爵(오녹작) : 녹작(祿爵)을 가벼이 여기다. 오는 경(輕)과 같고 녹은
    봉록(俸祿), 작은 작위(爵位).

11) 庸(용) : 쓰다. 용(用)과 같다.

12) 王猶少(왕유소) : 왕은 오히려 적다. 곧 왕 이상의 천자(天子)가 될 수 있
    다는 말.

다. 재상을 18년간이나 한 자산(子產)

자산(子產)은 정(鄭)나라 재상(宰相)이었다. 호구자림(壺丘
子林)을 만나기 위해 찾아갔는데, 호구자림은 제자들과 함께 앉
아 있으면서 그 앉아 있는 자리는 반드시 나이의 순서대로 질서있
게 앉아 있는 것이었다. 그리고 재상인 자산을 문있는 쪽에 앉혀
두는 것이었다.

그러나 만승(萬乘)의 나라의 재상인 자산은 그런 일에 마음쓰
지 않고 뜻한 바를 꾀하고 행할 일을 논(論)하여 충성된 마음으
로써 남과 더불어 서로 사귀었으니, 그렇게 할 수 있는 사람은 오

직 자산뿐이 아닐는지.

그러므로 정나라 재상을 18년이나 지냈으면서도 세 사람을 형벌하였고, 두 사람을 사형에 처했을 뿐이다. 복숭아와 오얏이 늘어진 길에서도 그 가지를 휘어잡는 일이 없었고, 추도(錐刀)가 길에 버려져도 그것을 주워 가지지 않았다.

위(魏)나라 문후(文侯)가 단간목(段干木)을 보니 오래 서 있어 피곤한데도 감히 쉬려고 하지 않는다. 돌아오는 길에 당상(堂上)에 걸터앉아 있는 적황(翟黃)을 만나 이야기하니, 적황은 기분이 좋지 않아졌다. 그래서 문후는 말하였다.

"단간목은 벼슬을 시키려고 해도 즐기지 않고 녹미(祿米)를 주려고 해도 받지 않는데, 지금 그대는 벼슬을 주고자 하면 재상의 지위요, 녹미를 주려면 상경(上卿)에 해당한다. 그대는 이미 나의 작록(爵祿)을 받으면서 또 나의 예우를 책망하는 것은 어려운 일이 아닌가."

그러므로 현명한 군주가 인재를 양성함에는 작록 받기를 즐기지 않는 사람은 그를 예로써 대우한다. 선비를 예로써 대우하는 것은 욕망을 절제하는 것으로 이보다 높은 것은 없다. 욕망을 절제하면 영(令)이 행해진다.

문후는 선비를 예로써 대우하는 것을 좋아한다고 할 것이다. 선비를 예로써 대우하기를 좋아했으므로 남으로는 초(楚)나라를 연제(連隄)에서 싸워 이겼고, 동으로는 장성(長城)에서 제(齊)나라에 이겨 제후(齊侯)를 사로잡아 천자에게 바치니, 천자는 문후에게 상을 주어 그 이름이 천자에게까지 통하였다.

子産[1]相鄭 往見壺丘子林[2] 與其弟子坐 必以年 是倚其相於門也[3] 夫相萬乘之國 而能遺之 謀志論行 而以心與人相索 其唯子產乎 故相鄭十八年 刑三人殺二人 桃李之垂於行者莫之援也 錐刀之遺於道者 莫之擧也

魏文侯見段干木 立倦而不敢息 反見翟黃 踞於堂而與之言 翟黃不說[1] 文侯曰 段干木官之則不肯 祿之則不受 今女欲官則相位 欲

祿則上卿 旣受吾實[5] 又責吾禮 無乃難乎 故賢主之畜人也 不肯受
實者其禮之 禮士莫高乎節欲 欲節則令行矣 文侯可謂好禮士矣 好
禮士 故南勝荊於連隄 東勝齊於長城 虜齊侯 獻諸天子 天子賞文侯
以上聞[6]

1) 子産(자산) : 정(鄭)나라 대부(大夫) 공손교(公孫喬)를 이르는 말.

2) 壺丘子林(호구자림) : 당시에 득도(得道)한 현사(賢士).

3) 倚其相於門也(의기상어문야) : 한 나라의 재상을 문있는 쪽에 앉혀두었다는
   말로, 재상이라도 연령순으로 앉는 질서를 어겨 가면서 대우하지 않았다는
   뜻.

4) 翟黃不說(적황불열) : 적황은 기분 나쁘게 여기다. 문후(文侯)가 단간목을
   공경하는 것을 보고 불쾌하게 여기는 것이다.

5) 實(실) : 작록(爵祿)을 가리킨다.

6) 上聞(상문) : 그 명성이 천자에게까지 통한다.

4. 상으로 보답하라〔四曰報賞〕

가. 문왕(文王)이 왕업을 이룬 까닭

나라는 비록 작더라도 그 식량은 풍족하여 그것으로써 천하의
현사(賢士)를 기를 수 있고, 그 수레는 족하여 그것으로써 천하
의 현사를 태울 수 있으며, 그 재력(財力)은 넉넉하여 그것으로
써 천하의 현사를 예우(禮遇)할 수 있으면 천하의 현자(賢者)와
더불어 한 무리가 될 수 있는 것으로, 이것은 문왕(文王)이 왕업
(王業)을 이룬 까닭이다.

이제 비록 왕업은 이루지 못했다고 하더라도 다만 나라를 지키
고 백성을 편안하게 할 수 있다면 그 또한 쉬운 일이 아니지 않겠
는가. 이것은 조선맹(趙宣孟)이 몸을 죽이는 재화(災禍)를 모면
한 까닭이요, 주(周)나라의 소문군(昭文君)이 진(秦)나라에서

영달(榮達)한 까닭이며, 맹상군(孟嘗君)이 초(楚)나라의 군대를 물리친 까닭이다.

예로부터 무릇 크게 공명(功名)을 세워 나라를 편안하게 하고 자신의 위태로움을 모면한 것은 그 도리 이외의 다른 것이 없다. 이것은 반드시 현사를 예로써 대우하는 데에 말미암은 것이다.

맡은 바 큰 일을 즐겁게 여기는 현사는 가히 교만함과 방자함으로써 굴복시키려는 태도를 가져서는 안 된다.

國雖小 其食足以食天下之賢者 其車足以乘天下之賢者 其財足以禮天下之賢者 與天下之賢者爲徒 此文王之所以王也 今雖未能王 其以爲安也 不亦易乎 此趙宣孟[1]之所以免也 周昭文君[2]之所以顯也 孟嘗君之所以却荊兵也 古之大立功名 與安國免身者 其道無他 其必此之由也 堪士[3]不可以驕恣屈也

1) 趙宣孟(조선맹) : 진(晉)나라의 경(卿) 조순(趙盾).
2) 昭文君(소문군) : 동주(東周) 사람으로 주(周)의 사왕(梶王).
3) 堪士(감사) : 맡은 바 일을 즐겁게 여기는 현사(賢士). 감(堪)은 낙(樂)과 같다.

나. 작은 선이라도 반드시 행해야 한다

옛날에 조선맹(趙宣孟)이 장수가 되어 강읍(絳邑)으로 북상(北上)하는데, 뽕나무 그늘 아래에서 굶주려 쓰러져 일어나지 못하는 사람을 보았다. 선맹이 수레를 멈추게 하고 그를 위하여 먹을 것을 주니 기분좋게 받아먹고 다시 한 입 넣은 뒤에 눈이 보이는 것 같았다. 그래서 선맹이 그에게 묻기를

"그대는 어쩌다가 이처럼 굶주렸는가?"

하니 그가 말하였다.

"저는 강읍에서 벼슬을 하다가 집으로 돌아오는 길에 양식이 떨어졌습니다. 그러나 남에게 구걸하는 것을 부끄럽게 여기고, 그렇다고 남의 것을 훔치는 일은 더욱 싫어하다 보니 이 지경이 되

었습니다."

그 말을 듣고 선맹은 마른 고기 두 조각을 주었다. 그 사람은 절하면서 받고는 감히 그것을 먹으려 하지 않는 것이었다. 선맹이 그 까닭을 물으니 그는 대답하였다.

"저에게는 늙은 어머니가 계십니다. 그래서 이것을 드리려고 합니다."

그 말을 듣고 선맹이

"이것을 다 먹어라. 내 다시 그대에게 먹을 것을 주겠다."

하고, 마른 고기 두 묶음과 돈 백 냥을 주고는 그 자리를 떠났다. 2년이 지난 뒤 진(晉)나라 영공(靈公)은 선맹을 죽이고자 하여 방 안에 갑사(甲士)들을 숨겨두고 선맹에게 술을 권하는 것이었다. 선맹은 그것을 눈치채고 술을 마시다 방 밖으로 나갔다.

이에 영공은 방 안에 숨겨둔 갑사들로 하여금 빨리 쫓아가 선맹을 죽이라고 하였다. 갑사 중 한 사람이 빠르게 쫓아나와 선맹의 앞을 가로막아 서면서

"아아, 빨리 수레에 오르십시오. 제가 당신을 위하여 대신 돌아가 죽겠습니다."

하는 것이었다. 그래서 선맹이

"그대는 대체 누구인가."

하니 돌아서 달리던 자가 말하기를

"이름을 알아서 무얼 하십니까. 저는 뽕나무 그늘 밑에 굶어서 쓰러져 있던 사람입니다."

하고는 돌아가 격투하다 죽었다. 이렇게 해서 선맹은 목숨을 건질 수 있었다. 이것은 옛글의 이른바 "작은 선(善)이라도 하지 않음이 없게 하라"라는 말을 생각하게 한다.

선맹의 덕은 한 남자에게 미쳤으나 오히려 스스로 살아남을 얻었으니 어찌 하물며 덕이 만인에 미쳐서이겠느냐.

그러므로 '시경(詩經)'에 이르기를

"위세 있는 무인(武人)들은

공후(公侯)를 위해 국가를 보위(保衛)하는 간성(干城)이요

　제제(濟濟)한 많은 현사(賢士)들은
　문왕을 편안하게 한다."
라고 하였다.
　군주로서 어찌 현사를 대우하는데 힘쓰지 않을 것인가. 선비라
는 것은 제대로 알기가 어려운 것이다. 오직 널리 살피는 것이 옳
을 뿐이며 또 널리 살피면 숨을 곳도 없는 것이다.

　昔趙宣孟將上之絳[1] 見骫桑之下[2] 有餓人臥不能起者 宣孟止車
爲之下食 蠲[3]而餔之 再咽而後能視 宣孟問之曰 女何爲而餓若是
對曰 臣宦於絳 歸而糧絶 羞行乞而憎自取[4] 故至於此 宣孟與脯二
胸 拜受而弗敢食也 問其故 對曰 臣[5]有老母 將以遺之 宣孟曰 斯[6]
食之 吾更與女 乃復賜之脯二束 與錢百 而遂去之 處二年 晉靈公
欲殺宣孟 伏士[7]於房中以待之 因發酒[8]於宣孟 宣孟知之 中飮而出
靈公令房中之士疾追而殺之 一人追疾 先及宣孟之面曰 嘻 君轝[9]
吾請爲君反死 宣孟曰 而[10]名爲誰 反走對曰 何以名爲 臣骫桑下之
餓人也 還鬪而死 宣孟遂活 此書[11]之所謂德幾無小者也 宣孟德一
士猶活其身 而況德萬人乎 故詩[12]曰 赳赳武夫[13] 公侯干城[14] 濟濟多
士[15] 文王以寧 人主胡可以不務哀[16]士 士其難知 唯博之爲可 博則
無所遁矣

1) 絳(강) : 고을 이름. 강읍(絳邑). 지금의 산서성(山西省) 익성현(翼城縣) 동
　남 지방.
2) 骫桑之下(위상지하) : 뽕나무 그늘 밑. 상음지하(桑蔭之下).
3) 蠲(견) : 깨끗이. 시원하게. 기분좋게.
4) 自取(자취) : 스스로 남의 것을 훔친다는 뜻.
5) 臣(신) : 저에게는. 군주 앞에서 신하가 I인칭 대명사로 쓰는 말이나 여기서
　는 '나' '저'의 뜻으로 쓰인 말.
6) 斯(사) : 모두. 다. 진(盡)과 같다.
7) 士(사) : 무장한 남자. 갑사(甲士).
8) 發酒(발주) : 술을 권하다.
9) 君轝(군여) : 그대는 수레에 오르십시오 여는 여(輿)와 같은 것으로 수레의 뜻.

10) 而(이) : 너. 그대. 여(汝). 약(若)과 같다.

11) 書(서) : 옛글. 고서(古書).

12) 詩(시) : '시경' 주남(周南) 토저편의 일부.

13) 赳赳武夫(규규무부) : 위세 있는 군인들. 위세당당한 군인들.

14) 干城(간성) : 국가를 방위하는 군인.

15) 濟濟多士(제제다사) : 훌륭한 많은 선비.

16) 哀(애) : 사랑하다. 대우하다. 애(愛)와 같다.

다. 선비를 잘 접대하면

장의(張儀)는 위씨(魏氏)의 서자(庶子)다. 장차 서쪽 지방인 진(秦)나라에 유력(遊歷)하고자 동주(東周)를 통과하고 있었는데, 객(客)으로서 그 사실을 소문군(昭文君)에게 고하는 자가 있어 말하였다.

"위씨 집안의 사람인 장의는 재주와 지혜가 있습니다. 장차 서쪽 지방인 진(秦)나라에 유력하고자 하는데, 바라건대 주군께서는 그를 예절에 맞게 대우해 주시기 바랍니다."

그래서 소문군이 장의를 만나보고 말하였다.

"선생이 진(秦)나라로 가신다는 말은 들었습니다. 그러나 과인의 나라는 작아 손님을 머무르시게 하기에는 역부족합니다. 가셔서 유세(遊說)를 하신다 하더라도 어찌 반드시 만나지 못하겠습니까. 만일 만날 수 없다 하더라도 청컨대 나를 위하여 한 번 돌아와 주신다면 나라는 비록 작다고 하더라도 선생과 더불어 함께 하겠습니다."

장의는 그 후의(厚意)에 감사하며 물러나 북면(北面)하여 두 번 절하고, 서쪽 진나라로 떠났다. 이때 소문군은 친히 그를 전송하면서 그에게 여비(旅費)를 제공하였다.

장의는 진나라에 가 얼마 동안 묵고 있는데, 진나라 혜왕(惠王)은 그를 좋아하여 그를 재상(宰相)으로 삼았다.

천하에 장의에게 은덕을 베푼 사람은 소문군과 같은 이가 없었

다. 그래서 당시 동주는 천승(千乘)의 나라에 불과했으나 장의는
그를 중히 여겨 만승(萬乘)의 나라로 대우했고, 진나라 혜왕으로
하여금 소문군을 스승으로 섬기게 하였다.

그리하여 봉택(逢澤)의 회합이 있을 때 위(魏)나라 왕은 일찍
이 소문군의 수레를 몰았고, 한(韓)나라 왕은 수레 오른쪽에 앉
아 그를 호위하게 하였다. 그때의 이야기는 지금에 이르기까지 잊
혀지지 않는데, 이것은 다 장의의 힘에 의한 것이었다.

張儀[1] 魏氏餘子[2]也 將西遊於秦 過東周[3] 客有語之於昭文君者曰
魏氏人張儀 材士也 將西遊於秦 願君之禮貌之也 昭文君見而謂之
曰 聞客之秦 寡人之國小 不足以留客 雖游 然豈必遇哉 客或不遇
請爲寡人而一歸也 國雖小 請以客共之 張儀還走北面再拜 張儀行
昭文君送而資之[4] 至於秦 留有間 惠王說而相之 張儀所德於天下者
無若昭文君 周千乘也 重過萬乘也 令秦惠王師之 逢澤之會[5] 魏王
嘗爲御 韓王爲右[6] 名號至今不忘 此張儀之力也

1) 張儀(장의) : 전국시대에 소진(蘇秦)의 합종설(合縱說)에 대항하여 연횡설
   (連衡說)을 주창(主唱)한 사람. 곧 서쪽의 강대국인 진(秦)나라가 그 동쪽
   의 여섯 나라인 한(韓)·위(魏)·조(趙)·초(楚)·연(燕)·제(齊)와 횡(橫)
   으로 화평 조약을 맺어 평화를 유지하자는 설(說). 소진(蘇秦)과 아울러 전
   국시대의 종횡가(縱橫家)로 알려진다.
2) 餘子(여자) : 당시 대부(大夫)의 서자(庶子)를 이르던 말. 그는 위씨(魏氏)
   에서 장씨(張氏)라는 성(姓)을 받고 독립하였다.
3) 東周(동주) : 주(周)나라가 제13대 평왕(平王) 때 도읍을 지금의 장안(長
   安)에서 낙양(洛陽)으로 옮긴 뒤의 이름. 주나라는 본디 천하의 왕자(王者)
   인 천자의 나라였으나 이때는이미 천승(千乘)의 약소국으로 전락되었다가,
   뒤에 진나라에 의해 멸망하였다.
4) 資之(자지) : 여비를 주다.
5) 逢澤之會(봉택지회) : 천하를 호령하게 된 진나라의 왕이 천하의 제후(諸侯)
   들을 봉택이라는 곳에 모이게 한 일.
6) 爲右(위우) : 수레 오른쪽에 앉아 주인을 호위하는 것. 우승(右乘).

라. 모든 책임은 말하는 자에게 있다

맹상군(孟嘗君)이 전에 설읍(薛邑)에 살고 있을 때 초(楚 : 荊)나라 사람들이 설읍을 공격하여 왔다. 그 때 순우곤(淳于髡)은 제(齊)나라를 위하여 초나라에 사신으로 갔다가 돌아오는 길에 설읍을 통과하게 되었다.

맹상군은 다리가 성치 않으면서도 사람을 시켜 예를 갖추어 초대하였고, 또 함께 친히 교외로 나가 서로 전송하였는데 그때 순우곤에게 말하였다.

"초나라에서 설읍을 공격하는데도 선생께서는 근심을 하지 않으시니 이 사람 문(文 : 맹상군의 이름)은 다시 선생을 복종하여 모실 수가 없습니다."

순우곤이 말하였다.

"삼가 명(命)을 듣겠습니다."

순우곤은 제나라에 이르러 복명(復命)을 마쳤다. 제나라의 선왕(宣王)이

"초나라에 가 무엇을 보았는가."

하니, 순우곤이 대답하기를

"초나라는 너무 완고합니다. 그리고 설읍은 또 그 힘을 헤아릴 수가 없습니다."

하는 것이었다. 그래서 왕이

"그건 무슨 소리인가?"

하고 물었다.

"설읍은 그 힘을 헤아릴 수가 없어 선왕(先王)을 위한 청묘(淸廟)를 세웠습니다. 초나라는 완고하여 설읍을 공격합니다. 설읍의 청묘는 위태롭습니다. 그래서 설읍은 그 힘을 헤아릴 수 없고, 초나라 또한 너무 완고하다고 한 것입니다."

라고 순우곤은 대답하였다. 이에 제나라의 선왕은 안색을 부드럽게 하고 말하였다.

"아아, 선군(先君)의 종묘가 설읍에 있으니 빨리 군대를 풀어 설읍을 구원해야 한다."

이렇게 해서 설읍은 온전할 수가 있었다.

맹상군이 다리를 다쳐 절면서 교외까지 나가 순우곤에게 청하고 멀리 망배(望拜)하면서 뵌 것은 순우곤이 비록 예로써 대우하는 것을 얻었다고 하더라도 그것은 실로 대단한 것이 아니었다. 그러므로 이야기를 잘한다는 것은 그 형세를 진술하여 그 방법을 말하는 것이다.

남의 위급함을 보고는 자기 자신이 위액(危厄) 속에 든 것 같이 생각한다. 어찌 강한 힘을 쓸 것인가. 강한 힘을 사용하는 것은 비루하며 말하는 것을 듣지 않는다. 책임은 홀로 말하는 바에 있지 않고 또한 말하는 사람에게 있는 것이다.

孟嘗君前在於薛 荊人攻之 淳于髡[1]爲齊使於荊 還反過於薛 孟嘗君令人禮貌而親郊送之 謂淳于髡曰 荊人攻薛 夫子弗爲憂 文[2]無以復侍矣 淳于髡曰 敬聞命矣 至於齊畢報[3] 王[4]曰 何見於荊 對曰 荊甚固 而薛亦不量其力 王曰 何謂也 對曰 薛不量其力 而爲先王立淸廟 荊固而攻薛 薛淸廟必危 故曰薛不量其力 而荊亦甚固 齊王知顏色[5]曰 嘻 先君之廟在焉 疾擧兵救之 由是薛遂全 顚蹶之請[6] 坐拜之謁[7] 雖得則薄矣 故善說者 陳其勢 言其方 見人之急也 若自在危厄之中 豈用彊力哉 彊力則鄙矣 說之不聽也 任不獨在所說 亦在說者

1) 淳于髡(순우곤) : 제나라 사람으로 변설(辯說)에 능하다.
2) 文(문) : 맹상군의 이름.
3) 畢報(필보) : 보고를 마치다. 곧 복명(復命)을 마치다.
4) 王(왕) : 제(齊)나라의 선왕(宣王).
5) 知顏色(지안색) : 안색을 부드럽게 하다. 지(知)는 화(和)와 같다.
6) 顚蹶之請(전궐지청) : 맹상군이 다리를 상해 절면서 순우곤을 극진하게 전송한 사실을 말한다.
7) 坐拜之謁(좌배지알) : 맹상군이 순우곤을 교외까지 나가 정중히 망배(望拜)한 사실을 말하는 것이다.

5. 말은 온순하게 하라〔五曰順說〕

가. 말을 잘하면 남의 힘을 사용한다

유세(遊說)를 잘하는 사람은 공교로운 선비(巧士)와 같아 남의 힘으로 말미암아 스스로의 힘을 삼고, 그 오는 것으로 말미암아 오는 것을 돕고, 그 가는 것으로 말미암아 가는 것을 돕되 그 형적(形迹)을 드러내지 않으며, 생(生)을 돕고 성장을 도와 그 자연에 순응한다.

그리고 그것을 말함에 있어 영향을 돕고, 성(盛)함을 돕고 쇠(衰)함을 도와서 끝나는 바로써 한다. 힘이 비록 많다고 해도 재주가 비록 굳세다 해도 그것으로써 그 명(命)을 제약한다. 바람을 따라 불러도 소리는 빠름을 더하지 않고 높은 데에서 바라보아도 눈은 밝음을 더하지 않으니 편리한 쪽으로 말미암는 것이다.

善說者若巧士 因人之力以自爲力 因其來而與[1]來 因其往而與往 不設形象[2] 與生與長 而言之與響 與盛與衰 以之所歸[3] 力雖多 材雖勁 以制其命 順風而呼 聲不加疾也 際高而望 目不加明也 所因便也

1) 與(여) : 돕다. 조(助)와 같다.
2) 不設形象(불설형상) : 형적(形迹)을 드러내지 않는다. 설은 노(露)와 같다.
3) 歸(귀) : 마치다. 종(終)과 같다.

나. 칼로 찔러도 들어가지 않는 사람

혜앙(惠盎)이 송(宋)나라의 강왕(康王)을 만났다. 강왕은 무례(無禮)하게도 발을 구르면서 빠른 말로 말하였다.

"과인을 기쁘게 하는 것은 용감하고도 힘이 있는 것이오. 인
(仁)이니 의(義)니 하는 말을 나는 기뻐하지 않소. 선생은 장차
무엇으로써 과인을 가르치려 하시오."

이 물음에 대하여 혜앙은 대답하였다.

"신(臣)에게는 용감하고도 힘이 있는 길이 있습니다. 용감한
사람으로 하여금 칼로 찌르게 하여도 그 칼이 몸에 들어가지 않
고, 힘이 있는 사람으로 하여금 몽둥이로 치게 하여도 맞지 않는
다면 대왕께서는 이 사람에 대하여 홀로 그렇고자 하는 생각이 없
으십니까."

왕은 말하였다.

"좋소. 그것은 과인이 듣고자 하는 바요."

혜앙이 또 말하였다.

"대저 칼로 찔러도 들어가지 않고, 몽둥이로 쳐도 맞지 않는 것
은 오히려 치욕이 됩니다. 신에게는 용감하고도 힘이 있는 길이
있습니다. 용감한 사람으로 하여금 찌르게 하여도 감히 찔리지 않
고 힘있는 사람으로 하여금 치게 하여도 감히 맞지 않는다면 대
왕께서는 이 사람에 대하여 홀로 그렇고자 하는 생각이 없으십니
까."

"좋소. 그것은 과인이 알고자 하는 바요."

"감히 찔리지 않고, 감히 맞지 않는 것은 본래 찔리고 맞을 뜻
이 없어서가 아닙니다. 신에게는 용감하고도 힘이 있는 길이 있
습니다. 그것은 사람으로 하여금 본디 찔리고 맞게 할 뜻이 없었
기 때문이라면 대왕께서는 이 사람에 대하여 홀로 그렇게 되고자
하는 생각이 없으십니까."

"좋소. 그것은 과인이 원하는 바요."

"비록 찔리고 맞게 할 생각이 없다 하더라도 아직 이(利)를 사
랑하는 마음이 없기 때문입니다. 신에게는 용감하고도 힘이 있는
길이 있습니다. 천하의 남녀노소로 하여금 모두가 기쁜 마음으로
이로움을 사랑 하지 않게 하지 않는 것은 용감하고도 힘이 있는
것보다 현명합니다. 그래서 경(卿)·대부(大夫)·사(士)·민(民)

의 네 등급의 위에 처하는 것입니다. 그러한 데에도 대왕께서는
이 사람에 대하여 홀로 아무런 생각이 없으십니까."

"그것은 과인이 얻고자 하는 바요."

"공자와 묵자가 바로 그런 사람입니다. 공구(孔丘)와 묵적(墨
翟)은 영지(領地)가 없으면서도 군주와 같이 되었고, 관직이 없
으면서도 관장(官長)이나 다름없이 되었으니, 그것은 도덕으로
써 사람들의 존경을 받게 된 것입니다.

천하의 남녀노소가 목을 늘이고 발돋움을 하면서 그들과 같은
편안함과 행복하게 되기를 바라지 않는 이가 없습니다. 지금 대
왕께서는 만승(萬乘)의 군주이십니다. 진실로 공자나 묵자와 같
이 세상을 구원하고 사람들을 구원하려는 뜻이 있으시다면 동서
남북 경내가 모두 그 이(利)를 얻을 것이니 공자나 묵자보다 앞
서는 것이 많습니다."

강왕은 이 말에 대하여 대답하지 못하였고, 혜앙은 급히 밖으
로 나갔다.

강왕은 좌우를 둘러보며 말하였다.

"참으로 그럴듯한 말이다. 그는 과인을 설복(說服)시켰다."

송의 강왕은 속된 군주였다. 그러나 마음은 오히려 진실로 감복
할 수 있었다. 이로 말미암으면 가난하고 빈천한 것으로써 부하
고 귀함을 극복할 수 있고, 작고 약한 것으로써 굳세고 큰 것을 제
압할 수가 있다.

惠盎[1]見宋康王[2] 康王蹀足謦欬 疾言曰 寡人之所說者勇有力也
不說爲仁義者 客[3]將何以敎寡人 惠盎對曰 臣有道於此[4] 使人雖勇
刺之不入 雖有力擊之不中 大王獨無意邪 王曰 善 此寡人所欲聞也
惠盎曰 夫刺之不入 擊之不中 此猶辱也 臣有道於此 使人雖有勇弗
敢刺 雖有力不敢擊 大王獨無意邪 王曰 善 此寡人之所欲知也 惠
盎曰 夫不敢刺 不敢擊 非無其志也 臣有道於此 使人本無其志也 大
王獨無意邪 王曰 善 此寡人之所願也 惠盎曰 夫無其志也 未有愛
利之心也 臣有道於此 使天下丈夫女子 莫不驩然皆欲愛利之 此其

賢於勇有力也[5] 居四累[6]之上 大王獨無意邪 王曰 此寡人之所欲得
惠盎對曰 孔墨[7]是也 孔丘墨翟 無地爲君[8] 無官爲長[9] 天下丈夫女
子 莫不延頸擧踵 而願安利之 今大王萬乘之主也 誠有其志 則四境
之內 皆得其利 其賢於孔墨也遠[10]矣 宋王無以應 惠盎趨而出 宋王
謂左右曰 辨矣 客之以說服寡人也 宋王俗主也 而心猶可服因矣 因
則貧賤可以勝富貴矣 小弱可以制彊大矣

1) 惠盎(혜앙): 송(宋)나라 사람으로 득도(得道)한 사람.

2) 宋康王(송강왕): 송나라의 제후(諸侯)인 강왕(康王). 제후가 된 지 11년 만
   에 왕(王)을 참칭(僭稱)하였고, 45년에 크게 무도(無道)한 짓을 하다가 제
   (齊)나라 민왕(湣王)에게 토벌되어 멸망하였다.

3) 客(객): 혜앙을 가리킨다. 선생.

4) 臣有道於此(신유도어차): 신(臣)에게는 용감하고도 힘이 있는 길이 있다는
   뜻. 신(臣)은 군주 앞에서 자신을 가리키는 1인칭 대명사.

5) 其賢於勇有力也(기현어용유력야): 인의(仁義)의 덕으로써 백성으로 하여
   금 이(利)를 사랑하게 하고자 하므로 용감하고도 힘이 있는 것보다 낫다는 뜻.

6) 四累(사루): 경(卿)·대부(大夫)·사(士)·민(民)의 네 등급. 군주는 이 네
   등급의 위에 처하므로 가장 존귀하다는 뜻. 일설(一說)에는 앞에서 서술한
   네 가지 길을 뜻하는 것이라고도 한다.

7) 孔墨(공묵): 공자(孔子)와 묵자(墨子).

8) 無地爲君(무지위군): 덕(德)으로써 존숭(尊崇)됨을 이르는 말.

9) 無官爲長(무관위장): 도(道)로써 존경됨을 이르는 말.

10) 遠(원): 많다. 다(多)와 같다.

다. 누추한 옷보다 더 나쁜 갑옷

전찬(田贊)이 누덕누덕 기운 옷을 입고 초(楚)나라 왕을 만났
다. 이에 대하여 초나라 왕이 말하였다.

"선생의 의복은 어찌하여 그렇게 남루(襤褸)하시오"

전찬이 대답하기를

"이것보다 더 나쁜 의복이 있습니다."

하니, 초나라 왕은 말하였다.
　"그 말을 듣고자 하오"
　이에 대하여 전찬은
　"갑옷이 이것보다 나쁩니다."
하고 대답하였다. 왕은
　"어찌하여 그렇게 말하시오"
하였고, 또 전찬이 대답하였다.
　"겨울에 입으면 춥고 여름에 입으면 더우니 의복치고는 갑옷보
다 더 나쁜 것이 없습니다. 이 사람 찬(贊)은 가난하기 때문에 의
복이 남루합니다. 이제 대왕께서는 만승(萬乘)의 군주이시니 부
(富)와 귀(貴)는 견줄 데가 없으십니다. 그런데도 백성들에게 갑
옷 입히시기를 좋아하시니 신(臣)은 이해할 수가 없습니다.
　생각건대 의(義)를 위한 것입니까. 갑옷이라는 것은 전쟁에 필
요한 것입니다. 사람의 목을 베고, 사람의 배를 가르고, 남의 성곽
(城郭)을 부수고, 남의 아비와 자식을 죽이는 등의 일을 합니다.
전쟁이란 이름은 사람을 죽이는 것으로써 명성을 날리는 것이니,
심히 영광스럽지 못합니다.
　생각건대 재물을 위한 것입니까. 구차히 남을 해칠 것을 생각한
다면 남도 또한 반드시 나를 해칠 것을 생각합니다. 구차히 남을
위태롭게 할 것을 생각한다면 남도 또한 반드시 나를 위태롭게 할
것을 생각합니다. 사람에게 재물이라는 것은 매우 안전하지 못한
것입니다. 해로움과 위태로움의 두 가지 방법은 신이 대왕을 위
해 취하지 않습니다."
　이 말에 대하여 초나라 왕은 대답할 수가 없었다. 그 설득(說
得)이 아직 크게 행하여지지는 않았다 하더라도 전찬은 능히 그
방법을 세웠다고 할 것이다. 언식(偃息)의 도리 같은 것은 아직
일찍이 알지 못하는 것이다.
　관자(管子)가 노(魯)나라에 잡힌 몸이 되었다. 노나라에서는
그를 결박지어서 함거(檻車)에 실어 역인(役人)으로 하여금 신
고 제(齊)나라로 보내게 하였다. 역인들은 모두 노래를 부르면서

수레를 끌고 전진하였다. 그런데 관자는 노나라 사람들이 자기를
노나라에 머무르게 하여 죽이지나 않을까 하는 두려운 생각에서
어서 빨리 제나라에 도책해야 되겠다고 생각하였다. 그래서 역인
들에게 말하였다.

"내가 그대들을 위해 노래를 선창(先唱)할테니, 그대들은 내
노래를 따라 부르시오."

그리하여 그 부르는 노래에 맞추어 역인들은 피곤함을 느끼지
않으면서 매우 빠르게 뛰었다. 이와 같이 관자는 말로써 그 말미
암는 일을 잘 이용하였다고 할 것이다.

역인들은 그들이 빨리 뛰기를 바라는 바의 소득이 있었고, 자신
은 또 빨리 제나라에 도착하고자 하는 바람을 얻은 것이다. 이것
은 그 방법을 잘 선택한 것이다. 이러한 기술적인 방법을 만승(萬
乘)의 나라에서 쓴다면 패업(覇業)을 이루기는 오히려 적은 문
제다. 그러나 환공(桓公)의 재주와 덕망은 함께 왕천하(王天下)
하기에는 어려웠던 것이다.

田贊衣補衣[1] 而見荊王 荊王曰 先生之衣何其惡也 田贊對曰 衣
又有惡於此者也 荊王曰 可得而聞乎 對曰 甲[2]惡於此 王曰 何謂也
對曰 冬日則寒 夏日則暑 衣無惡乎甲者 贊也貧 故衣惡也 今大王
萬乘之主也 富貴無敵[3] 而好衣民以甲 臣弗得也[4] 意者爲其義邪 甲
之事 兵之事[5]也 刈人之頸 刳人之腹 隳人之城郭 刑人之父子也 其
名又甚不榮 意者爲其實[6]邪 苟慮害人 人亦必慮害之 苟慮危人 人
亦必慮危之 其實人則甚不安之 二者[7]臣爲大王無取焉 荊王無以應
說雖未大行 田贊可謂能立其方矣 若夫偃息[8]之義 則未之識也

管子得於魯 魯束縛而檻[9]之 使役人載而送之齊 其謳歌而引 管子
恐魯之止而殺己也 欲速至齊 因謂役人曰 我爲汝唱 汝爲我和 其所
唱適宜走 役人不倦 而取道甚速 管子可謂能因矣 役人得其所欲 己
亦得其所欲 以此術也 是用萬乘之國 其覇猶少 桓公則難與往也[10]

1) 田贊衣補衣(전찬의보의) : 전찬의 옷은 남루하다. 전찬의 전은 성, 찬은 이
   름. 제(齊)나라 사람. 보의는 누덕누덕 기운 옷. 남루한 옷.

2) 甲(갑) : 갑옷. 옛날 전쟁 때 화살이나 창 칼을 막기 위해 입던 옷.

3) 富貴無敵(부귀무적) : 부하고 귀함이 견줄 데가 없다. 적은 비(比)와 같다.

4) 臣弗得也(신부득야) : 저는 이해할 수 없습니다라는 뜻. 불(弗)은 불(不)과
   같은 글자.

5) 甲之事兵之事(갑지사병지사) : 갑지사는 갑옷이라는 뜻. 병지사는 전쟁(戰
   爭)을 뜻함.

6) 實(실) : 여기서는 재물을 뜻한다.

7) 二者(이자) : 해치는 일과 위태롭게 하는 일. 해(害)와 위(危).

8) 偃息(언식) : 단간목(段干木)은 언식(偃息)으로써 위(魏)나라 문후(文侯)
   를 편안하게 한데 대하여 전찬(田贊)은 변설(辯說)로써 초왕(楚王)을 설득
   하였으므로 언식(偃息)에 견준 것이다.

9) 檻(함) : 함거(檻車). 예전에 죄인을 호송하던 수레.

10) 桓公則難與往也(환공즉난여왕야) : 환공의 재주나 덕망으로는 관자와 함
    께 왕천하(王天下)하기가 어려웠다는 말. 곧 환공은 관중의 도움으로 패자
    가 될 수는 있었으나 왕자(王者)가 될 자격은 못되었다는 뜻. 왕(往)은 왕
    (王)과 같다.

6. 인사는 넓지 않다〔六曰不廣〕

가. 할 수 있는 것에 할 수 없는 것을 부탁

지혜로운 사람이 일을 행함에 있어서는 반드시 시기를 이용한
다. 시기가 반드시 얻어지는 것이 아닌 것은 그 인사(人事)가 넓
지 않기 때문이다. 그 인사를 다할 수 있으면 시기는 얻어도 좋고
얻지 못해도 또한 좋다. 그 할 수 있는 것에다가 할 수 없는 것을
부탁하는 것은 배가 할 수 없는 것을 수레에게 맡기는 것과 같다.
　북쪽 지방에 궐(蹶)이라고 하는 짐승이 있는데 몸뚱이의 앞부
분은 쥐와 같이 생겼고 몸뚱이의 뒷부분은 토끼와 같이 생겼으므

로 빠르게 하면 고꾸라지고 달리면 자빠진다.

　그러나 항상 공공거허(蛩蛩距虛)를 위하여 감초(甘草)를 뜯어다가 갖다준다. 그러다가 궐이 재화나 병이 들었을 때는 공공거허는 반드시 궐을 등에 업고 달린다. 이것이 그 할 수 있는 것에다가 할 수 없는 것을 부탁하는 것이다.

　智者之擧事 必因時 時不可必成¹⁾ 其人事則不廣 成亦可 不成亦可 以其所能託其所不能 若舟之與車²⁾ 北方有獸名曰蹶 鼠前而兎後 趨則蹶 走則顚 常爲蛩蛩距虛³⁾ 取甘草以與之 蹶有患害也 蛩蛩距虛必負而走 此以其所能託其所不能

1) 成(성) : 얻다. 득(得)과 같다.
2) 若舟之與車(약주지여거) : 배와 수레의 관계와 같다. 곧 배는 육지에서 가지 못하고 수레는 물에서 뜨지 못한다. 그러나 물건을 실어 나른다는 점에서는 같다. 그러므로 배가 할 수 없는 것은 수레에게 부탁하는 것과 같다는 뜻.
3) 蛩蛩距虛(공공거허) : 말과 같이 생겼다고 하는 짐승의 이름.

나. 하늘의 뜻은 어찌할 수 없다

　포숙(鮑叔)과 관중(管仲)과 소홀(召忽)의 세 사람은 서로 친한 벗이었다. 서로 힘을 합하여 제(齊)나라를 안정시키고자 반드시 공자(公子)인 규(糾)를 제나라의 제후로 삼으려고 하였다. 그리하여 소홀이 말하였다.

　"우리 세 사람은 제나라에 있어 비유컨대 솥의 세 발과 같아서 하나만 없어도 제대로 서지 못한다. 그리고 소백(小白)은 반드시 제후가 될 수는 없을 것이다. 그러니 우리 세 사람은 다같이 공자 규를 돕는 것만 같지 못하다."

　이 말에 대하여 관중이 말하였다.

　"그렇지 않다. 나라 사람들은 공자 규의 어머니를 미워하는 나머지 그 미움이 공자 규에게까지 미치고 있다. 그리고 공자 소백은 어머니를 잃었으므로 나라 사람들이 그를 가엾게 여기고 있다.

일이 어떻게 될지는 아직 알 수 없다. 그러니 세 사람 중 한 사람
은 공자 소백을 섬기는 것만 같지 못한다. 대저 제나라를 차지할
사람은 반드시 이 두 공자 이외에는 달리 없지 않은가."

　이렇게 해서 포숙으로 하여금 공자 소백을 돕게 하고, 관중과
소흘은 공자 규에게 머물러 있게 되었다.

　공자 규가 밖에 있어 일의 실정을 파악하기는 본디부터 어려웠
다. 비록 그렇다 하더라도 관중의 생각은 정리에 가까웠다. 이와
같이 하여도 오히려 완전하지는 못했으니 이것은 하늘의 뜻인가.
인사(人事)는 곧 그것을 다하는 것이다.

　　鮑叔管仲召忽[1]三人相善 欲相與定齊國 以公子糾[2]爲必立 召忽
曰 吾三人者於齊國也 譬之若鼎之有足 去一焉則不成 且小白[3]則必
不立矣 不若三人佐公子糾也 管仲曰 不可 夫國人惡公子糾之母 以
及公子糾 公子小白無母而國人憐之 事未可知 不若令一人事公子
小白 夫有齊國必此二公子也 故令鮑叔傅[4]公子小白 管子召忽居公
子糾所 公子糾外 物[5]則固難必 雖然 管子之慮近之矣 若是而猶不
全也 其天邪 人事則盡之矣

1) 召忽(소흘) : 관중과 더불어 공자 규(糾)를 돕다가 뒤에 공자 소백(小白)에
　 게 죽임을 당하였다.
2) 糾(규) : 제나라 공자(公子)로서 희공(僖公)의 아들이요, 양공(襄公)의 동
　 생. 나라가 어지러워지니 노(魯)나라로 망명하였다.
3) 小白(소백) : 제나라의 공자로서 희공의 아들이요, 양공의 동생. 나라가 어지
　 러워지니 거(莒)로 망명하였다가 먼저 제나라로 들어와 환공(桓公)이 되었다.
4) 傅(부) : 스승. 여기서는 돕는다는 뜻.
5) 物(물) : 일. 사(事)와 같다.

다. 문무를 함께 쓸 줄 아는 영월(甯越)

　제(齊)나라에서는 조(趙)나라의 늠구(廩丘)를 공격하였다.
조나라에서는 공청(孔靑)으로 하여금 결사대(決死隊)를 거느리

고 가서 구원하게 하였다. 그리하여 공청은 제나라 군대와 싸워 크게 깨뜨려 제나라 장수를 죽게 하였다. 공청이 획득한 수레가 2천량(輛)이요, 적의 시체가 3만구(具)인데, 공청은 적의 시체를 장사하여 두 개의 경관(京觀)을 만들고자 하였다. 이에 대하여 영월(甯越)이 공청에게 일러 말하였다.

"아깝도다. 시체를 제나라로 돌려보내 내공(內攻)의 방법을 쓰는 것만 같지 못하오. 이 사람 월(越)은 듣건대 옛날에 작전을 잘 하는 사람은 서로 지켜서 전진도 후퇴도 할 수 없을 때에는 무기를 그대로 두고 물러난다고 하였소. 30리를 물러나 시체를 내버려두면 적은 그 시체를 거두어다가 매장을 하느라고 재산을 소비할 것이며, 수레와 무기는 싸워 패전할 때 다 상실했으니 국고가 궁핍하게 될 것이오. 그것을 내공이라 하는 것이오."

이에 대하여 공청이

"제나라 시체를 적으로 삼고 그들이 시체를 거두어가지 않으면 어찌할 것입니까."

하고 물으니, 영월은 대답하였다.

"싸워 이기지 못하는 것이 죄의 하나요, 남과 함께 나가서 남과 함께 돌아오지 않는 것이 죄의 둘이요, 시체를 돌려주어도 거두지 않는 것이 죄의 셋이오. 백성들은 장차 이 세 가지로 해서 그 임금을 원망할 것이오. 위에서 아래를 부리지 못하고 아래가 위를 섬기지 않는 것을 거듭해서 공격하는 것이라고 하오."

영월은 문(文)과 무(武)를 아울러 쓰는 방법을 알았다고 할 것이다. 무를 쓰면 힘으로써 승리를 거두고 문을 쓰면 덕으로써 승리를 거둔다. 문과 무, 두 방면으로 다 승리를 거두면 어떠한 적인들 복종하지 않을 것인가.

齊攻廩丘 趙使孔靑[1]將死士[2]而救之 與齊人戰 大敗之 齊將死 得車二千 得尸三萬 以爲二京[3] 甯越[4]謂孔靑曰 惜矣 不如歸尸[5]以內攻[6]之 越聞之 古善戰者 莎隨賁服[7] 却舍[8]延尸 彼得尸而財費乏 車甲盡於戰 府庫盡於葬 此之謂內攻之 孔靑曰 敵齊不尸則如何 甯越

曰 戰而不勝 其罪一 與人出而不與人入 其罪二 與之尸而弗取 其罪
三 民以此三者怨上 上無以使下 下無以事上 是之謂重攻之 甯越可
謂知用文武矣 用武則以力勝 用文則以德勝 文武盡勝 何敵之不服

1) 孔靑(공청) : 조(趙)나라의 장군.

2) 死士(사사) : 죽음을 각오한 병사. 결사대(決死隊).

3) 京(경) : 옛날 전쟁에서 전승을 거둔 쪽에서 적의 시체를 모아 쌓아서 흙을
   덮어 산처럼 봉분을 만드는 것. 경관(京觀).

4) 甯越(영월) : 조나라 중모(中牟) 사람.

5) 歸尸(귀시) : 시체를 돌려보냄.

6) 內攻(내공) : 안에서 일어나는 공격. 곧 패전한데다가 그 많은 시체를 거두어
   매장하려면 많은 비용이 들어 궁핍해질 것이고 그렇게 되면 백성들이 임금
   을 원망하게 되는 것을 가리켜 이르는 말.

7) 莎隨賁服(사수분복) : 사수(莎隨)는 서로 지켜 전진도 후퇴도 할 수 없는 경
   우. 분(賁)은 두다 곧 치(置)와 같다. 복은 물러나다 곧 퇴(退)와 같다.

8) 舍(사) : 옛날 군대는 30에 숙사(宿舍)를 두어 일사(一舍)라고 하였으므로
   사(舍)는 30리를 뜻한다.

라. 구범의 계략으로 패업을 이룬 문공(文公)

진(晉)나라 문공(文公)이 제후(諸侯)들을 모이게 하고자 하
니, 구범(咎犯)이 말하였다.

"그것은 안 됩니다. 천하의 제후가 모두 주군의 의거(義擧)를
모르고 있습니다."

그래서 문공이 물었다.

"그것이 무슨 말인가."

구범이 말하였다.

"천자는 숙대(叔帶)의 난(難)을 피해 왕성(王城)을 벗어나 정
(鄭)나라에 계신데 주군께서는 어찌하여 그 분을 돌아오시도록
호송(護送)하여 대의(大義)로써 안정시켜 명예를 세우지 않으
십니까."

이에 문공이

"내가 그 일을 해낼 수 있는가."

하니, 구범은 말하였다.

"이 거사가 잘 되어 성공하면 문왕(文王)의 업(業)을 계승하고, 무왕(武王)의 공을 다시 정립(定立)하고, 토지를 개벽(開闢)하고, 국가가 안정되는 일이 이 한 번 거사(擧事)에 있습니다. 일이 만약 성공을 거두지 못하면 주왕실(周王室)의 빈자리를 보충하고, 천자의 환난을 근심하고, 교화를 성취하여 명성을 청사(青史)에 드리우게 되는 일이 또한 이 한 번 거사에 있습니다. 주군께서는 그것을 의심하지 마십시오."

문공은 이 말을 믿고 드디어 초중(草中)의 융족(戎族)과 여토(驪土)의 적인(狄人)을 거느리고 가서 왕을 모시어 주왕실을 안정시키고 천자를 받들어 성주(成周)로 돌아왔다.

이에 천자는 그 공으로 남양(南陽)의 땅을 문공에게 내리니 문공은 드디어 제후의 패자(覇者)가 되었다. 이 한 건(件)의 거사는 의(義)라는 이름으로 또한 이득을 얻고 큰 공을 세운 것이니 문공은 지혜롭다 할 것이다.

이것은 모두 구범의 계모(計謀)에 의한 것으로 출망(出亡) 17년간을 겪고 나라에 돌아와 4년만에 패업(覇業)을 이룬 것이다. 그것이 구범과 같은 사람의 말을 들어서일까.

晉文公欲合諸侯 咎犯曰 不可 天下未知君之義也 公曰 何若 咎犯曰 天子[1]避叔帶之難[2] 出居於鄭 君奚不納之 以定大義 且以樹[3]譽 文公曰 吾其能乎 咎犯曰 事若能成 繼文之業[4] 定武之功[5] 闢土安彊 於此乎在矣 事若不成 補周室之闕[6] 勤[7]天子之難 成教垂名 於此乎在矣 君其勿疑 文公聽之 遂與草中之戎[8] 驪土之翟[9] 定天子於成周[10] 於是天子賜之南陽之地 遂覇諸侯 擧事義且利 以立大功 文公可謂智矣 此咎犯之謀也 出亡十七年 反國四年而覇 其聽皆如咎犯者邪

1) 天子(천자) : 주(周)나라의 양왕(襄王)을 가리킨다.

2) 叔帶之難(숙대지란) : 양왕(襄王)의 동생인 숙대(叔帶)가 난을 일으켜 적
   인(狄人)과 더불어 양왕을 공격한 사건. 그래서 양왕은 난을 피해 정(鄭)나
   라에 가 있었다.

3) 樹(수) : 세우다. 입(立)과 같다.

4) 文之業(문지업) : 문왕(文王)의 업적.

5) 武之功(무지공) : 무왕(武王)의 공적.

6) 周室之闕(주실지궐) : 주나라 왕실의 빈 자리.

7) 勤(근) : 근심하다. 우(憂)와 같다.

8) 戎(융) : 중국 서족에 있는 이민족(異民族). 융족(戎族).

9) 翟(적) : 중국 북방에 있는 이민족. 적(狄)과 같다. 적인(狄人).

10) 定天子於成周(정천자어성주) : 진(晉)나라의 문공(文公)이 군대를 인솔
   하여 숙대(叔帶)를 죽이고 양왕을 다시 왕성(王城)인 성주(成周)로 돌아오
   게 한 사실을 말한다. 성주는 지금의 낙양(洛陽)이다.

마. 나라의 큰 근본을 알면

　관자(管子)와 포숙(鮑叔)은 제(齊)나라의 환공(桓公)을 보
좌(輔佐)하여 나라 일을 다스렸는데, 제나라의 동비(東鄙) 사람
들은 항상 근로의 괴로움을 겪었다.
　관자가 죽으니 수조(豎刁)와 역아(易牙)를 썼다. 나라 사람들
은 항상 괴로움을 깨닫지 못했고, 괴롭다는 것을 모르고 있었다.
그리하여 마침내 제나라의 양공(良工)들이 되어 그 혜택이 자손
들에게 미치니, 나라의 큰 근본을 알게 되었다. 나라의 큰 근본을
알면 비록 나라를 모른다고 해도 좋다.

　管子鮑叔佐齊桓公擧事 齊之東鄙人有常致苦[1]者 管子死 豎刁易
牙用 國之人常致不苦 不知致苦 卒爲齊國良工 澤及子孫 知大禮[2]
知大禮 雖不知國可也

1) 致苦(치고) : 근로로 해서 괴로움을 겪다.

2) 大禮(대례) : 나라의 큰 근본. 군자는 근본에 힘쓰니 근본이 서면 도(道)가

생기므로 비록 나라를 모른다고 하더라도 좋다는 말.
※ 이 구절 이하는 앞의 말과 문맥(文脈)이 통하지 않으니, 혹 다른 글의 것
이 잘못 들어온 것이 아닌가 의심하는 경우도 있다.

7. 순응을 귀하게 여긴다〔七曰貴因〕

가. 모든 것은 시세에 순응하는 것
삼대(三代)가 소중하게 여긴 것은 자연에 순응(順應)한 것보
다 더한 것은 없으니, 자연에 순응하면 천하에 적(敵)이 없다.
우왕(禹王)이 세 강(江)과 다섯 호수를 통하여 이궐(伊闕)의
도랑을 터 육지로 돌려 동해로 주입(注入)하게 한 것은 물의 힘
에 순응한 것이다.
순(舜)임금이 한 번 옮겨 읍(邑)을 이루고, 두 번 옮겨 도(都)
를 이루고, 세 번 옮겨 나라를 이루니, 요(堯)임금이 그에게 천자
의 위(位)를 선양(禪讓)한 것은 백성들의 마음에 순응한 것이다.
탕왕(湯王)과 무왕(武王)이 천승(千乘)의 나라로써 하(夏)
나라와 상(商)나라를 제압한 것은 백성들이 바라는 바에 순응한
것이다.
진(秦)나라에 가는 사람이 서서 편안하게 갈 수 있는 것은 수
레가 있음에 말미암는 것이고, 월(越)나라에 가는 사람이 앉아서
편안하게 갈 수 있는 것은 배가 있음에 말미암는 것이다.
진나라가 월나라로 가는 길은 매우 먼 길이다. 그러나 조용히
서거나 편안히 앉아서 갈 수 있는 것은 기계(器械)의 편리함에
순응하는 것이다.

三代[1]所寶莫如因[2] 因則無敵 禹通三江五湖 決伊闕溝 迴陸注之
東海 因水之力[3]也 舜一徙成邑 再徙成都 三徙成國 而堯授之禪位

因人之心⁴⁾也 湯武以千乘制夏商⁵⁾ 因民之欲也 如⁶⁾秦者立而至 有車也 適越者坐而至 有舟也 秦越遠塗也 靜⁷⁾立安坐而至者 因其械也

1) 三代(삼대) : 하(夏)·은(殷 : 商)·주(周)의 세 왕조(王朝).

2) 因(인) : 말미암다. 곧 자연에 순응(順應)한다는 뜻.

3) 因水之力(인수지력) : 물이 낮은 데로 흐르는 힘에 순응하였다는 뜻.

4) 因人之心(인인지심) : 백성들이 그것을 기뻐하는 마음에 순응했다.

5) 湯武以千乘制夏商(탕무이천승제하상) : 탕왕이나 무왕은 제후국(諸侯國) 인 천승(千乘)의 나라로써 천자(天子)의 나라 만승지국(萬乘之國)인 하 (夏)나 상(商)을 제압할 수 있었다는 말.

6) 如(여) : 가다. 왕(往)과 같다.

7) 靜(정) : 조용하다. 정(靜)과 같다.

나. 아직 시기가 아니다

주(周)나라의 무왕(武王)이 사람을 시켜 은(殷)나라의 정세를 정탐(偵探)하게 하였더니, 사자(使者)가 돌아와 기주(岐周)에 보고하였다.

"은(殷)나라는 어지럽습니다."

그래서 무왕이 물었다.

"그 어지러움이 어느 정도이더냐?"

사자가 대답하였다.

"사악(邪惡)한 자를 가까이 하고, 충량(忠良)한 사람을 멀리 합니다."

이에 무왕은 말하였다.

"아직 시기가 아니다."

그래서 사자는 또다시 갔다가 돌아와 보고하였다.

"그 어지러움은 가중(加重)되고 있습니다."

그래서 무왕이 물었다.

"어지러움이 어느 정도에 이르렀느냐?"

이에 사자가 대답하였다.

"현자(賢者)가 달아나고 있습니다."

이에 무왕은 말하였다.

"아직 시기가 아니다."

그래서 사자는 또다시 갔다가 돌아와 보고하였다.

"그 어지러움이 매우 심합니다."

그래서 무왕이 물었다.

"어지러움이 어느 정도에 이르렀느냐?"

사자가 대답하였다.

"백성들이 감히 비방하고 원망하지 못합니다."

이에 무왕은 말하였다.

"아아, 그렇다면 빨리 태공망(太公望)에게 고하여라."

그래서 태공망이 대답하였다.

"사악함을 가까이 하고 충량함을 멀리 하는 것을 이름하여 포학(暴虐)하다 하고, 현자가 달아나는 것을 이름하여 붕괴(崩壞)라고 하며, 백성들이 감히 비방하고 원망하지 못하는 것을 이름하여 형승(刑勝)이라고 합니다. 그 어지러움은 이미 심할 대로 심합니다. 다시 더 기다릴 것이 없습니다."

그래서 선차(選車) 3백 량(輛)과 호분(虎賁) 3천 명으로써 갑자일(甲子日)을 기해 은(殷)나라 교외에서 이른 아침에 제후들과 만나기로 약속하여 은나라의 주왕(紂王)을 사로잡았다.

무왕은 본디부터 주왕을 적으로 상대할 것이 못된다는 것을 알고 있었던 것이다. 천리(天理)에 순응하고 인정(人情)에 순응한다면 그 무엇이 적이 될 수 있을 것인가.

무왕이 유수(鮪水)에 이르니, 은나라의 사자인 교격(膠鬲)이 주나라의 군사를 정탐하러 왔는데 무왕은 그를 만나보았다. 교격이 말하였다.

"서백(西伯)은 장차 언제쯤 공격하러 가실 것입니까? 나를 속이지 말고 말씀하십시오."

이에 대하여 무왕이 대답하기를

"그대를 속이지 않는다. 곧 은나라로 갈 것이다."

"어느 날에 올 것입니까?"

"장차 갑자일을 기해 은나라 교외에 도달할 것이다. 그대는 돌아가 그대로 보고하시오"

하였고 교격은 돌아갔다.

계속 비는 내리건만 밤과 낮을 가리지 않고 무왕의 군대는 멈추지 않고 행진을 계속하였다. 그래서 군사(軍師)들은 모두 간(諫)하기를

"사졸(士卒)이 많이 병들었습니다. 청컨대 휴식을 취하게 해주십시오"

하니, 무왕은 말하였다.

"나는 이미 교격으로 하여금 갑자일로써 기약하고 돌아가 그 주인에게 회보(回報)하라고 하였다. 이제 갑자일에 당도하지 못하면 그것은 교격으로 하여금 신용 없는 사람이 되게 하는 것이니, 교격이 불신(不信)을 당하게 되면 그 주인인 주왕은 반드시 그를 죽일 것이다. 나는 빨리 가서 교격을 죽음에서 구원해야 할 것이다."

그러고는 과연 갑자일에 은나라 교외에 당도하였다. 그런데 은나라에서는 이미 먼저 포진(布陣)하고 있는 것이었다. 은나라에 이르러 두 나라 군대는 싸움이 벌어졌고, 무왕은 크게 승리를 거두었다. 이것은 무왕이 신의를 보인 것이었다.

무왕은 사람이 바라는 바를 행하였고, 주왕은 사람이 싫어하는 바를 행하였으니, 먼저 포진한 것이 무슨 이로움이 있는 것인가. 이것은 무왕으로 하여금 농사짓지 않고 수확을 거둔 것이 된다.

무왕은 은나라로 진입하여 은나라에 장자(長者)가 있다는 말을 듣고는 그를 찾아가서 은나라가 멸망하게 된 까닭을 물었다. 그런데 은나라의 장자는 대답하기를

"왕께서 그것을 알고자 하신다면 청컨대 내일 낮으로 기약하십시오"

하는 것이었다. 그래서 무왕은 주공 단(周公旦)과 함께 밝은 날 일찍이 약속대로 장자를 찾아갔으나 장자는 보이지 않았다. 무왕

이 그것을 괴이하게 생각하니 주공단이 말하였다.

"저는 이미 그 까닭을 알고 있습니다. 그는 군자입니다. 그 주인의 죄악의 진상을 드러내어 왕께 고하여 말한다는 것은 차마 할 수 없는 일입니다. 그가 약속을 어기고 그 말이 믿음이 없는 것은 은나라가 멸망하게 된 까닭이니, 이미 그것을 왕께 말씀드린 것입니다."

武王使人候[1]殷 反報岐周[2]曰 殷其亂矣 武王曰 其亂焉至 對曰 讒慝勝良[3] 武王曰 尙未[4]也 又復往 反報曰 其亂加矣 武王曰 焉至[5] 對曰 賢者出走矣 武王曰 尙未也 又往 反報曰 其亂甚矣 武王曰 焉至 對曰 百姓不敢誹怨矣 武王 嘻 遽告太公 太公對曰 讒慝勝良命曰 戮 賢者出走命曰崩 百姓不敢誹怨命曰刑勝[6] 其亂至矣 不可以駕[7]矣 故選車三百 虎賁[8]三千 朝[9]要甲子之期 而紂爲禽 則武王固知其無與爲敵也 因其所用[10] 何敵之有矣 武王至鮪水 殷使膠鬲[11]候周師[12] 武王見之 膠鬲曰 西伯將何之 無欺我也 武王曰 不子欺 將之殷也 膠鬲曰 曷至[13] 武王曰 將以甲子至殷郊 子以是報矣 膠鬲行 天雨 日夜不休 武王疾行不輟 軍師皆諫曰 卒病 請休之 武王曰 吾已令膠鬲以甲子之期報其主矣 今甲子不至 是令膠鬲不信也 膠鬲不信也 其主必殺之 吾疾行以救膠鬲之死也 武王果以甲子至殷郊 殷已先陳[14]矣 至殷 因戰 大克之 此武王之義也 人[15]爲人之所欲 己[16]爲人之所惡 先陳何益 適令武王不耕而穫 武王入殷 聞殷有長者 武王往見之 而問殷之所以亡 殷長者對曰 王欲知之 則請以日中爲期 武王與周公旦明日早要期 則弗得也 武王怪之 周公曰 吾已知之矣 此君子也 取不能其主有以其惡告王 不忍爲也 若夫期而不當 言而不信 此殷之所以亡 已以此告王矣

1) 候(후) : 몰래 엿보다. 척후(斥候). 정탐(偵探).
2) 岐周(기주) : 기산(岐山) 아래의 주(周)나라의 도읍지라는 뜻으로, 곧 주나라를 가리키며 결국 무왕을 뜻한다.
3) 讒慝勝良(참특승량) : 사악(邪惡)한 자를 가까이 하고, 충량(忠良)한 사람을 멀리 한다는 뜻. 친소인(親小人) 원군자(遠君子).

4) 尙未(상미) : 아직 아니다. 곧 아직 시기가 아니라는 뜻.

5) 焉至(언지) : 어디에 이르렀는가. 곧 그 어지러움이 어느 정도인가를 묻는 말.

6) 刑勝(형승) : 준엄(峻嚴)한 형벌(刑罰).

7) 駕(가) : 더하다. 가(加)와 같다.

8) 虎賁(호분) : 범같이 강한 용사(勇士).

9) 朝(조) : 이른 아침. 조조(早朝).

10) 因其所用(인기소용) : 천리(天理)와 인정에 순응(順應)한다는 뜻.

11) 膠鬲(교격) : 은(殷)나라의 첩자(諜者). 은나라의 현신(賢臣).

12) 候周師(후주사) : 주나라의 군대를 정탐하다.

13) 曷至(갈지) : 언제 이를 것인가. 걸은 하(何)와 같다.

14) 已先陳(이선진) : 이미 먼저 포진(布陣)하다. 진은 진(陳)과 같다.

15) 人(인) : 무왕을 가리킨다.

16) 己(기) : 주왕(紂王)을 가리킨다.

다. 인정에 순응하면 적이 없다

　대저 천문(天文)에 소상(昭詳)한 사람이 많은 별의 운행을 살펴 사시(四時)를 아는 것은 많은 별의 위치에 순응하여 알 수 있는 것이요, 역법(曆法)을 미루어 헤아리는 사람이 달의 운행을 보고 그믐과 초하루를 아는 것은 달의 운행하는 궤도(軌道)에 순응하여 알 수 있는 것이다.

　우왕(禹王)이 나국(裸國)에 갔을 때 옷을 벗고 들어갔다가 나올 때 옷을 입고 나온 것은 나국의 풍속에 순응한 것이다. 묵자(墨子)가 초(楚 : 荊)나라 왕을 만났을 때 비단옷을 입고 생황(笙簧)을 분 것은 초나라 왕의 좋아하는 바에 순응한 것이요, 공자가 미자하(彌子瑕)로 인연하여 이부인(釐夫人)을 만난 것은 당시의 정세에 순응한 것이다. 탕왕(湯王)과 무왕(武王)이 난세(亂世)를 만나 괴로움에 시달리는 백성들에게 대하여 인의(仁義)를 선양(宣揚)함으로써 그 공(功)을 이룬 것은 민심(民心)이 바라는 바에 순응한 것이다. 그러므로 순응을 잘하면 공교(工

巧)하고 순응을 잘못하고 전집(專執)하면 졸렬(拙劣)하다.

천리(天理)와 인정(人情)에 순응하는 자는 천하에 적(敵)이 없다. 그렇지 않으면 비록 나라가 크고 백성이 많다고 하더라도 또 어찌 이로움이 있을 것인가.

夫審天[1])者察列星而知四時 因[2])也 推歷[3])者視月行[4])而知晦朔 因也 禹之裸國[5]) 裸入衣出 因也 墨子見荊王 錦衣吹笙[6]) 因也 孔子道[7]) 彌子瑕[8]) 見釐夫人[9]) 因也 湯武遭亂世 臨苦民 揚其義 成其功 因也 故因則功 專則拙 因者無敵 國雖大 民雖衆 何益

1) 天(천) : 천문(天文).

2) 因(인) : 순응(順應)한다.

3) 歷(역) : 역법(曆法).

4) 月行(월행) : 달의 운행(運行).

5) 裸國(나국) : 나체(裸體)로 사는 사람들의 나라.

6) 錦衣吹笙(금의취생) : 비단옷을 입고 생황(笙簧)을 불다. 곧 묵자(墨子)는 검소(儉素)한 것을 주창한 사람이므로 비단옷을 입고 음악을 싫어하지만 생황을 불었다는 것은 초(楚 : 荊)왕이 좋아하는 바에 순응한 것이라는 말.

7) 道(도) : 인연하다. 말미암다의 뜻. 인(因)과 같다.

8) 彌子瑕(미자하) : 위(衛)나라 영공(靈公)에게 총애를 받은 신하.

9) 釐夫人(이부인) : 위나라 영공의 부인.

8. 현재를 살핀다〔八曰察今〕

가. 선왕의 법도는 따를 수가 없어

군주가 어찌하여 선왕(先王)의 법도를 따르지 않는 것인가. 그것은 현명(賢明)하지 않아서가 아니라 선왕의 법도를 본받아 따를 수가 없기 때문이다.

선왕의 법도는 예로부터 많은 세월을 거쳐 온 것으로 사람이 혹은 보태기도 하고 혹은 줄이기도 한 것이니, 어찌 본받아 따를 수 있을 것인가. 비록 세월을 거치는 동안에 줄이거나 보태지 않았다 하더라도 오히려 본받아 따를 수 없는 것이다.

동방의 법령으로서 고금(古今)의 법제는 말이 다르고 전장(典章)이 또한 다르다. 그러므로 고대의 법령은 금세(今世)의 언어와는 통하지 않고, 금세의 법제가 많이 고대의 법제와 맞지 않는다.

그리고 금세의 풍속이 풍속을 달리하는 민족 또한 이와 같다. 그 하는 것을 한 가지로 하고자 하나 실제로는 그것이 서로 다르니, 도리에 어둡고 미혹(迷惑)되어 풍속이 다른 사람이 그 뜻을 깨달을 수가 없다. 마치 주거(舟車)와 의관(衣冠)과 자미(滋味)와 성색(聲色)이 같지 않아 사람들은 스스로 긍정하면서도 도리어 서로 비방하는 것과 같은 것이다.

천하의 학자들은 많이 서로 변론하고 이로운 말을 하나 결국 전도(顚倒)되어 그 진실을 구하려 하지 않고 힘써 서로 헐뜯으며 이기는 것으로써 일을 삼는다.

선왕의 법도를 어찌 본받아 따를 것인가. 비록 본받아 따를 수 있다고 하더라도 오히려 따를 수 없는 것과 같다. 무릇 선왕의 법은 시간적인 요소가 있으니, 시간은 법제와 더불어 함께 이르지 않고, 법제는 비록 금세에 이른다고 하더라도 오히려 본받아 따를 수가 없다.

그러므로 선왕이 이룬 법도를 선택하여 선왕이 제정한 바의 법제적인 원인을 본받아 따른다. 선왕이 제정한 법제적인 원인이란 무엇인가. 선왕이 제정한 법제는 사람에 말미암는다. 나 또한 사람이다. 그러므로 자기를 관찰함으로써 남의 도(道)를 알 수 있고, 금세를 관찰함으로써 고대의 도를 알 수 있는 것이다.

옛날과 지금이 같고 나와 남이 같을 뿐이다. 도 있는 선비는 가까운 것으로써 먼 것을 알고, 지금의 세상으로써 고대를 알아 다시 많이 본 것으로써 보지 못한 바의 도를 아는 것을 귀하게 여긴다.

그러므로 마루 아래의 해 그림자를 살펴서 해와 달이 운행하는 도와 음(陰)과 양(陽)의 변화를 알 수 있는 것이다.

병 속에 든 얼음을 보고 천하의 추위를 알 수 있고 물고기의 갈
무리와 한 덩어리의 고기를 맛보고 한 냄비 속에 든 음식의 맛과
한 솥에 든 요리의 맛을 알 수 있는 것이다.

上胡不法[1]先王之法 非不賢也 爲其不可得而法 先王之法 經乎上
世而來者也 人或益之 人或損之 胡可得而法 雖人弗損益 猶若不可
得而法 東夏[2]之命 古今之法 言異而典殊 故古之命多不通乎今之言
者 今之法多不合乎古之法者 殊俗之民 有似於此 其所爲欲同 其所
爲異 口惛[3]之命不愉 若舟車衣冠滋味聲色之不同 人以自是 反以相
誹 天下之學者多辯 言利辭倒 不求其實 務以相毀 以勝爲故[4] 先王
之法胡可得而法 雖可得 猶若不可法 凡先王之法 有要於時也 時不
與法俱至 法雖今而至 猶若不可法 故擇先王之成法 而法其所以爲
法 先王之所以爲法者何也 先王之所以爲法者人也 而己亦人也 故
察己則可以知人 察今則可以知古 古今一也 人與我同耳 有道之士
貴以近知遠 以今知古 以益所見知所不見 故審堂下之陰[5] 而知日月
之行 陰陽之變 見瓶水之氷 而知天下之寒 魚鼈之藏也 嘗一脟肉[6]
而知一鑊之味 一鼎之調

1) 胡不法(호불법) : 어찌하여 따르지 않는가. 법(法)을 본받다의 뜻.

2) 東夏(동하) : 중화(中華)의 동부.

3) 口惛(구혼) : 도리에 어둡고 미혹(迷惑)되다.

4) 爲故(위고) : 일을 삼다. 고는 사(事)와 같다.

5) 堂下之陰(당하지음) : 마루 아래의 해 그림자.

6) 一脟肉(일렬육) : 한 덩어리의 고기.

나. 시대가 바뀌면 법도 바뀌어야

초(楚 : 荊)나라가 송(宋)나라를 습격하고자 하여 사람을 시켜
먼저 옹수(澭水)의 건널 수 있는 곳에 표시하여 밝혀 두었다.

어느 날 옹수의 물이 갑자기 불었는데 초나라 사람들은 그 사

실을 모르고 표시한 것만을 따라서 밤에 몰래 건너다가 물에 빠져 죽은 자가 천 여 명이나 되었다. 그래서 군대들은 놀라서 도읍의 건물을 부숴 버렸다. 지난 날 먼저 표시할 때에는 건널 수가 있었으나 현재의 수위(水位)는 이미 바뀌어 불고 높아졌는데 초나라 사람들은 오히려 그 표시대로만 건넜으니, 이는 실패한 까닭이었다.

금세(今世)의 군주가 선왕의 법에 따르는 것은 이와 같은 것으로 시간이 경과함에 따라 선왕의 법과는 달라지는 것이다.

그럼에도 선왕의 법을 말하며 선왕의 법을 본받아 따라서 나라 일을 다스리니, 어찌 슬픈 일이 아니냐. 그러므로 나라 일을 다스림에 법제(法制)가 없으면 어지럽고, 법을 지키되 바뀌지 않으면 어긋난다. 어긋나고 어지러우면 그것으로써 나라 일을 지탱하지 못한다.

세상이 바뀌고 시대가 바뀌었으니 법을 바꾸는 것이 당연하다. 이것을 견주어 말하면 양의(良醫)가 병을 다스리는 것과 같다. 병이 만 번 바뀌면 약도 또한 만 번 바뀌어야 하는데 병은 바뀌었건만 약은 바뀌지 않는다면, 지난날 오래 살던 사람이 지금은 오래 살지 못한다.

무릇 일을 처리하려면 반드시 법도에 의해서 행하되 법도가 바뀌는 것은 또한 때에 따라서 바뀌어야 한다. 이와 같은 논리로 일을 행할 수 있으면 일을 그르치는 일이 없을 것이다.

대저 감히 법을 의논하지 못하는 자는 백성이요, 죽음으로써 법을 지키는 자는 담당 관리요, 때에 따라 법을 바꾸는 자는 현명한 군주다. 이런 까닭으로 예로부터 천하에는 71인의 성인이 있으나 그 법제는 모두가 서로 같지 않았는데 그것은 서로 상반(相反)되는 일을 하려는 것이 아니라 시세(時勢)가 달랐기 때문이다.

그러므로 말하기를

"양검(良劍)은 잘 베는 것을 기약하고 막야(鏌鋣)를 기(期)하지 않으며, 양마(良馬)는 천 리를 달리는 것을 기약하고 기오(驥鷔)를 기하지 않는다."

라고 한다. 대저 공명(功名)을 이루는 자는 이것이 선왕의 천리
마(千里馬)다.

　荆人欲襲宋 使人先表[1]澭水 澭水暴益[2] 荆人弗知 循表而夜涉 溺
死者千有餘人 軍驚而壞都舍 嚮[3]其先表之時可導[4]也 今水已變而
益多矣 荆人尙猶循表而導之 此其所以敗也 今世之主法先王之法
也 有似於此 其時已與先王之法虧矣 而曰先王之法也 而法之以爲
治 豈不悲哉 故治國無法則亂 守法而弗變則悖 悖亂不可以持國 世
易時移 變法宜矣 譬之若良醫 病萬變藥亦萬變 病變而藥不變 嚮之
壽民[5] 今爲殤子[6]矣 故凡擧事必循法以動 變法者因時而化 若此論
則無過務矣 夫不敢議法者衆庶也 以死守者有司也 因時變法者賢
主也 是故有天下七十一聖 其法皆不同 非務相反也 時勢異也 故曰
良劍期乎斷 不期乎鏌鋣[7] 良馬期乎千里 不期乎驥驁[8] 夫成功名者
此先王之千里也

1) 表(표) : 수위(水位)의 깊고 얕은 곳을 표시한 기록. 물이 얕아 건널 수 있는
　 곳을 기록하여 밝힌 표시.
2) 暴益(폭익) : 갑자기 물이 불어나다.
3) 嚮(향) : 먼저. 지난번. 낭(曩)과 같다.
4) 導(도) : 건너다. 도(渡)와 같다.
5) 壽民(수민) : 장수(長壽)하는 백성.
6) 殤子(상자) : 아직 성년이 되기 전에 죽는 것. 어려서 죽는 것.
7) 不期乎鏌鋣(불기호막야) : 막야를 기하지 않는다. 곧 막야는 오(吳)나라 명
　 검(名劍)의 이름인데 막야를 찾는 까닭은 칼이 잘 들어서 잘 벨 수가 있기 때
　 문이지, 이름만의 막야를 찾는 것은 아니라는 말.
8) 驥驁(기오) : 기나 오는 다 천 리를 달린다는 명마(名馬)의 이름.

다. 이곳이 내 칼이 떨어진 곳

　초(楚)나라 사람으로 강을 건너는 자가 있었다. 칼이 배 안에
서 물 속으로 떨어졌다. 그는 급히 뱃전을 깎아 표시를 해놓고 말

하였다.

"여기가 내 칼이 떨어진 곳이다."

배가 건너가서 멈추니 뱃전을 깎아 표시한 사람이 그 표시한 자리를 따라 물속으로 뛰어들어 칼을 찾았다. 배는 이미 움직여 갔고 칼은 물에 떨어진 채로 그대로 있었으니 칼을 찾는 것이 이와 같다면 이 얼마나 허황된 일인가. 옛날 법도로써 그 나라를 다스리는 것은 뱃전을 깎아 칼을 찾으려는 것과 같다. 시간은 이미 지나갔건만 법제는 변하지 않고 그대로 있으며 이것으로써 나라를 다스리고자 하는 것이니 어찌 어렵지 않겠는가.

강을 건너는 사람이 있었다. 어떤 사람이 바야흐로 갓난아기를 끌어다가 물속에 던지고자 하는 것을 보았다. 갓난아기는 울고 있었다. 그래서 그 사람이 그 까닭을 물었다. 그랬더니 그 사람이 대답하였다.

"이 아이의 아버지가 헤엄을 잘 칩니다."

그 아이의 부친이 비록 헤엄을 잘친다고 하더라도 그 어린아이가 어찌 갑자기 헤엄을 잘 칠 수 있다는 말인가.

이것은 사물을 씀에 있어서 또한 반드시 어긋나고 미혹된 일이다. 초나라가 나라를 다스림에 있어서 이와 같이 도리에 어긋나는 점이 있었다.

楚人有涉江者 其劍自舟中墜於水 遽契其舟曰 是吾劍之所從墜 舟止 從其所契者入水求之[1] 舟已行矣 而劍不行 求劍若此 不亦惑乎 以此故法爲[2]其國 與此同 時已徙矣 而法不徙 以此爲治 豈不難哉 有過於江上者 見人方引嬰兒而欲投之江中 嬰兒啼 人問其故 曰 此其父善游 其父雖善游 其子豈遽善游哉 此任物亦必悖矣 荊國之爲政 有似於此[3]

1) 從其所契者入水求之(종기소계자입수구지) : 이 구절에서 각주구검(刻舟求劍)이라는 고사성어(故事成語)가 생겼다.
2) 爲(위) : 다스리다. 곧 치(治)와 같다.
3) 有似於此(유사어차) : 이와 같은 것이 있다. 곧 도리에 어긋나는 점이 있다.

제 16 권 먼저 알라
(卷十六 先識覽 : 第四, 凡八篇)

과단성(果斷性)이 없으면
신의(信義)가 다하고,
명예를 좋아함이 없으면
명망(名望)이 다하고,
사랑하는 마음이 없으면
친한 정리가 다하고,
집을 나서 양식과 노자가 없고
집에 있으면서 먹을 것이 없으면
재화(財貨)가 다하고
남을 쓸 줄을 모르고
또 스스로 쓸 줄을 모르면
공효(功效)가 다한 것이다.
한 나라에 이 다섯 가지가 있고
행운이 없으면 반드시 멸망한다.

제 16 권 먼저 알라

I. 먼저 안다는 것〔一日先識〕

가. 땅을 얻을 수 있는 것이란

무릇 국가가 멸망함에 도(道) 있는 사람이 반드시 먼저 떠나게 되는 것은 예나 이제나 한 가지다.

땅은 성(城)이 튼튼하냐 않느냐에 따르고, 성은 백성이 무너지 느냐 않느냐에 따르며, 백성은 현명한 사람이 있느냐 없느냐에 따른다. 그러므로 현명한 군주는 현명한 사람을 얻어 백성을 얻을 수 있고, 백성을 얻어 성을 얻을 수 있으며, 성을 얻어 땅을 얻을 수가 있는 것이다.

이른바 땅을 얻는다는 것은 어찌 반드시 그 땅을 몸소 밟고 그 백성과 더불어 함께 있는 것을 말하는 것이겠느냐. 덕화(德化)로 써 백성들이 자연히 따르게 하는 것일 뿐이다.

凡國之亡也 有道者必先去 古今一也 地從於城[1] 城從於民[2] 民從 於賢 故賢主得賢者而民得 民得而城得 城得而地得 夫地得豈必足 行其地[3] 人說其民[4]哉 得其要而已矣

1) 城(성) : 성이 튼튼하냐 않느냐 하는 것.
2) 民(민) : 백성이 무너지느냐 않느냐 하는 것.
3) 足行其地(족행기지) : 그 땅을 밟고 가다. 족(足)은 밟는다. 곧 직접 그 땅에 간다는 뜻.

4) 說其民(설기민) : 그 백성에게 말한다. 곧 직접 그 땅에 간다는 뜻.

나. 도법(圖法)을 가지고 도망한 까닭은

하(夏)나라 태사(太史)가 종고(終古)로 하여금 그 도법(圖
法)을 내오게 하여 상심(傷心)하면서 눈물을 흘렸다. 하나라의
걸왕(桀王)은 마음이 어둡고 난폭함이 더욱 심하여 태사는 종고
로 하여금 곧 도망하여 상(商)나라로 가게 하였다. 이에 상나라
의 탕왕(湯王)은 기뻐서 제후들에게 고하여 말하였다.

"하나라의 왕은 무도(無道)하여 백성들을 포학하게 대하고, 그
부형으로 하여금 도둑질하게 하고, 공이 있는 신하들을 부끄럽게
만들고, 현명하고 어진 사람들을 가벼이 여겨 등용하지 않으며,
의(義)를 버리고 무고(誣告)하는 말을 듣고 믿어서 백성들이 모
두 원망하므로 법을 지키는 신하가 스스로 우리 상나라로 귀순
(歸順)하여 왔다."

은(殷)나라의 내사(內史)인 향지(向摯)는 주왕(紂王)이 더
욱 난폭하고 마음이 어두워지는 것을 보고, 이에 그가 주관하는
도법(圖法)을 수레에 싣고 주(周)나라로 도망하였다. 이에 주나
라 무왕(武王)은 기뻐서 제후들에게 고하여 말하였다.

"상나라 왕은 대단히 난폭하여 술에 취하여 정신을 못차리고,
기자(箕子)와 같은 현자(賢者)가 피하여 멀기 가게 하고, 부녀
자를 가까이 하여 달기(妲己)로 하여금 정사를 주관하게 하고, 상
과 벌에 표준이 없으며, 법식을 쓰지 않고 죄없는 세 사람을 죽였
으니 백성들이 크게 불복(不服)하므로, 법을 지키는 신하가 우리
주나라로 도망하여 왔다."

夏太史[1]令終古[2]出其圖法[3] 執而泣之 夏桀迷惑暴亂愈甚 太史令
終古乃出奔如商[4] 湯喜而告諸侯曰 夏王無道 暴虐百姓 竊其父兄
恥其功臣 輕其賢良 棄義聽讒 衆庶咸怨 守法之臣自歸于商 殷內史
向摯[5] 見紂之愈亂迷惑也 於是載其圖法出亡之周 武王大說以告諸

侯曰 商王大亂 沈于酒德 辟遠箕子 爰近姑與息⁶⁾ 妲己⁷⁾爲政 賞罰
無方 不用法式 殺三不辜⁸⁾ 民大不服 守法之臣 出奔周國

1) 太史(태사) : 예절과 제사를 관장하는 관직.

2) 終古(종고) : 사람의 이름.

3) 圖法(도법) : 나라의 지도와 선왕(先王)의 법제를 기록한 문서.

4) 如商(여상) : 상(商)나라로 가다. 여(如)는 거(去)와 같다.

5) 內史向摯(내사향지) : 내사는 국가의 기록(記錄)를 관장하는 관직. 향지는
   내사의 이름.

6) 姑與息(고여식) : 여자와 나이 어린 사람.

7) 妲己(달기) : 주왕(紂王)의 총애를 받던 여자.

8) 殺三不辜(살삼불고) : 죄없는 세 사람을 죽이다. 곧 비간(比干)의 가슴을 찢
   어 죽인 일과 재사(材士)의 넓적다리의 살을 떼내 죽인 일과 아이 밴 여자의
   배를 갈라 죽인 일을 가리킨다.

다. 어느 나라가 먼저 멸망할 것인가

진(晉)나라의 태사(太史)인 도서(屠黍)는 진나라의 혼란된
모습을 보고, 또 진나라 출공(出公)의 교만함과 덕의(德義)가 없
음을 보고는 자신이 보관하고 있는 도법(圖法)을 가지고 서주(西
周)로 귀순(歸順)하였다.

서주의 위공(威公)은 도서를 만나보고 그에게 물었다.

"천하의 여러 나라 중 어느 나라가 먼저 멸망할 것인가?"

이에 대하여 도서는 대답하였다.

"진나라가 먼저 멸망할 것입니다."

그래서 위공이 그 까닭을 물으니, 도서는 대답하였다.

"신(臣)이 진나라에 있을 때에는 감히 바른 말을 못하고 일찍
이 진나라 출공에게 천문(天文)의 괴이(怪異)한 것으로써 암시
(暗示)하였으며, 해와 달과 별의 운행이 많이 어긋난다고 하였습
니다. 그랬더니 출공은 '그것을 어찌할 것인가' 하는 것이었습니
다. 그래서 또 암시하기를 인사(人事) 문제에 있어 적당하지 않

은 점이 많아 백성들이 모두 울분하고 원망한다고 하였더니 출공이 말하기를 '그것이 어찌 손상(損傷)될 것이 있는가' 하는 것이었습니다. 그래서 또 암시하기를 이웃 나라들이 복종하지 않고 현명하고 어진 사람들을 등용하지 않는다고 하였습니다. 그랬더니 출공이 말하기를 '그것이 해로울 것이 있단 말인가' 하는 것이었습니다. 이와 같으니 이것은 나라가 멸망하는 까닭을 모르는 것입니다. 그래서 신은 진나라가 먼저 멸망한다고 하는 것입니다."

그리고 3년이 지난 뒤에 과연 진나라는 멸망하고 말았다. 위공은 또 도서를 만나보고 물었다.

"어느 나라가 그 다음으로 멸망할 것인가?"

이에 대하여 도서는 대답하였다.

"다음은 중산국(中山國)의 차례입니다."

그래서 위공이 그 까닭을 물으니 도서는 대답하였다.

"하늘이 사람을 마련함에는 분별(分別)이 있게 하였으니, 분별은 곧 사람의 의리입니다. 그래서 금수(禽獸)와 미록(麋鹿)과 다른 것으로써 임금과 신하, 윗사람과 아랫사람이 이로 말미암아 성립되는 것입니다. 그런데 중산국의 풍속은 낮을 밤으로 삼고 밤을 낮으로 이어 남녀가 서로 외람되게 가까이 하여 음란한 짓을 쉬지 않으면서 음탕하게 술 마시며 노래 부르기를 즐기면서 비애(悲哀)를 좋아하니, 이것은 군주가 악(惡)을 모르는 망국적인 풍습입니다. 신은 그래서 중산국이 다음에 멸망할 차례라고 하는 것입니다."

그리고 2년이 지난 뒤에 중산국은 과연 멸망하고 말았다. 위공은 또 도서를 만나보고 물었다.

"다음은 어느 나라의 차례인가."

이에 대하여 도서는 대답하지 않았으나 위공이 굳이 물으니 도서는 대답하였다.

"다음은 주군(主君)의 차례입니다."

이에 위공은 무섭고 두려워 국가적으로 도(道) 있는 이를 찾아

의시(義蒔)와 전읍(田邑)의 두 사람을 얻어 예(禮)로써 대우하고, 사린(史驎)과 조병(趙駢)을 얻어 간(諫)하는 신하로 삼아 가혹한 법령 39건(件)을 제거하고 도서에게 고하니, 도서가 말하기를

"주군의 신변은 무사히 끝마치시렵니까."

하고는 이어서 말하였다.

"신이 듣건대, 나라가 일어나려면 하늘은 현인(賢人)과 할 말을 다하는 사람을 보내고, 나라가 멸망하려면 하늘은 난신(亂臣)과 아첨 잘하는 사람을 보낸다고 합니다."

위공이 세상을 떠났다. 관(棺)을 내려 땅 속에 둔 채 9개월이 지나도록 장례를 치르지 못한 채 서주의 국토는 또 갈라져 둘이 되었다. 그러므로 도 있는 이의 말은 중하게 여기지 않아서는 안 되는 것이다.

서주의 솥에는 재물을 탐하고 먹을 것을 탐하는 흉인(凶人)을 새겨 놓았다. 머리는 있되 몸뚱이가 없고, 사람을 삼키고자 하되 오히려 목구멍으로 넘어가지 않고 해가 자기 몸에 미쳐, 그것으로써 다시 갚는다고 하는 것이다. 선(善)을 행하지 않는 것 또한 그렇다.

晉太史屠黍[1] 見晉之亂也 見晉公[2] 之驕而無德義也 以其圖法歸周 周威公[3] 見而問焉曰 天下之國孰先亡 對曰 晉先亡 威公問其故 對曰 臣比在晉也 不敢直言 示晉公以天妖[4] 日月星辰之行 多以不當 曰 是何能爲 又示以人事多不義 百姓皆鬱怨 曰 是何能傷 又示以隣國不服 賢良不擧 曰 是何能害 如是 是不知所以亡也 故臣曰晉先亡也 居三年 晉果亡 威公又見屠黍而問焉曰 孰次之 對曰 中山次之 威公問其故 對曰 天生民而令有別 有別人之義也 所異於禽獸麋鹿也 君臣上下之所以立也 中山之俗 以晝爲夜 以夜繼日 男女切倚[5] 固無休息 康樂[6] 歌謠好悲 其主弗知惡 此亡國之風也 臣故曰中山次之 居二年 中山果亡 威公又見屠黍而問焉曰 孰次之 屠黍不對 威公固問焉 對曰 君次之 威公乃懼 求國之長者 得義蒔田邑[7] 而禮

之 得史騏趙騈⁸⁾以爲諫臣 去苛令三十九物⁹⁾ 以告屠黍 對曰 其尚終
君之身乎 曰臣聞之 國之興也 天遺之賢人與極言之士 國之亡也 天
遺之亂人與善諛之士 威公薨 殂¹⁰⁾九月不得葬 周乃分爲二 故有道
者之言也 不可不重也 周鼎著饕餮¹¹⁾ 有首無身 食人未咽 害及其身
以言報更也 爲不善亦然

1) 屠黍(도서) : 춘추시대 말기 진(晉)나라 출공(出公)의 태사(太史).
2) 晉公(진공) : 진나라의 출공(出公).
3) 周威公(주위공) : 서주(西周)의 위공(威公). 서주는 주(周)나라 고왕(考
   王)이 그 동생을 하남(河南) 땅에 봉(封)하여 서주라고 하였고, 그 동생을
   환공(桓公)이라고 하였다. 위공은 환공은 아들.
4) 天妖(천요) : 하늘에 생기는 괴상한 일.
5) 倚(의) : 가까이 하다. 근(近)과 같다.
6) 康樂(강락) : 음탕하게 즐기다.
7) 義蒔田邑(의시전읍) : 의시(義蒔)와 전읍(田邑)은 다 당시 현자임.
8) 史騏趙騈(사린조병) : 사린과 조병은 다 직언(直言)을 잘하던 사람.
9) 物(물) : 사(事) 또는 건(件)과 같다.
10) 殂(사) : 관(棺)을 내려 땅 속에 두는 것.
11) 饕餮(도철) : 설화 속에 나오는 흉악한 인물을 가리키는 말. 도는 재물을 탐
    한다는 말. 철은 먹을 것을 탐한다는 말.

라. 두 나라는 장차 멸망할 것이다

백규(白圭)가 중산국(中山國)으로 가니 중산국의 왕은 그를
머물러 있게 하고자 하였으나 백규는 굳이 사양하고 수레를 타고
물러갔다. 그리고 그는 제(齊)나라로 갔다.

제나라 왕 또한 그가 머물러 있으면서 벼슬하기를 바랐으나 그
는 또 사양하고 물러갔다.

사람들이 그 까닭을 물으니 그는 말하였다.

"그 두 나라로 가는 사람은 모두 장차 멸망할 것이다. 내가 배
울 것은 오진(五盡)이 있다."

그래서 그 오진이 무엇이냐고 물었다. 그는 말하기를
"과단성(果斷性)이 없으면 신의(信義)가 다하고, 명예를 좋아
함이 없으면 명망(名望)이 다하고, 사랑하는 마음이 없으면 친한
정리가 다하고, 집을 나서 양식과 노자(糧草)가 없고 집에 있으
면서 먹을 것이 없으면 재화(財貨)가 다하고, 남을 쓸 줄을 모르
고 또 스스로 쓸 줄을 모르면 공효(功效)가 다한 것이다. 한 나라
에 이 다섯 가지가 있고 행운이 없으면 반드시 멸망한다. 그런데
중산국과 제나라는 모두 여기에 해당한다."
라고 하였다.
만약 중산국의 왕과 제나라의 왕으로 하여금 오진의 재화와 해
로움을 들어서 잘못을 고쳐 착하게 했다면 반드시 멸망하지는 않
았을 것이다. 그 재화와 해로움을 듣지 못하고, 들었다고 하더라
도 또 그것을 믿지 않는데에 있다. 그렇다면 군주된 자의 할 일은
남의 말을 잘 듣는데에 있을 뿐이다.
대저 중산국이 다섯 차례나 땅을 떼어 조(趙)나라에 주고, 제
나라가 군대를 다 풀어 제수(濟水) 가에서 지켰지만 아직 유익
(有益)함이 없었으니, 그것은 존립(存立)할 수 있는 바를 버리
고 그 멸망할 바를 조성(造成)했기 때문이다.

白圭[1]之中山 中山之王欲留之 白圭固辭 乘輿而去 又之齊 齊王
欲留之仕 又辭而去 人間其故 曰 之二國者皆將亡 所學有五盡 何
謂五盡 曰 莫之必[2]則信盡矣 莫之譽則名盡矣 莫之愛則親盡矣 行
者無糧 居者無食 則財盡矣 不能用人 又不能自用 則功盡矣 國有
此五者 無幸必亡 中山齊皆當此 若使中山之王與齊王 聞五盡而更
之 則必不亡矣 其患不聞 雖聞之又不信 然則人主之務 在乎善聽而
已矣 夫五割而與趙 悉起而距軍乎 濟上[3] 未有益也 是棄其所以存
而造其所以亡也
1) 白圭(백규) : 주(周)나라 사람으로 이름은 단(丹).
2) 必(필) : 과단성(果斷性).
3) 濟上(제상) : 제수(濟水) 가에서. 제는 물의 이름.

2. 세상을 보는 것〔二曰觀世〕

가. 내게 도움이 되지 않는다면

천하에 도(道) 있는 현사(賢士)가 있다 하더라도 한 나라로써 말하면 오히려 적고, 천리에 한 현사가 있으면 어깨를 견줄 수 있다.

여러 세대(世代)에 걸쳐 한 사람의 성인이 있으면 고금(古今)을 통하여 그의 족적을 계승한다고 할 수 있다.

현사와 성인이 말미암아 오는 것은 이와 같이 어렵다. 그러나 세상을 다스림에는 반드시 현사와 성인을 기다리게 되니 다스린다는 것이 무엇에 말미암아 오는 것인가. 다행히 현사가 있다고 하더라도 아직 반드시 그것을 알지 못한다. 그것을 알지 못하면 곧 현사가 없는 것이나 다름없다. 이것은 다스려지는 세상은 짧은 까닭이요, 어지러운 세상은 길기 때문이다. 그래서 왕자(王者)는 넷이 되지 못하고 패자(覇者)는 여섯이 되지 못했다.

멸망하는 나라가 서로 바라보고 죄수인 군주가 서로 이르르나 현사를 얻으면 이와 같은 근심은 없어진다.

주(周)나라에서 봉(封)한 나라가 4백 여국이요, 각 방면에서 귀순하여 복종하는 나라가 8백 여 국이었으나 현재까지 존속하는 나라는 없고, 비록 존재한다 하더라도 다 일찍이 멸망하였다.

현명한 군주는 이와 같은 것을 알기 때문에 날로 하루하루를 삼가며 그것으로써 그 세상을 마친다. 이것을 견주어 말하면 산에 오르는 것과 같다. 산에 오른 사람은 이미 높은 데에 자리하고 있다. 좌우를 둘러보면 우뚝 높이 솟은 높은 산들이 그 위에 있다.

현자(賢者)가 현자와 더불어 서로 처(處)한 곳도 이와 같다. 자신은 이미 현명하고 자기의 행하는 바는 이미 높다. 좌우를 둘러보면 오히려 모두 자기보다 현명하다.

그래서 주공단(周公旦)이 말하기를
"나에게 미치지 못하는 사람이면 나는 더불어 함께 있지 않겠
다. 나에게 걱정을 끼치기 때문이다. 나와 비슷한 사람이면 나는
더불어 함께 있지 않겠다. 나에게 도움이 되지 않기 때문이다."
라고 하였다. 오직 현자는 반드시 자기보다 현명한 사람과 함께 한
다. 현자와 함께 처할 것이라면 예(禮)로써 그를 대우하여야 한다.

天下雖有有道之士 國猶少 千里而有一士 比肩也 累世而有一聖
人 繼踵也 士與聖人之所自來 若此其難也 而治必待之 治奚由至[1]
雖幸而有 未必知也 不知則與無賢同[2] 此治世之所以短 而亂世之所
以長也 故王者不四[3] 覇者不六[4] 亡國相望 囚主相及 得士則無此之
患 此周之所封四百餘 服國八百餘[5] 今無存者矣 雖存皆嘗亡矣 賢
主知其若此也 故日愼一日 以終其世 譬之若登山 登山者處已高矣
左右視尙巍巍[6]焉山在其上 賢者之所與處 有似於此 身已賢矣 行已
高矣 左右視尙盡賢於己 故周公旦曰 不如吾者吾不與處 累我者也
與我齊者吾不與處 無益我者也 惟賢者必與賢於己者處 賢者之可
得與處也 禮之也

1) 治奚由至(치해유지) : 다스리는 것이 무엇에 말미암아 오는 것인가. 곧 현자
(賢者)를 얻기가 이렇게 어려우므로 다스린다는 것이 또한 어렵다는 뜻.
2) 不知則與無賢同(부지즉여무현동) : 모르면 현자가 현자가 없는 것과 같다.
곧 현사를 모르고 그를 등용하지 않으므로 다스려지지 않는 것은 현자가 없
는 것이나 마찬가지라는 뜻.
3) 王者不四(왕자불사) : 왕자가 넷이 되지 못하고 셋에 그쳤다는 말. 왕자(王
者)는 하(夏)의 우왕(禹王)과 상(商)의 탕왕(湯王)과 주(周)의 무왕(武
王)을 가리킨다.
4) 覇者不六(패자불육) : 패자가 여섯이 되지 못하고 다섯에 그쳤다는 말. 곧 치
세가 적고 난세가 많아 패자가 더 있지 못하다는 뜻. 패자는 춘추시대 오패
(五覇)를 가리킨다.
5) 服國八百餘(복국팔백여) : 귀순하여 복종한 나라가 8백여 나라는 말. 주(周)
나라의 무왕(武王)이 은(殷)나라의 폭군인 주왕(紂王)을 토벌할 때 기약한

바도 없는데 맹진(盟津)에 모인 제후가 8백이었다는 사실을 말하는 것이다.
6) 巍巍(외외) : 산이 우뚝 높은 모양.

나. 낚시하다 등용된 태공망(太公望)

군주(君主)가 현명하여 세상이 다스려지면 현자(賢者)가 상위(上位)에 처하게 되고, 군주가 어리석어 세상이 어지러워지면 현자가 하위(下位)에 처하게 된다.

지금 주(周)나라 왕실은 이미 멸망하였고 천자는 이미 없어졌으니 세상의 어지러움이 천자가 없는 것보다 큰 것은 없다. 천자가 없으면 제후들이 서로 정벌을 일삼아 강한 자가 약한 자를 이기고, 큰 나라가 작은 나라를 포악(暴惡)하게 대하여 각자가 군대로써 서로 잔인하게 죽이기를 쉴 새가 없으며, 그런 기회를 이용하여 아첨하는 자가 진출하여 등용되는데 지금 세상이 바로 이런 시기에 해당한다. 그러므로 도(道)있는 현사(賢士)를 구하고자 하면 반드시 강이나 바닷가, 산골짜기 깊은 곳, 멀리 떨어진 그윽한 벽촌(僻村)에서나 요행으로 구할 수 있을 것이다.

태공망(太公望)은 자천(滋泉)에서 낚시질을 하면서 주왕(紂王)의 어지러운 세상을 만났고 그래서 문왕(文王)은 그를 만날 수가 있었다. 문왕은 천승(千乘)의 제후였고 주왕은 천자였는데, 천자는 그를 잃었고 천승의 제후는 그를 얻었으니 그것은 그를 알고 그를 알지 못하는 데서 말미암은 것이다.

일반 백성은 알아주지 않더라도 부릴 수 있으며 예로써 대우하지 않아도 명령을 받을지만, 도 있는 현사(賢士)에 이르러서는 반드시 예로써 대하고 반드시 모름지기 알아주어야 한다. 그러한 뒤에야 그 지혜를 다하게 할 수 있는 것이다.

主賢世治 則賢者在上 主不肖世亂 則賢者在下 今周室旣滅 天子旣廢 亂莫大於無天子 無天子則彊者勝弱 衆者暴寡 以兵相刿1) 不得休息 而佞進2) 今之世當之矣 故欲求有道之士 則於江海之上 山

谷之中 僻遠幽閒之所 若此則幸於得之矣 太公釣於滋泉 遭紂之世
也 故文王得之 文王千乘也 紂天子也 天子失之 而千乘得之 知之
與不知也 諸衆齊民 不待知而使 不待禮而令 若夫有道之士 必禮必
知 然後其智能可盡也

1) 剗(잔) : 잔인하게 죽이다. 멸(滅)하다.
2) 佞進(영진) : 아첨하는 자가 진출하여 등용된다는 뜻.

다. 나는 제(齊)나라의 죄인(罪人)이다

안자(晏子)가 진(晉)나라에 갔다가 오는 길에 갖옷을 뒤집어
꼴을 담아 짊어지고 길가에서 쉬고 있는 사람을 보았는데, 뜻이
있는 한 사람의 군자로 보였다. 그래서 사람을 시켜 묻게 하였다.
"어찌하여 여기에 와 계시오."
하니, 그는 대답하였다.
"제(齊)나라 죄인으로 이름은 월석보(越石父)라 합니다."
이 말을 듣고 안자는
"저런."
하면서 급히 사두마차(四頭馬車)의 왼쪽 말을 풀어주는 것으로
써 그의 죄를 면제해 주고는 수레에 태워 함께 제나라로 돌아왔
다. 그리고 집으로 돌아와서 월석보에게는 아무 말도 없이 안으
로 들어갔다. 이에 대하여 월석보는 노하여 절교할 것을 청하는
것이었다. 이에 안자는 사람을 시켜 대답하게 하기를
"나 영(嬰)은 일찍이 그대와 교우(交友)한 일이 없다. 이제 그
대의 죄인의 신분을 면하게 해주었는데 내 그대에게 아직 못한 일
이 있는가."
하였다. 이 말에 대하여 월석보는 말하였다.
"나는 듣건대 자기를 알아주지 않는 사람에게는 굽히고 자기를
알아주는 사람에게는 편다고 합니다. 그래서 나는 절교를 청하는
것입니다."
안자는 곧 나가 그를 만나보고 말하였다.

"지난번에는 객(客)의 얼굴을 보았을 뿐이고, 이제야 객의 의지를 알았습니다. 나는 듣건대 사람의 공실(功實)을 살피고자 하는 자는 명성(名聲)을 생각하는데 머무르지 않고, 사람 행위를 관찰하고자 하는 자는 그의 언사를 나무라지 않는다고 하였습니다. 나의 불민(不敏)함을 사과하니 나를 버리지 마시오"

월석보가 말하였다.

"선생께서는 나를 예로써 대우하시니 감히 명(命)을 따르지 않겠습니까."

인자는 마침내 월석보를 상객(上客)으로 삼았다. 세속 사람들은 공적이 있으면 덕(德)으로 삼고, 덕이 있으면 교만하다.

이제 안자의 공은 곤액(困阨)에서 모면하게 해주고 도리어 그 사람에게 굽히니 세속인의 생각과 많이 다르다. 그것이 그의 공을 온전하게 하는 것이다.

晏子[1]之晉 見反裘負芻[2]息於塗者 以爲君子也 使人問焉 曰 曷爲而至此 對曰 齊人累之[3] 名爲越石父[4] 晏子曰 譆 遽解左驂[5]以贖之 載而與歸 至舍 弗辭而入 越石父怒 請絶 晏子使人應之曰 嬰未嘗得交也 今免子於患 吾於子猶未邪 越石父曰 吾聞君子屈乎不己知者 而伸乎己知者 吾是以請絶也 晏子乃出見之 曰 嚮也見客之容而已 今也見客之志 嬰聞察實[6]者不留聲 觀行者不譏辭 嬰可以辭[7]而無棄乎 越石父曰 夫子禮之 敢不敬從 晏子遂以爲客 俗人有功則德 德則驕 今晏子功免人於阨矣 而反屈下之 其去俗亦遠矣 此令[8]功之道也

1) 晏子(안자) : 성은 안(晏). 이름은 영(嬰). 제(齊)나라의 대부(大夫)로 경공(景公) 때의 재상(宰相). 안자는 존칭.
2) 芻(추) : 꼴. 마소에게 먹일 풀.
3) 累之(누지) : 죄인(罪人)으로 구속된 몸. 누는 결박되어 있다는 뜻. 곧 수인(囚人).
4) 越石父(월석보) : 제나라의 죄인으로 잡혀 있는 사람의 이름.
5) 左驂(좌참) : 사두마차(四頭馬車)의 맨 왼쪽에 매어있는 말.

6) 實(실) : 공실(功實). 공적의 실제.

7) 辭(사) : 사과하다. 사(謝)와 같다.

8) 令(영) : 온전히 하다. 전(全)과 같다.

라. 먼 앞날을 내다본 자열자(子列子)

자열자(子列子)는 곤궁하여 얼굴에 굶주린 기색이 있었다. 어떤 사람이 정(鄭)나라 재상인 자양(子陽)에게 말하였다.

"열어구(列禦寇)는 도(道) 있는 현사(賢士)로서 주군의 나라에 살면서 곤궁합니다. 주군께서는 현사를 좋아하지 않는 사람이 되시렵니까."

이 말을 들은 자양은 관리를 시켜 곡식 수십 병(秉)을 자열자에게 보냈다. 자열자는 나와 사자(使者)를 만나보고 두 번 절하면서 사양하고 그 곡식을 받지 않았다. 이리하여 사자는 그대로 돌아가고 자열자는 자기 집으로 들어갔다. 이에 그 아내가 남편을 바라보고 가슴을 어루만지면서 말하기를

"들으니 도 있는 사람의 처자는 모두 편안하게 지낸다고 합니다. 지금 처자는 굶주리고 있습니다. 나라에서 주군이 사과하는 뜻에서 선생에게 식량을 보냈는데 선생은 또 그것을 받지 않으시니 어찌 목숨을 보전하겠습니까."

하고 항의하였다. 이에 대하여 자열자는 웃으면서 말하였다.

"주군은 스스로 나를 알지 못하오. 남의 말을 듣고 나에게 곡식을 보낸 것이오. 나에게 죄를 줄 일이 생기면 또 남의 말을 듣고 그렇게 할 것이니 그것이 내가 곡식을 받지 않는 까닭이오."

그 뒤에 마침내 백성들이 과연 난(亂)을 일으켜 자양을 죽였다. 남의 주는 양식을 받고 그가 난(難)을 당했을 때 죽지 않으면 그것은 의(義)가 아니요, 그 난에 죽으면 무도(無道)한 데에 죽는 것이니 무도한 데에 죽으면 패역(悖逆)이 된다.

자열자는 자양의 곡식을 받지 않음으로써 불의(不義)를 면하고 또 패역에서 벗어났다.

어찌 이것이 멀리보는 것이 아니겠는가. 또한 바야흐로 굶주림과 추위의 괴로움이 있으면서도 구차하게 받기를 즐기지 않았으니 먼저 세상의 변화할 것을 본 것이요, 먼저 세상의 변화할 것을 알고 이미 성명(性命)의 정(情)을 멀리 보았다고 할 것이다.

子列子[1]窮 容貌有饑色 客[2]有言之於鄭子陽[3]者 曰 列禦寇蓋有道之士也 居君之國而窮 君無乃爲不好士乎 鄭子陽令官遺之粟數十秉[4] 子列子出見使者 再拜而辭 使者去 子列子入 其妻望而拊心[5]曰 聞爲有道者妻子 皆得逸樂 今妻子有饑色矣 君過而遺先生食 先生又弗受也 豈非命也哉 子列子笑而謂之曰 君非自知我也 以人之言而遺我粟也 至已而罪我也 有罪且以人言 此吾所以不受也 其卒民果作難 殺子陽 受人之養而不死其難 則不義 死其難則死無道也 死無道逆也 子列子除不義 去逆也 豈不遠哉 且方有饑寒之患矣 而猶不苟取 先見其化也 先見其化而已動 遠乎性命之情也

1) 子列子(자열자) : 열어구(列禦寇). 전국시대 초기 도가(道家)에 속하는 철인(哲人). 성은 열(列). 이름은 어구(禦寇). 열자(列子).
2) 客(객) : 정(鄭)나라의 객(客)으로 있는 어떤 사람.
3) 鄭子陽(정자양) : 정(鄭)나라의 재상. 일설에는 정나라 군주라고도 하는데 글 내용으로 보아 그렇게 볼 수도 있다.
4) 秉(병) : 곡식의 양(量)을 재는 단위. 1병은 16곡(斛)이었다고 한다.
5) 拊心(부심) : 가슴을 어루만지다. 심(心)은 흉(胸)과 같다.

3. 접촉하여 아는 것〔三曰知接〕

가. 재앙이 닥쳐오는 것도 모르는 사람

사람의 눈은 비추어짐으로써 보는 것이다. 두 눈을 감으면 보지 못하는 것과 같다. 눈으로 비추는 까닭과 눈을 감는 까닭은 서로 다르다.

눈을 감은 사람은 아직 비추지 않았으므로 아직 대상을 보지 못한다. 눈을 감은 사람은 눈으로 대상을 접촉할 방법이 없기 때문이다. 눈으로 대상을 접촉할 방법이 없었으면서 보았다고 말하는 것은 허황되다.

지혜 또한 그러하다. 지혜로움을 보는 까닭과 지혜롭지 못함을 보는 까닭은 같다. 그것을 볼 수 있는 것과 보지 못하는 것은 다르다. 지혜로운 사람은 사물이 아직 싹트기 전에 이미 꿰뚫어 보는 밝음이 있으므로 그 볼 수 있는 것이 멀고, 어리석은 사람은 보는 눈이 어두워 재화(災禍)가 닥쳐온 것도 알지 못하므로 그 볼 수 있는 것이 가깝다.

볼 수 있는 것이 가까운데 먼 것으로써 말한다면 변화가 무엇에 의한 것인가를 이해할 수 없다. 이해할 수 없는 방법으로 말한다면 말하는 사람이 그 말을 교묘하게 잘 한다고 하더라도 깨우쳐 주기가 어렵다.

人之目以照見之也 以瞑[1]則與不見同 其所以爲照 所以爲瞑異 瞑士未嘗照 故未嘗見 瞑者目無由接[2]也 無由接而言見䀼[3] 智亦然 其所以接智 所以接不智同 其所能接 所不能接異 智者其所能接遠也[4] 愚者其所能接近也 所能接近 而告之以遠 化奚由相得 無由相得 說者雖工 不能喩矣

1) 瞑(명) : 눈을 감다.

2) 由接(유접) : 접촉하는 방법. 접은 보다, 접촉하다.

3) 䀼(황) : 거칠다. 허황되다. 황(荒)과 같다.

4) 智者其所能接遠也(지자기소능접원야) : 지혜로운 사람은 사물이 아직 싹트기 전에 이미 꿰뚫어 보는 밝음이 있으므로 사물을 멀리 볼 수 있다는 뜻.

나. 스스로 지혜롭다고 생각하면

융인(戎人)이 천을 햇볕에 바래는 것을 보고 물었다.

"어쩌면 이렇게도 길고 크게 만들었을까."

그랬더니 그 사람은 베를 가리켜 보이고 성을 내면서 말하기를

"누가 이렇게 조잡(粗雜)한 베를 보고서 길고 크다고 하는 것이오"

하는 것이었다. 그러므로 나라가 망하는 까닭은 지혜로운 사람이 없어서가 아니요, 현명한 사람이 없어서가 아니다. 그 망국(亡國)의 군주가 지혜로운 사람이나 현명한 사람의 충고를 받아들일 기회가 없기 때문이다.

지혜로운 사람이나 현명한 사람의 충고를 받아들일 기회를 가지지 못하는 것은 스스로 자기가 지혜롭다고 생각하기 때문이다. 스스로 지혜롭다고 생각하면 그들과의 접촉은 없게 마련이다. 지금 그들과의 접촉이 없이 스스로 지혜롭다고 하는 것은 패혹(悖惑)이다. 이와 같은 형편이면 국가를 보존하지 못하고 군주 또한 편안할 수 없으며, 지혜로운 사람이나 현명한 사람을 접촉하지 못한다. 스스로 지혜롭지 못하다는 것을 알면 나라가 망한다는 소리를 듣지 않고 군주가 위태로워진다는 소리를 듣지 않을 것이다.

戎人見暴布[1]者而問之曰 何以爲之莽莽[2]也 指麻而示之 怒曰 孰之壤壤[3]也 可以爲之莽莽也 故亡國非無智士也 非無賢者也 其主無由接故也 無由接之患 自以爲智 智必不接 今不接而自以爲智悖 若此則國無以存矣 主無以安矣 智無以接 而自知弗智 則不聞亡國 不聞危君

1) 暴布(폭포) : 천을 바래다. 폭은 폭(曝)과 같다.
2) 莽莽(망망) : 크고 긴 모양.
3) 壤壤(양양) : 잡되고 어지러운 모양. 조잡(粗雜)한 모양.

다. 자식을 삶아 환공에게 바친 사람

관중(管仲)이 병이 들었으므로 환공(桓公)이 가서 문병(問病)을 하고 나서 말하였다.

"중보(仲父)께서 병이 깊으시니 장차 무엇으로써 과인을 가르쳐 주시겠습니까."

관중이 말하였다.

"제(齊)나라 백성들에게는 '있는 자를 수레에 싣지 말고 가는 자를 잡아두지 말라'고 하는 속담이 있습니다. 이제 신은 세상을 멀리 떠날 것입니다. 어찌 물으실 것이 있겠습니까."

이에 환공이 말하였다.

"원컨대 중보께서는 겸양(謙讓)하지 마십시오."

관중이 말하였다.

"원컨대 주군께서는 역아(易牙)와 수조(豎刁)와 상지무(常之巫)와 위공자 계방(衛公子啓方)을 멀리 하십시오."

이에 대하여 환공이

"역아는 그 아들을 삶아 죽임으로써 과인의 비위를 맞추었습니다. 그래도 아직 의심을 품을 만합니까?"

하니, 관중이 대답하였다.

"사람의 정리(情理)는 그 자식을 사랑하지 않을 수 없습니다. 그 자식에 대한 사랑을 참는 것이 어찌 주군를 섬기는 마음으로 견디겠습니까."

환공은 또 말하였다.

"수조는 스스로 내시(內侍)가 되어 과인을 가까이 모시고 있습니다. 그래도 아직 의심을 품을 만합니까?"

"사람의 정리는 그 몸을 사랑하지 않을 수 없습니다. 그 몸에 대한 사랑을 참는 것이 어찌 주군을 섬기는 마음으로 견디겠습니까."

"상지무는 죽고 사는 이치에 소상(昭詳)하여 능히 귀신이 씌우는 가병(苛病)을 제거하거늘 그래도 아직 의심을 품을 만합니까.?"

"죽고 사는 것은 명(命)입니다. 가병은 정신을 지키지 못하고 잃는 데서 오는 것입니다. 주군께서는 그 명에 맡기어 그 근본을 지키지 않으시고 상지무를 믿으십니다. 그는 장차 이것으로써 하지 못할 바가 없을 것입니다."

"위(衛)의 공자(公子) 계방(啓方)은 과인을 섬긴지 15년입니다. 그의 부친이 죽어서도 감히 돌아가 슬퍼하지 않았습니다. 그래도 아직 의심을 품을 만합니까?"

"사람의 정리는 그 부친을 사랑하지 않을 수 없습니다. 그 부친에 대한 사랑을 참는 것이 어찌 주군을 섬기는 것으로 견디겠습니까."

이렇게 문답한 뒤에 환공은 말하였다.

"좋습니다."

관중이 죽은 뒤에 이들 네 사람은 모두 축출(逐出)되었다. 그러고 나서 환공은 먹는 음식도 맛이 없고, 궁내(宮內)의 사무도 산란해지고, 귀신이 씌우는 가병이 생기며, 조정의 정사도 바로잡아지지가 않았다. 그렇게 지내기 3년 만에 환공은

"중보도 또한 잘못 생각하는 일이 있구나. 누가 중보의 말을 다 따라 쓸 것인가."

하고, 이에 그들을 모두 다시 불러들였다. 그런 다음 해에 환공은 병이 들었다. 상지무가 궁중으로부터 나와서

"환공은 장차 어느 날 세상을 떠날 것이다."

하고 소문을 퍼뜨렸다. 그리고 역아와 수조와 상지무와 함께 난(亂)을 일으켜 궁중의 문을 막고, 높은 담장을 쌓아서 거짓 환공의 명령이라면서 사람의 통행을 금지시켰다.

한 부인이 있어 담장을 넘어 궁중으로 들어가 환공의 거처로 가니, 환공이

"나 무엇이 먹고 싶다."

고 하니, 부인이 대답하였다.

"음식을 구해드릴 수가 없습니다."

환공이 또

"나 무엇을 마시고 싶다."

고 하니, 부인이 또 대답하였다.

"마실 것을 구해드릴 수가 없습니다."

그래서 환공이 물었다.

"무슨 까닭이냐."

부인이 대답하기를

"상지무가 궁중에서 나와 '환공은 장차 어느 날 세상을 떠날 것이다'라고 소문을 퍼뜨리고 나서 역아와 수조와 상지무가 함께 난을 일으켜 궁문(宮門)을 막고 높은 담장을 쌓아 사람의 통행을 금지시키고 잇습니다. 그래서 음식을 구해드릴 수가 없습니다."

라고 하는 것이었다. 동시에 위공자 계방은 서사(書社) 40, 곧 약 천 호(千戶)의 영지(領地)를 가지고 위(衛)나라에 항복하였다. 이에 환공은 개탄하여 눈물을 흘리면서 말하였다.

"아아, 성인의 보는 바가 어찌 멀지 않겠는가. 만약 죽어서 만날 수 있다면 내 장차 무슨 면목으로 중보를 만날 수 있을 것인가."

그리고 옷으로 얼굴을 가리고 수궁(壽宮)에서 목숨을 거두었다. 그 뒤로 시체에서 벌레가 기어나와 문 밖으로 번지니 양문(楊門)의 병풍으로써 그것을 막느라 석 달 동안 장례를 치르지 못하였는데, 그것은 관중의 말을 듣지 않았기 때문이었다.

환공이 난(難)을 가벼이 여기고 관자(管子)를 미워해서가 아니었다. 의심할 만한 점을 볼 수 있는 방법이 없었을 뿐이다. 볼 수 있는 방법이 없는 것은 진실로 그 충성과 신의에서 나오는 말을 믿지 않고 그 존귀(尊貴)한 바를 사랑했기 때문이다.

管仲有疾 桓公往問之曰 仲父之疾病[1]矣 將何以敎寡人 管仲曰 齊鄙人有諺曰 居者無載 行者無埋[2] 今臣將有遠行[3] 胡可以問 桓公 曰 願仲父之無讓也 管仲對曰 願君之遠易牙豎刁常之巫衛公子啓 方[4] 公曰 易牙烹其子以慊[5]寡人 猶尙可疑邪 管仲對曰 人之情非不 愛其子也 其子之忍 又將何有於君 公又曰 豎刁自宮[6]以近寡人 猶 尙可疑邪 管仲對曰 人之情非不愛其身也 其身之忍 又將何有於君 公又曰 常之巫審於死生 能去苛病[7] 猶尙可疑邪 管仲對曰 死生命 也 苛病失[8]也 君不任其命 守其本 而恃常之巫 彼將以此[9]無不爲也 公又曰 衛公子啓方事寡人十五年矣 其父死而不敢歸哭 猶尙可疑

邪 管仲對曰 人之情非不愛其父也 其父之忍 又將何有於君 公曰 諾
管仲死 盡逐之 食不甘 宮不治 苛病起 朝不肅 居三年 公曰 仲父不
亦過乎 孰謂仲父盡之乎 於是皆復召而反 明年 公有病 常之巫從中
出曰 公將以某日薨 易牙 豎刁常之巫相與作亂 塞宮門 築高牆 不
通人矯[10]以公令 有一婦人踰垣入至公所 公曰 我欲食 婦人曰 吾無
所得 公又曰 我欲飮 婦人曰 吾無所得 公曰 何故 對曰 常之巫從中
出曰 公將以某日薨 易牙豎刁常之巫相與作亂 塞宮門 築高牆 不通
人 故無所得 衛公子啓方以書社四十[11]下衛 公慨焉歎涕出曰 嗟乎
聖人[12]之所見 豈不遠哉 若死者有知 我將何面目以見仲父乎 蒙衣
袂而絶乎壽宮 蟲流出於戶上 蓋以楊門之扇[13] 三月不葬 此不卒聽
管仲之言也 桓公非輕難而惡管子也 無由接見也[14] 無由接 固却其
忠信 而愛其所尊貴也

1) 疾病(질병) : 병이 위중하다는 뜻.
2) 居者無載行者無埋(거자무재행자무매) : 있는 자를 수레에 태우지 말고 가
   는 자를 잡아두지 말라. 곧 죽을 사람에게 그런 것을 묻지 말아달라는 뜻.
3) 遠行(원행) : 멀리 가다. 곧 죽는다는 말.
4) 易牙豎刁常之巫衛公子啓方(역아수조상지무위공자계방) : 모두 제(齊)나
   라의 역신(逆臣)들. 상지무는 궁중에서 귀신 다루는 무당이었던 듯하다. 위
   공자 계방은 위(衛)나라 공자인 계방으로 위나라에서 제나라로 망명하여 환
   공을 섬기던 사람인 듯하다.
5) 慊(겸) : 기분좋게 하다. 곧 비위를 맞추다. 쾌(快)와 같다.
6) 自宮(자궁) : 스스로 거세(去勢)하여 내시가 되었다는 말.
7) 苛病(가병) : 귀신이 씌워 생기는 병.
8) 失(실) : 잃는다. 곧 제정신을 지키지 못해서 생기는 병이라는 뜻.
9) 以此(이차) : 이것으로써. 곧 귀신을 다루는 요사스러운 짓.
10) 矯(교) : 거짓. 속이다. 사(詐)와 같다.
11) 書社四十(서사사십) : 서사는 영지(領地)의 단위로 서사 40이면 약 천 호
    (千戶)의 영지를 말한다.
12) 聖人(성인) : 관중을 가리키는 말.
13) 楊門之扇(양문지선) : 양문은 문의 이름. 선은 병풍을 뜻한다.

14) 無由接見也(무유접견야) : 볼 수 있는 방법이 없었다. 곧 의심할 만한 점을
　　발견하지 못했다는 뜻. 유는 방법이라는 뜻으로 풀이된다.

4. 과오를 뉘우치는 것〔四曰悔過〕

가. 기자(箕子)가 노예가 된 까닭

　구멍의 깊이가 여덟 자라면 사람의 팔로는 반드시 그 구멍의 바
닥을 더듬을 수가 없다. 왜냐하면 팔이 짧아서 그 바닥에 닿지 않
기 때문이다.

　사람의 지혜의 힘 또한 사물을 인식하는데 있어 미치지 못하는
것이 있다. 미치지 못하는 것이 있으면 말하는 사람이 비록 말을
상세하고 분명하게 한다고 하더라도, 그리고 도리에 정통하게 한
다고 하더라도 또한 그 지혜를 볼 수가 없다.

　그러므로 기자(箕子)는 상(商 : 殷)나라에서 곤궁하게 노예
(奴隷)가 되었고, 범려(范蠡)는 조각배를 저어 강물을 따라 흘
러가 버렸다.

　穴深尋[1] 則人之臂必不能極矣 是何也 不至故也 智亦有所不至
所不至 說者雖辯 爲道雖精 不能見矣 故箕子窮于商[2] 范蠡流乎江[3]

1) 尋(심) : 길이의 단위로서 1심(尋)은 8척(八尺)
2) 箕子窮于商(기자궁우상) : 기자가 상(商)나라, 곧 은(殷)나라에서 곤궁하게
　　지내다. 기자는 은나라 주왕(紂王)의 숙부로 주왕이 간언을 듣지 않을 것을
　　알고 거짓 미친 체하고 다니면서 남의 노예가 되었던 사실을 말하는 것이다.
3) 范蠡流乎江(범려유호강) : 범려가 조각배를 타고 강물을 따라 흘러가다. 범
　　려는 월(越)나라 왕 구천을 도와 오(吳)나라를 멸망시킴으로써 회계지치(會
　　稽之恥)를 설욕(雪辱)하게 했으나 월왕 구천의 사람됨이, 어려운 일은 함께
　　할 수 있지만 안락은 함께 누릴 인물이 아님을 알고 오나라를 멸망시킨 뒤에

조각배를 타고 강물을 따라 어디론가 가버린 사실을 말하는 것이다.

나. 죽을 때는 북쪽 언덕에서 죽어라

옛날에 진(秦)나라 목공(繆公)이 군사를 일으켜 정(鄭)나라를 습격하고자 하였다. 건숙(蹇叔)이 간(諫)하여 말리면서 말하였다.

"안 됩니다. 신이 듣기로는 남의 나라의 도읍을 습격하여 탈취하려면 수레로써 가면 백 리를 지나지 않고 걸어서 가면 30리를 넘지 않는다고 합니다. 모두 군의 사기가 꿋꿋하고 병력이 강성(强盛)하여 그것으로써 적을 범접(犯接)하여 능히 깨뜨리고 또 물러남에 있어서도 신속합니다. 그런데 지금의 행군은 수 천 리에 이르고 또 제후들의 영지를 통과하여 남의 나라를 습격하게 되니, 신은 그것이 가능한 일인지 알 수 없습니다. 청컨대 주군께서는 거듭 헤아려 도모(圖謀)하십시오."

그러나 목공은 그 말을 듣지 않았다. 건숙은 군사를 도성 문 밖에서 전송하고 통곡하면서 말하였다.

"군대여, 앞으로 나아가는 것은 보고 돌아오는 것은 보지 못하겠구나."

건숙에게는 두 아들이 있었는데, 그 이름은 신(申)과 시(視)라고 했다. 건숙은 그 아들들에게 일러 말하였다.

"진(晉)나라가 만일 효새(殽塞)에서 진(秦)나라 군사를 막거든 너희들은 남쪽 언덕에서 죽지 말고 반드시 북쪽 언덕에서 죽도록 하여라. 내가 너희들의 시체를 거두기 쉽도록 말이다."

목공은 건숙이 군사를 보내면서 통곡하였다는 이야기를 듣고 사람을 시켜 책망하였다.

"과인이 군사를 일으켜 아직 결과가 어떻게 될는지 모르는데, 지금 그대가 통곡하면서 전송하였다고 하니 그것은 나의 군사를 통곡한 것이 아닌가."

이에 대하여 건숙은 대답하였다.

"신은 감히 군사를 통곡할 수 없습니다. 신은 늙었고, 신에게는
두 아들이 있는데 모두 이번 군사에 종군(從軍)합니다. 돌아올
때쯤이면 아들들이 죽지 않으면 제가 반드시 죽게 됩니다. 그래
서 통곡을 한 것입니다."

昔秦繆公興師以襲鄭 蹇叔[1]諫曰 不可 臣聞之 襲國邑 以車不過
百里 以人不過三十里 皆以其氣之嶠[2]與力之盛 至是以犯敵能滅 去
之能速 今行數千里 又絶[3]諸侯之地以襲國 臣不知其可也 君其重圖
之[4] 繆公不聽也 蹇叔送師於門外而哭曰 師乎 見其出而不見其入也
蹇叔有子曰申與視 與師偕行 蹇叔謂其子曰 晉若遏師[5]必於殽[6] 女
死不於南方之岸 必於北方之岸 爲吾尸女之易 繆公聞之 使人讓[7]蹇
叔曰 寡人興師未知何如 今哭而送之 是哭吾師也 蹇叔對曰 臣不敢
哭師也 臣老矣 有子二人 皆與師行 比其反也 非彼死則臣必死矣 是
故哭

1) 蹇叔(건숙) : 진(秦)나라의 대부(大夫).
2) 嶠(교) : 꿋꿋하다. 씩씩하다.
3) 絶(절) : 가로지르다. 통과하다.
4) 重圖之(중도지) : 거듭 헤아리다. 거듭 헤아려 도모하다.
5) 遏師(알사) : 군사를 막다. 군대를 저지시키다.
6) 殽(효) : 지명(地名). 지금의 하남성(河南省) 승지현(澠池縣) 서쪽. 효새
    (殽塞).
7) 讓(양) : 책망하다. 책(責)과 같다.

다. 이 군대는 결함이 있다
진(秦)나라 군대가 동쪽으로 행군하여 주(周)나라를 통과하는
데, 왕손만(王孫滿)이 성문을 닫고 문틈으로 진나라 군대의 동정
을 엿보면서 말하였다.
"아아, 이 군대는 반드시 결함이 있다. 만약 결함이 없다면 나
는 또 도(道)를 말하지 않겠다. 대저 진나라는 별 것이 아니라, 주

나라 왕실에서 봉(封)하여 세운 나라로서 천자의 도성을 통과함에는 마땅히 갑옷을 싸고 무기를 묶고 좌우가 모두 수레에서 내려 그것으로써 천자에게 경의를 표하는 예를 행하여야 할 것이다.

그런데 지금 군복을 입은 채로 병거(兵車)에 타고 왕에게 식경(軾敬)도 하지 않고 대수롭지 않게 여긴다. 초승(超乘)하는 자가 5백 승(乘)으로 병력은 진실로 많으나 예절이 없으니 어찌 결함이 없기를 바라겠는가."

진나라 군사는 주나라의 땅을 거쳐서 동쪽으로 향하였다. 정(鄭)나라의 상인인 현고(弦高)와 해시(奚施)가 장차 서쪽 나라인 주나라 땅에 저자를 벌이고자 가다가 길에서 진나라 군사를 만났다. 현고가 말하기를

"아아, 진나라 군사가 멀리서 오는구나. 이것은 반드시 정나라를 습격하려는 것이다."

하고는 해시로 하여금 급히 정나라로 돌아가 보고하게 하고, 자신은 곧 정나라 군주의 명(命)을 받아 왔노라고 거짓으로 꾸며 진나라 군사를 위로하여 말하였다.

"우리나라 군주께서는 일찍이 대국(大國)의 군사가 장차 이르리라는 말을 들은 지 오래입니다. 그런데도 대국의 군사가 이르지 않으므로 저희 나라 군주와 사졸(士卒)들은 남몰래 대국을 위해 그것을 근심하느라 마음 편할 날이 없습니다.

다만 두려운 것은 대국의 사졸들이 피로하고 군량이 결핍되지나 않을까 하는 것입니다. 그러나 어찌 오래겠습니까. 신으로 하여금 벽옥(璧玉)으로써 군사를 위로하고, 군사를 대접하는데 열두 마리의 소를 잡도록 하였습니다."

이에 진나라의 세 장수가 답하여 말하기를

"저희 나라 군주께서 시킨 일이 아닙니다. 그 세 사람의 신하인 병(丙)과 술(術)과 시(視)로 하여금 동변(東邊)에서 진(晉)나라의 길을 몰래 살피게 하였던 바 여기를 가로지르면서 길을 잃고 헤매다가 귀국(貴國)의 땅으로 잘못 들어오게 된 것입니다. 주시는 것을 감히 사양하지 않겠습니다."

하고는 두 번 절하며 머리를 조아려 그것을 받았다. 그러고는 세 장수가 두려운 생각이 들어 서로 모의하여 말하기를

"우리의 행군이 수천 리에 이르는데, 때때로 제후들의 나라를 통과하면서 사람들을 습격하였으나 아직도 목적지에 도달하지 못하였으니 그러는 동안에 사람들은 이미 우리의 동정을 알게 되고, 그래서 그들은 방비할 것을 갖추어 이미 강성(强盛)하여 졌을 것이다."

하고는 드디어 군사를 돌려 돌아가고 말았다.

師行過周[1] 王孫滿[2]要門而窺之曰 嗚呼 是師必有疵 若無疵 吾不復言道矣 夫秦非他 周室之建國[3]也 過天子之城 宜槖甲束兵[4] 左右皆下 以爲天子禮 今袀服回建[5] 左不軾[6]而右之 超乘[7]者五百乘 力則多矣 然而寡禮 安得無疵 師過周而東 鄭賈人弦高奚施 將西市於周 道遇秦師曰 嘻 師所從來者遠矣 此必襲鄭 遽使奚施歸告 乃矯鄭伯[8]之命以勞之 曰 寡君[9]固聞大國之將至久矣 大國不至 寡君與士卒竊爲大國憂 日無所與[10]焉 惟恐士卒罷弊與糧糧匱乏[11]何其久也 使人臣犒勞[12]以璧 膳以十二牛 秦三帥對曰 寡君之無使也 使其三臣丙也術也視也於東邊候晤[13]之道 過是以迷惑 陷入大國之地 不敢固辭 再拜稽首受之 三帥乃懼而謀曰 我行數千里 數絶諸侯之地 以襲人 未至而人已先知之矣 此其備必盛矣 還師去之

1) 周(주) : 주(周)나라 도성인 낙읍(洛邑)을 가리킨다.
2) 王孫滿(왕손만) : 주나라의 대부(大夫).
3) 周室之建國(주실지건국) : 주나라 왕실에서 봉(封)하여 세운 나라. 곧 주나라의 제후국(諸侯國)이라는 뜻.
4) 槖甲束兵(탁갑속병) : 갑옷을 부대 속에 넣고 무기를 묶다. 곧 무장을 풀고 무기를 감춘다는 뜻. 병(兵)은 무기.
5) 袀服回建(균복회건) : 균복은 군복(軍服). 회건은 병거(兵車).
6) 左不軾(좌불식) : 왕에게 식경(式敬)을 하지 않다. 좌는 높이는 말로 왕위(王位)를 가리켜며 식은 수레 위에서 굽혀 예하는 식경(式敬)을 가리킨다.
7) 超乘(초승) : 몸을 날려 뛰어 타는 것을 말하는데 기세의 용감함을 뜻한다.

8) 鄭伯(정백) : 정(鄭)나라의 제후. 백은 제후 곧 군주의 뜻.

9) 寡君(과군) : 자기나라의 군주를 낮추어 이르는 말.

10) 與(여) : 여기서는 마음 편하다는 뜻.

11) 糗糧匱乏(구량궤핍) : 구량은 군량(軍糧). 궤핍은 결핍(缺乏).

12) 犒勞(호로) : 수고를 위로하다.

13) 晋(진) : 진(晉)과 같다.

라. 지혜가 미치지 못하는 해로움이란

그 때는 마침 진(晉)나라의 문공(文公)이 세상을 떠나 아직 장례를 치르기 전이었다.

선진(先軫)이 양공(襄公)에게 청하여 말하였다.

"진(秦)나라 군사를 치지 않을 수 없습니다. 신이 청하옵건대 치도록 해주십시오."

이에 대하여 양공은 말하기를

"선군(先君)께서 세상을 뜨시어 그 시신(屍身)이 아직 집 안에 모셔져 있습니다. 진(秦)나라 군사를 치기에 유리하다는 것을 보고, 그들을 친다면 사람의 자식으로서의 도리가 아니지 않겠습니까."

하니, 선진이 다시 말하였다.

"진나라는 우리나라가 상(喪)을 당한 것을 조상하지 않고, 우리 군주의 슬픔을 위로하지 않으니 이것은 우리 군주를 돌아가시게 하고 그 뒤를 이은 주군을 약하게 만드는 것입니다. 이와 같은 정세에서 그들을 격파하면 크게 패업(霸業)을 이루는 것입니다. 신은 청하오니 그들을 치도록 해주십시오."

그래서 양공은 마지못해 그것을 허락하였다. 이에 선진은 진나라 장수를 효새(殽塞)에서 막아 쳐 크게 깨뜨리고 진나라의 세 장수를 사로잡아 돌아왔다.

진(秦)나라 목공(繆公)은 이 소식을 듣고 소복(素服)을 하고 종묘(宗廟)에 이르러 많은 사람 앞에서

"하늘이 진나라를 돕지 않아 과인으로 하여금 건숙(蹇叔)의 간
언(諫言)을 받아들이지 않게 함으로써 이 지경에 이르게 하였구
나."
하면서 개탄하였다. 이것은 목공이 효새에서 패하고자해서가 아
니라 지혜가 모자라서였다. 지혜가 모자라면 간언을 믿지 않게 되
고, 간언을 믿지 않았으므로 군사가 돌아오지 못한 원인이 여기
서 발생한 것이다. 그러므로 지혜가 미치지 못한 데서 오는 해로
움이 이처럼 컸던 것이다.

當是時也 晉文公適薨[1] 未葬 先軫[2]言於襄公[3]曰 秦師不可不擊也
臣請擊之 襄公曰 先君薨 尸在堂 見秦師利而因擊之 無乃非爲人子
之道歟 先軫曰 不弔吾喪 不憂吾哀 是死吾君而弱其孤[4]也 若是而
擊 可大彊[5] 臣請擊之 襄公不得已而許之 先軫遏秦師於殽而擊之
大敗之 獲其三帥以歸 繆公聞之 素服廟臨以說於衆曰 天不爲秦國
使寡人不用蹇叔之諫 以至於此患 此繆公非欲敗於殽也 智不至也
智不至則不信 言之不信 師之不反也從此生 故不至之爲害大矣

1) 薨(흥) : 귀인(貴人)의 죽음을 이르는 말.
2) 先軫(선진) : 진(晉)나라의 신하.
3) 襄公(양공) : 진(晉)나라 문공(文公)의 아들.
4) 孤(고) : 부모가 죽은 아들을 이르는 말. 여기서는 진(晉)나라의 양공(襄公).
5) 可大彊(가대강) : 큰 패자(覇者)가 될 수 있다. 큰 패업(覇業)을 이룰 수 있
   다. 강은 패(覇)와 같다.

5. 성취한 것을 즐긴다〔五曰樂成〕

가. 영원한 큰 이득이란
큰 지혜는 형체가 보이지 않고, 큰 그릇은 늦게 이루어지며, 큰

소리는 소리가 잘 들리지 않는다.

우왕(禹王)이 강물을 소통(疏通)시킬 때 백성들은 자갈을 모아다가 그것을 막았으나 일이 이미 이루어지고 공이 이미 세워지고서야 그것이 영원히 큰 이득이 되었다. 우왕이 보는 바는 심원(深遠)한 것이었으므로 백성들은 그것을 이해할 수가 없었던 것이다. 그러므로 모든 사업을 일으킴에는 백성들과 더불어 일을 도모(圖謀)할 수 없고, 공이 이루어진 뒤에 비로소 그들과 함께 즐길 수 있는 것이다.

大智不形[1] 大器晩成 大音希聲[2] 禹之決江水也 民聚瓦礫 事已成功已立 爲萬世利 禹之所見者遠也 而民莫之知 故民不可與慮化擧[3] 始 而可以樂成功

1) 大智不形(대지불형) : 큰 지혜는 형체가 보이지 않는다. 곧 큰 지혜는 심원하여 천변만화(千變萬化)할 수 있으므로 어떤 한 가지 형태로 나타나서 거기 얽매이지 않는다는 뜻.
2) 大音希聲(대음희성) : 큰 소리는 소리가 잘 들리지 않는다. 곧 큰 우주는 움직이는 소리가 잘 들리지 않듯이 큰 소리는 귀에 잘 들리지 않는다는 뜻.
3) 化擧(화거) : 공이 이루어진다는 뜻.

나. 공자와 자산이 무능함을 면한 이유

공자가 처음으로 노(魯)나라에 등용(登用)되었다. 노나라 사람 예(鷖)가 풍자(諷刺)하여 외기를

"미구(麛裘)를 입고 위필(韋韠)을 쓰니 버려도 죄가 없고, 위필을 쓰고 미구를 입으니 버려도 탓하지 않는다."

라고 하였다. 그러나 등용된 지 3년만에 남자는 길의 우측으로 걸어가고 여자는 길의 좌측으로 걸어가며, 재물이 땅에 떨어져 있어도 줍는 사람이 없었느니 크게 지혜로운 사람의 작용은 본래부터 미칠 수가 없는 것이다.

자산(子産)이 처음으로 정(鄭)나라의 재상이 되어 다스릴 때

는 농토의 경계를 정하여 도랑을 파게 하였으며 도시와 농촌으로 하여금 각각 그 신분에 따라 복제(服制)를 정하니, 백성들이 서로 더불어 그것을 풍자하여 외기를

"나에게는 농토가 있으나 자산이 세금으로 거두어 가고 나에게는 의관(衣冠)이 있으나 자산이 사치를 금하고 저축하게 한다. 누가 자산을 죽일 수 있는가. 나는 그것을 도울 것이다."

하였다. 그 후 3년이 지난 뒤에 백성들은 또 풍자하여 외기를

"나에게는 농토가 있는데 자산이 그것을 늘려주었고 나에게는 자제(子弟)가 있는데 자산이 그들을 교육시켰다. 자산이 만약 죽는다면 누구로 하여금 그의 뒤를 잇게 할 것인가."

하였다.

정나라 간공(簡公)과 노나라 애공(哀公)이 백성들의 헐뜯는 소리에 넘어가 자산과 공자를 등용하지 않았다면 나라는 반드시 성공을 거두지 못하고, 자산과 공자 또한 반드시 무능한 사람이 되고 말았을 것이다. 다만 무능하다고 했을 뿐 아니라 그들에게 죄와 벌을 가하였다고 하더라도 백성들은 그것이 옳다고 하였을 것이다. 지금 세상에서는 모두 간공과 애공을 현명했다고 일컫고, 자산과 공자는 유능했다고 일컫는다. 이 두 군주에 있어서는 사람을 임용(任用)하는 도리를 알았던 것이다.

배와 수레가 처음으로 발명되었을 때 삼세(三世)가 지난 뒤에야 그것을 배워서 사용하였으니 처음으로 유리한 것을 따르는 것이 어찌 쉬운 일이겠는가. 그러므로 백성들의 비방하는 말을 듣고 그것의 부당함을 알아 장차 무사히 다스릴 수 있었고 일을 다스려 성공을 거두는 것은 군주의 현명함에 말미암는 것이다.

孔子始用於魯 魯人鸞[1]誦之曰 麛裘[2]而韠[3] 投之無戾[4] 韠而麛裘 投之無郵[5] 用三年 男子行乎塗右 女子行乎塗左[6] 財物之遺者民莫之擧[7] 大智之用固難踰[8]也 子産始治鄭 使田有封洫[9] 都鄙[10]有服[11] 民相與誦之曰 我有田疇 而子産賦之 我有衣冠 而子産貯之 孰殺子産 吾其與之 後三年 民又誦之曰 我有田疇 而子産殖之 我有子弟

而子産誨之 子産若死 其使誰嗣之 使鄭簡 魯哀[12]當民之誹訾也 而
因弗遂用 則國必無功矣 子産孔子必無能矣 非徒不能也 雖罪施於
民可也 今世皆稱簡公哀公爲賢 稱子産孔子爲能 此二君者達乎任
人也 舟車之始見也 三世然後安[13]之 夫開善[14]豈易哉 故聽無事治
事治之立也 人主賢也

1) 鷖(예) : 노나라 사람의 이름.
2) 麛裘(미구) : 사슴의 가죽으로 만든 값싼 갖옷.
3) 韠(필) : 추위를 막기 위해 무릎까지 내려오게 만든 옷. 슬갑.
4) 投之無戾(투지무려) : 버려도 죄가 없다. 곧 값싼 옷을 입은 공자를 업신여
   겨서 하는 말. 투는 기(棄)와 같고, 여(戾)는 죄(罪)와 같다.
5) 郵(우) : 탓하다. 우(尤)와 같다.
6) 男子行乎塗右女子行乎塗左(남자행호도우여자행호도좌) : 곧 남녀유별(男
   女有別)의 예절을 안다는 뜻. 도(塗)는 도(道), 도(途)와 같다.
7) 財物之遺者民莫之擧(재물지유자민막지거) : 재물이 길에 떨어져 있어도 백
   성이 그것을 가지지 않는다. 곧 백성이 남의 재물을 탐내지 않는다는 뜻. 거
   (擧)는 취(取)와 같다.
8) 踰(유) : 넘다. 미치다. 급(及)과 같다.
9) 封洫(봉혁) : 경계를 정하여 도랑을 파다. 봉은 계(界)와 같고, 혁은 구(溝)
   와 같다.
10) 鄙(비) : 농촌.
11) 有服(유복) : 신분에 따른 복제(服制).
12) 鄭簡魯哀(정간노애) : 정간은 자산(子産)을 등용한 정(鄭)나라의 군주인
    간공(簡公)을 이르는 말이요, 노애는 공자를 등용한 노(魯)나라의 애공(哀
    公)을 이르는 말이다.
13) 安(안) : 배워서 사용한다는 뜻.
14) 開善(개선) : 유리(有利)한 것을 따르다.

다. 상하가 한마음으로 되어야 한다
위(魏)나라가 중산국(中山國)을 공격하는데 있어 악양(樂羊)

이 장군이 되었다. 이미 중산국을 멸망시키고 돌아와 문후(文侯)에게 보고하는데 자기의 전공(戰功)을 내세우는 기색이 완연했다. 그래서 문후는 그 눈치를 채고 문서를 주관하는 관리에게 명하였다.

"여러 신하와 빈객(賓客)들이 보내온 서찰들을 가져다가 보여주도록 하라."

이에 문서를 주관하는 관원이 두 상자나 되는 책을 가져다가 장군에게 보게 하였다.

장군이 그 서찰들을 읽어 보니 모두가 중산국 공격하는 일을 책망하고 비난하는 내용의 글들이었다. 이에 장군은 급히 물러나 문후에게 북면(北面)하여 두 번 절하면서 말하였다.

"중산국을 멸망시켜 얻게 된 것은 신의 역량이 아니옵고 주군의 공덕(功德)이십니다."

이 때에 있어서 논사(論士)들은 악양의 중산국 공략을 위태롭게 보고 그 위태로움이 날로 가까워지는 것으로 여겼다. 만약 중산국을 취하여 얻지 못하였다면 어찌 비방하는 서찰이 두 상자 뿐이었겠는가. 또한 가까이서 악양으로 하여금 패망하게 하였을 것이다.

문후는 현명한 군주였건만 여러 신하들은 오히려 이와 같았으니 어찌 하물며 평범한 군주에 있어서랴. 평범한 군주의 결함은 여러 신하의 무고를 믿지 않을 수 없었을 것이고, 더불어 공격 도중에 변을 일으키지 않을 수 없었을 것이다. 무릇 중간에 변을 일으키는 일을 할 수 없건만 그것을 하는 것은 군주가 반드시 기(氣)와 지(志)와 보고 듣는 일, 동작 등이 정상적으로 나타내는 것이 아님이 없으면 여러 신하나 빈객중 누가 감히 의심나는 점을 옳다거나 그르다거나 진언(進言)할 수 있겠는가.

이와 같이 상하가 같은 마음으로 협력하면 일은 실패하는 일이 없다. 이것은 상(商)나라의 탕왕(湯王)이 하(夏)나라를 멸망시키고, 주(周)나라의 무왕(武王)이 상(商：殷)나라를 멸망시켜 큰 공을 세운 소이(所以)이며, 월왕(越王) 구천(句踐)이 오(吳)

나라에 대한 원수를 갚은 소이이다.

　나라도 작고 힘이 약하면서 상하가 단결하여 스스로 강하여져 오히려 이와 같이 성공하였으니 또 어찌 하물며 강하고 큰 나라에 있어서이겠는가.

　魏攻中山 樂羊將[1] 已得中山 還反報文侯[2] 有貴功[3]之色 文侯知之 命主書[4]曰 群臣賓客所獻書者 操以進之 主書擧兩篋[5]以進 令將軍視之 書盡難攻中山之事也 將軍還走 北面再拜曰 中山之擧 非臣之力 君之功也 當此時也 論士殆之日幾[6]矣 中山之不取也 奚宜二篋哉 一寸而亡矣 文侯賢主也 而猶若此 又況於中主[7]邪 中主之患 不能勿爲 而不可與莫爲 凡擧無易之事 氣志視聽動作無非是者 人臣且孰敢以非是邪疑爲哉 皆壹於爲 則無敗事矣 此湯武之所以大立功於夏商 而句踐之所以能報其讐也 以小弱皆壹於爲 而猶若此 又況於以彊大乎

1) 樂羊將(악양장) : 악양(樂羊)이 장군이 되어 중산국을 공격했다는 뜻.
2) 文侯(문후) : 위(魏)나라의 제후.
3) 貴公(귀공) : 공을 높이다. 곧 전공(戰功)을 내세우다.
4) 主書(주서) : 문서(文書)를 주관하는 관원.
5) 兩篋(양협) : 두 상자.
6) 日幾(일기) : 날로 가깝다. 기는 근(近)과 같다.
7) 中主(중주) : 평범한 군주.

라. 현명한 군주가 공업을 성취하는 법

　위(魏)나라의 양왕(襄王)은 여러 신하들과 더불어 술을 마시면서 기분이 좋았다. 왕은 여러 신하를 위하여 축배를 들고 여러 신하로 하여금 모두 그 뜻하는 바의 희망을 말하게 하였다. 이때 사기(史起)가 일어나면서 대답해 말하였다.

　"여러 신하 중에는 혹 현명한 사람도 있고, 혹은 어리석은 사람도 있습니다. 현명한 사람이 바라는 뜻은 옳거니와 어리석은 바람이 바라는 뜻은 옳지 않습니다."

그래서 왕이 말하였다.

"모두 서문표(西門豹)와 같은 신하가 되기를 바라오."

이 말에 대하여 사기는 말하였다.

"위(魏)나라의 전제(田制)는 가구마다 백 묘(百畝)씩이거늘 업(鄴) 땅에 한해서 홀로 2백 묘이니 이것은 땅이 토박해서입니다. 장수(漳水)가 바로 곁에 있거늘 서문표는 이용하는 방법을 알지 못하니, 이것은 어리석어서입니다. 알고도 말하지 않는 것은 충성되지 않아서입니다. 어리석은 것과 충성되지 못한 것은 본받을 것이 못됩니다."

이 말에 대하여 위나라 왕은 대답하지 않았다.

다음 날 위왕은 사기를 불러 그에 대하여 물었다.

"장수(漳水)의 물을 터서 업(鄴) 땅 농토에 물을 끌어댈 수 있다는 말인가."

사기는 말하였다.

"할 수 있습니다."

이에 대하여 왕은

"그렇다면 그대는 어찌하여 과인을 위하여 그 일을 하지 않는가."

"신은 왕께서 그 일을 할 수 없으실 것을 두려워합니다."

"그대가 진실로 과인을 위하여 그 일을 할 수 있다면 과인은 무엇이나 그대의 말에 따르겠다."

하였다. 사기는 삼가 왕의 청을 응락하고, 왕에게 말하기를

"신이 그 일에 착수하면 업 땅의 백성들은 반드시 크게 신을 원망할 것입니다. 크게는 신을 죽이고 그 다음으로는 신을 욕되게 할 것입니다. 신은 비록 죽는 모욕을 당하더라도 바라옵건대 왕께서는 굽히지 마시고 다른 사람으로 하여금 그 일을 완성하게 해 주십시오."

하였다. 왕은

"좋다."

라고 응낙하고는 사기로 하여금 업 땅의 영(令)으로 삼았다. 그래서 사기는 업 땅으로 가 장수의 물을 끌어다 업 땅에 대는 사업을 시작하였다. 이에 업 땅의 백성들은 크게 원망하여 사기를 능욕(凌辱)하고자 하였다. 그러나 사기는 굳이 그것을 피하지 않고 그 능욕을 당하였다.

이에 왕은 다른 사람을 시켜 그 일을 완성하게 하였다. 그리하여 장수의 물을 끌어다 업 땅의 농토에 대게 되니 업 땅의 백성들은 그 이득을 크게 보게 되었다. 그래서 업 땅의 백성들은 서로 더불어 노래하며 칭송하였다.

"업 땅에 거룩한 현령(縣令)이 있었으니 그는 사공(史公)이었다. 장수의 물을 터서 업 땅 농토에 끌어대니 예로부터의 소금기 있는 짠 땅을 없애고 벼와 기장을 자라게 했다."

일반 백성들로 하여금 옳고 옳지 않은 것을 알게 하면 현명하고 능력있는 사람을 임용할 필요가 없다. 현명한 군주와 충성된 신하가 어리석은 백성을 지도하고 천박한 하류계층을 가르치지 못하면, 공명을 후세에 전하지 못하고 그 실상 또한 세상에 미치지 못한다. 사기는 교화(敎化)를 모르는 것이 아니었다. 다만 주군에 대한 충성을 다했을 뿐이다. 위나라 양왕은 선량한 정책을 결행(決行)할 수 있었다고 말할 수 있고, 진실로 좋은 정책을 결행하여 많은 사람이 비록 시끄럽게 소란을 부렸어도 그에 따라 정책을 바꾸지 않았다.

일을 성취하기 어려운 바는 반드시 많은 사람들의 말 많음 때문이다. 국가의 잔망(殘亡) 또한 이와 같다. 그러므로 많은 사람들의 시끄러움 속에서도 깊이 간절하게 체험하지 않으면 안 된다.

평범한 군주는 그 많은 사람들의 시끄러운 소리로 말미암아 선(善)을 행하는 일을 중지하고, 현명한 군주는 많은 사람들의 시끄러운 소리로써 공업(功業)을 성취한다.

魏襄王[1]與群臣飮酒酣 王爲群臣祝 令群臣皆得志 史起[2]興而對曰 群臣或賢或不肖 賢者得志則可 不肖者得志則不可 王曰 皆如西

門豹[3]之爲人臣也 史起對曰 魏氏之行田[4]也 以百畝 鄴[5]獨二百畝
是田惡也 漳水在其旁 而西門豹弗知用 是其愚也 知而弗言 是不忠
也 愚與不忠 不可效也 魏王無以應之 明日 召史起而問焉曰 漳水
猶可以灌鄴田乎 史起對曰 可 王曰 子何不爲寡人爲之 史起曰 臣
恐王之不能爲也 王曰 子誠能爲寡人爲之 寡人盡聽子[6]矣 史起敬諾
言之於王曰 臣爲之 民必大怨 臣大者死 其次乃藉[7]臣 臣雖死藉 願
王之使他人遂之也 王曰 諾 使之爲鄴令[8] 史起因往爲之 鄴民大怨
欲藉史起 史起不敢出而避之 王乃使他人遂爲之 水已行 民大得其
利 相與歌之曰 鄴有聖令[9] 時爲史公[10] 決漳水 灌鄴旁 終古斥鹵 生
之稻梁 使民知可與不可 則無所用[11]矣 賢主忠臣 不能導愚敎陋 則
名不冠後[12] 實不及世矣 史起非不知化也 以忠於主也 魏襄王可謂
能決善矣 誠能決善 衆雖諠譁 而弗爲變 功之難立也 其必由啕啕[13]
邪 國之殘亡亦猶此也 故啕啕之中 不可不味也 中主以之啕啕也止
善 賢主以之啕啕也立功

1) 魏襄王(위양왕) : 위(魏)나라의 양왕. '맹자(孟子)' 첫머리에 나오는 양혜
   왕(梁惠王)의 아들.
2) 史起(사기) : 위(魏)나라의 현신(賢臣).
3) 西門豹(서문표) : 사람의 이름. '사기(史記)'에 의하면 그는 장수(漳水)의
   물을 끌어다 업(鄴)의 농토에 댔다고 한다. 실제로는 사기(史起)가 한 것이
   나, '사기(史記)'에는 서문표가 한 것으로 되어 있다.
4) 行田(행전) : 농지정책(農地政策). 전제(田制).
5) 鄴(업) : 위(魏)나라 고을의 이름.
6) 聽子(청자) : 그대의 말을 듣겠다. 그대의 말을 따르겠다는 뜻.
7) 藉(자) : 욕되게 하다. 능욕(凌辱)하다.
8) 鄴令(업령) : 업 땅의 지방장관.
9) 聖令(성령) : 거룩한 현령(縣令).
10) 史公(사공) : 사기(史起)를 높이는 말.
11) 用(용) : 임용(任用). 용(用)자 위에 현(賢)자가 빠진 것 같다.
12) 冠後(관후) : 후세에 전하다. 관은 전(傳)과 같다.
13) 啕啕(흉흉) : 많은 사람들의 크게 떠드는 소리.

6. 기미를 살피는 것〔六曰察微〕

가. 작은 것을 살피면 큰 것을 잃지 않아

다스려짐과 어지러움, 존립하는 것과 멸망하는 것이 높은 산에 있어서의 깊은 계곡과 같고, 백악(白堊)에 있어서 칠흑(漆黑)과 같아 뚜렷해서 분별하기 쉽게 한다면 지혜가 쓸모 없어 비록 어리석다고 해도 또한 무방하다.

그러나 다스려지고 어지러운 것과 존립하고 멸망하는 것은 이와 같이 분별하기가 쉽지 않아서 알 수 있을 것 같기도 하고 알 수 없을 것 같기도 하며, 볼 수 있을 것 같기도 하고 볼 수 없을 것 같기도 하다.

그러므로 지혜로운 사람과 현명한 사람은 서로 더불어 어진 마음을 누적(累積)하고 선정(善政)을 위한 생각을 모아 다스림을 이룰 것을 구한다.

관숙(管叔)과 채숙(蔡叔)이 세상을 어지럽힌 일로 해서 동이(東夷)의 여덟 나라가 왕명(王命)을 따르지 않는 음모를 꾸몄다. 그러므로 다스려지고 어지러운 것과 존립하고 멸망하는 계기(契機)는 그 처음에는 추호(秋毫)와 같이 작은 것이다. 이 추호와 같이 작은 것을 살피면 큰 것을 잃지 않게 된다.

使治亂存亡 若高山之與深谿 若白堊[1]之與黑漆 則無所用智 雖愚
猶可矣 且治亂存亡則不然 如可知 如可不知 如可見 如可不見 故
智士賢者相與積心愁慮[2]以求之 猶尙有管叔蔡叔之事 與東夷八國
不聽之謀[3] 故治亂存亡 其始若秋毫 察其秋毫 則大物不過[4]矣

1) 白堊(백악) : 석회질의 흰 돌.
2) 愁慮(수려) : 생각을 모으다. 곧 선정(善政)을 베풀 생각을 모은다는 뜻. 수

는 모은다는 뜻으로 집(集)과 같다.

3) 東夷八國不聽之謀(동이팔국불청지모) : 동이(東夷)의 여덟 나라가 주왕실
(周王室)에 불복(不服)할 것을 음모했다는 뜻. 곧 동이의 팔국은 관숙과 채
숙의 난을 이용하여 그들과 짜고 주왕실에 불복하였는데, 주공이 그 중에 가
장 강한 나라를 공벌하여 그 여덟 나라를 다 구록시켰다고 한다.

4) 不過(불과) : 잃지 않는다. 과는 실(失)과 같다.

나. 이제 속전(贖錢)을 물어주지 않을 것

노(魯)나라 법률 규정에 노나라 사람으로서 남을 위하여 제후
각국의 신하나 첩이 되었을 때 그 속전(贖錢)을 물어주는 자가
있으면 돌아와 정부에서 그 속전을 받게 되어 있었다.

자공(子貢)이 제후에게 속전을 물어주고 노나라 사람을 구하
여 데리고 와 그 돈을 사양하고 받지 않았다.

공자가 그 말을 듣고 말하였다.

"사(賜)는 잘못 생각한다. 앞으로 다시는 노나라 사람은 속전
을 물어주지 않을 것이다."

그 돈을 받으면 덕행(德行)에 손해될 것이 없지만 그 돈을 받
지 않으면 다시는 속전을 물어주는 일이 없게 된다.

자로(子路)가 물에 빠진 사람을 건져 구해 주었다. 구원을 받
은 사람이 소를 끌고 와 사례하였는데 자로는 그 소를 받았다. 공
자가 이 말을 듣고 말하였다.

"노나라 사람들은 반드시 물에 빠진 사람을 구할 것이다."

공자는 사물의 세미(細微)한 것을 보고도 장래의 변화가 가히
심원(深遠)한 것을 관찰하였던 것이다.

魯國之法 魯人爲人臣妾於諸侯 有能贖¹⁾之者 取其金於府²⁾ 子貢
贖魯人於諸侯 來而讓 不取其金 孔子曰 賜失³⁾之矣 自今以往⁴⁾ 魯
人不贖人矣⁵⁾ 取其金則無損於行 不取其金則不復贖人矣 子路拯溺
者 其人拜⁶⁾之以牛 子路受之 孔子曰 魯人必拯溺者矣 孔子見之以

細[7] 觀化遠[8]也

1) 贖(속) : 속바치다. 속전(贖錢)을 물다. 속전은 죄를 면하고자 바치는 돈. 곧 죄값.

2) 府(부) : 정부.

3) 失(실) : 여기서는 잘못된 생각이라는 뜻. 착각(錯覺).

4) 自今以往(자금이왕) : 앞으로. 자금 이후.

5) 魯人不贖人矣(노인불속인의) : 정부에서 주는 돈을 받지 않음으로써 자기의 돈이 많이 들게 되니 속전을 물어줄 수가 없게 된다는 뜻.

6) 拜(배) : 사례(謝禮)하다.

7) 細(세) : 세미(細微)한 것. 곧 자공이 속바친 돈을 받지 않았고 자로가 사례로 소를 받은 것을 가리킨다.

8) 觀化遠(관화원) : 장래의 변화를 보다. 곧 공자는 자공·자로의 세미한 덕행을 보고 장래의 변화가 심원할 것을 관찰할 수 있었다는 뜻.

다. 세 가지를 알지 못하면 국가는 위태롭다

초(楚)나라 변방에 비량(卑梁)이라는 고을이 있었다. 그 고을의 한 처녀가 오(吳)나라 변방 고을의 처녀와 더불어 변경의 뽕나무밭에서 함께 뽕을 따면서 장난을 하다가 오나라 처녀가 비량 고을 처녀에게 상처를 입혔다. 비량 사람들이 상처를 입은 처녀는 데리고 오나라 사람들에게 가서 책망하였다. 그런데 오나라 사람들은 대수롭지 않게 여겨 응대를 공손하게 하지 않았다. 그리하여 비량 사람들은 노하여 오나라 사람을 죽이고 돌아갔다.

이에 대하여 오나라 사람들은 또 비량으로 가 그 보복으로 비량 사람의 한 가족을 다 죽였다. 비량 고을의 장관이 이 사실을 알고는 노하여

"오나라 사람들이 감히 나의 고을을 쳐들어왔단 말이냐."

하고는 다시 군대를 풀어 오나라의 변경을 공격하여 늙은이와 어린이를 가리지 않고 다 죽이고 돌아왔다.

오나라 왕인 이매(夷昧)가 이와 같은 사태가 벌어진 사실을 알

고는 크게 노하여 사람을 시켜 군대를 거느리고 가 초나라의 변
방 고을을 공격하게 하여 초나라 변방 고을 사람들을 다 죽이고
돌아갔다.

　그리하여 오나라와 초나라는 큰 싸움이 벌어지게 되었다. 오나
라의 공자(公子) 광(光)이 또 군대를 이끌고 가 초나라와 계보
(雞父)라는 곳에서 싸워 초나라 사람들을 크게 깨뜨리고 초나라
의 장수인 반자신(潘子臣)과 소유자(小帷子)와 진(陳)나라의
하설(夏齧)을 사로잡았다. 그리고 다시 국도(國都)인 영(郢)으
로 진공(進攻)하여 초나라 평왕(平王)의 부인을 잡아 데리고 왔
다. 이 싸움을 계보(雞父)의 싸움이라고 한다.

　무릇 국가를 보지(保持)함에 있어서 가장 중요한 것은 사태의
처음을 아는 것이요, 그 다음이 사태의 결과를 아는 것이며, 또 그
다음이 사태의 중간 경과를 아는 일이다.

　이 세 가지를 모두 알지 못한다면 국가는 반드시 위태로워지고,
그 자신은 반드시 궁지에 몰리게 된다.

　‘효경(孝經)’에 이르기를

“높고도 위태롭지 않은 것은 귀한 신분을 오래도록 지킬 수 있
는 소이(所以)요, 가득차고도 넘치지 않는 것은 재산의 부유함을
오래도록 지킬 수 있는 소이이다.”

라고 하였다. 부유하고 귀함이 그 몸에서 떠나지 않은 연후에 능
히 그 국가를 보전하고 그 백성이 편안하고 화합하는 것이니 초
나라는 그것을 제대로 하지 못한 것이다.

　楚之邊邑曰卑梁 其處女與吳之邊邑處女桑於境上 戲而傷卑梁之
處女 卑梁人操¹⁾其傷子以讓吳人 吳人應之不恭 怒殺而去之 吳人往
報之 盡屠其家 卑梁公²⁾怒曰 吳人焉敢攻吾邑 擧兵反攻之 老弱盡
殺之矣 吳王夷昧聞之怒 使人擧兵侵楚之邊邑 克夷³⁾而後去之 吳楚
以此大隆⁴⁾ 吳公子光⁵⁾又率師與楚人戰於雞父⁶⁾ 大敗楚人 獲其帥潘
子臣 小帷子 陳夏齧⁷⁾ 又反伐郢⁸⁾ 得荊平王之夫人以歸 實爲雞父之
戰 凡持國太上⁹⁾ 知始 其次知終 其次知中 三者不能 國必危 身必窮

孝經曰 高而不危 所以長守貴也 滿而不溢 所以長守富也 富貴不離
其身 然後能保其社稷而和其民人 楚不能之也

1) 操(조) : 데리고 간다는 뜻.

2) 卑梁公(비량공) : 비량(卑梁) 고을의 장관. 공(公)은 대부(大夫)를 이르는
   말인데 초(楚)나라 군주는 이 때 이미 왕을 참칭(僭稱)하고 있었으므로 지
   방장관에게 대부의 칭호인 공자를 붙였던 것이다.

3) 克夷(극이) : 이겨서 평정하다. 이는 평(平)과 같다.

4) 大隆(대륭) : 크게 싸우다. 큰 싸움.

5) 吳公子光(오공자광) : 오나라 공자(公子)인 광(光). 오나라 왕 이매(夷昧)
   의 아들이다.

6) 雞父(계보) : 지명(地名). 지금의 중국 안휘성(安徽省) 봉양현(鳳陽縣) 동북.

7) 潘子臣小惟子陳夏齧(반자신소유자진하설) : 반자신과 소유자는 초나라의
   대부. 진하설은 진(陳)나라의 대부인 하설(夏齧). 진(陳)나라는 이 싸움에
   서 초나라를 도왔다.

8) 反伐郢(반벌영) : 재차 영(郢)을 정벌하다. 반(反)은 다시, 재차(再次)의 뜻.
   영은 초나라의 서울.

9) 太上(태상) : 가장 좋은 것.

라. 적을 알고 자신을 안 후에 작전을 세워야

정(鄭)나라 공자(公子)인 귀생(歸生)이 군사를 이끌고 송
(宋)나라를 공벌하였다. 송나라에서는 화원(華元)이 군사를 이
끌고 정나라 군사를 맞아 대극(大棘)이라는 곳에서 싸웠는데 양
침(羊斟)이 수레를 몰았다.

다음 날 장차 싸움을 벌이기로 하고 화원은 양을 잡아 모든 병
사들에게 먹였다. 그런데 양침에게는 그 고기가 돌아가지 않았다.
밝은 날 싸움이 벌어짐에 당하여 양침이 성이 나서 화원에게 말
하였다.

"어제의 일은 그대가 마음대로 할 수 있었지만 오늘의 일은 내
가 마음대로 할 수 있다."

드디어 마차를 빠르게 몰아 정나라 군진(軍陣) 속으로 달려 들어가니 송나라 군사는 패전을 거듭하였고, 화원은 정나라 군사에게 포로로 잡히게 되었다.

대저 쇠뇌의 기틀은 차이가 한 푼 정도로는 쏠 수가 없으니, 싸움의 큰 쇠뇌는 기틀이다. 병사들에게 양고기를 먹게 하면서 수레를 모는 사람을 잊고 있었으니 이로 말미암아 병사들은 패전하였고, 자신은 포로가 된 것이다. 어찌 이것이 마땅하지 않겠는가.

그러므로 무릇 싸움에 있어서는 반드시 사병들을 편파적으로 대하지 말고 고루 대할 것이며, 적을 알고 자기를 안 뒤에 작전을 세울 수 있는 것이다.

鄭公子歸生率師伐宋 宋華元率師應¹⁾之大棘²⁾ 羊斟御³⁾ 明日將戰 華元殺羊饗士 羊斟不與焉⁴⁾ 明日戰 怒謂華元曰 昨日之事⁵⁾ 子爲制⁶⁾ 今日之事我爲制 遂驅入於鄭師 宋師敗績 華元虜 夫弩⁷⁾機差以米⁸⁾ 則不發 戰大機也 饗士而忘其御也 將以此敗而爲虜 豈不宜哉 故凡戰必悉熟偏備 知彼知己 然後可也

1) 應(응) : 맞이하다. 영(迎)과 같다.
2) 大棘(대극) : 송(宋)나라의 고을.
3) 羊斟御(양침어) : 양침(羊斟)이라는 사람이 수레를 몰다. 어(御)는 수레몰이.
4) 羊斟不與焉(양침불여언) : 양침에게는 주지 않았다. 이것이 화원(華元)이 미소(微小)한 것을 살피지 못한 실수였다.
5) 昨日之事(작일지사) : 어제의 일. 곧 어제 양을 잡아 사병에게 먹이고 양침에게는 주지 않았던 일.
6) 爲制(위제) : 처리하다. 곧 마음대로 하다.
7) 弩(노) : 여러 개의 화살을 한꺼번에 쏘는 활의 한 가지.
8) 差以米(차이미) : 쌀알 하나의 차이. 이 넓이를 한 푼(一分)이라 함.

마. 인정에 통달하지 못한 노소공(魯昭公)

노(魯)나라의 계씨(季氏) 집안과 후씨(郈氏) 집안이 투계(鬪

鷄)를 하였다.

후씨는 닭의 머리 위에다 작은 갑투(甲套)를 해 씌웠고, 계씨
는 닭의 발에다가 쇠로 거투(距套)를 만들어 씌우고 싸우게 하
였는데 계씨집 닭이 이기지 못하였다.

이에 계평자(季平子)가 화가 나서 후씨의 집터를 침탈(侵奪)
하여 자기의 주택을 증축(增築)하였다.

후소백(郈昭伯)은 노하여 소공(昭公)에게 계씨를 중상(中傷)
하여 말하였다.

"양공(襄公) 사당에 체제(禘祭)를 드림에 있어 무자(舞者)는
겨우 28인 뿐이며, 그 나머지는 모두 계씨 집안의 무자(舞者)들
이니, 계씨의 상(上)을 범하는 무도함이 이보다 큰 것이 없습니
다. 그를 주벌(誅罰)하지 않으면 장차 사직(社稷)이 위태롭게 됩
니다."

이 말은 들은 소공은 자세하게 헤아리지도 않고 후소백으로 하
여금 군사를 이끌고 가서 계씨를 공격하게 하였고, 후소백은 드
디어 계씨의 궁으로 쳐들어갔다.

이 사건이 일어난 사실을 계씨와 일족(一族)인 중손씨(仲孫
氏)와 숙손씨(叔孫氏)가 듣고는 함께 모의(謀議)하기를

"계씨가 없어지면 우리 족속도 머지 않아 죽을 것이다."
하고는 이에 군사를 일으켜 계씨를 구원하기 위해 나서서 계씨의
궁(宮) 서북쪽을 헐고 궁 안으로 진입하였다. 이리하여 세 가문
이 하나가 되어 싸우니 후소백은 이기지 못하고 싸우다가 죽었다.
사태가 이렇게 되니 소공은 두려워서 제(齊)나라로 도망하였고
뒷날 건후(乾侯)에서 세상을 떠났다.

노나라 소공은 중상하는 말만 믿고 그로 인해 이해를 헤아림이
없이, 노나라의 역량으로써 계씨를 이기지 못할 것을 두려워하고,
그리고 중손씨와 숙손씨가 자기들도 계씨와 같은 환난(患難)을
당할까봐 두려워할 것을 알지 못하였으니, 이것은 인정(人情)에
통달하지 못한 것이었다.

인정에 통달하지 못하면 지위가 비록 존귀하다고 하더라도 어

찌 안전함에 유익함이 있겠는가. 노나라의 역량으로써 한 계씨에
게 이기지 못할까봐 두려워하였으니 하물며 세 계씨가 함께 저지
르는 악(惡)을 당할 수 있을 것인가.

　세력은 반드시 서로 돕고, 사물을 저울질함은 이와 같이 과오
(過誤)를 저지르는 것이다. 중손씨와 숙손씨만 홀로 이와 같은
것이 아니라 노나라 사람 모두가 마음으로 두려움을 품고 있었으
니, 노나라 사람 모두가 두려워했다면 이것은 한 국가를 적으로
삼은 것과 같다.

　자기 나라에서 죽지 못하고 건후라는 곳에 망명하여 죽은 것은
오히려 다행한 일이라고 할 것이다.

　魯季氏¹⁾與郈氏²⁾鬪鷄³⁾ 郈氏介⁴⁾其鷄 季氏爲之金距⁵⁾ 季氏之鷄不
勝 季平子⁶⁾怒 因歸⁷⁾郈氏之宮而益⁸⁾其宅 郈昭伯⁹⁾怒 傷¹⁰⁾之於昭¹¹⁾公
曰 禘¹²⁾於襄公¹³⁾之廟也 舞者二人¹⁴⁾而已 其餘盡舞於季氏 季氏之無
道無上久矣 弗誅必危社稷 公怒 不審 乃使郈昭伯將師 徒以攻季氏
遂入其宮 仲孫氏叔孫氏¹⁵⁾相與謀曰 無季氏 則吾族也死亡無日矣
遂起甲以往 陷西北隅以入之 三家爲一 郈昭伯不勝而死 昭公懼 遂
出奔齊 卒於乾侯¹⁶⁾ 魯昭聽傷而不辯其義 懼以魯國不勝季氏 而不
知仲叔氏之恐而與季氏同患也 是不達乎人心也 不達乎人心 位雖
尊 何益於安也 以魯國恐不勝 一季氏 況於三季同惡 固相助 權物¹⁷⁾
若此其過也 非獨仲叔氏也 魯國皆恐 魯國皆恐 則是與一國爲敵也
其得至乾侯而卒 猶遠¹⁸⁾

1) 季氏(계씨) : 노(魯)나라의 대부(大夫)로 노나라의 실력자.

2) 郈氏(후씨) : 노나라의 공족(公族).

3) 鬪鷄(투계) : 닭싸움.

4) 介(개) : 작은 투구를 만들어 닭의 머리에 씌웠다는 말. 갑투(甲套).

5) 金距(금거) : 날카로운 쇠로 발톱을 만들어 닭의 발에 씌웠다는 말. 거투(距套).

6) 季平子(계평자) : 이름은 의여(意如).

7) 歸(귀) : 침탈(侵奪)하다. 침(侵)과 같다.

8) 益(익) : 더하다. 곧 증축(增築)한다는 뜻.

9) 郈昭伯(후소백) : 노나라 효공(孝公)의 후예로 노나라의 공족(公族). 소 (昭)는 시호(諡號).

10) 傷(상) : 중상(中傷). 모략(謀略).

11) 昭公(소공) : 노나라의 제후.

12) 禘(체) : 큰 제사. 체제(禘祭).

13) 襄公(양공) : 소공의 부친.

14) 二人(이인) : 이것은 '이팔(二八)'의 오자(誤字)다. 체제(禘祭)는 군주의 큰 제사인데 이때 천자는 8일(八佾), 제후는 6일(佾), 대부는 4일(佾)의 일 무(佾舞)를 추는데 1일이 각 8인으로 되어 있다. 양공(襄公)은 제후이므로 48인의 일무가 있어야 하는데 28인의 일무였으니 상(上)을 범한 무도한 짓 이라는 말.

15) 仲孫氏叔孫氏(중손씨숙손씨) : 중손씨와 숙손씨는 다 계씨(季氏)의 일족 으로 노나라의 대부들.

16) 卒於乾侯(졸어건후) : 건후(乾侯)라는 곳에서 죽다. 건후는 진(晉)나라의 지명(地名). 노나라의 소공은 처음에 제(齊)나라로 망명하였으나 3년만에 다시 진나라로 갔다.

17) 權物(권물) : 사물을 헤아리다. 권을 저울질한다는 뜻.

18) 猶遠(유원) : 오히려 다행이다. 원은 멀다는 뜻이나 여기서는 다행이라는 뜻.

7. 편견을 버리는 것〔七曰去宥〕

가. 늙으면 형태와 지혜가 쇠퇴

동쪽 나라에 사는 묵자(墨者)인 사자(謝子)라는 사람이 장차 서쪽 나라인 진(秦)나라에 가서 혜왕(惠王)을 만나고자 하였다. 그래서 진나라의 혜왕이 진나라에 있는 묵자인 당고과(唐姑果) 에게 사자에 대하여 물었다.

당고과는 왕이 사자와 친하여져 그를 자기보다 현명하다고 여

길까 두려워 대답하여 말하였다.

"사자는 동쪽 나라의 변사(辯士)인데 그 사람됨이 심히 음험 (陰險)하여 장차 설득에 힘씀으로써 젊으신 주군을 다투어 가지 려고 할 것입니다."

이 말을 들은 왕은 노하였으나 그것을 속에 감추고 사자가 찾 아오기를 기다리고 있었다. 마침내 사자가 와 왕을 설득하려 했 으나 왕은 그의 말을 듣지 않았고 사자는 불쾌하게 여겨 사양하 고 그곳을 떠나버렸다.

무릇 남의 말을 듣고자 하는 것은 그 말에 따라 행함으로써 유 익한 것을 구하는 데에 있다. 말하는 것이 과연 좋은 것이라면 비 록 뜻하는 바가 유세(遊說)로써 젊은 군주를 다투어 가지려고 힘 쓰더라도 무슨 손해될 것이 있겠는가. 말하는 것이 좋지 않은 것 이라면 비록 뜻이 있어 유세로써 젊은 군주를 다투어 가지지 않 는다고 한들 또한 무슨 유익한 점이 있겠는가. 말하는 바가 좋은 가 그렇지 않은가를 표준으로 삼지 않고 다만 헛되이 젊은 군주 를 다투어 가지려는 것을 가지고 말한다면 그것은 어긋나고 잘못 된 것이다.

혜왕은 남의 말을 듣고자 하는 목적을 잃은 까닭이었다. 뜻을 쓰는 것이 이와 같으면 객(客)을 만나는 것이 수고스럽더라도 귀 와 눈이 피곤하더라도 아직 말하는 바가 무엇인지 알지 못하는 것 과 같다. 이것은 사정(史定)이 그 간사함을 행할 수 있게 하는 까 닭이다. 이것은 사정이 사람으로써 귀신을 가장하게 하고 무고한 사람에게 죄를 씌워 죽이게 하는 까닭이다.

많은 신하가 시끄럽고 어지러워 진나라가 거의 크게 위태롭게 되는 것이다. 사람이 늙어지면 그 형체는 더욱 쇠약해지지만 지 혜는 더욱 왕성해지는 것인데 지금 혜왕이 늙어짐에는 형체와 지 혜가 다 쇠퇴해지는 것인가.

東方之墨者謝子 將西見秦惠王 惠王問秦之墨者唐姑果 唐姑果恐 王之親謝子賢於已也 對曰 謝子東方之辯士也 其爲人甚險 將奮於

說以取少主¹⁾也 王因藏怒以待之 謝子至說王 王弗聽 謝子不說 遂
辭而行²⁾ 凡聽言以求善也 所言苟善 雖奮於取少主 何損 所言不善
雖不奮於取少主 何益 不以善爲之慤³⁾ 而徒以取少主爲之悖 惠王失
所以爲聽矣 用志若是 見客雖勞 耳目雖弊 猶不得所謂也 此史定所
以得行其邪也 此史定⁴⁾所以得飾鬼以人 罪殺不辜 群臣擾亂 國幾大
危也 人之老也形益衰 而智益盛 今惠王之老也 形與智皆衰邪

1) 少主(소주) : 젊은 군주. 혜왕(惠王)이 아직 젊었을 때를 가리킨다.

2) 行(행) : 가다. 거(去)와 같다.

3) 慤(각) : 여기서는 표준(標準)으로 삼는다는 뜻.

4) 史定(사정) : 진(秦)나라 혜왕(惠王) 때의 간신(奸臣).

나. 격(激)한 군주는 어긋난다

초(楚)나라의 위왕(威王)이 심윤화(沈尹華)에게 글을 배우는
데 소리(昭釐)가 그것을 싫어하였다. 위왕은 또 술수(術數)를 좋
아하였는데 중사(中謝)의 술수를 도와주는 자가 있어 소리를 위
하여 위왕에게 일러 말하였다.

"나라 사람들이 모두 말하기를 왕께서는 심윤화의 제자이시다
라고 합니다."

이 말을 들은 왕은 불쾌하게 여겨 심윤화를 멀리하였다.

중사는 견식(見識)이 짧은 천박한 사람이었다. 한 마디로 말해
서 위왕으로 하여금 선왕(先王)의 치평지도(治平之道)의 술수
를 듣지 못하게 하고 문학하는 선비는 접근할 수 없으며, 소리로
하여금 그 간계(奸計)를 운용할 수 있게 하였으니 천박한 사람
의 말을 살피지 않을 수 없다. 그리고 때때로 군주를 노하게 함으
로써 간신(奸臣)들을 위하여 길을 열어주었다. 간신들의 길이 이
미 열렸으니 악(惡)을 막고 물리치는 일이 어찌 어렵지 않겠는가.

대저 격(激)한 화살은 멀리 가고, 격한 물은 빨리 가며, 격한 군
주는 어긋나고 미혹(迷惑)되나니, 어긋나고 미혹되면 군자(君
子)가 없다. 대저 격하지 못하게 하는 것은 오직 먼저 법도가 있

어야 한다.

荊威王學書[1]於沈尹華 昭釐[2]惡之 威王好制[3] 有中謝[4]佐制者 爲
昭釐謂威王曰 國人皆曰王乃沈尹華之弟子也 王不說 因疏沈尹華
中謝細人[5]也 一言而令威王不聞先王之術[6] 文學之士不得進 令昭
釐得行其私[7] 故細人之言 不可不察也 且數[8]怒人主以爲姦人除路[9]
姦路以除 而惡壅却 豈不難哉 夫激矢則遠 激水則旱[10] 激主則悖 悖
則無君子矣 夫不可激者 其唯先有度

1) 書(서) : 글. 여기서는 선왕지술(先王之術). 곧 유가적(儒家的)인 치평지도
   (治平之道)를 말한다.
2) 昭釐(소리) : 초(楚)나라의 대부로 위왕(威王) 주변의 간신배.
3) 制(제) : 길흉(吉凶)을 점치는 술수(術數).
4) 中謝(중사) : 임금을 가까이서 모시는 벼슬. 시어관(侍御官). 시종관.
5) 細人(세인) : 견식(見識)이 짧은 천박한 소인(小人).
6) 先王之術(선왕지술) : 옛날 성군(聖君)들의 치평지도(治平之道).
7) 私(사) : 간계(奸計).
8) 數(삭) : 자주. 때때로
9) 除路(제로) : 길을 열다. 제는 개(開)와 같다.
10) 旱(한) : 빠르다. 질(疾)과 같다.

다. 죽은 오동나무 한 그루
이웃 노인과 이웃해서 사는 사람이 있었는데 그 집에는 죽은 오
동나무 한 그루가 있었다. 이웃 노인이 그 오동나무는 죽은 것이
므로 집 안에 있는 것이 좋지 않다고 하여 이웃 사람은 급히 그 오
동나무를 베어 버렸다. 그런데 이웃 노인이 그것을 땔나무로 하
게 자기에게 달라고 하는 것이었다. 그래서 이웃 사람은 불쾌하
게 여겨 말하였다.
"이웃에 살면서 이와 같이 음험하다니 어찌 그런 사람과 이웃
이 될 수 있겠는가."

이 사람은 속이 막힌 답답한 사람이다. 땔나무로 삼겠으니 달라고 하거나 달라고 하지 않거나 말라죽은 오동나무가 길(吉)하고 길하지 않은 것을 의심할 수가 없는 것이다.

제(齊)나라 사람 중에 금을 가지고 싶어하는 자가 있었다. 맑은 날 아침에 의관(衣冠)을 갖추고 금을 파는 곳으로 가 금을 들고 있는 사람을 보고는 그것을 나꿔채 빼앗았다.

관리가 그를 때려잡고는 묶었다. 그런 다음 물었다.

"사람들이 모두 있는데 너는 남의 금을 나꿔채 빼앗았으니 무슨 까닭이냐."

그랬더니 그는 관리에게 대답하였다.

"사람은 보이지 않고 다만 금만 보였을 뿐입니다."

이것은 참으로 크게 막혀 답답한 사람이었다. 대저 사람이 막혀 답답하면 진실로 낮을 밤으로 삼고, 흰 것을 검은 것으로 삼고 성군인 요임금을 폭군인 걸왕(桀王)으로 삼으니, 막히고 답답한 것은 해가 됨이 크다고 할 것이다.

망국(亡國)의 군주는 모두 막혀 답답함이 심한 바가 있었다.

그러므로 무릇 사람은 모름지기 막히고 답답한 것과 헤어진 뒤에 아는 바가 있는 것이다. 막히고 답답한 것과 헤어지면 능히 그 참다운 앎을 보전할 수 있다.

隣父有與人隣者 有枯梧樹 其隣之父言梧樹之不善[1]也 隣人遽伐之 隣父因請而以爲薪 其人不說曰 隣者若此其險[2]也 豈可爲之隣哉 此有所宥[3]也 夫請以爲薪與弗請 此不可以疑枯梧樹之善與不善也 齊人有欲得金者 淸旦被衣冠往鬻隣金者之所 見人操金 攫而奪之 吏搏而束縛之 問曰 人皆在焉 子攫人之金 何故 對吏曰 殊不見人 徒見金耳 此眞大有所宥也 夫人有所宥者 固以晝爲昏 以白爲黑 以堯爲桀 宥之爲敗亦大矣 亡國之主其皆甚有所宥邪 故凡人必別宥 然後知 別宥則能全其天[4]矣

1) 不善(불선) : 좋지 않다. 불길(不吉).
2) 險(험) : 음험(陰險)하다. 험악(險惡)하다.

3) 宥(유) : 걸리고 방해가 된다. 식견이 좁다. 곧 막히고 답답하다.
4) 天(천) : 몸. 신(身)과 같다. 또는 양지(良知).

8. 이름을 바르게 하는 것〔八曰正名〕

가. 이 세상이 어지러운 상황은

명(名)이 바르면 다스려지고 명이 바르지 않으면 어지러워진
다. 명을 바르지 않게 하는 것은 음사(淫辭)와 사설(邪說)이다.

말하는 것이 음란하고 사특하면 되지 않는 것으로써 된다고 하
고, 그렇지 않은 것으로써 그렇다고 하며, 옳지 않은 것으로써 옳
다고 하고, 그르지 않은 것으로써 그르다고 한다.

그러므로 군자의 사설(辭說)은 현자(賢者)다운 사실과 어리
석은 자다운 실정을 말하는데 족할 뿐이다. 그것으로써 다스림이
성한 모양과 어지러움이 말미암아 일어나는 것을 밝히는 데에 족
할 뿐이며, 그것으로써 사물의 참다운 정과 사람이 얻어서 그것
으로써 생존하는 것을 아는 데에 족할 뿐이다.

무릇 세상이 어지러운 것은 형(形)과 명(名)이 마땅하지 않은
것이다. 군주가 비록 어리석어도 오히려 현명한 사람을 임용하듯
이, 오히려 좋은 말을 따르듯이, 오히려 옳은 일을 하는것과 같은
것은 그 화환(禍患)이 이른바 사람으로 하여금 어리석은 데에 따
르게 하면서 스스로 현명하다 생각하고, 사람으로 하여금 사벽
(邪辟)을 따르게 하면서 스스로 선(善)하다고 생각하며, 사람으
로 하여금 패역(悖逆)을 따르게 하면서 스스로 옳은 일이라고 생
각하는 데에 있다.

이것은 형(形)과 명(名)이 사실과 다르고, 성(聲)과 실(實)이
다른 것을 이르는 말이다. 대저 어리석은 것을 현명하다 하고, 사
벽을 선이라 하고, 패역을 옳다고 하면서 나라가 어지럽지 않고

자신이 위태롭지 않기를 어찌 기다릴 것인가.

　제(齊)나라의 민왕(湣王)은 그것으로써 선비를 즐겁게 할 줄을 알면서 이른바 선비의 도(道)를 알지 못하였다. 그래서 윤문(尹文)이 선비되는 도리의 까닭을 물으니 왕은 대답할 말이 없었다. 이것은 공옥단(公玉丹)을 믿은 까닭이며, 탁치(卓齒)를 임명한 까닭이다. 탁치를 임명하고 공옥단을 믿고 어찌 그것으로써 해(害)를 입지 않을 수 있을 것인가.

　名[1]正則治 名喪[2]則亂 使名喪者淫說也 說淫則可不可而然不然 是不是而非不非 故君子之說也 足以言賢者之實 不肖者之充而已矣 足以喩治之所悖[3] 亂之所由起而已矣 足以知物之情 人之所獲以生而已矣 凡亂者刑名[4]不當也 人主雖不肖 猶若用賢 猶若聽善 猶若爲可者 其患在乎所謂賢從不肖也 所爲善而從邪辟 所謂可從悖逆也 是刑名異充 而聲實異謂也 夫賢不肖 善邪辟 可悖逆 國不亂 身不危 奚待也 齊湣王是以知說士而不知所謂士也 故尹文[5]問其故而王無以應 此公玉丹[6]之所以見信 而卓齒[7]之所以見任也 任卓齒 而信公玉丹 豈非以自讐邪

1) 名(명) : 내용(內容).
2) 喪(상) : 바르지 않다. 부정(不正).
3) 悖(패) : 성한 모양. 성모(盛貌).
4) 刑名(형명) : 실상과 내용. 형은 형(形)과 같은 것으로서 실(實)을 뜻하고 명은 내용이다.
5) 尹文(윤문) : 제(齊)나라 사람으로 명서(名書) 1편을 남겼다.
6) 公玉丹(공옥단) : 제나라의 신하.
7) 卓齒(탁치) : 초(楚)나라의 장군. 초나라의 장군인 탁치는 제나라를 구하고는 도리어 공옥단과 함께 제나라의 군주인 민왕(湣王)을 살해하였다.

나. 무엇을 선비라고 합니까

윤문(尹文)이 제(齊)나라 왕을 만났는데 제나라 왕이 윤문에게 일러 말하였다.

"과인은 선비를 퍽 좋아합니다."

이에 대하여 윤문이 말하였다.

"무엇을 선비라 하시는지 듣고자 합니다."

이 물음에 대하여 왕은 대답하지 못하고 있었다. 그래서 윤문이 또 말하였다.

"지금 여기 한 사람이 있는데 어버이를 섬김에는 효도로써 하고, 임금을 섬김에는 충성으로써 하고, 벗을 사귐에는 신의로써 하고, 향리(鄕里)에 있어서는 공손함으로써 하는 이 네 가지 행실이 있는 자라면 가히 선비라고 말할 수 있습니까."

제나라 왕은 대답하였다.

"그것은 진실로 선비라고 이를 수 있습니다."

윤문이 또 말하였다.

"왕께서 이와 같은 사람을 만나신다면 즐겨 신하로 삼으시겠습니까."

"바라는 바이지만 만날 수 없소."

"이와 같은 사람을 만나서 조정에서 부리실 때, 그가 심한 모욕을 당하고도 싸우지 않는다면 그래도 왕께서는 장차 그를 신하로 삼으시렵니까."

"아닙니다. 한 사람의 대부(大夫)로서 모욕을 당하고도 싸우지 않는 것은 부끄러운 일이오 이런 치욕(恥辱)을 당하는 사람이라면 과인은 그런 사람을 신하로 삼지 않을 것이오"

"모욕을 당하고도 싸우지 않는다 하더라도 아직 다른 네 가지 행실은 잃지 않았습니다. 아직 그 네 가지 행실을 잃지 않은 사람은 그 선비될 자격의 한 가지를 잃지 않았습니다. 왕께서는 아직 그 선비될 자격의 한 가지를 잃지 않았으므로 그를 신하로 삼으시고, 그 선비될 자격의 한 가지를 잃었으므로 왕께서 그를 신하로 삼지 않으신다면 곧 먼저 이른바 선비라고 하는 것은 그것이 선비입니까."

하고 윤문이 따져 물었다. 왕은 이에 대하여 대답이 없었다. 그래서 윤문은 또 말을 이었다.

"지금 여기 사람이 있습니다. 장차 그 나라 일을 다스림에 있어 백성에게 잘못이 있으면 그것을 잘못이라고 하고, 백성에게 잘못이 없는데도 또한 그것을 잘못이라고 하며, 백성에게 죄가 있으면 그것을 벌주고, 백성에게 죄가 없는데도 또한 그것을 벌주면서 백성을 다스리기가 어렵다고 싫어한다면 그것이 옳은 일입니까."

이 말은 듣고 왕은 대답하였다.

"그것은 옳지 않소"

윤문은 또 말하였다.

"남모르게 살피건대 하급 관리들이 제나라를 다스림에 있어서는 바로 이와 같은 경우가 있습니다."

이 말에 대하여 왕은

"과연 과인이 나라를 다스림에 있어 진실로 이와 같다면 백성이 비록 다스려지지 않는다고 하더라도 과인은 원망하지 않을 것이오. 생각건대 아직 그런 지경에는 이르지 않았겠지!"

하니, 윤문은 말하였다.

"그것을 이미 말하였으니 감히 그것을 설명드리지 않을 수 없습니다. 청컨대 그 말을 설명하게 하여 주십시오.

왕께서는 명령하시기를 사람을 죽인 자는 죽이고, 사람을 상하게 한 자에게 형벌을 주라고 하셨습니다. 백성은 왕의 명령을 두려워하여 심한 모욕을 당하고도 감히 싸우려고 하지 않는 것은 왕의 명령을 온전히 지키기 위해 욕됨을 참는 것입니다. 그렇건만 왕께서는 말씀하시기를 '모욕을 당하고도 감히 싸우지 않는 것은 부끄러운 일이다'라고 하십니다. 대저 그것을 일러 부끄러운 일이라고 하는 것은 그것이 그르다고 하시는 말씀입니다. 그것으로써 신하로 삼고, 그것으로써 신하로 삼지 않는 것은 죄를 주는 것입니다. 이것은 죄가 없는데 왕께서 벌을 주시는 것입니다."

이 말에 대하여 제나라 왕은 대답이 없었다. 논리란 대개 이와 같다. 그러므로 나라가 쇠잔하고 신변이 위태로워져 도망하여 곡(穀) 땅으로 갔고 또 위(衛)나라로 간 것이다. 제나라의 민왕은 주

(周)나라 왕실의 맏이가 되는 제후요, 태공망(太公望)이 늙음을 보낸 곳이다. 환공(桓公)이 일찍이 여기서 패자(覇者)가 된 것은 관중의 변별(辨別)이 명(名)과 실(實)을 자세하게 살펴서이다.

尹文見齊王[1] 齊王謂尹文曰 寡人甚好士 尹文曰 願聞何謂士 王未有以應 尹文曰 今有人於此 事親則孝 事君則忠 交友則信 居鄕則悌 有此四行者 可謂士乎 齊王曰 此眞所謂士已 尹文曰 王得若人肯以爲臣乎 王曰 所願而不能得也 尹文曰 使若人於廟朝[2]中 深見侮[3]而不鬪 王將以爲臣乎 王曰 否 大夫[4]見侮而不鬪 則是辱也 辱則寡人弗以爲臣矣 尹文曰 雖見侮而不鬪 未失其四行[5]也 未失其四行者 是未失其所以爲士一矣 未失其所以爲士一 而王以爲臣 失其所以爲士一 而王不以爲臣 則嚮之所謂士者 乃士乎 王無以應 尹文曰 今有人於此 將治其國 民有非則非之 民無非則非之 民有罪則罰之 民無罪則罰之 而惡民之難治 可乎 王曰 不可 尹文曰 竊觀下吏之治齊也 方若此也 王曰 使寡人治信若是 則民雖不治 寡人弗怨也 意者未至然乎 尹文曰 言之不敢無說 請言其說 王之令曰 殺人者死傷人者刑 民有畏王之令 深見侮而不敢鬪者 是全王之令也 而王曰見侮而不敢鬪 是辱也 夫謂之辱者 非此之謂也 以爲臣 不以爲臣者罪之也 此無罪而王罰之也 齊王無以應 論皆若此 故國殘身危 走而之穀[6] 如衛 齊湣王周室之孟侯[7]也 太公之所以老也 桓公嘗以此覇矣 管仲之辯名實審也

1) 齊王(제왕) : 제나라의 민왕(湣王)을 가리킨다.
2) 廟朝(묘조) : 조정(朝廷).
3) 深見侮(심견모) : 심한 모욕을 당하다. 심은 심(甚)과 같고 견은 당한다는 뜻.
4) 大夫(대부) : 대는 불필요하게 들어간 것으로 짐작된다.
5) 四行(사행) : 앞에서 말한 네 가지 행실. 곧 부모 섬김에 효도로써 하고, 임금 섬김에 충성으로써 하고, 벗을 사귐에 신의로써 하고, 향리에 있어 공손한 네 가지 행실을 말한다.
6) 穀(곡) : 제나라 고을의 이름.
7) 孟侯(맹후) : 맏이가 되는 제후. 곧 가장 큰 제후국이라는 뜻.

제17권 명분을 살펴라
(卷十七 審分覽 : 第五, 凡八篇)

지금 한 마리의 토끼가 달리고 있는데
백 사람이 그 뒤를 쫓고 있다.
이것은 한 마리의 토끼의 다리가
백 사람의 몫을 하기 때문이 아니라
이 토끼가 아직 누구의 소유라는 것이
정해지지 않아서이다.
누구의 소유라는 것이
정해지지 않았다면 요(堯)임금이라도
또한 힘을 다하여 쫓을 것이니
어찌 일반인에 있어서이겠는가?

제17권 명분을 살펴라

I. 명분을 살피는 것(一日審分)

가. 군주는 명분을 세워야 한다

무릇 군주는 반드시 명분(名分)을 분명하게 해야 한다. 그런 뒤에야 다스리는 일에 이를 수 있는 것이다.

간계(姦計)와 위선(僞善)과 사악(邪惡)과 편벽(偏僻)된 길을 걷지 말아야 악기(惡氣)와 가혹한 질병이 따라 오지 않는다. 자기 몸을 다스리는 일과 나라를 다스리는 일은 동일한 방술(方術)이다.

지금 여러사람의 땅으로서 공동으로 경작하게 되면 지지부진하게 되고 그들의 힘을 감추는 것이 있게 된다. 그러나 땅을 각자가 나누어서 경작하게 되면 속도가 빠르게 되고 지지부진하게 하던 것을 숨기지 않게 된다. 군주 또한 땅이 있어 신하와 군주가 공동으로 땅을 경작한다면 신하는 그 사사로움을 감추게 되고 군주는 그 부담을 면하기가 어렵게 된다. 무릇 선(善)을 행하기는 어렵고 선에 맡기기는 쉽다. 무엇으로써 그것을 알 수 있는가.

비유해 말하건대 사람과 천리마(千里馬)가 함께 달린다면 사람은 도저히 천리마를 이길 수 없지만 수레 위에 앉아서 천리마에게 맡긴다면 천리마가 사람을 이길 수 없다.

군주가 즐겨 신하들의 일을 다스리려고 하면 그것은 천리마와 더불어 함께 달리는 것과 같으니 반드시 미치지 못하는 바가 많게 마련이다.

대저 군주 또한 수레가 있어 수레 위에 앉아 그 수레를 조정하면 많은 사람이 모두 힘을 다하고 능력을 다할 것이다. 그러면 아첨하는 자나 치우치게 행동하는 자나 도적 또는 교묘하게 구는 간신배들은 그 간사함을 빠져나갈 길이 없게 되며, 견실하고 청렴하고 정직하고 충성되고 돈후한 사람들은 모두 지혜와 능력을 다함으로써 효력을 빠르게 할 것이다.

군주의 수레라는 것은 사물(事物)에 싣는 것이다. 사물에 싣는 도리를 밝히면 곧 사해(四海)를 가질 것이다. 그러나 사물에 싣는 도리를 모르고 스스로를 믿으면 그 지능(智能)을 자랑하고 많은 명령을 내려 즐겨 스스로 그 힘을 쓴다.

이와 같이 되면 모든 관원은 움직여 소란스럽게 되고 젊은이와 늙은이가 서로 뛰어넘으려고 하는 등 모든 사악한 일이 아울러 일어나 권위는 분산되어 끝날 수가 없고 바로 잡을 수가 없게 된다. 이것이야말로 나라가 망하게 되는 기풍(氣風)이다.

凡人主必審分[1] 然後治可以至 姦僞邪辟之塗可以息 惡氣苛疾無自至 夫治身與治國 一理之術也 今以衆地者 公作[2]則遲 有所匿其力也 分地則速 無所匿遲也 主亦有地 臣主同地 則臣有所匿其邪[3]矣 主無所避其累[4]矣 凡爲善難 任善易 奚以知之 人與驥俱走 則人不勝驥矣 居於車上而任驥 則驥不勝人矣 人主好治人官之事[5] 則是與驥俱走也 必多所不及矣 夫人主亦有車 居無去車[6] 則衆善皆盡力竭能矣 諂諛詖賊巧佞之人無所竄其姦矣 堅窮廉直忠敦之士畢競勸騙鶩矣 人主之車所以乘物也 察乘物之理則四極[7]可有 不知乘物而自怙恃 奪[8]其智能 多其教詔 而好自以 若此則百官恫擾 少長相越 萬邪並起 權威分移 不可以卒 不可以教 此亡國之風也

1) 分(분) : 명분(名分).

2) 公作(공작) : 공공(公共)의 작업. 공동으로 경작하다.

3) 邪(사) : 군주가 알까봐 속이는 사(邪)된 일이니 이것은 신하의 사사로운 일이다. 사(私)와 같다.

4) 累(누) : 부담(負擔).

5) 人官之事(인관지사) : 신하들이 할 일.

6) 居無去車(거무거거) : 수레 위에 앉아서 수레를 조정한다는 뜻.

7) 四極(사극) : 사해(四海).

8) 奪(탈) : 자랑한다. 긍(矜)과 같다.

나. 왕량(王良)이 말을 잘 부리는 까닭은

왕량(王良)이 말(馬)을 잘 부리는 것은 신중하게 살펴 그 말 고삐를 당기고, 그 위에 사마(司馬)가 감히 힘을 다하지 않지 못하게 하는 데에 있다.

도(道) 있는 군주가 많은 신하를 잘 다루는 까닭도 또한 고삐가 있어서 그 고삐를 어떻게 다루느냐에 있다. 명(名)을 바르게 하고 분(分)을 밝히는 것이 다스림에 있어서의 고삐인 것이다.

그러므로 그 실(實)을 살피고 그 명(名)을 밝혀 그것으로써 그 진정을 구하고, 그 말(言)을 들어서 그 유(類)를 살펴 제멋대로 하고 어지럽게 하지 않는 것이다.

대개 명은 많이 그 실에 합당하지 않고, 사(事)는 많이 그 용(用)에 합당하지 않기 때문에 군주는 그것으로써 명분(名分)을 밝게 살피지 못하는 것이다. 명분을 밝게 살피지 못하는 것은 악(惡)이 가로막아 더욱 막힌다. 그 막히는 책임은 신하에게 있는 것이 아니고 군주에게 있는 것이다.

요(堯)임금이나 순(舜)임금의 신하들이 모두 의(義)로웠던 것은 아니요, 탕왕(湯王)이나 우왕(禹王)의 신하들이 모두 충량(忠良)했던 것은 아니다. 그것을 제어(制御)하는 방술(方術)이 있었음에 말미암은 것이다.

걸왕(桀王)이나 주왕(紂王)의 신하들이 모두 비겁(卑怯)하고 비열(鄙劣)했던 것은 아니요, 유왕(幽王)과 여왕(厲王)의 신하들이 모두 사악하고 편벽되었던 것은 아니다. 그것을 제어하는 도리를 잃었음에 말미암은 것이었다.

비유컨대 여기 사람이 있어 소를 구하면서 말이라고 하고 말을 구하면서 소라고 한다면, 구하는 것을 얻는 데는 반드시 실패할 것이다. 이로 말미암아 위협하고 성내면 담당 관원은 반드시 비방하고 원망할 것이니, 소와 말은 반드시 어지럽고 소란스러워질 것이다.

백관(百官)이란 모든 관원을 뜻함이요, 만물(萬物)이란 모든 소나 말이니, 그 명(名)을 바르게 하지 않고, 그 직(職)을 분명히 하지 않고서 자주 형벌을 사용하는 것은 어지러움이 이보다 더 큰 것은 없다.

王良[1]之所以使馬者 約審之以控其轡 而四馬莫敢不盡力 有道之主其所以使群臣者亦有轡 其轡何如 正名審分 是治之轡已 故按其實而審其名 以求其情 聽其言而察其類 無使放悖[2] 夫名多不當其實而事多不當其用者 故人主不可以不審名分也 不審名分 是惡壅而愈塞也 壅塞之任 不在臣下 在於人主 堯舜之臣不獨義[3] 湯禹之臣不獨忠 得其數也 桀紂之臣不獨鄙 幽厲[4]之臣不獨辟 失其理也 今有人於此 求牛則名馬 求馬則名牛 所求必不得矣 而因用威怒 有司必誹怨矣 牛馬必擾亂矣 百官衆有司也 萬物群牛馬也 不正其名 不分其職 而數用刑罰 亂莫大焉

1) 王良(왕량) : 진(晉)나라 사람으로 말을 잘 부렸다고 한다.
2) 放悖(방패) : 제멋대로 하고 어지럽게 하다. 방은 종(縱)과 같고 패는 난(亂)과 같다.
3) 不獨義(부독의) : 홀로 의롭지 않다. 곧 모두가 의로웠던 것은 아니라는 말.
4) 幽厲(유여) : 유왕(幽王)과 여왕(厲王). 둘 다 주(周)나라 왕으로 유왕은 선왕(宣王)의 아들이요, 여왕은 선왕의 아버지다. 다같이 무고한 사람을 죽이는 등 불초(不肖)한 왕이었다.

다. 명분(名分)이 바르지 않은 것은

대저 말은 지혜가 통달한 듯하지만 실제로는 어리석고 미혹(迷

惑)되며, 명예는 고상하고 현명한 듯 하지만 실제로는 비겁하고 낮으며, 칭송은 결백하다고 하지만 따르는 것은 지저분하며, 명분은 공법(公法)대로 한다고 하지만 처신은 탐욕스럽고 비뚤어지며, 내세우기는 용감하다고 하지만 실제로는 겁쟁이고 비열하다.

이 다섯 가지는 모두 소(牛)를 말(馬)이라고 하고 말을 소라고 하는 것으로 명(名)이 바르지 않다. 그러므로 명이 바르지 않으면 군주는 근심과 수고로 바쁘고 괴롭게 되고, 관직에 있는 사람은 번거롭고 어지럽고 패역(悖逆)하게 되니, 국가가 멸망하고 명(名)과 실(實)이 손상을 입는 것은 모두 이것으로부터 발생하는 것이다.

흰 것은 도리어 더욱 검게 되고, 그것을 구하되 더욱 얻을 수가 없다고 하는 말은 그것을 뜻하는 것인가.

그러므로 다스려 평화를 이루려는 것보다 앞서 해야 할 일은 명(名)을 바르게 하는 데에 있다.

명이 바르면 군주는 근심하고 수고하지 않게 되고, 근심하고 수고하지 않으면 이목(耳目)의 성(性)에 상처를 입지 않는다. 무릇 무슨 일이든 물어서 그것을 행하고 모름지기 스스로 전단하여 가르치지 말며, 비록 그 일을 알더라도 모름지기 몸소 실행하지 말고, 신하들과 서로 화해(和諧)하여 스스로 자랑하지 말 것이다.

그리고 일이 이루어진 뒤에는 그 공을 내세우지 말며, 머물러 있는 것을 가게 하지 말고 가는 것을 머무르게 하지 말며, 각자 그 생김새에 따라 하도록 맡겨 두며, 외물(外物)의 제약을 받지 말고 외물을 부리지 말며, 청정하고 공정하며, 천지사방에 신통(神通)하고, 덕이 해외(海外)에 빛나며, 뜻한 바가 무궁하게 나타나고, 명예가 끊임없이 흐르는 것을 성명(性命)을 대두(大寶)에 정하는 것이라고 이르는데, 이것을 이름하여 무유(無有 : 고요한 것)라고 이른다.

그러므로 도(道)를 얻고 사람을 잊는 것은 크게 사람을 얻은 것으로 대저 이것이 참다운 도가 아닌가?

또 덕을 알고 지(知)를 잊은 것은 크게 지를 얻은 것으로 대저 그것이 참다운 덕이 아닌가?

지(知)에 이르고 기미를 모르는 것은 고요한 것이 이미 기미를 밝힌 것으로 대저 이것이 밝은 것이 아닌가?

크게 밝고 적은 일에 관여하지 않는 것은 크게 일을 다스리는 것으로 대저 이것이 큰 것이 아닌가?

참다운 진인(眞人)은 모든 것에 능하지 아니한 것이다. 태어날 때 전일한 성품을 가지고 태어났으므로 능한 것을 갖춘 것이니 이것이 완전히 능한 것이 아닌가?

그러므로 온전한 것 중에서 그 할 수 있는 것을 버리고, 큰 것 중에서 그 작은 일을 버리고, 아는 것 중에서 그 기미를 아는 것을 버리면, 그 아는 것은 극히 미묘한 것이다.

이와 같으면 그 재능은 자연에 순응하고 의기가 적막한 우주공간에 놓을 수 있으며, 형성(形性)은 자연적인 경계에서 편안함을 얻는 것이다.

또 만물을 통솔하면서 주재(主宰)하지 않고 천하의 혜택을 입으면서 그 말미암아 온 것을 모른다. 비록 다섯 가지를 갖추지 못했다고 하더라도 다만 그것을 능히 좋아하는 자는 옳은 것이라고 할 수 있다.

夫說以智通 而實以過悗[1] 譽以高賢 而充以卑下 贊以潔白 而隨以汙德 任以公法 而處以貪枉 用以勇敢 而埋以罷怯[2] 此五者 皆以牛爲馬 以馬爲牛 名不正也 故名不正 則人主憂勞勤苦 而官職煩亂 悖逆矣 國之亡也 名之傷也 從此生矣 白之顧益黑 求之愈不得者 其此義邪 故至治之務 在於正名 名正則人主不憂勞矣 不憂勞則不傷其耳目之主[3] 問而不詔[4] 知而不爲[5] 和而不矜[6] 成而不處[7] 止者不行 行者不止 因刑而任之[8] 不制於物 無肯爲使[9] 淸靜以公 神通乎六合 德耀乎海外 意觀乎無窮 譽流乎無止 此之謂定性於大湫[10] 命之曰無有 故得道忘人 乃大得人也 夫其非道也[11] 知德忘知 乃大得知也 夫其非德也 至知不幾 靜乃明幾也 夫其不明也 大明不小事 假乃理事也[12] 夫其不假也 莫人不能 全乃備能也 夫其不全也 是故於

全乎去能 於假乎去事 於知乎去幾 所知者妙矣 若此則能順其天 意
氣得游乎寂寞之宇矣 形性得安乎自然之所矣 全乎萬物而不宰 澤
被天下而莫知其所自始 雖不備五者 其好之者是也

1) 過悗(과문) : 어리석고 미혹(迷惑)되다.
2) 罷怯(파겁) : 겁쟁이이고 비열하다. 여기까지의 다섯 가지는 모두, 진열장에
   는 소머리를 걸어놓고 실제로는 말고기를 파는 유(類)를 말하는 것이다. 양
   두구육(羊頭狗肉)과 같은 뜻이다.
3) 主(주) : 성(性).
4) 問而不詔(문이부조) : 물어서 그것을 행하고 스스로 전단하여 가르치지 말
   라는 뜻. 조는 교(敎)와 같다.
5) 知而不爲(지이불위) : 알더라도 몸소 실행하지 말라는 뜻.
6) 和而不矜(화이불긍) : 신하들과 화해(和諧)해서 처리할 일이지 스스로 잘했
   다고 자랑하지 말라는 뜻.
7) 成而不處(성이불처) : 일이 이루어진 뒤에 공을 내세우지 말라는 뜻.
8) 因刑而任之(인형이임지) : 땅이 멈추어 있고 물이 흐르듯이 그 생김새에 따
   라 맡겨 두라는 뜻. 곧 있을 자는 있고 갈 자는 가게 내버려 두라는 뜻. 형은
   형(形)과 같다.
9) 無肯爲使(무긍위사) : 외물을 굳이 부리려고 하지 말라는 뜻.
10) 大湫(대추) : 대두(大竇). 큰 구멍.
11) 夫其非道也(부기비도야) : 대저 그것이 도가 아닌가? 하는 역설법.
12) 假乃理事也(가내이사야) : 큰 일을 다스리다의 뜻. 가는 크다의 뜻.

2. 임금의 도를 지키는 것〔二曰君守〕

가. 안다는 것은 아는 것이 없다
　도(道)를 얻는 자는 반드시 고요하고 고요한 자는 아는 것이 없
다. 안다는 것은 곧 아는 것이 없다는 것과 같으니 그것으로써 군

주의 도를 말할 수 있다.

그러므로 말하기를 마음 속에 있는 것이 밖으로 드러나지 않기를 바라는 것을 경(扃)이라 이르고, 밖의 것이 안으로 들어오지 않기를 바라는 것을 폐(閉)라고 이른다.

이미 경하고 또 폐하는 것은 자연법칙의 엄밀함과 같아 수준기(水準器)가 있되 쓰지 않고도 수평이 되고, 먹줄이 있되 쓰지 않고도 바르게 된다. 하늘과 같이 크게 고요한 것은 이미 청정하고 편안하여 그것으로써 천하의 '바른 것'을 삼을 수 있다.

得道者必靜 靜者無知 知乃無知 可以言君道也 故曰中欲不出 謂之扃[1] 外欲不入謂之閉[2] 旣扃而又閉 天之用密 有准[3]不以平 有繩不以正 天之大靜 旣靜而又寧 可以爲天下正

1) 扃(경) : 빗장을 뜻함. 곧 마음 속에 있는 것을 밖으로 드러나지 않게 하는 것을 말한다.

2) 閉(폐) : 밖의 것이 안으로 들어오지 않게 하는 것을 이르는 말.

3) 准(준) : 수준기(水準器). 수평기(水平器).

나. 복과 재앙을 안배하는 하늘

몸으로써 마음을 왕성하게 하고 마음으로써 지혜를 왕성하게 한다. 지혜는 마음 속에 간직되어 있어서 진실을 엿볼 수가 없는 것인가.

'홍범(鴻範)'에 이르기를

"하늘은 은연중에 아래 백성들의 화(禍)와 복(福)을 안배(按排)한다."

라고 하였으니 은연중에 하는 것은 그것을 발(發)하기 때문이다.

그러므로 말하기를 문 밖에 나오지 않고서도 천하의 일을 알고 들창 밖을 내다보지 않고도 천도(天道)의 변화를 안다. 그 나오는 것이 더욱 멀면 그 아는 바가 더욱 적다.

견문(見聞)이 넓은 사람이나 기억력이 강한 사람은 모자라는 바가 있다. 귀와 눈을 수고롭게 하고 생각을 깊이 하면 손상(損傷)되는 바가 있다. 피상적(皮相的)인 관찰이나 깊은 뜻이 없는 논리는 버릴 것이다.

나오지 않는 것은 나오는 것과 같음이 있고 하지 않는 것은 하는 것과 같음이 있으니, 이것을 일러 양(陽)으로써 양을 부르고 음(陰)으로써 음을 부른다고 이른다.

동해(東海) 끝까지 물이 갔다가는 되돌아오고, 여름의 뜨거운 염천(炎天)은 변하여 추위가 된다. 그러므로 말하기를

"하늘은 형상이 없으면서 만물을 이루고, 도(道)는 형상이 없으면서 만물을 변화시키며, 큰 성인은 하는 일이 없으면서 모든 관리에게 그 능력을 다하게 한다."

라고 하였으니, 이것은 곧 가르치지 않고서 가르치고 말하지 않고서 가르침을 이르는 것이다.

이로 말미암아 군주의 망령됨을 알 수 있는 것은 그 말이 마땅하다고 하는 것으로써이다. 그것으로써 군주의 미혹됨을 알 수 있는 것은 그 말의 얻는 바가 있음으로써이다.

군주된 자는 마땅하지 않은 것으로써 마땅하다고 하고, 얻는 것이 없는 것으로써 얻는다고 한다. 마땅한 것과 얻는 것은 군주에게 있는 것이 아니라 신하에게 있는 것이다. 그러므로 군주 노릇을 잘하기 위해서는 아는 것이 없어야 하고, 그 다음은 하는 일이 없어야 한다.

아는 것이 있으면 완비(完備)하지 않음이 있고 하는 일이 있으면 광대(廣大)하지 않음이 있다. 완비하지 않고 광대하지 않은 것은 관리로 하여금 의심을 품게 하는 바가 있는 것이다. 그러면 사악(邪惡)한 것이 그 틈을 타고 따라오게 된다.

지금 수레를 만드는데 있어서도 여러 담당자가 함께 만든 뒤에 이루어지는 것이다.

국가를 다스림에 있어서 어찌 홀로 이룰 수 있을 것인가. 많은 사람의 지혜와 많은 사람의 능력을 가지고 마음과 힘을 합해야 하는 것이다. 한 가지 물건과 한 가지 방법으로는 수레의 안정을 구

할 수가 없는 것이다. 한 가지의 능력으로 만 가지 변화에 적응하고, 방법이 없이 나와서 일을 이루는 자는 오직 도(道)있는 자만이 할 수 있는 것이다.

　身以盛心 心以盛智 智乎深藏 而實莫得窺乎 鴻範[1]曰 惟天陰騭[2]下民 陰之者所以發之也 故曰不出於戶而知天下[3] 不窺於牖而知天道 其出彌遠者 其知彌少[4] 故博聞之人 彊識之士闕矣 事耳目 深思慮之務敗矣 堅白之察[5] 無厚之辯[6]外[7]矣 不出者[8]所以出之也 不爲者所以爲之也 此之謂以陽召陽 以陰召陰 東海之極 水至而反 夏熱之下 化而爲寒 故曰天無形而萬物以成 至精[9]無象而萬物以化 大聖無事而千官盡能 此乃謂不敎之敎 無言之詔 故有以知君之狂也 以其言之當也[10] 有以知君之惑也 以其言之得也 君也者 以無當爲當 以無得爲得者也 當與得不在於君 而在於臣 故善爲君者無識 其次無事 有識則有不備矣 有事則有不恢[11]矣 不備不恢 此官之所以疑而邪之所從來也 今之爲車者數官然後成 夫國豈特爲車哉 衆智衆能之所持也 不可以一物一方安車也 夫一能應萬 無方而出之務者唯有道者能之

1) 鴻範(홍범) : '서경(書經)'의 편명(篇名).
2) 陰騭(음즐) : 감싸고 안정시키다. 곧 하늘은 인간 몰래 운명을 내려주어 각자의 삶을 안정시켜 주는 것. 곧 화(禍)와 복(福)을 안배(按排)한다는 말.
3) 不出於戶而知天下(불출어호이지천하) : 노자도덕경(老子道德經)에 나오는 말로, 천하는 크지만 인간의 물리(物理)는 하나로 음양(陰陽)의 변화는 천고(千古)에 변함이 없으므로 옛 성인들은 문 밖으로 나오지 않고도 천하를 알 수 있었다는 뜻. 다음 구절도 같은 뜻이다.
4) 其知彌少(기지미소) : 그 아는 것이 더욱 적다. 곧 하나 하나의 사물을 보면서 그 이치를 알려고 하면 사람의 능력에는 한도가 있는 것이니 수고는 더욱 많아지고 그 공은 더욱 적어진다는 뜻.
5) 堅白之察(견백지찰) : 피상적인 관찰. 곧 돌을 눈으로만 보면 그 희다는 것을 알고 그 굳음을 모르며, 손으로 만져만 보면 그 굳음을 알고 희다는 것은 모른다는 뜻에서 된 말이 견백(堅白)이다.

6) 無厚之辯(무후지변) : 깊은 뜻이 없는 논리(論理).

7) 外(외) : 버린다는 뜻. 기(棄)와 같다.

8) 不出者(불출자) : 나오지 않는 것. 앞에서 말한 문 밖에 나가지 않고도 천하를 안다고 한 말을 뜻한다.

9) 至精(지정) : 도(道). 음양(陰陽).

10) 知君之狂也以其言之當也(지군지광야이기언지당야) : 군주의 망령됨을 알 수 있는 것은 그 말이 마땅하다고 하는 것으로써이다. 곧 군주가 말을 망령되게 해도 신하는 감히 그것을 지적하지 못한다. 그러면 스스로 한 말이 마땅한 말이라고 생각한다. 마땅하지 않은 말을 마땅하다고 말하는 것으로써 그 말의 망령됨을 알 수 있다는 뜻.

11) 恢(회) : 넓고 크다. 광대(廣大).

다. 풀 수 없는 사실을 푼 것

노(魯)나라의 비인(鄙人)이 송(宋)나라 원왕(元王)에게 폐결(閉結)을 보내왔다. 원왕이 국내에 영(令)을 발하고 지혜가 교묘한 사람들이 모두 와 폐결을 풀려고 하였으나 능히 그것을 풀어 열 수 있는 자가 없었다.

그런데 아열(兒說)의 제자가 가서 그것을 풀겠다고 하였다. 그리하여 그 하나는 풀었으나 그 하나는 풀지 못하였다. 그리고 말하였다.

"풀 수 있는 것을 내가 풀지 못하는 것이 아니라 본래부터 풀 수 없는 것이다."

그리고는 노나라 비인에게 물으니 노나라 비인이 말하였다.

"그렇다. 이것은 본래부터 풀 수가 없는 것이다. 나는 이것을 만들고 그것이 풀 수 없는 것을 알았는데 지금 그것을 만들지 않고도 그것이 풀 수 없는 것이라는 사실을 안 것은 나보다 재주가 교묘한 것이다."

그러므로 아열의 제자같은 사람은 풀 수 없는 것이라는 사실을 푼 것이다.

정(鄭)나라 태사(太師)인 소문(昭文)은 종일 비파를 두들기고 나서 일어나 그 비파를 향해 두 번 절하고 말하였다.

"나는 그대에게서 완전하지 못하다는 것을 배웠다."

그러므로 태사 소문과 같은 사람은 그 수자(獸子)가 그것을 앞서는 것으로써 그것을 맞춘 까닭이다.

魯鄙人[1]遺宋元王閉[2] 元王號令於國 有巧者皆來解閉 人莫之能解 兒說[3]之弟子請往解之 乃能解其一 不能解其一 且曰 非可解而我不能解也 固不可解也 問之魯鄙人 鄙人曰 然 固不可解也 我爲之而知其不可解也 今不爲而知其不可解也 是巧於我 故如兒說之弟子者 以不解解之也[4] 鄭大師[5]文[6]終日鼓瑟而興 再拜其瑟前曰 我效於子 效於不窮也 故若大師文者 以其獸者先之[7] 所以中之也

1) 鄙人(비인) : 소인(小人).
2) 閉(폐) : 단단히 묶여져서 풀 수 없는 것. 풀 수 없도록 단단히 묶여진 것. 일종의 마술적인 유희. 폐결(閉結).
3) 兒說(아열) : 송(宋)나라의 대부(大夫)로 변론(辯論)을 잘하는 사람.
4) 以不解解之也(이불해해지야) : 풀 수 없는 것이라는 사실을 풀었다. 결국 푼 것과 같다는 뜻.
5) 大師(대사) : 관직의 이름으로 태사(太師)와 같다.
6) 文(문) : 정(鄭)나라의 악사(樂師)인 소문(昭文).
7) 以其獸者先之(이기수자선지) : 이 비유(比喩)의 뜻은 아직 밝혀지지 않는다. 혹은 이 구절과는 관계 없는 것으로 잘못 들어간 것이라고도 한다.

라. 국가가 쇠약해지는 까닭은

그러므로 사려(思慮)는 정신을 수고롭게 하여 스스로 마음에 상처를 입히고, 지혜를 과도하게 쓰면 잘못하여 스스로 멸망의 길을 걷게 되고, 능력을 자랑하기에 힘쓰면 스스로 재앙을 불러들이며, 그 아는 바가 있으면 스스로 망령을 부리게 된다.

그래서 지신(至神)은 소요(逍遙)하여 갑자기 그 모습을 보이지 않고, 지성(至聖)은 풍습을 바꾸고 세속(世俗)으로 옮김으로써 그 좇아서 온 바를 알지 못한다.

세상을 떠나고 무리와 헤어져 화해(和諧)하지 않는 것이 없다. 스스로 고(孤)나 과(寡)라 이름하여 가로 걸리고 막히는 것이 없게 한다. 이것으로 말미암아 간사(姦邪)한 정황(情況)을 알아서 음험하고 바르지 못하며, 헐뜯고 간특하며, 아첨하고 간교한 사람들이 따라서 들어오지 못하게 한다.

무릇 간사하고 음험함에 치우치는 소인(小人)들은 반드시 말미암은 것이 있으니 그것은 무엇을 말미암는 것인가. 그것은 군주의 의지에 말미암아 순종하는 것이다.

군주는 즐겨 자기의 정욕(情欲)을 따라 행하며, 직분을 지켜야 할 관리들은 직분을 버리고 군주의 의지를 따른다. 군주의 의지에 따라 행하면 잘못되는 일이 있더라도 군주는 그것을 꾸짖지 않는다.

이에 있어서 군주의 권력은 날로 깎이고, 신하는 날로 얻는 바가 있는 것이다. 이것은 마땅히 움직여야 할 것이 도리어 고요하고 마땅히 고요하여야 할 것이 도리어 움직이는 것이니, 존귀한 것이 변하여 비천하여지고 비천한 것이 변하여 존귀하여지는 것은 이를 좇아서 발생한다.

이것은 국가가 쇠약해지는 까닭으로 적국이 침공해 오는 까닭이 된다.

옛날에 해중(奚仲)은 수레를 만들었고, 창힐(蒼頡)은 글자를 만들었고, 후직(后稷)은 곡식 가꾸는 법을 만들었고, 고요(皐陶)는 형법(刑法)을 만들었고, 곤오(昆吾)는 도기(陶器)를 만들었으며, 하곤(夏鯀)은 성(城)을 만들었다.

이 여섯 사람이 만든 것은 그 마땅함에 합치되었다. 그러나 도(道)를 주관하는 것은 아니었다. 그러므로 말하기를 만드는 자는 근심하고 수고로우며 거기 따르는 자는 편안하다고 한다. 오직 군주의 도는 성명(性命)의 정(情)을 얻는 것이므로 천하를 책임지면서 스스로 강하다고 하지 않으니, 그것을 온전한 덕을 갖춘 사람이라고 한다.

故思慮自心傷也¹⁾ 智差自亡也²⁾ 奮能自殃³⁾ 其有處⁴⁾自狂也 故至
神逍遙 倏忽而不見其容 至聖變習移俗 而莫知其所從 離世別群而
無不同 君民孤寡⁵⁾而不可障壅 此則姦邪之情得⁶⁾ 而險陂讒慝諂諛
巧佞之人無由入 凡姦邪險陂之人必有因也 何因哉 因主之爲 人主
好以己爲 則守職者舍職而阿⁷⁾主之爲矣 阿主之爲 有過則主無以責
之 則人主日侵 而人臣日得⁸⁾ 是宜動者靜 宜靜者動也 尊之爲卑 卑
之爲尊 從此生矣 此國之所以衰 而敵之所以攻之者也 奚仲⁹⁾作車
蒼頡¹⁰⁾作書 后稷作稼 皐陶作刑 昆吾¹¹⁾作陶 夏鯀¹²⁾作城 此六人者
所作當矣 然而非主道者 故曰作者憂 因者平 惟彼君道 得命之情 故
任天下而不疆 此之謂全人¹³⁾

1) 思慮自心傷也(사려자심상야) : 사려는 스스로 마음을 상하게 한다. 곧 그것
은 정신을 수고롭게 하기 때문이다.
2) 智差自亡也(지차자망야) : 지혜는 잘못하여 스스로 멸망한다. 곧 그것은 지
혜를 과도하게 쓰기 때문이다. 차(差)는 오(誤)와 같다.
3) 奮能自殃(분능자앙) : 능력에 힘쓰면 스스로 재앙을 부른다. 곧 그것은 능력
을 자랑하기 때문이다. 분은 무(務)와 같다.
4) 有處(유처) : 아는 바가 있다. 처는 지(知)와 같다.
5) 孤寡(고과) : 고(孤)와 과(寡)는 다 군주의 겸칭(謙稱)으로 군주가 자신을
낮춤으로써 명예를 막지 못하게 한다는 뜻.
6) 得(득) : 알다. 지(知)와 같다.
7) 阿(아) : 따르다. 종(從)과 같다.
8) 人臣日得(인신일득) : 신하는 날로 얻는다. 곧 군주에게 따르는 뜻을 얻는다
는 뜻.
9) 奚仲(해중) : 황제(黃帝)의 후예로 수레를 처음 만들었다.
10) 蒼頡(창힐) : 새의 발자국을 보고 처음으로 글자를 만들었다고 하는 사람.
11) 昆吾(곤오) : 오제(五帝)의 한 사람인 전욱(顓頊)의 후예로 하(夏)나라의
제후였는데 도기(陶器)를 만들었다고 한다.
12) 夏鯀(하곤) : 우왕(禹王)의 부친으로 성곽(城郭)을 처음 만들었다고 한다.

곤은 곤(鯀)과 같다.

13) 全人(전인) : 전덕(全德)을 갖춘 사람.

3. 술수를 쓰는 것〔三曰任數〕

가. 군신(君臣)의 직분이 서지 않는 것은

무릇 관리가 되는 자는 다스리는 것으로써 임무를 삼고, 어지럽게 함으로써 죄를 삼는 것인데, 이제 어지럽게 하고도 책벌(責罰)이 없는 것은 어지러움이 더욱 커진 것이다.

군주는 드러내어 빛나게 하기를 좋아함으로써 재능을 보이고, 주창하여 따르게 하기를 좋아함으로써 스스로 분발한다.

신하된 자는 군주와 다투지 않는 것으로써 그 지위를 유지하고, 들어서 복종하는 것으로써 용납되는 것을 취한다.

이것은 군주가 담당 관원을 대신하여 담당 관원의 일을 하는 것이요, 신하는 명령하는 대로 순종하여 그 업(業)을 진행시켜 나가는 것으로 이것은 군주와 신하가 지켜야 할 직분이 서로 일정하게 자리잡히지 못한 것이다.

귀는 비록 들을 수 있다고 하더라도 그것으로써 오음(五音)을 들을 수 없고, 눈은 비록 볼 수 있다고 하더라도 그것으로써 오색(五色)을 볼 수 없으며, 마음으로는 알 수 있다고 하더라도 그것으로써 의리(義理)를 들어 행할 수가 없으니, 형세가 그렇게 되도록 하는 것이다.

대저 귀가 들을 수 있는 것은 고요함에 의지하여서이고, 눈이 볼 수 있는 것은 밝음에 의지하여서이며, 마음이 알 수 있는 것은 이치에 의지하여서이니, 군주와 신하가 지켜야 할 것을 바꾸면 위의 세 가지 감관(感官)이 모두 쓸모없이 버리게 되는 것이다.

망국(亡國)의 군주는 그 귀가 듣지 못하는 것이 아니고, 그 눈이 보지 못하는 것이 아니며, 그 마음이 알지 못하는 것이 아니다. 다만 군주와 신하가 직분을 지킴에 있어 흩어져 어지럽고, 상하의 책임이 분별되어 있지 않아 듣는다고 하더라도 무엇을 듣고, 본다고 하더라도 무엇을 보며, 안다고 하더라도 무엇을 아는 것인가. 다만 말을 타고 달리면서 아는 것은 수렵일 뿐이다. 이것은 어리석은 자의 이르지 못하는 까닭이다.

이르지 못하면 알지 못하고, 알지 못하면 믿지 못하게 되는 것으로 마치 뼈없는 벌레에게는 추운 겨울의 얼음을 알게 할 수 없는 것과 같다.

영토를 가진 군주가 능히 이 말을 살필 수 있다면 재앙이 따라오지 않을 것이며, 또한 귀와 눈의 슬기로움과 교묘함은 본래부터 믿지 않을 것이다.

오직 그 술수(術數)를 닦아 그 도(道)를 행하여 세 감관으로 하여금 바른 것을 얻으면 믿을 수가 있는 것이다.

凡官者 以治爲任 以亂爲罪 今亂而無責 則亂愈長矣 人主以好暴[1] 示能 以好唱[2]自奮 人臣以不爭持位[3] 以聽從取容[4] 是君代有司爲有司也[5] 是臣得後隨[6]以進其業 君臣不定 耳雖聞 不可以聽[7] 目雖見 不可以視[8] 心雖知 不可以擧[9] 勢使之[10]也 凡耳之聞也 藉於靜 目之見也 藉於昭 心之知也 藉於理 君臣易操[11] 則上之三官者[12]廢矣 亡國之主其耳非不可以聞也 其目非不可以見也 其心非不可以知也 君臣亂擾 上下不分別 雖聞曷聞 雖見曷見 雖知曷知 馳騁而因耳矣[13] 此愚者之所不至也 不至則不知 不知則不信 無骨者[14]不可令知永有土之君能察此言也 則災無由至矣 且夫耳目知巧 固不足恃 惟脩其數 行其理 爲可[15]

1) 好暴(호폭): 드러내어 빛나게 하는 것을 좋아한다는 뜻.
2) 好唱(호창): 주창(主唱)하여 사람들로 하여금 따르게 하기를 좋아한다는 뜻.
3) 不爭持位(부쟁지위): 군주와 의견 충돌을 피하면서 지위를 유지한다는 뜻.
4) 取容(취용): 군주에게 용납되는 것을 취한다는 뜻.
5) 君代有司爲有司也(군대유사위유사야): 유사(有司)는 담당 관리로 여기서

는 대신(大臣)을 뜻하는데, 대신은 군주의 잘못을 바로잡아 주는 것이 임무
인데 그렇게 하지 않음으로써 군주 스스로가 자신의 잘못을 바로 잡아야 되
니, 군주가 신하의 역할을 해야 된다는 뜻.

6) 得後隨(득후수) : 군주의 명령을 순종하는 것으로써 용납됨을 얻는다. 후수
는 수후(隨後).

7) 聽(청) : 듣다. 곧 오음(五音)을 듣는다는 말.

8) 視(시) : 보다. 곧 오색(五色)을 본다는 말.

9) 擧(거) : 의리(義理)를 들어 행한다는 뜻.

10) 勢使之(세사지) : 형세가 그렇게 하게 한다. 곧 형세란 충성하지 않고 바르
지 않으면서 용납되기를 바라면 의지가 사악하게 흐르게 되는 것을 이르는
말이다.

11) 易操(역조) : 지켜야 할 직분이 바뀌다.

12) 三官者(삼관자) : 세 가지 감관(感官). 곧 귀와 눈과 마음.

13) 馳騁而因耳矣(치빙이인이의) : 말을 타고 다니면서 아는 것은 수렵일 뿐이
다. 이(耳)는 귀가 아니라 ~뿐이다. ~일 따름이다의 뜻.

14) 無骨者(무골자) : 뼈없는 벌레. 무골충(無骨蟲). 곧 무골충은 봄에 생겨 가
을에 죽으므로 겨울 추위의 얼음을 모른다는 말.

15) 爲可(위가) : 믿을 수 있다는 말.

나. 세 가지를 버리면 나라가 다스려진다

한(韓)나라의 소리후(昭釐侯)가 종묘(宗廟) 제사에 쓸 희생
(犧牲)을 보건대 그 돼지가 매우 작았다. 그래서 소리후는 주관
하는 관리에게 그것을 큰 것으로 바꾸라고 명령하였다.

주관하는 관리가 돼지를 다시 가지고 나왔다. 소리후가 말하였다.
"이것은 먼저의 그 돼지가 아니냐."

이에 대하여 주관하는 관리는 대답이 없었다. 소리후는 법을 담
당하는 관리에게 명하여 그의 죄를 다스리게 하였다. 그래서 따
르는 사람이 말하였다.

"주군께서는 무엇으로써 그것을 아시었습니까."

소리후가 말하였다.

"나는 그 귀를 보고 알았으니라."

이 이야기를 듣고 신불해(申不害)는 말하였다.

"무엇을 가지고 남의 귀먹은 것을 알 수 있느냐 하면 자기의 귀가 밝은 것으로써 알 수 있고, 무엇을 가지고 남의 눈이 먼 것을 알 수 있느냐 하면 자기의 눈이 밝은 것으로써 알 수 있으며, 무엇으로써 남의 미친 것을 알 수 있느냐 하면 자기의 말이 온당한 것으로써 알 수 있는 것이다.

그러므로 말하기를 듣는 것을 버리고 그것으로써 듣는 것이 아니면 귀가 밝고, 보는 것을 버리고 그것으로써 보는 것이 아니면 눈이 밝으며, 지혜를 버리고 그것으로써 아는 것이 아니면 마음이 공정하다. 이 세 가지를 버리고 임용(任用)하지 않으면 나라는 다스려지고, 이 세 가지를 임용하면 나라는 어지러워진다고 하였다.

이것으로써 귀와 눈과 마음과 지혜는 믿을 것이 못된다고 말할 수 있다. 귀와 눈과 마음과 지혜로 얻는 바의 지식은 매우 모자라고 그것으로써 듣고 보는 것은 매우 천박하다.

그 모자라고 천박한 지식으로 넓은 천하를 보며 풍속이 다른 이민족을 편안하게 어루만지고 만백성을 다스린다는 말은 반드시 시행할 수 없는 것이다.

10리를 사이에 두고는 귀는 들을 수 없고, 휘장이나 담장 밖에서는 눈은 볼 수 없으며, 삼묘(三畝)의 궁중에서는 마음을 알 수가 없는 것이니, 그것으로써 동으로는 개오국(開梧國)에 이르고, 남으로 다영국(多頴國)을 진무(鎭撫)하고, 서쪽으로 수미국(壽靡國)을 복종시키고, 북으로 담이국(儋耳國)을 회유(懷柔)한다면 그것을 어떻다고 할 것인가.

그러므로 군주된 자는 이 말을 살피지 않을 수 없는 것이다."

다스려짐과 어지러움, 편안함과 위태로움, 존속함과 멸망함의 길은 본래부터 둘이 아니다. 그러므로 지극한 지혜는 지혜를 버리고 지극한 어짊은 어짊을 잊고 지극한 덕은 덕이 아니다. 말이 없고 생각이 없고, 고요하게 때를 기다리며, 때가 이르면 거기 응(應)한다.

마음에 여유가 있는 자는 승리한다. 무릇 여기에 응하는 도리는 청정하고 공정하고 소박하여 정히 시작과 끝이 변함이 없다. 이에 다스리는 법칙은 주창하는 것을 기다리지 않고 화합이 있으며, 선도(先導)를 기다리지 않고 따름이 있다.

고대의 제왕들은 하는 바가 적고 따르는 바가 많았는데, 따르는 것은 군주의 술(術)이요, 그것을 하는 것은 신하의 도(道)이다. 하면 번거로워지고 따르면 평정하다. 겨울을 따르면 추워지고 여름을 따르면 더워지는 것이니, 군주가 어찌 일을 할 것인가.

그러므로 말하기를 군주의 도가 무지무위(無知無爲)로써 유지유위(有知有爲)보다 현명하면, 그것을 아는 것이라고 할 것이다.

韓昭釐侯[1]視所以祠廟之牲 其豕小 昭釐侯令官更之 官以是豕來也 昭釐侯曰 是非嚮者之豕邪 官無以對 命吏罪之 從者曰 君王何以知之 君曰 吾以其耳也 申不害[2]聞之曰 何以知其聾 以其耳之聰也 何以知其盲 以其目之明也 何以知其狂 以其言之當也 故曰 去聽無以聞則聰 去視無以見則明 去智無以知則公 去三者不任則治 三者任則亂 以此言耳目心智之不足恃也 耳目心智其所以知識甚闕 其所以聞見甚淺 以淺闕博居[3]天下 安殊俗 治萬民 其說固不行 十里之間 而耳不能聞 帷牆之外 而目不能見 三畝之宮 而心不能知 其以東至開梧[4] 南撫多䫻[5] 西服壽靡[6] 北懷儋耳[7] 若之何哉 故君人者 不可不察此言也 治亂安危存亡 其道固無二也 故至智棄智 至仁忘仁 至德不德 無言無思 靜以待時 時至而應 心暇者勝 凡應之理 淸淨公素 而正始卒 焉此治紀 無唱有和 無先有隨 古之王者其所爲少 其所因多 因者君術也 爲者臣道也 爲則擾矣 因則靜矣 因冬爲寒 因夏爲暑 君奚事哉 故曰君道無知無爲 而賢於有知有爲 則得之矣

1) 昭釐侯(소리후) : 소후(昭侯)라고도 한다.
2) 申不害(신불해) : 정(鄭)나라 사람으로 소리후(昭釐侯)의 재상이었는데 형명학(刑名學)에 정통하였다.

3) 居(거) : 본다. 시(視)와 같다.
4) 開梧(개오) : 동쪽 극(極)에 있다고 하는 나라의 이름.
5) 多顥(다영) : 남쪽 극에 있다고 하는 나라의 이름.
6) 壽麻(수미) : 서쪽 극에 있다고 하는 나라의 이름.
7) 儋耳(담이) : 북쪽 극에 있다고 하는 나라의 이름.

다. 하나도 둘도 셋도 모두 중보

담당 관원이 어떤 일에 대하여 제(齊)나라 환공(桓公)에게 청하니 환공이 말하였다.

"중보(仲父 : 管仲)에게 말하여라."

담당 관원이 또 청하니, 환공은 또 말하였다.

"중보에게 말하여라."

이와 같이 하기를 세 차례를 거듭하였다. 이에 대하여 가까이 모시는 신하가 말하였다.

"하나에도 중보, 둘에도 중보, 참으로 쉬운 일이로구나. 임금 노릇하기가."

환공은 말하였다.

"내가 중보를 얻기 전에는 임금 노릇하기가 어려웠다. 그러나 이미 중보를 얻은 뒤에는 무엇이나 쉽지 않은 것이 없다."

환공은 관자(管子)를 얻어서 일하기가 크게 쉬워졌으니, 또 하물며 도술(道術)을 얻음에 있어서랴.

有司請事於齊桓公 桓公曰 以告仲父[1] 有司又請 公曰 告仲父 若是三 習者[2]曰 一則仲父 二則仲父 易哉爲君 桓公曰 吾未得仲父則難 已得仲父之後 曷爲其不易也 桓公得管子 事猶大易 又況於得道術乎

1) 仲父(중보) : 관자(管子). 곧 관중(管仲)의 이름이 중(仲)이어서, 환공이 그를 높여 이르던 말.
2) 習者(습자) : 임금을 가까이 모시어 친하게 지내는 신하.

라. 밥을 훔쳐 먹고 있던 안회(顔回)

공자가 진(陳)나라와 채(蔡)나라 사이에서 곤궁하게 지내고 있을 때 명아주국으로 지내며 이레 동안 낟알을 맛보지 못하고 낮에 잠이 들었다.

안회(顔回)가 쌀을 구해다가 밥을 짓는데 밥이 거의 익어갈 때 공자가 안회를 바라보니 시루에서 익어가는 밥을 움켜내어 먹고 있었다. 잠시 후에 밥이 다 되어 공자에게 밥상을 바치는 것이었다. 공자는 거짓으로 그것을 못 본 척하면서 일어나 말하기를

"지금 꿈속에서 선군(先君)을 뵈었는데 밥을 깨끗하게 해서 바쳐야겠다."

하니, 안회가

"안 됩니다. 먼저 매연과 재티가 솥속으로 들어가 밥에 떨어졌습니다. 밥을 버리는 것은 상서롭지 못한 일이기에 제가 움켜내어 먹었습니다."

하는 것이었다. 공자가 탄식하여 말하였다.

"믿을 수 있는 것은 눈이지만 그러나 눈은 오히려 믿을 수가 없고, 의지할 것은 마음이지만 그러나 마음은 오히려 의지할 것이 못된다. 제자는 이것을 기록하라. 사람을 아는 일은 진실로 쉬운 것이 아니라고"

그러므로 알기가 어려운 것이 아니라, 공자의 사람을 아는 까닭은 어려운 것이다.

孔子窮乎陳蔡之間 藜羹[1]不斟 七日不嘗粒 畫寢 顔回索米得而爨之 幾熟 孔子望見顔回攫其甑中而食之 選間[2]食熟 謁孔子而進食 孔子佯爲不見之 孔子起曰 今者夢見先君 食潔而後饋[3] 顔回對曰 不可 嚮者煤炱[4]入甑中 棄食不祥 回攫而飮之 孔子歎曰 所信者目也 而目猶不可信 所恃者心也 而心猶不足恃 弟子記之 知人固不易矣 故知非難也 孔子之所以知人難也

1) 藜羹(여갱) : 명아주국. 거친 음식을 이르는 말.
2) 選間(선간) : 잠시. 얼마동안.
3) 饋(궤) : 어른에게 음식을 바치는 일.
4) 煤炱(매대) : 매연과 재티.

4. 몸소 하지 말라〔四曰勿躬〕

가. 군주가 해야 하는 세 가지 도리

사람의 뜻이 진실로 선(善)하다면 비록 지혜가 밝지 않더라도 그 것으로써 영도자가 될 수 있다. 그러므로 이자(李子)는 말하였다.

"개가 아니면 토끼를 잡을 수 없다. 토끼가 변화하여 개가 되면 토끼를 얻지 못한다."

군주가 되어 신하가 해야 할 일을 군주가 하는 것이 이와 같다. 그 신하가 그것을 결정하면 사람은 때에 따라 그것을 간섭하여 저지(沮止)하는 일이 있으나 군주가 스스로 결정하면 그것을 감히 저지하지 못한다. 대저 스스로 신하가 해야 할 일을 하는 것은 스스로 결정하는 것의 매우 심한 것으로 이것은 날마다 쓰는 빗자루이면서도 대수롭지 않게 여겨 상자 속에 간직하지 않는 것과 같은 것이다.

그러므로 군주가 신하의 직분을 하고자 하면 뜻은 쇠약해지고, 군주가 몸소 사직(社稷)을 편안하게 하고 백성을 이롭게 하는 일을 하고자 하면 도리어 어두워지고 미혹(迷惑)되며, 군주가 신하를 대신해서 여러 가지 일을 추진하다가는 마침내 지치게 된다.

쇠약해지고 어두워지고 지치는 세 가지는 다 군주의 도(道)가 아닌 것이다.

옛날에 대뇨(大橈)는 갑자(甲子)를 만들었고, 검여(黔如)는 노수(虜首)를 만들었고, 용성(容成)은 역(曆)을 만들었고, 희화

(義和)는 점일(占日)을 만들었고, 상의(尙儀)는 점월(占月)을 만들었고, 후익(后益)은 점세(占歲)를 만들었고, 호조(胡曹)는 옷을 만들었고, 이예(夷羿)는 활을 만들었고, 축융(祝融)은 저자를 만들었고, 의적(儀狄)은 술을 만들었고, 고원(高元)은 방을 만들었고, 우후(虞姁)는 배를 만들었고, 백익(伯益)은 우물을 만들었고, 적기(赤冀)는 절구를 만들었고 승아(乘雅)는 멍에를 만들었고, 한애(寒哀)는 어(御)를 만들었고, 왕빙(王氷)은 복우(服牛)를 만들었고, 사황(史皇)은 그림을 만들었고, 무팽(巫彭)은 의(醫)를 만들었고, 무함(巫咸)은 산가지를 만들었다.

이상의 20인의 관원은 성왕(聖王)이 천하의 일을 다스리기 위해 의뢰한 것이다. 성왕은 이 20인의 관원의 일을 할 수 없으므로 20인의 관원으로 하여금 모두 그 기능을 다하여 그 능력을 마치게 한 것이다.

이것은 성왕이 윗자리에 있어 관원들로 하여금 그 일을 하게 한 까닭이다. 성왕이 할 수 없는 것을 관원을 시켜 그 일을 하도록 한 것이며, 알지 못하는 것을 관원을 시켜 그것을 알도록 한 것이다.

그 정신을 기르고 그 덕(德)을 닦아서 만물을 화육(化育)하는 것이니, 어찌 반드시 몸소 그 형체를 수고하고 이목(耳目)을 피폐(被弊)하게 할 것인가.

人之意苟善 雖不知 可以爲長[1] 故李子[2]曰 非狗不得兔 兔化而狗則不得兔 人君而好爲人官[3] 有似於此 其臣蔽之[4] 人時禁之 君自蔽則莫之敢禁 夫自爲人官 自蔽之精[5]者也 祓簪[6]日用而不藏於篋 故用[7]則衰 動則暗 作則倦 衰暗倦三者非君道也 大橈作甲子[8] 黔如作虜首 容成作厤[9] 羲和作占日 尙儀作占月 后益作占歲 胡曹作衣 夷羿作弓 祝融作市 儀狄作酒 高元作室 虞姁作舟 伯益作井 赤冀作臼 乘雅作駕 寒哀作御 王氷作服牛 史皇作圖 巫彭作醫 巫咸作筮 此二十官者 聖人之所以治天下也 聖王不能二十官之事 然而使二十官盡其巧 畢其能 聖王在上故也 聖王之所不能也 所以能之也 所不知也 所以知之也 養其神 脩其德而化矣 豈必勞形愁弊耳目哉

1) 長(장) : 영도자(領導者).

2) 李子(이자) : 이회(李悝)를 높이는 말. 공자의 제자인 자하(子夏)의 제자로
   위(魏)나라 문후(文侯)의 재상이었다.

3) 人官(인관) : 신하(臣下).

4) 蔽之(폐지) : 그것을 결정하다. 폐는 정(定)과 같다.

5) 精(정) : 매우 심하다. 심(甚)과 같다.

6) 祓簪(불수) : 비. 빗자루. 천한 물건이라는 뜻.

7) 用(용) : 군주가 신하의 직분을 하는 것을 뜻한다.

8) 大橈作甲子(대뇨작갑자) : 이하(以下) 20구(句)는 다 전설시대의 발명가
   및 발명품의 이름으로 상세하게 고찰할 수가 없다.

9) 厤(역) : 역(曆)과 같다.

나. 군주 노릇을 잘하는 사람은

이런 까닭에 성왕(聖王)의 덕은 융화(融和)하여 마치 태양이
처음으로 극(極)에서 나오는 것과 같이 육합(六合)을 두루 밝혀
멀다고 이르지 못하는 곳이 없고, 뚜렷하게 밝고 밝아 태양의 광
채와 같이 만물을 변화시켜 행하여지지 않는 곳이 없다.

신(神)은 태일(太一)과 합하고, 생(生)은 굽히는 바가 없고, 의
지(意志)는 통달하여 막을 수가 없으며, 정(精)은 귀신과 통하
고, 심미(深微) 현묘(玄妙)하여 그 형체를 볼 수가 없다. 이제 천
자가 남면(南面)하여 다스림에 있어 온갖 사악(邪惡)이 스스로
바르게 되고, 천하가 모두 떳떳한 정(情)으로 돌아가서 백성이 모
두 그 뜻을 즐기니 어찌 그 성정(性情)을 길러서 이루지 못하는
것이 없을 것인가.

그러므로 군주 노릇을 잘하는 사람은 성명(性命)의 정(情)에
순종하여 모든 관원을 이미 다스리고, 백성들과 이미 친숙하며,
명호(名號)는 이미 밝아진다.

是故聖王之德 融乎若日之始出極 燭六合¹⁾ 而無所窮屈²⁾ 昭乎若

日之光 變化萬物 而無所不行 神合乎太一[3] 生無所屈 而意不可障
精通乎鬼神 深微玄妙 而莫見其形 今日南面[4] 百邪自正 而天下皆
反其情 黔首畢樂其志 安育其性 而莫爲不成 故善爲君者 矜服性命
之情 而百官已治矣 黔首已親矣 名號已章矣

1) 燭六合(촉육합) : 육합을 밝히다. 촉은 촛불로서 밝힌다는 뜻이요, 육합은 상
   (上)·하(下)·동·서·남·북.
2) 無所窮屈(무소궁굴) : 다하여 막히는 곳이 없다. 곧 멀다고 이르지 못하는 곳
   이 없다는 뜻.
3) 太一(태일) : 만물의 근원. 태극(太極).
4) 南面(남면) : 남쪽을 향하다. 곧 천자(天子)는 남면하여 다스리므로 천자를
   가리키는 말이다.

다. 주군(主君)께서 패왕(覇王)이 되려면

관자(管子)가 환공(桓公)에게 아뢰어 말하였다.

"농토를 개간(開墾)하여 고을을 크게 하고, 땅을 일구어 곡식
을 심으며, 지력(地力)의 이로움을 다 이용하는 데에는 신(臣)은
영속(甯遬)만 같지 못합니다. 청하옵건대 그를 농정(農政)을 주
관하는 대전(大田)으로 삼아 주십시오.

빈객(賓客)을 맞이하는 예(禮)를 다하고 제후들과 친교(親
交)를 맺는 데에는 신은 습붕(隰朋)만 같지 못합니다. 청하옵건
대 그를 외교를 담당하는 대행(大行)으로 삼아 주십시오.

아침 일찍이 입궐(入闕)하여 저녁 늦게 퇴출(退出)하며 주군
의 안색을 범하면서 나아가 간(諫)함에 있어 충성으로써 하고 죽
음을 피하지 않고 부귀를 중히 여기지 않는 데에는 신은 동곽아
(東郭牙)만 같지 못합니다. 청하옵건대 그를 대간신(大諫臣)으
로 삼아 주십시오.

평원광성(平原廣城)에서 수레는 궤(軌)를 섞지 않고 군사(軍
士)는 발꿈치를 돌리지 않으며 북을 치면 진격하고 징을 치면 후
퇴하여 삼군(三軍)의 군사로 하여금 죽음 보기를 돌아가는 듯이

여기게 하는 데에는 신은 왕자인 성보(城父)만 같지 못합니다. 청하옵건대 그를 군정(軍政)을 주관하는 대사마(大司馬)로 삼아 주십시오.

옥사(獄事)를 결정함에 있어 중정(中正)을 취하고, 죄없는 사람을 죽이지 않으며, 죄없는 사람을 무고(誣告)하지 않게 하는 데에는 신은 현장(弦章)만 같지 못합니다. 청하옵건대 그를 사법(司法)을 주관하는 대리(大理)로 삼아주십시오.

주군께서 만약 나라를 다스리고 군사를 강하게 하고자 하신다면 이 다섯 사람으로서 족합니다. 그리고 주군께서 패왕(覇王)이 되고자 하신다면 곧 여기 이 이오(夷吾)가 있습니다.”

이 말에 대하여 환공은

“좋소”

하고는 다섯 사람으로 하여금 각각 그 일을 맡게 하고, 관자에게 명령을 받게 하여 IO년에 제후를 규합(九合)하고 천하를 한 번 바로잡은 것은 모두 이오와 다섯 사람의 재능에 의한 것이었다. 관자는 남의 신하로서 스스로 능력이 미치지 못하는 것을 맡지 않고 다섯 사람의 재능으로써 그것을 다하게 하였으니, 하물며 군주에게 있어서이겠는가.

管子復[1]於桓公曰 墾田[2]大邑 辟土藝粟[3] 盡地力之利 臣不若甯遬[4] 請置以爲大田[5] 登降辭讓 進退閑習[6] 臣不若隰朋 請置以爲大行[7] 蚤入晏出 犯君顏色 進諫必忠 不辟死亡 不重貴富 臣不若東郭牙 請置以爲大諫臣[8] 平原廣城 車不結軌 士不旋踵 鼓之三軍之士 視死如歸 臣不若王子城父 請置以爲大司馬 決獄折中 不殺不辜 不誣無罪 臣不若弦章 請置以爲大理[9] 君若欲治國彊兵 則五子者[10] 足矣 君欲覇王 則夷吾在此 桓公曰 善 令五子皆任其事 以受令於管子 十年九合諸侯 一匡天下 皆夷吾與五子之能也 管子人臣也 不任己之不能 而以盡五子之能 況於人主乎

1) 復(복) : 아뢰다. 백(白)과 같다.
2) 墾田(간전) : 농토를 개간하다.

3) 辟土藝粟(벽토예속) : 땅을 일구어 곡식을 심는다는 뜻.

4) 甯遬(영속) : 영속(寧速)과 같다.

5) 大田(대전) : 농정(農政)을 주관하는 장관.

6) 登降辭讓進退閑習(등강사양진퇴한습) : 빈객(賓客)을 맞이하고 제후들과 친교(親交)를 맺는 일. 곧 외교(外交).

7) 大行(대행) : 외교(外交)를 주관하는 장관.

8) 大諫臣(대간신) : 간(諫)하는 신하의 우두머리.

9) 大理(대리) : 사법(司法)을 주관하는 장관.

10) 五子者(오자자) : 영속, 습붕, 동곽아, 성보, 현장의 다섯 사람.

라. 도(道)를 안다고 말하는 것은

군주가 할 수 있는 것과 할 수 없는 것을 앎으로써 백성에게 군림(君臨)하면 유은(幽隱)하고 궤괴(詭怪)하고 우준(愚蠢)하고 험악(險惡)한 말들을 알지 못하는 것이 없을 것이며, 모든 담당 관원은 맡은 일을 모두 힘을 다하고 지혜를 다할 것이다.

오제(五帝)와 삼왕(三王)이 백성에게 군림한 것도 그 신하 또한 힘을 다하고 지혜를 다한 것에 지나지 않을 따름이다.

대저 군주와 신하로서 그 재능을 의지할 것이 못되고 그 용기와 힘이 진실로 믿을 것이 못되는 것을 알면 그것에 가깝다.

무릇 군주된 사람은 모름지기 평정(平靜)에 처하고 덕화(德化)를 자임(自任)하고 그것으로써 그 필요한 일을 청취(聽取)한다.

이와 같이 하면 형성(形性)은 더욱 차고, 귀와 눈은 더욱 밝아지며, 모든 관원은 종사하는 일을 삼가하여 감히 늘이고 느지러짐이 없이 사람들은 각각 그 일을 다스려서 그것으로써 그 직무를 충실히 하여 명(名)과 실(實)이 서로 부합될 것이니 이것을 도(道)를 안다고 이르는 것이다.

人主知能不能之可以君民也 則幽詭愚險之言無不職[1]矣 百官有

司之事畢力竭智矣 五帝三王之君民也 下²⁾固不過畢力竭智也 夫君
人而知無恃其能勇力誠信 則近之矣 凡君也者處平靜 任德化 以聽
其要 若此則形性彌贏³⁾ 而耳目愈精⁴⁾ 百官愼職 而莫敢愉縱 人事其
事 以充其名 名實相保 之謂知道

1) 職(직) : 알다. 식(識)의 오자(誤字).

2) 下(하) : 신하.

3) 贏(영) : 차다. 영(盈)과 같다.

4) 精(정) : 밝아지다. 총명(聰明).

※ 문장이 오자(誤字)가 있어 뜻이 불분명하다.

5. 법도를 알라〔五曰知度〕

가. 임금이 조회를 하는 것은

밝은 군주는 두루 만물의 뜻을 보지 않는다. 이는 군주가 잡아
지키는 것이 밝아서이다.

권술(權術)이 있는 군주는 한 사람 자기만이 그것을 행하는 것
이 아니라 모든 관원이 직분을 나누는 것이 중요함을 아는 것이
필요하다.

모든 관원이 직분의 중요함을 알기 때문에 일은 생략되고 나라
는 다스려지는 것이다.

군주가 잡아 지킬 임무에 밝기 때문에 일의 권술이 전일(專一)
하여 간악(姦惡)을 막고, 간악을 막으면 설득(說得)하는 자가 오
지 않고도 모든 실정에 이미 밝아지는 것이다. 실정이 밝아지면
일의 실상이 나타난다. 이것을 일러 지극한 다스림이라고 한다.

지극한 다스림의 세상에서 그 백성은 공허(空虛)한 언사를 좋
아하지 않고 정도가 아닌 학문과 사악한 학설을 좋아하지 않으며,
현명하고 어리석은 것을 논하지 않고 모두 그 근본으로 돌아가 순

박한 본성을 지키고 그 바탕을 꾸미지 않는다.

중후하고 실박한 것으로써 그 군주를 섬긴다. 이와 같으면 잘하고 못하고, 어리석고 지혜롭고, 용감하고 겁이 많은 것이 모두 재량을 씀으로써 서로 관직을 바꿔 각각 적당한 그 책임을 하게 한다.

그러므로 직위가 있는 자는 그 직분에 안주(安住)하여 어지러운 무리의 소란스럽게 하는 논의를 듣지 않고, 직위가 없는 자는 또한 실(實)을 안배하여 시험할 수 있다. 이 두 가지를 분명하게 살필 수 있으면 쓸데없는 말은 조정으로 들어가지 않는다.

군주가 성명(性命)의 정에 순종하여 사랑하고 미워하는 마음을 버리고 허무로써 공정함을 근본으로 삼아 그것으로써 유용한 말을 들어 받아들인다. 이것을 조회(朝會)라고 한다.

이른바 조회라고 하는 것은 군신(君臣), 상하가 서로 더불어 이(理)와 의(義)를 초래하게 하는 것으로 서로 더불어 법칙을 세우고, 군주가 성명의 정에 순종하면 이(理)와 의(義)의 인사가 이르러 법칙을 세우고 굽고 사되고 편벽된 사람을 물리치고 탐욕하고 거짓된 무리들을 멀리한다.

그러므로 천하를 다스리는 요결(要結)은 간악(姦惡)을 제거하는 데에 있다.

간악을 제거하는 요결은 관리를 다스리는 데에 있고, 관리를 다스리는 요결은 도(道)를 아는 데에 있으며, 도를 다스리는 요결은 성명(性命)을 다스리는 데에 있다.

明君者非徧見萬物也 明於人主之所執也 有術[1]之主者 非一自行之也 知[2]百官之要也 知百官之要故 事省而國治也 明於人主之所執故 權專而姦止 姦止則說者不來而情諭矣 情者不飾而事實見矣 此謂之至治 至治之世 其民不好空言虛辭 不好淫學流說 賢不肖各反其質 行其情不雕其素 蒙厚純樸以事其上 若此則工拙 愚智勇懼 可得以故易官 易官則各當其任矣 故有職者安其職 不聽其議 無職者責其實 以驗其辭 此二者審 則無用之言 不入於朝[3]矣 君服性命之

情 去愛惡之心 用虛無爲本 以聽有用之言謂之朝 凡朝⁴⁾也者 相與
召理義也 相與植法則也 上服性命之情 則理義之士至矣 法則之用
植矣 枉辟邪撓之人退矣 貪得僞詐之曹遠矣 故治天下之要 存乎除
姦 除姦之要 存乎治官 治官之要 存乎治道 治道之要 存乎知性命

1) 術(술) : 권술(權術).
2) 知(지) : 알다. 곧 모든 관원이 직분을 나누는 중요함을 아는 것.
3) 朝(조) : 조정(朝廷).
4) 朝(조) : 조회(朝會).

나. 신농(神農)씨가 길이 번영한 것은

그러므로 자화자(子華子)는 말하기를
"두터우면서 넓지 않고 삼가 바른 일을 지킨다."
라고 하였다. 성명(性命)을 바르게 하는 것을 기뻐하고, 많은 사
람을 두루하지 않으면서 힘써 전일(專一)한 능력을 이루며, 모두
잘 이루어져 사이(四夷)는 이에 평정이 된다. 다만 저 천부(天
符)는 두루하지 않으면서 두루하고 있다.

이것은 신농씨(神農氏)가 길이 번영한 까닭이며, 요(堯)임금
이나 순(舜)임금이 창연히 빛이 난 까닭이다.

군주는 자기가 지혜롭고 남은 어리석다 하며, 자기가 잘났고 남
은 못났다고 한다.

이와 같이 하면 못나고 어리석은 자는 묻고, 잘나고 지혜로운
자는 가르치게 된다. 가르치는 것이 많으면 묻는 것이 더욱 많아
지고 묻는 것이 더욱 많아져 묻지 않는 것이 없게 된다. 군주가 비
록 잘나고 지혜롭다 하더라도 알지 못하는 것이 없을 수 없는 것
이니, 알지 못하는 것이 없을 수 없는 것으로써 묻지 않는 것이 없
는 것에 대하여 대답하려면 마침내 반드시 대답에 궁하게 된다.

군주가 되어 자주 그 신하의 물음에 대하여 대답이 막힌다면 장
차 무엇으로써 남의 군주 노릇을 할 수 있을 것인가.

대답에 궁하면서 오히려 그 궁한 것을 알지 못하면 형세는 반

드시 다시 그 지혜와 그 잘난 체 하는 것으로 해서 더욱 궁하게 된
다. 이것을 일러 중색(重塞)이라고 하는데 중색의 군주는 마침내
그 나라를 존속시킬 수가 없다.

그러므로 도(道)있는 군주는 구법(舊法)을 따라서 하고 다시
고치지 않으며, 신하에게 성공을 책임지워 편견으로써 가르치지
않으며, 생각한 바를 버리고 뜻한 바를 버려 정(靜)을 지키고 허
(虛)를 이루어 그것으로써 시기를 기다리며, 신하의 발언을 대신
다스리지 않고 신하가 해야 할 일을 뺏지 않으며, 명(名)을 살피
고 실(實)을 밝혀 관직을 가진 자로 하여금 스스로 자기가 맡은
일에 책임을 지도록 하며, 알지 못하는 것으로써 도(道)를 삼고
그 어떤 것으로써 진실을 삼을 것인가.

그러므로 요 임금은 말하기를

"어떻게 하면 해와 달이 비추는 바에 미칠 것인가."

하였고, 순임금은 말하기를

"어떻게 하면 사황(四荒)의 먼 나라들을 따르게 할 수 있을 것
인가."

하였으며, 우왕(禹王)은 말하기를

"어떻게 하면 청북(靑北)을 다스릴 수 있고, 구양(九陽)과 기
괴(奇怪)의 나라들을 교화(敎化)할 수 있을까."

하였다.

故子華子曰 厚而不博 敬守一事[1] 正性是喜 群衆不周 而務成一
能[2] 盡能旣成 四夷[3] 乃平 唯彼天符 不周而周 此神農之所以長 而
堯舜之所以章也 人主自智而愚人 自巧而拙人 若此則愚拙者請矣
巧智者詔矣 詔多則請者愈多矣 請者愈多 且無不請也 主雖巧智 未
無不知也 以未無不知 應無不請 其道固窮 爲人主而數窮於其下 將
何以君人乎 窮而不知其窮 其患又將反以自多[4] 是之謂重塞之主 無
存國矣 故有道之主 因而不爲 責而不詔 去想去意 靜虛以待不伐之
言[5] 不奪之事[6] 督名審實 官復自司[7] 以不知爲道 以奈何爲實 堯曰
若何而爲及日月之所燭 舜曰 若何而服四荒之外 禹曰 若何而治靑

北⁸⁾ 化九陽奇怪⁹⁾之所際

1) 一事(일사) : 바른 일. 정사(正事).

2) 一能(일능) : 전일(專一)한 능력.

3) 四夷(사이) : 사방의 미개인.

4) 其患又將反以自多(기환우장반이자다) : 형세는 반드시 다시 그 지혜와 그 잘난 것으로 해서 더욱 궁하게 된다는 뜻.

5) 不伐之言(불벌지언) : 신하의 발언을 대신 다스리지 않는다는 뜻.

6) 不奪之事(불탈지사) : 신하가 해야 할 일을 뺏지 않는다는 뜻.

7) 官復自司(관복자사) : 관리로 하여금 스스로 자기가 맡은 일에 책임을 지도록 한다는 뜻.

8) 靑北(청북) : 사이(四夷)의 나라로 먼 나라를 가리키는 말.

9) 九陽奇怪(구양기괴) : 각각 사이(四夷)의 나라들.

다. 하지(夏至)에 밤이 길기를 바라는 것

조양자(趙襄子) 시절에 임등(任登)이라는 사람을 등용하여 중모(中牟)의 영(令)을 삼았다. 임등이 양자(襄子)에게 계(計)를 올려 말하였다.

"중모에 한 선비가 있는데 이름을 담서기(膽胥己)라고 합니다. 청하옵건대 한번 만나보십시오"

그래서 양자가 불러보고는 중대부(中大夫)를 삼았다. 그런데 상국(相國)이 말하였다.

"생각건대 주군께서는 남의 말만 들어 믿으시고 아직 살펴보지는 않으십니까. 중대부로 삼으시다니 이와 같이 가볍고 쉽게 중대부를 삼는 일은 진(晉)나라 법이 아닙니다."

이 말에 대하여 양자는 대답하였다.

"나는 임등을 천거할 때 이미 듣고 또 살펴보았으니, 임등이 천거하는 것을 내가 또한 듣고 관찰한다면 그것은 사람을 대함에 듣고 관찰하는 일이 마침내 끝이 없을 것이다."

그러자 다시는 묻지 않았다. 그리고 그 사람은 중대부가 되었다. 양자가 이와 같이 사람을 쓰면 현자(賢者)는 힘을 다한다.

일반 군주의 근심은 반드시 사람을 임용하고는 그 사람의 말을 쓸 수 없고, 그 말을 써서 서로 알지 못하는 것과 의논하는 데에 있다.

강을 건너는 자는 배에다가 의탁하고 먼 길을 가는 자는 천리마에다가 의탁하며, 패왕(覇王)이 되고자 하는 자는 현자(賢者)에게 의탁한다.

이윤(伊尹)·여상(呂尙)·관이오(管夷吾)·백리해(百里奚) 같은 이들은 패왕의 배요, 또는 천리마다.

부형(父兄)이나 자제(子弟)를 쓰지 않는 것은 소원(疏遠)해서가 아니라, 그들이 배나 천리마의 구실을 할 능력이 없어서이다. 푸줏간 하는 사람을 임용하고, 낚시꾼을 임용하고, 서로 원수진 사람을 임용하고, 짐승을 먹이는 사람을 임용한 것은 그들이 좋아서가 아니라 국가를 유지하고 공명을 세우는 길이 그렇게 하지 않을 수 없어서였다.

이는 큰 장인(匠人)이 궁실(宮室)을 건축하는 것과 같다. 궁실의 크고 작은 것을 헤아려 공력(功力)과 장척(丈尺)을 생각해 보고 필요로 하는 인원의 수를 아는 것과 같은 것이다.

그러므로 이윤과 여상의 뜻을 들어서 천하의 사람들은 은(殷)나라와 주(周)나라가 왕업(王業)을 이룰 수 있음을 알았고, 관이오나 백리해의 뜻을 들어 천하의 사람들은 제(齊)나라와 진(秦)나라가 패업(覇業)을 이룰 수 있음을 알았으니, 어찌 다만 천리마만이 멀리 갈 수 있을 것인가.

왕자가 되고 패자가 되는 것은 본래 인적(人的)이 관계에 있는 것이다. 나라가 멸망하는 것 또한 인적인 관계가 있다.

걸왕(桀王)은 양신(羊辛)을 임용하였고, 주왕(紂王)은 악래(惡來)를 임용하였고, 송(宋)나라는 당앙(唐鞅)을 임용하였으며, 제(齊)나라는 소진(蘇秦)을 임용한 것으로 천하의 사람들은 그 나라들이 모두 멸망하리라는 것을 알았다.

그 사람을 옳게 쓰지 않고 성공이 있기만을 바라는 것은 비유컨대 하지(夏至) 날에 밤이 길기를 바라고, 하늘을 향하여 활을 쏘고는 고기가 맞기를 바라는 것과 같다. 성군인 순임금이나 우왕도 오히려 괴로움이 있는 것과 같거늘 하물며 일반 세속적인 군주에 있어서이겠는가.

趙襄子之時 以任登爲中牟令 上計言於襄子曰 中牟有士曰膽胥己 請見之 襄子見而以爲中大夫 相國曰 意者君耳而未之目邪 爲中大夫若此其易也 非晉國之故¹⁾ 襄子曰 吾擧登也 已耳而目之矣 登所擧 吾又耳 而目之 是耳目人終無已也 遂不復問 而以爲中大夫 襄子何爲任人則賢者畢力 人主之患必在任人而不能用之 用之而與不知者議之也 絶江者託於船 致遠者託於驥 覇王者託於賢 伊尹呂尙管夷吾百里奚 此覇王者之船驥也 釋父兄與子弟 非疏之也 任疱人釣者²⁾與仇人³⁾僕虜⁴⁾ 非阿之也 持社稷立功名之道 不得不然也 猶大匠之爲宮室也 量小大而知材木矣 訾功丈而知人數矣 故小臣⁵⁾呂尙聽 而天下知殷周之王也 管夷吾百里奚聽 而天下知齊秦之覇也 豈特驥遠哉 夫成王覇者固有人 亡國者亦有人 桀用羊辛⁶⁾ 紂用惡來⁷⁾宋用唐鞅⁸⁾ 齊用蘇秦 而天下知其亡 非其人而欲有功 譬之若夏至之日而欲夜之長也 射魚指天而欲發之當也 舜禹猶若困 而況俗主乎

1) 故(고) : 법(法)과 같다.
2) 釣者(조자) : 낚시질하는 사람. 여상(呂尙)이 위수(渭水)에서 낚시질을 하다가 문왕(文王)을 만났으므로 여상을 이르는 말.
3) 仇人(구인) : 원수·관이오(管夷吾)와 제환공(齊桓公)은 본래 적(敵)이었으므로 관이오를 이르는 말.
4) 僕虜(복로) : 짐승을 먹이는 사람. 백리해(百里奚)가 진목공(秦穆公)에게 등용되기 전에는 짐승을 먹여 기르는 노복(奴僕)이었으므로 백리해를 이르는 말.
5) 小臣(소신) : 이윤(伊尹)을 가리키는 말.
6) 羊辛(양신) : 걸왕(桀王)을 섬기던 간신(奸臣).
7) 惡來(악래) : 주왕(紂王)을 섬기던 간신.
8) 唐鞅(당앙) : 송(宋)나라의 간신.

6. 권세를 삼가라〔六曰愼勢〕

가. 물을 떠난 고기는 개미에게도 먹힌다

술수(術數)를 잃고서 남으로 하여금 그것을 믿게 하고자 하면
의심을 받고, 권세를 잃고도 스스로 나라에 의지하면 위태롭다.
마치 배를 삼킬 수 있는 큰 물고기도 물을 떠나 뭍에서 살게 되면
땅강아지나 개미에게도 이기지 못한다.

권력이 평균하면 서로 부릴 수가 없고, 위세가 서로 같으면 서
로 어우를 수가 없으며, 다스림과 어지러워짐이 서로 같으면 서
로 바로잡을 수가 없다.

그러므로 작고 크고, 가볍고 무겁고, 적고 많고, 다스려지고 어
지러워짐을 자세히 살피지 않을 수가 없다.

이것이 화(禍)와 복의 관건(關鍵)이기 때문이다.

失之乎數[1] 求之乎信疑 失之乎勢 求之乎國危 吞舟之魚 陸處則
不勝螻蟻 權鈞則不能相使 勢等則不能相幷 治亂齊則不能相正 故
小大輕重 少多治亂 不可不察 此禍福之門也

1) 數(수) : 술수(術數). 군주가 술수를 잃으면 신하나 백성이 그를 믿지 않는
   다는 뜻.

나. 대국(大國)을 보호하는 것은 망하는 길

대개 위의(威儀)가 바르고 예의를 숭상하는 나라인 중국(中
國)은 배나 수레를 통하여 이를 수 있는 곳에 미치고 주변의 미
개한 지역은 쓰지 않는데 이와 같은 지역은 사방 3천리다.

고대의 왕자(王者)는 3천 리인 천하의 중심을 선택하여 국가

를 세우고, 국가의 중심을 선택하여 궁실을 건립하고, 궁실의 중
심을 선택하여 종묘(宗廟)를 세웠다. 천자가 기내(畿內)의 지방
천리로써 나라를 세우는 까닭은 다스리는 책임을 다하기 위해서
요, 나라를 크게 할 수 없어서가 아니다. 큰 것이 작은 것만 같지
못하고 많은 것이 적은 것만 같지 못해서이다.

봉건(封建)을 많이 하여 제후를 많이 두는 것은 현신(賢臣)을
독점하려는 것이 아니다. 형세에 편승하여 위세를 온전히 하려는
까닭이요, 의(義)를 넓히고 이(利)를 넓히려는 까닭이다. 의가 넓
어지고 이가 넓어지면 적이 없게 되고, 적이 없는 자는 편안하다.

그러므로 상세(上世)를 살피건대 봉건이 많으면 그 복이 장구
(長久)하고 그 명성이 빛났다. 신농씨(神農氏)가 17세(十七世)
동안 천하를 보유(保有)한 것은 이를 넓히고 의를 넓혀 천하와
더불어 그것을 함께 하였기 때문이다.

왕자(王者)의 봉건제도는 지방의 거리가 기내에서 가까울수록
더욱 크게 하였고, 멀수록 더욱 작게 하여 거칠고 먼 바닷가에서
는 겨우 10리(十里) 정도의 영토를 가진 제후가 있었다.

큰 것으로써 작은 것을 부리고, 무거운 것으로써 가벼운 것을
부리고, 많은 것으로써 적은 것을 부리는데, 이것은 왕자의 집안
으로써 천하의 왕업(王業)을 완성한 까닭이다.

그러므로 이르기를 등(滕)나라나 비(費)나라 같은 작은 나라
는 수고하고, 추(鄒)나라나 노(魯)나라 같은 큰 나라는 편안하
고, 송(宋)나라나 정(鄭)나라는 더 큰 나라이므로 해를 갑절로
늘려 위세를 부리는 것 같으므로 더욱 쉬우며, 제(齊)나라나 초
(楚)나라는 가장 큰 나라이므로 기강(紀綱)과 깃발을 들어 작은
나라에 가할 뿐으로 큰 수고가 없으니, 쓰는 바는 더욱 커지고 하
고자 하는 바는 더욱 쉬워짐을 알 것이다.

탕왕(湯王)에게 위(郢) 땅이 없었고, 무왕(武王)에게 기읍(岐
邑)이 없었다면 비록 그들의 현명함이 10배가 더 되었다고 하더
라도 성공을 거두지는 못했을 것이다.

탕왕과 무왕의 현명함으로도 오히려 지혜를 위세에서 빌었건

만 하물며 탕왕이나 무왕에게 미치지 못하는 자에 있어서랴.

그러므로 큰 나라로서 작은 나라를 보호하는 것은 길(吉)할 것이요, 작은 나라로서 큰 나라를 보호라는 것은 멸망할 일이다. 무거운 것으로써 가벼운 것을 부리는 것은 순종하는 것이요, 가벼운 것으로써 무거운 것을 부리는 것은 흉험(凶險)한 일이다.

이로 말미암아 그것을 살피건대 한 세상을 안정시키고 백성들의 생명을 편안하게 하고자 하면, 공명(功名)은 반우(槃盂)에 나타내고, 명전(銘篆)을 호감(壺鑑)에 새기면 그 위세는 높은 것을 싫어하지 않고 그 실력은 많은 것을 싫어하지 않는다.

실력이 많고 위세를 높이고, 현사(賢士)가 그것을 돕고 그것으로써 어지러운 세상을 만나더라도 왕업(王業)을 성취하는 일은 오히려 더욱 적은 것 같다.

지금 천하의 백성은 곤궁하고 괴로움이 심하다. 백성들의 곤궁하고 괴로움이 더욱 심해지면 왕자로서의 성공은 더욱 쉬워진다.

이른바 왕자라는 것은 곤궁하고 괴로움 속에 있는 백성을 구원하는 데에 있는 것이기에 말이다.

凡冠帶之國[1] 舟車之所通 不用象譯狄鞮[2] 方三千里 古之王者 擇天下之中而立國 擇國之中而立宮 擇宮之中而立廟 天下之地 方千里以爲國 所以極治任也 非不能大也 其大不若小 其多不若少[3] 衆封建[4] 非以私[5]賢也 所以便勢全威 所以博義 義博利則無敵 無敵者安 故觀於上世 其封建衆者其福長 其名彰 神農十七世有天下 與天下同之也 王者之封建也 彌近彌大 彌遠彌小 海上有十里之諸侯[6] 以大使小 以重使輕 以衆使寡 此王者之所以家以完也 故曰 以縢費則勞 以鄒魯則逸 以宋鄭則猶倍日而馳也 以齊楚則擧而加網旃而已矣 所用彌大 所欲彌易 湯其無郼 武其無岐 賢雖十全 不能成功 湯武之賢 而猶藉知乎勢 又況不及湯武者乎 故以大畜小吉 以小畜大滅 以重使輕從 以輕使重凶 自此觀之 夫欲定一世 安黔首之命 功名著乎槃盂 銘篆著乎壺鑑 其勢不厭尊 其實不厭多 多實尊勢 賢士制之 以遇亂世 王猶尚少 天下之民窮矣苦矣 民之窮苦彌甚 王者之

彌易 凡王也者窮苦之救也

1) 冠帶之國(관대지국) : 관대(冠帶)의 나라. 곧 위의(威儀)를 바르게 하고 예의를 숭상하는 나라라는 뜻으로 중국을 가리키는 말이다. 관대는 옛날 벼슬아치들의 공복(公服).

2) 象譯狄鞮(상역적제) : 중국 주변의 미개지역을 통틀어 이르는 말.

3) 其大不若小其多不若少(기대불약소기다불약소) : 큰 것이나 많은 것이 작은 것이나 적은 것만 같지 못하다는 말로, 왕자(王者)의 덕(德)에 있어서는 그 사람의 많고 적음이나 나라의 크고 작음에 의하지 않기 때문이다.

4) 衆封建(중봉건) : 중은 다(多)와 같고, 봉건은 봉하여 세운다는 뜻으로 봉하여 세우는 나라는 제후국(諸侯國)이다.

5) 私(사) : 독점(獨占)하다.

6) 海上有十里之諸侯(해상유십리지제후) : 해상은 사해(四海)의 바닷가로 먼 지방을 가리키며, 십리는 소국(小國)이라는 뜻.

다. 현명한 사람을 용납하는 길

물에서는 배를 사용하고, 뭍에서는 수레를 사용하고, 진흙길에서는 키 모양으로 생긴 썰매를 사용하고, 모랫길에서는 모래가 새 들어오지 않는 구(鳩)라고 하는 기구를 사용하고, 산길에서는 신바닥에 못이 달린 기구인 뇌(樏)라는 것을 사용하여, 각각 그 형세에 따라 다닐 수 있도록 사용한다.

형세에 따르는 사람은 명령이 행하여지고, 지위가 높은 사람은 그 가르침이 받아들여지며, 권위가 서는 사람은 간사(奸邪)한 것을 막는데 이것이 현명한 사람을 용납하는 길이다.

그러므로 만승(萬乘)으로써 천승(千乘)에게 명령하기는 쉽고, 천승으로써 한 가문에 명령하기는 쉬우며, 한 가문으로써 한 사람에게 명령하기는 쉬운 것이니, 시험하여 그 길에 반(反)하면 비록 요(堯)임금이나 순(舜)임금이라 하더라도 그 덕화(德化)를 행할 수 없다.

제후는 남에게 신하로서 복종하기를 바라지 않지만 부득이 그

위세가 불편하게 되면 어찌 능히 신하로서의 복종함을 바꿀 수 있
겠는가. 경중(輕重)을 달아 헤아려 보고, 대소(大小)를 자세히
살펴 봉건 제후(封建諸侯)를 많이 두는 것은 왕자의 위세를 편
리하게 운용하기 위한 까닭이다.

소위 왕자라고 하는 것은 위세이다. 왕자의 위세는 천하에 적
(敵)이 없는 것인데, 그 위세에 적이 있다면 곧 왕자는 폐물(廢
物)이 되는 것이다. 사람이 있어 작은 것이 큰 것을 앞서고, 적은
것이 많은 것보다 낫다는 것을 안다면 그 지혜에는 적이 없다. 지
혜에 적이 없으면 유사한 혐의(嫌疑)적인 일은 멀어진다.

그러므로 선왕(先王)의 법도는 천자를 세워 제후로 하여금 의
심하지 않게 하고, 제후를 세워 대부(大夫)로 하여금 의심하지
않게 하고, 적자(嫡子)를 세워 서얼(庶孼)로 하여금 의심하지 않
게 하였다.

의심에서는 다툼이 생기고 다툼에서는 혼란이 생긴다. 이런 까
닭으로 제후가 지위를 잃으면 천하가 어지러워지고, 대부의 등급
이 없으면 조정이 어지러워지고, 처(妻)와 첩(妾)의 신분이 분명
하지 않으면 집안이 어지러워지며, 적자와 서자의 분별이 없으면
종족(宗族)간의 어지러움이 생긴다.

신자(慎子)는 말하기를

"지금 한 마리의 토끼가 달리고 있는데 백 사람이 그 뒤를 쫓고
있다. 이것은 한 마리 토끼의 다리가 백 사람의 몫을 하기 때문이
아니라 이 토끼가 아직 누구의 소유라는 것이 정해지지 않았기 때
문이다. 누구의 소유라는 것이 정해지지 않았다면 요(堯)임금이
라도 또한 힘을 다하여 쫓을 것이니, 어찌 일반인에 있어서이겠
는가.

토끼가 쌓여 시장에 가득하건만 지나는 사람들은 그것을 거들
떠보지도 않는다. 그것은 토끼가 싫어서가 아니라 토끼의 임자가
이미 정해져 있어서이다. 임자가 이미 정해졌으면 사람이 비록 비
루하다 하더라도 다투어 차지하려 하지는 않을 것이다."
라고 하였다.

그러므로 천하와 국가를 다스리는 것도 영토를 나누고 경계를 확정하여 각각 한정된 땅을 다스리는 데에 있을 뿐이다.

水用舟 陸用車 塗用輴[1] 沙用鳩[2] 山用樏[3] 因其勢也者令行 位尊者其教受 威立者其姦止 此畜[4]人之道也 故以萬乘令乎千乘易 以千乘令乎一家易 以一家令乎一人易 嘗識及此[5] 雖堯舜不能 諸侯不欲臣於人 而不得已其勢不便 則奚以易臣 權輕重 審大小 多建封 所以便其勢也 王也者勢也 王也者勢無敵也 勢有敵則王者廢矣 有知小之愈於大 少之賢於多者 則知無敵矣 知無敵 則似類嫌疑之道遠矣 故先王之法 立天子不使諸侯疑焉 立諸侯不使大夫疑焉 立適子不使庶孽疑焉 疑生爭 爭生亂 是故諸侯失位則天下亂 大夫無等則朝庭亂 妻妾不分則家室亂 適孽無別則宗族亂 愼子[6]曰 今一兎走百人逐之 非一兎足爲百人分也 由未定 由未定 堯且屈力[7] 而況衆人乎 積兎滿市 行者不顧 非不欲兎也 分已定矣 分已定 人雖鄙不爭 故治天下及國 在乎定分而已矣

1) 輴(순) : 진흙길을 미끄러져 다닐 수 있게 만든 키 모양의 썰매.
2) 鳩(구) : 모랫길에서 모래가 새들지 않게 만든 신는 기구의 한 가지.
3) 樏(뇌) : 신바닥에 못이 박혀 산길을 편리하게 다닐 수 있는 기구.
4) 畜(흑) : 용납한다는 뜻.
5) 嘗識及此(상식급차) : 상시반차(嘗試反此)의 오자(誤字). 곧 시험해 보아 그 길에 반(反)한다.
6) 愼子(신자) : 법가(法家)의 한 사람으로 신불해(申不害)나 한비(韓非)보다 전세(前世)의 사람이다. 이름은 도(到)이며, 법서(法書) 42편(篇)을 저술하였다.
7) 屈力(굴력) : 힘을 다한다. 진력(盡力)과 같다.

라. 의지해서는 안될 것을 의지하는 것.

초(楚)나라의 장왕(莊王)이 송(宋)나라를 포위하기 9개월, 강왕(康王)이 송나라를 포위하기 5개월, 성왕(聲王)이 송나라를

포위하기 10개월로서 초나라는 세 차례나 송나라를 포위하였으
나 송나라를 멸망시키지 못하였다.

그것은 송나라를 멸망시킬 수 없어서가 아니라 송나라가 초나
라를 공격하는 것이나 다름이 없는 것이었으니, 어느 때에 멈출
수가 있었을 것인가. 무릇 공을 세움에 있어서는 어질고 어리석
음과, 강하고 약함과, 다스려지고 어지러움이 서로 다른 것이다.

제(齊)나라 간공(簡公)에게 신하가 있어 이름하여 제어앙(諸
御鞅)이라 하였는데 간공에게 간(諫)하여 말하였다.

"진성상(陳成常)과 재여(宰予)의 두 신하는 심하게 서로 미워
하고 있습니다. 그래서 신은 그 두 사람이 서로 공격하여 죽일까
두려워하고 있습니다. 서로 공격할 마음이 굳어지면 그 위태로움
이 주군께 미칠 것이오니 바라건대 주군께서는 두 사람 중 한 사
람을 제거해 주십시오."

이에 대하여 간공은

"그대와 같이 견식이 얕은 자들은 잘 아는 바가 아니다."
하고는 그의 간(諫)하는 말을 물리쳤다.

과연 오래지 않아 진성상은 재여를 마당 가운데에서 공격해 죽
이고 간공을 종묘에서 괴롭히니, 간공이 탄식하고 크게 한숨을 지
으며 말하였다.

"나는 제어앙의 말을 용납하지 못하였다. 그것으로써 화환(禍
患)이 닥치고 말았구나."

지혜의 술수를 잃고 그 위세가 없어지면 비록 제어앙의 말을 듣
지 않은 것을 뉘우친다 하더라도 뉘우침이 없는 것이나 다름이 없
으니, 그 의지할 것을 의지할 줄을 모르고 의지해서는 안될 것을
의지했던 것이다.

주정(周鼎)에 새긴 상(象)은 그 사리(事理)의 통달을 이루는
것이니, 사리의 통달이 군주의 도(道)인 것이다.

莊王¹⁾圍宋九月 康王²⁾圍宋五月 聲王³⁾圍宋十月 楚三圍宋矣 而不
能亡 非不可亡也 以宋攻楚 奚時止矣 凡功之立也 賢不肖彊弱治亂

異也 齊簡公有臣曰諸御鞅 諫於簡公曰 陳成常[4]與宰予[5]之二臣者
甚相憎也 臣恐其相攻也 相攻唯固 則危上矣 願君之去一人也 簡公
曰 非而[6]細人所能識也 居無幾何 陳成常果攻宰予於庭 卽簡公於廟
簡公喟焉太息曰 余不能用鞅之言 以至此患也 失其數 無其勢 雖悔
無聽鞅也與無悔同 是不知恃可恃而恃不恃也 周鼎著象 爲其理之
通也 理通君道也

1) 莊王(장왕) : 춘추시대에 오패(五霸)의 한 사람이었던 초(楚)나라의 장왕
   (莊王)을 가리킨다.

2) 康王(강왕) : 장왕(莊王)의 손자.

3) 聲王(성왕) : 성왕의 사실은 춘추(春秋) 이후의 기록에 있다.

4) 陳成常(진성상) : 전상(田常)을 가리킨다.

5) 宰予(재여) : 공자의 제자. 자는 자아(子我).

6) 而(이) : 너. 그대. 여(汝)와 같다.

7. 둘이 아니다〔七曰不二〕

가. 천하의 호걸지사(豪傑之士) 열 명

많은 사람들의 의론을 경청하여 그것으로써 국가를 다스리면
국가는 위태로운 일이 생길 날이 없다.

무엇으로써 그것을 알 수 있으냐 하면 노자(老子)는 유(柔)를
귀하게 여겼고, 공자(孔子)는 인(仁)을 귀하게 여겼고, 묵적(墨
翟)은 겸(兼)을 귀하게 여겼고, 관윤(關尹)은 청(淸)을 귀하게
여겼고, 자열자(子列子)는 허(虛)를 귀하게 여겼고, 진병(陳騈)
은 제(齊)를 귀하게 여겼고, 양생(楊生)은 기(己)를 귀하게 여
겼고, 손빈(孫臏)은 세(勢)를 귀하게 여겼고, 왕료(王廖)는 선
(先)을 귀하게 여겼고, 아량(兒良)은 후(後)를 귀하게 여겼다.

이 열 사람은 모두 천하의 호걸지사(豪傑之士)다.

징과 북이 있는 것은 귀를 하나로 집중시키기 위한 까닭이요,
반드시 법령을 한 가지로 하는 것은 마음을 하나로 모으기 위한
까닭이다. 지혜로운 자가 교묘하지 못하고 어리석은 자가 치졸하
지 않은 것은 군중을 하나로 같게 하기 위한 까닭이다.

용감한 자가 앞서지 못하고 겁이 많은 자가 뒤지지 않는 것은
힘을 하나로 같게 하기 위한 까닭이다. 그러므로 하나로 일치하
면 다스려지고 서로 다르면 어지러워지며, 하나로 일치하면 안정
이 되고 서로 다르면 위태로워진다.

대저 만 가지 같지 않은 것을 같게 하고, 어리석음과 지혜로움
이나 공교함이나 치졸함을 모두 힘을 다하고 능력을 다하게 하는
것이 한 구멍에서 나오는 것과 같게 되는 것은 오직 성인이 있어
이와 같이 할 수 있는 것인가.

술수가 없는 지혜와 교육을 받지 않은 기능으로써 힘쓰고 빠르
게 된 관습이나 상식에 의지하는 것은 그것으로써 족히 이룸이 있
을 수 없다.

聽群衆人議以治國 國危無日矣 何以知其然也 老耽[1]貴柔 孔子貴
仁 墨翟貴兼 關尹[2]貴淸 子列子貴虛 陳騈[3]貴齊 陽生[4]貴己 孫臏[5]貴
勢 王廖[6]貴先 兒良[7]貴後 此十人者 皆天下之豪士也 有金鼓所以一
耳 必同法令所以一心也 智者不得巧 愚者不得拙 所以一衆也 勇者
不得先 懼者不得後 所以一力也 故一則治 異則亂 一則安 異則危
夫能齊萬不同 愚智工拙皆盡力竭能 如出乎一穴者 其唯聖人矣乎
無術之智 不敎之能 而恃彊速貫習 不足以成也

1) 老耽(노담) : 노담(老聃). 곧 노자(老子).
2) 關尹(관윤) : 이름은 희(喜). 도서(道書) 9편을 지었다.
3) 陳騈(진병) : 제(齊)나라 사람. 전병(田騈).
4) 陽生(양생) : 양주(楊朱).
5) 孫臏(손빈) : 손무(孫武)의 후예.
6) 王廖(왕료) : 병가(兵家)의 한 사람.
7) 兒良(아량) : 병가의 한 사람.

8. 하나를 잡아라〔八曰執一〕

가. 만물(萬物)의 주인이 되는 왕자(王者)

천지와 음양(陰陽)은 고치는 일이 없이 만물을 육성하여 같은 것이 없게 한다. 눈은 그 밝음을 잃지 않고 흰 빛깔과 검은 빛깔의 다름을 보고, 귀는 그 청각을 잃지 않고 맑은 소리와 흐린 소리를 듣는다.

왕자는 통일된 길을 잡아서 만물의 주인이 된다. 군대에 반드시 장수가 있는 까닭은 그것을 통일하여 지휘하기 위해서이고, 국가에 반드시 군주가 있는 까닭은 그것을 통일하여 다스리기 위해서이며, 천하에 반드시 천자가 있는 까닭은 그것을 통일하여 어진 정사를 베풀기 위해서다.

천자가 반드시 정일(精一)의 도를 잡아서 하는 까닭은 천하를 단결시켜 일치하게 하기 위해서다. 하나로 합치면 다스려지고, 둘로 갈라지면 어지러워진다.

이제 여마(驪馬)를 모는 네 사람으로 하여금 각각 한 채찍씩을 잡게 했는데 문을 빠져나가지 못하는 것은 채찍질이 통일되지 못하여 말들의 달리는 것이 일치하지 않기 때문이다.

天地陰陽不革 而成萬物不同[1] 目不失其明 而見白黑之殊 耳不失其聽 而聞淸濁之聲 王者執一 而爲萬物正 軍必有將 所以一之也 國必有君 所以一之也 天下必有天子 所以一之也 天子必執一 所以摶[2]之也 一則治 兩則亂 今御驪馬[3]者 使四人 人操一策 則不可以出於門閭者 不一也

1) 不同(부동) : 한 가지가 아니다. 곧 각각 다르다는 뜻.
2) 摶(단) : 뭉치다. 단결하여 일치하게 한다는 뜻.

3) 驪馬(여마) : 한 수레를 끄는 네 마리의 말.

나. 재능이 있는 자가 그 이치를 안다

초(楚)나라 왕이 나라를 다스리는 도(道)를 첨자(詹子)에게 물으니, 첨자가 대답하였다.

"하(何)는 몸을 다스리는 도를 듣고 나라를 다스리는 도를 듣지 못하였습니다."

첨자가 어찌 나라를 다스리는 술(術)이 없을 수 있겠는가.

생각건대 나라를 다스리는 근본은 몸을 다스리는 데에 있는 것이니, 몸이 다스려지고 나서 집안이 다스려지며, 집안이 다스려지고 나서 나라가 다스려지며, 나라가 다스려지고 나서 천하가 다스려지는 것이다.

그러므로 이르기를 몸으로써 집안을 다스리고, 집안으로써 나라를 다스리고, 나라로써 천하를 다스린다고 하니, 이 네 가지는 그 지위는 각각 다르지만 그 근본은 같은 것이다.

성인이 하는 일은 그것을 넓히면 우주를 다하고 일월을 다하는 것이니, 이것을 요약하면 몸에서 벗어나는 것이 없다.

부모는 자식에게 전할 수 없고, 충신은 군주에게 받들어 바칠 수 없는 것이다. 다만 재능이 있는 사람이 능히 그 이치를 알 수 있는 것이다.

楚王問爲國[1]於詹子[2] 詹子對曰 何聞爲身不聞爲國[3] 詹子豈以國可無爲哉 以[4]爲國之本在於爲身 身爲而家爲 家爲而國爲 國爲而天下爲 故曰以身爲家 以家爲國 以國爲天下 此四者異位同本 故聖人之事 廣之則極宇宙 窮日月 約之則無出乎身者也 慈親不能傳於子 忠臣不能入於君 唯有其材者爲近之

1) 爲國(위국) : 나라를 다스리다. 위는 치(治)와 같다.
2) 詹子(첨자) : 득도(得道)한 은자(隱者)로 이름은 하(何).
3) 聞爲身不聞爲國(문위신불문위국) : 몸을 다스린 후 나라를 다스려서 어지러

워진 나라가 일찍이 없었으므로 먼저 몸을 다스려야 한다는 뜻.
4) 以爲(이위) : 생각건대.

다. 팽조(彭祖)는 성(性)을 따라 장수하였다

전병(田騈)이 도술(道術)로써 제(齊)나라를 설득하는데, 제
나라 왕이 대답하여 말하였다.

"과인이 소유한 것은 제나라이니 제나라 정치에 대하여 듣기를
바라오."

이에 대하여 전병은 대답하였다.

"신의 이야기는 정치가 없으면서 정치에 대하여 얻을 수 있습
니다. 이것을 비유로써 말하면 산림에 재목이 없으면서 재목을 얻
을 수 있는 것과 같습니다. 바라건대 왕께서는 제나라의 정치를
스스로 취하십시오."

전병의 말은 오히려 천근(淺近)하게 한 말이다. 그것을 넓고 크
게 말하면 어찌 홀로 제나라의 정치뿐이겠는가. 변화는 구하는 것
에 따라 모두 빛남이 있으니, 성(性)에 따라 사물을 맡겨서 마땅
하게 맞지 않는 것이 없다.

팽조(彭祖)는 성을 따라 장수(長壽)를 누렸고, 삼대(三代)는
성을 따라 창성하였고, 오제(五帝)는 성을 따라 밝게 빛났으며,
신농씨(神農氏)는 성을 따라 크게 왕성하였다.

田騈以道術說齊 齊王應之曰 寡人所有者齊國也 願聞齊國之政
田騈對曰 臣之言無政 而可以得政 譬之若林木無材 而可以得材 願
王之自取齊國之政也 騈猶淺言之也 博言之 豈獨齊國之政哉 變化
應求 而皆有章 因性任物 而莫不宜當[1] 彭祖[2]以壽 三代以昌 五帝
以昭 神農以鴻

1) 當(당) : 맞는다. 합(合)과 같다.
2) 彭祖(팽조) : 은(殷)나라의 대부(大夫)로 성(性)을 잘 다스려 7백세의 장수
　　를 누렸다고 한다.

라. 그대와 나 누가 더 현명하오

오기(吳起)가 상문(商文)에게 일러 말하였다.

"군주를 섬기는 일이 과연 천명(天命)에 의한 것이오."

상문이 말하기를

"무슨 말을 하는 것이오."

하니, 오기가 말하였다.

"국가의 네 경계 안을 다스리고, 훈계와 교육을 완성하고, 습속 (習俗)을 고쳐 바꾸고, 군주와 신하로 하여금 의리가 있게 하고, 부모와 자식으로 하여금 차례가 있게 하는 것은 그대와 나 가운 데 누가 더 현명하오."

"나는 그대만 같지 못하오."

"오늘 처음으로 신하가 되어 그 군주가 편안하고 무거운가. 오늘 인장(印章)을 걸고 관직을 사퇴하여 그 군주가 편안하고 가벼운가 하는 것에 대하여 그대와 나 중에 누가 더 현명한 것 같소."

"나는 그대만 같지 못하오."

"병사와 군마가 대열을 형성하고, 군마와 병사가 대등하오. 사람이 군마의 앞에 있고 북채를 들어 북을 한 번 울려 삼군(三軍) 의 병사로 하여금 죽는 것을 즐기기를 사는 것과 같게 하는 일에 대하여는 그대와 나 중 누가 더 현명하오."

"나는 그대만 같지 못하오."

이러한 문답이 있은 뒤에 오기는 말하기를

"그대는 세 가지 물음에 대하여 모두 나만 같지 못하다고 하였소. 그대의 관직의 지위는 내 윗자리에 있소. 군주를 섬기는 것이 운명입니까?"

하니, 상문이 말하였다.

"좋소. 그대가 나에게 물었으니 나 또한 그대에게 묻겠소. 세상은 많이 변하였고 군주는 연소(年少)하며, 많은 신하들이 서로 시기하며 의심하고, 백성들이 이 어수선한 속에 안정을 얻지 못하고 있소. 이런 국면의 책임은 그대에게 있는 것이요, 아니면 나에게 있는 것이요"

이 말에 대하여 오기는 묵연(默然)히 대답이 없다가 잠시 후에 "그 책임은 그대에게 있소"

하니, 상문이 또 말하였다.

"이것이 내가 그대의 윗자리에 있는 까닭이오"

오기는 자기의 장점(長點)을 보고 그 단점(短點)을 알지 못하며, 자기의 현명한 점을 알고 자기의 어리석은 점을 모른 것이었다. 그러므로 서하(西河)에서 승리하고 왕착(王錯)에게 곤경을 당하였으며, 능히 초(楚)나라를 강성(强盛)하게 하고 자신은 편안한 죽음을 얻지 못하였다.

대저 오(吳)나라는 제(齊)나라를 이기고 월(越)나라에게 멸망하였으며, 제나라는 송(宋)나라를 이기고 연(燕)나라에게 패(敗)하였다. 그러므로 무릇 국가를 보전하고 자기 몸을 완전하게 하는 자는 다만 장단점과 득실의 변화를 아는 것인가.

吳起謂商文¹⁾曰 事君果有命矣夫 商文曰 何謂也 吳起曰 治四境之內 成訓敎 變習俗 使君臣有義 父子有序 子²⁾與我孰賢 商文曰 吾不若子 曰 今日置質³⁾爲臣 其主安重 今日釋璽⁴⁾辭官 其主安輕 子與我孰賢 商文曰 吾不若子 曰 士馬成列 馬與人敵 人在馬前 援桴一鼓 使三軍之士樂死若生 子與我孰賢 商文曰 吾不若子 吳起曰 三者子言不吾若也 位則在吾上 命也夫事君 商文曰 善 子問我 我亦問子 世變主少 群臣相疑 黔首不定 屬之子乎⁵⁾ 屬之我乎 吳起默然不對 少選⁶⁾曰 與子⁷⁾ 商文曰 是吾所以加⁸⁾於子之上已 吳起見其所以長 而不見其所以短 知其所以賢 而不知其所以不肖 故勝於西河而困於王錯⁹⁾ 傾造大難 身不得死焉 夫吳勝於齊¹⁰⁾ 而不勝於越¹¹⁾ 齊勝於宋¹²⁾ 而不勝於燕¹³⁾ 故凡能全國完身者 其唯知長短羸絀¹⁴⁾之化邪

1) 商文(상문) : 위(魏)나라의 재상.

2) 子(자) : 그대. 당신.

3) 置質(치지) : 예물(禮物)을 바치다. 지(質)는 군주나 스승을 처음으로 섬기게 될 때 내는 예물이요, 치(置)는 바친다는 뜻이다. 예물을 바친다는 말은 관직에 처음으로 봉사한다는 뜻.

4) 釋璽(석새) : 인장(印章)을 푼다. 인장은 관직에 봉사하는 표시이므로, 차고 있던 인장을 푼다는 말은 관직에서 물러난다는 뜻. 새(璽)는 인(印)과 같다.

5) 屬之子乎(촉지자호) : 그대에게 책임이 있는가.

6) 少選(소선) : 잠시후에. 수유(須臾).

7) 與子(여자) : 그대에게로 돌아간다. 여는 귀(歸)와 같다.

8) 加(가) : 있다. 재(在)와 같다.

9) 困於王錯(곤어왕착) : 왕착에게 곤경을 당하다. 곧 오기는 왕착의 참소에 의해 위(魏)나라 무후(武侯)에게 차열(車裂)의 형벌을 받아 참혹하게 죽음으로써 천수(天壽)를 누리지 못한 것을 이르는 말.

10) 吳勝於齊(오승어제) : 오왕 부차(吳王夫差)가 제(齊)나라를 예릉(艾陵)에서 격파한 것을 이르는 말.

11) 不勝於越(불승어월) : 오왕 부차가 월왕 구천(越王句踐)에게 패망한 것을 뜻함.

12) 齊勝於宋(제승어송) : 제나라 선왕(宣王)이 송나라를 공벌한 것.

13) 不勝於燕(불승어연) : 연나라의 소왕(昭王)이 악의(樂毅)로 하여금 제(齊)나라를 쳐 72성(城)을 함락시킨 것을 말한다.

14) 贏絀(영출) : 득실(得失).

제18권 대응하는 것을 살펴라
(卷十八 審應覽 : 第六, 凡八篇)

말이 마음을 속이지 않으면
말을 따르는 것 또한 괜찮다.
무릇 말이라는 것은
그것으로써 마음 속의 뜻을 나타내는 것이다.
말과 마음속의 뜻이 서로 분리되어
윗자리에 있는 사람이 거기에 참가하지 않으면
아랫 사람이 많이 말하는 것은
행하는 바가 아니요
행하는 것은 말하는 바가 아니다.

제18권 대응하는 것을 살펴라

1. 대응하는 것을 살피는 것〔一曰審應〕

가. 군주가 요령을 얻는 것은

군주로서 소리를 내어 대답하는 말은 소상히 하고 삼가지 않을 수 없다. 무릇 견식(見識)이 있는 군주라면 발언을 먼저 하고자 하지 않는다. 남이 말하면 나는 대답하고, 남이 먼저 하면 나는 따른다.

그 출(出)로써 그것을 입(入)으로 삼고, 그 말로써 그것을 덕행(德行)의 명분(名分)으로 삼고, 그 덕행의 실질(實質)을 취하여 그것으로써 그 덕행의 명분을 책임진다.

그러면 말하는 자가 감히 망언(妄言)을 하지 못한다. 그리고 군주가 취할 바의 요령을 얻는다.

人主出聲應容[1] 不可不審 凡主有識 言不欲先 人唱我和 人先我隨 以其出爲之入 以其言爲之名 取其實以責其名 則說者不敢妄言而人主之所執其要矣

1) 應容(응용) : 대답하는 말. 용은 언(言)과 같다. 응언(應言).

나. 새는 놀래면 날아가는 것

공사(孔思)가 물러갈 것을 청하니, 노(魯)나라 군주가 말하였다.

"천하 어느 나라의 군주도 또한 과인과 마찬가지일 것이니, 장차 어느 나라로 갈 것인가."

이 말에 대하여 공사는 대답하였다.

"대개 듣건대 군자의 사람됨은 나는 새와 같으니 놀라면 날아간다고 합니다."

그래서 노나라 군주는 말하였다.

"군주의 어리석음은 모두 같은 것이다. 어리석은 군주에게서 떠나고, 어리석은 군주를 지나치고서 그대는 스스로 능히 천하의 군주를 논할 수 있을 것인가."

무릇 새가 날아가는 것은 놀라는 것을 떠나 안정을 취하고자 하는 것이다. 놀라는 것을 떠나 안정을 취하는 것이 옳으냐 그르냐 하는 것은 아직 알 수 없는 일이다. 놀라는 것으로 떠나고도 또 놀라는 것을 취하게 된다면 새는 어디로 또 날아갈 것인가. 공사가 노나라 군주에 대하여 답한 것은 또한 잘못된 말이라 할 수 있다.

孔思¹⁾請行 魯君曰 天下主亦猶寡人也 將焉之 孔思對曰 蓋聞君子猶鳥也 駭則舉²⁾魯君曰 主不肯 而皆以然也 違³⁾不肯 過不肯 而自以爲能論天下之主乎 凡鳥之舉也 去駭從不駭 去駭從不駭 未可知也 去駭從駭 則鳥曷爲舉矣 孔思之對魯君也亦過矣

1) 孔思(공사) : 공자의 손자인 자사(子思). 이름은 급(伋).
2) 舉(거) : 날아가다. 비(飛)와 같다.
3) 違(위) : 떠나다. 이(離)와 같다.

다. 끊어진 세대를 이어주는 것은

위(魏)나라의 혜왕(惠王)이 사람을 시켜 한(韓)나라의 소후(昭侯)에게 일러 말하였다.

"대저 정(鄭)나라는 곧 한씨(韓氏)가 멸망시켰습니다. 원컨대 정씨(鄭氏)의 후예를 군주로 봉(封)하여 세우기를 바랍니다. 이것은 이른바 망한 나라를 존속시키고 끊어진 세대를 계승하는 대

의(大義)이니, 그대가 만약 이와 같이 한다면 곧 큰 명분을 세우
는 것이 될 것입니다."

이에 대하여 한나라 소후는 근심하였다. 이것을 본 공자(公子)
인 식아(食我)가

"청컨대 신이 위나라에 가 그에 대한 대답을 하겠습니다."
하고는 위나라에 이르러 위나라 왕을 만나 말하였다.

"귀국(貴國)에서는 저희 나라에 명하시어 정나라의 후예를 봉
하라고 하시는데 저의 나라로서는 감히 따를 수가 없습니다. 저
희 나라는 귀국에게 근심을 끼쳐드리고 있습니다. 지난날에 출공
(出公)의 후손인 성씨(聲氏)가 진공(晉公)을 위하여 동제(銅
鞮)에 구금(拘禁)되어 있을 때 귀국에서는 그것을 동정하지 않
고 냉정하셨습니다.

그러고도 저희 나라로 하여금 망한 나라를 존속시키고 끊어진
세대를 계승시키라고 하시니, 저희 나라로서는 감히 그 명을 따
를 수가 없습니다."

이 말을 들은 위나라 왕은 부끄러워하면서 말하였다.

"그것은 본래 과인의 뜻이 아니었으니 객(客)은 그에 대하여
더 말하지 말아 주시기 바랍니다."

이것은 위나라의 불의(不義)를 들어내어 한나라의 불의를 실
행한 것이니, 비록 위나라 왕이 대답을 하지 못했다 하더라도 한
나라의 불의를 행함이 더욱 많은 것이다.

공자 식아의 변설(辯說)은 그른 것을 수식하여 과오(過誤)를
이루는 데에 족(足)하였다.

魏惠王¹⁾使人謂韓昭侯曰 夫鄭乃韓氏²⁾亡之也 願君之封其後也
此所謂存亡繼絶之義 君若封之 則大名 昭侯患之 公子食我曰 臣請
往對之 公子食我至於魏 見魏王曰 大國命弊邑³⁾封鄭之後 弊邑不敢
當⁴⁾也 弊邑爲大國所患 昔出公⁵⁾之後聲氏⁶⁾爲晉公 拘於銅鞮 大國弗
憐也 而使弊邑存亡繼絶 弊邑不敢當也 魏王慙曰 固非寡人之志也
客請勿復言 是舉不義以行不義也 魏王雖無以應 韓之爲不義愈益

厚也 公子食我之辯 適足以飾非遂過

1) 魏惠王(위혜왕) : 위나라의 혜왕. 곧 '맹자(孟子)' 첫머리에 보이는 양혜왕
   (梁惠王)이 그 사람이다.

2) 韓氏(한씨) : 한(韓)나라와 같은 말.

3) 弊邑(폐읍) : 자기의 나라를 낮춰서 이르는 말. 폐국(弊國).

4) 當(당) : 따르다. 종(從)과 같다.

5) 出公(출공) : 진(晉)나라의 군주로 신하들의 반란을 피해 제(齊)나라로 망
   명하였다.

6) 聲氏(성씨) : 진(晉)나라의 군주.

라. 성인(聖人)이 되기는 쉽습니까?

위(魏)나라의 소왕(昭王)이 전굴(田詘)에게 물었다.

"과인이 동궁(東宮)에 있을 때 선생의 의론을 들었습니다. 말
씀하시기를 성인이 되기는 쉽다고 하셨는데 그렇습니까?"

이에 대하여 전굴이 대답하기를

"신이 말씀드린 대로입니다."

하니, 소왕은 물었다.

"그렇다면 선생은 성인이십니까?"

그래서 전굴은 대답하였다.

"아직 공을 나타내지 않았는데 그 성인임을 아는 것은 요(堯)
임금이 순(舜)임금을 알아본 것이요, 공이 이미 나타난 뒤에 순
임금을 알아보는 것은 일반 시정인(市井人)이 성인을 알아보는
것입니다. 지금 이 굴(詘)은 아직 공을 나타내지 못하였는데 왕
께서 굴에게 물어 말씀하시기를 그대는 성인인가 하시니, 감히 묻
겠습니다. 왕께서는 또한 요임금이십니까?"

소왕은 전굴의 말에 대하여 대답이 없었다.

전굴이 소왕에게 한 대답은 본래 나는 성인을 안다고 말한 것
이 아닌데 묻기를 "선생은 성인이십니까?"하니, 전굴은 자기는
따라서 성인을 아는 것으로써 소왕에게 대답한 것이다. 소왕은 그

마음에 두지 않았을 뿐이다. 전굴은 살피지 않은 것이다.

　魏昭王問於田詘曰 寡人之在東宮¹⁾之時 聞先生之議曰 爲聖易 有
諸乎 田詘對曰 臣之所擧²⁾也 昭王曰 然則先生聖于³⁾ 田詘對曰 未
有功而知其聖也 是堯之知舜也 待其功而後知其舜也 是市人之知
聖也 今詘未有功 而王問詘曰 若聖乎 敢問王亦其堯邪 昭王無以應
田詘之對昭王 固非曰我知聖也耳 問曰先生其聖乎 己因以知聖對
昭王 昭王有非其有 田詘不察

1) 東宮(동궁) : 세자(世子)가 거처하는 궁(宮)을 이르는 말인데, 세자라는 뜻
   으로도 쓴다.
2) 擧(거) : 말하다. 언(言)과 같다.
3) 于(우) : 호(乎)의 오자(誤字).

마. 언병(偃兵)이 성공하지 못한 까닭은

조(趙)나라의 혜왕(惠王)이 공손룡(公孫龍)에게 일러 말하
였다.

"과인은 언병(偃兵)의 정책을 쓰기 10여 년이건만 아직 성공을
거두지 못하였으니, 군대를 머물러 두는 일은 옳지 않은 것이오."

이에 대하여 공손룡이 대답하였다.

"언병의 의의는 천하를 겸애(兼愛)하는 마음입니다. 천하를 겸
애하는 데에는 헛된 명분만으로 될 수가 없고, 반드시 진실을 나
타내는 것이라야 합니다. 지금 인(藺)과 이석(離石)을 진(秦)나
라에 빼앗기고, 왕은 상복(喪服)을 입어 비애(悲哀)를 표시하였
습니다. 동으로는 제(齊)나라를 공격하여 성(城)을 얻고, 왕은 잔
치상을 차려 술을 마시며 경하(慶賀)를 표시합니다. 진나라는 땅
을 얻었고 왕은 상복을 입었으며, 제나라는 땅을 잃었고 왕은 잔
치상을 차렸으니, 이것은 겸애의 마음이 아니며 언병이 성공하지
못한 까닭입니다."

지금 여기 사람이 있는데 그 사람은 무례하고 거만하면서 남에

게는 경례를 구하고, 아첨하며 공평하지 않으면서 남에게는 순종할 것을 구하고, 번거롭게 호령을 자주 바꾸면서 남에게는 평정(平靜)할 것을 구하고, 포악하고 얻을 것을 탐하면서 남에게는 안정을 구한다면, 비록 황제(黃帝)라 하더라도 괴로워지기는 마찬가지다.

趙惠王謂公孫龍[1]曰 寡人事偃兵[2]十餘年矣 而不成 兵不可偃乎 公孫龍對曰 偃兵之意 兼愛天下之心也 兼愛天下 不可以虛名爲也 必有其實 今藺離石[3]入秦 而王縞素布總[4] 東攻齊得城 而王加膳置酒[5] 秦得地而王布總 齊亡地而王加膳 所非兼愛之心也 此偃兵之所以不成也 今有人於此 無禮慢易而求敬 阿黨不公而求令[6] 煩號數變而求靜 暴戾貪得而求定 雖黃帝猶若困

1) 公孫龍(공손룡) : 명가(名家)의 한 사람으로 비공론자(非功論者)로 유명하다.
2) 偃兵(언병) : 군대를 머물러 두다. 곧 공격하지 않는다는 뜻.
3) 藺離石(인리석) : 인과 이석으로 서하(西河)의 두 고을.
4) 縞素布總(호소포총) : 나라를 잃었다는 뜻으로 입은 상복(喪服).
5) 加膳置酒(가선치주) : 잔치상을 차리고 술을 마신다는 뜻.
6) 令(영) : 순종(順從)을 뜻한다.

바. 모든 것은 자신에게 구하는데 있다

위(衛)나라 사군(嗣君)이 세(稅)를 무겁게 거두어 그것으로써 곡식을 저장하고자 하니 백성들이 불안하게 여겼다. 그래서 사군이 박의(薄疑)에게 말하였다.

"백성들이 매우 어리석다. 대저 곡식을 저장하는 것은 장차 백성들을 위해서 하는 것이다. 그것을 자기들 스스로가 저장하는 것이나 관부(官府)에서 하는 것이나 다를 것이 무엇이란 말인가."

이 말에 대하여 박의는 말하였다.

"그렇지 않습니다. 백성이 스스로 저장하면 주군께서는 얻을 수 없게 되니 관부에서 저장하느니만 같지 못하고, 관부에서 저장하면 백성들이 얻을 수 없게 되니 백성들이 스스로 저장하느니만 같지 못합니다."

무릇 일을 논함에는 반드시 그것을 자기에게 돌리는데 자세하게 살펴서 처리하면 명령을 따르지 않음이 없다.

국가가 장구(長久)하면 견고(堅固)해지고, 견고하면 멸망하는 일이 쉽지 않다. 순임금이나 하왕조(夏王朝)·은왕조(殷王朝)·주왕조(周王朝)의 존재가 없는 것은 모두 자기에게 그것을 돌리는 것을 알지 못해서이다.

衛嗣君欲重稅以聚粟 民弗安 以告薄疑[1]曰 民甚愚矣 夫聚粟也 將以爲民也 其自藏之與在於上[2] 奚擇 薄疑曰 不然 其在於民而君 弗知 其不如在上也 其在於上而民弗知 其不如在民也 凡聽必反諸 己 審則令無不聽矣 國久則固 固則難亡 今虞[3]夏殷周無存者 皆不 知反諸己也

1) 薄疑(박의) : 사군(嗣君)의 신하.
2) 上(상) : 관부(官府). 관청.
3) 虞(우) : 순임금을 가리키는 말.

사. 사람을 두려워하는 것은

공자(公子)인 답(畣)이 주(周)나라의 재상이 되었다. 신향(申向)이 공자 답에게 이야기하는데 퍽 두려워하였다. 공자 답이 그것을 보고 비웃으며 말하였다.

"신자(申子)께서는 나에게 말하는데 퍽 두려워하시니, 내가 재상이어서 그러시오?"

이 말에 대하여 신향이 말하였다.

"이 향(向)은 과연 어리석습니다. 비록 그렇다 하더라도 공자께서는 나이 20에 재상이 되셨는데, 늙은 사람을 두려워하게 하시니 묻고자 합니다. 누구에게 잘못이 있습니까."

이 말에 대하여 공자 답은 대답을 하지 못하였다.

두려워하는 것은 존귀(尊貴)한 사람과 이야기하는 데에 익숙하지 못하여서이고, 사람으로 하여금 두려워하게 하는 것은 존귀한 사람의 위엄과 교만 때문이다.

생각건대 존귀한 사람이 사람을 대함에 있어 겸손하고 공경하여도 그 사람이 오히려 두려워하는 경우도 있는데, 그것은 존귀한 사람에게 책임이 있는 것이 아니다. 그러므로 사람이 때로는 스스로 실태(失態)를 보이는 일이 있다 하더라도 오히려 그것으로써 겸손하고 공경함을 바꿀 것이 아니니, 스스로의 실태는 나무랄 것이 못된다. 그러나 위엄과 교만으로 그렇게 되는 것은 비난할 수가 있는 것이다.

公子沓相周 申向說之而戰[1] 公子沓訾之曰 申子說我而戰 爲吾相也夫 申向曰 向則不肯 雖然 公子年二十而相 見老者而使之戰 請問孰病哉 公子沓無以應 戰者不習也 使人戰者嚴駔[2]也 意者恭節而人猶戰 任不在貴者矣 故人雖時有自失者 猶無以易恭節自失 不足以難 以嚴駔則可

1) 戰(전) : 두려워하다. 구(懼)와 같다. 전전긍긍(戰戰兢兢).
2) 駔(장) : 교만하다. 거만하다.

2. 말을 무겁게 하라〔二曰重言〕

가. 3년 동안 말이 없었던 고종(高宗)

군주의 말은 신중(愼重)하지 않으면 안 된다. 고종(高宗)은 천자로서 즉위하여 상중(喪中)에 있을 때 3년 동안 말이 없이 정사(政事)를 묻지 않으니, 경(卿)과 대부(大夫)들이 모두 그것을 두려워하고 근심하였는데, 고종이 이에 말하였다.

"나 한 사람으로 말미암아 사방이 바로 잡아지는 것이라면 나

는 오직 말하는 것이 타당하지 않을 것을 두려워한 까닭에 말을
하지 않은 것이다."
　옛날의 천자는 그 말을 신중하게 함이 이와 같았으므로 그 말
한 바의 실수나 과오가 없었던 것이다.

　人主之言 不可不愼 高宗¹⁾天子也 卽位諒闇²⁾ 三年不言 卿大夫恐
懼患之 高宗乃言曰 以余一人正四方 余唯恐言之不類³⁾也 玆故不言
古之天子其重言如此 故言無遺者

1) 高宗(고종) : 상(商)나라 왕인 무정(武丁). 덕의(德義)가 높고 아름다웠고
　 나라를 크게 다스렸으므로 백성과 신하가 모두 존경하였고 중흥(中興)의 군
　 주라는 칭송을 받았다.
2) 諒闇(양암) : 임금이 부모의 상중(喪中)에 있는 동안.
3) 不類(불류) : 타당하지 않다. 좋지 않다. 유(類)는 선(善)과 같다.

　나. 한마디 말로 성왕을 깨우친 주공(周公)
　성왕(成王)이 동생인 당숙우(唐叔虞)와 함께 한가롭게 지내
고 있을 때 오동나무를 휘어잡아 그 잎사귀를 따서 그것으로써 규
(珪)를 삼아 당숙우에게 주며 말하였다.
　"나는 이것으로써 너를 봉한다."
　숙우는 기뻐서 그 이야기를 주공에게 말하였고, 주공은 성왕에
게 청하여 말하기를
　"천자께서는 우(虞)를 봉(封)하셨습니까?"
하니, 성왕은 말하였다.
　"나와 우는 장난으로 한 말입니다."
　이에 대하여 주공은 대답하기를
　"신은 들으니 천자는 장난으로 하는 말이 없습니다. 천자의 한
마디 말은 역사에 기록되고, 공사(工師)가 그것을 읊으며, 사인
(士人)이 칭송하는 것입니다."
하고는 이에 드디어 숙우를 진(晉)나라에 봉하였다.

　주공 단은 좋은 말을 하였다고 할 수 있다. 한 번의 설명으로 성왕으로 하여금 신중하게 하는 말의 중요함을 알게 하였고, 또한 아우를 사랑하는 마음을 나타내 밝히게 하였으며, 왕실의 안정을 돕게 함이 있었던 것이다.

　成王[1]與唐叔虞[2]燕居 援梧葉以爲珪[3] 而授唐叔虞曰 余以此封女[4] 叔虞喜 以告周公 周公以請曰 天子其封虞邪 成王曰 余一人[5]與虞 戲也 周公對曰 臣聞之 天子無戲言 天子言則史書之 工誦之 士稱 之 於是遂封叔虞於晉[6] 周公旦可謂善說矣 一稱而令成王盆重言 明 愛弟之義 有輔王室之固

1) 成王(성왕) : 주(周)나라 무왕(武王)의 아들로 어린 나이에 천자가 되었으므로 숙부인 주공(周公)이 섭정(攝政)하였다.
2) 唐叔虞(당숙우) : 성왕의 동생. 당은 봉(封)한 땅의 이름. 숙우는 이름. 뒤에 당을 진(晉)으로 바꾸었다.
3) 珪(규) : 규(圭)와 같고 제후가 의식을 행할 때 손에 잡는 구슬.
4) 封女(봉여) : 너에게 제후를 봉한다. 여는 여(汝)와 같다.
5) 余一人(여일인) : 나 한 사람. 천자가 자신을 이를 때 쓰는 말투로 '나'라는 뜻.
6) 晉(진) : 진(晉)나라. 제후국의 하나로 처음에는 당(唐)이었는데 뒤에 진으로 고쳤다.

　다. 3년 동안 날지 않고 울지 않은 새
　형(荊 : 楚)나라 장왕(莊王)은 즉위하여 3년 동안 정사(政事)를 듣지 않고 은어(隱語)를 좋아하였다.
　성공고(成公賈)가 들어가 간(諫)하니, 왕이 말하였다.
　"나는 간하는 자를 금(禁)하였는데, 지금 그대가 간하고자 하니 무슨 까닭인가."
　이에 대하여 성공고가 대답하였다.
　"신은 감히 간하려는 것이 아닙니다. 원컨대 왕을 모시고 은어를 나누고 싶습니다."

왕은 말하였다.

"나에게 무슨 은어인들 못하겠는가."

성공고가 대답하기를

"새가 있어 남쪽 언덕에 앉아 3년 동안 움직이지 않고 날지도 않으며, 울지도 않으니 이것은 무슨 새입니까? 왕께서는 이것을 맞춰 보십시오"

하니, 왕은 말하였다.

"새가 남쪽 언덕에 앉아 3년 동안 움직이지 않는 것은 장차 의지를 정립(定立)하려는 것이고, 날지 않는 것은 장차 날개를 생장시키려는 것이며, 울지 않는 것은 장차 민정(民情)을 관찰하려는 것이다. 저 새가 비록 날지 않는다고 하지만 일단 날면 장차 하늘을 찌를 것이요, 비록 울지 않는다고 하지만 일단 울면 장차 사람을 놀라게 할 것이다. 고(賈)는 그만 나가시오 나는 그것을 알고 있소"

다음 날 조회(朝會)에서 등용되는 자가 다섯 사람이요, 면직되는 자가 열 사람이었다. 이에 모든 신하들은 크게 기뻐하였고, 초나라의 대중은 서로 경하(慶賀)하였다.

그러므로 '시경(詩經)'에 이르기를

"어찌 장구(長久)할 것인가.

반드시 까닭이 있다.

어찌 거처가 있을 것인가.

반드시 함께 하는 자가 있을 것이다."

라고 한 것은 이 장왕을 이르는 말이었던가.

성공고의 은어는 태재비(太宰嚭)의 이야기보다 현명하다. 태재비의 이야기는 부차(夫差)에게 받아들여져 오(吳)나라가 멸망하였고, 성공고의 은어는 초나라의 왕을 깨우쳐 주어 초나라로 하여금 패자(覇者)가 되게 하였다.

莉莊王立三年 不聽而好讔[1] 成公賈入諫 王曰 不穀禁諫者 今子諫何故 對曰 臣非敢諫也 願與君王讔也 王曰 胡不設不穀矣 對曰

有鳥止於南方之阜 三年不動不飛不鳴 是何鳥也 王射之[2] 曰 有鳥
止於南方之阜 其三年不動 將以定志意也 其不飛 將以長羽翼也 其
不鳴 將以覽民則也 是鳥雖無飛 飛將沖天 雖無鳴 鳴將駭人 賈出
矣 不穀知之矣 明日朝 所進者五人 所退者十人 群臣大說 莉國之
衆相賀也 故詩曰 何其久也 必有以也 何其處也 必有與也 其莊王
之謂邪 成公賈之讔也 賢於太宰嚭之說也 太宰嚭之說 聽乎夫差 而
吳國爲墟 成公賈之讔 喩乎莉王 而莉國以覇

1) 讔(은) : 은어(隱語).
2) 王射之(왕사지) : 왕은 그 새를 쏘라. 곧 왕은 그 새가 움직이지 않고 날지 않
   으며 울지 않는 뜻을 알아맞히라는 말.

라. 나라 안에 성인이 있을 것입니다

제(齊)나라의 환공(桓公)이 관중(管仲)과 더불어 거(莒)나라
를 공벌(攻伐)하기로 모의(謀議)하였거늘 아직 그 모의가 행해
지기도 전에 그 소문이 나라 안에 퍼져 모두 알게 되었다.

환공이 괴이하게 여겨 말하였다.

"중보(仲父)와 더불어 거나라 치기를 모의하였는데 그 모의가
아직 행해지기도 전에 그 소문이 퍼져 나라 사람들이 다 알고 있
으니, 어찌된 까닭이오?"

이에 대하여 관중이 말하기를

"필경 나라 안에 성인이 있을 것입니다."

하니, 환공이 말하였다.

"아아, 전날에 공장(工匠)이 자저(柘杵)를 손에 쥐고 위를 향
하여 바라보는 자가 있었는데, 생각건대 그 자가 아닐까?"

그래서 그 사람을 다시 불러 일을 시켜보았으나, 별다른 것을
발견할 수 없었다.

얼마 후에 동곽아(東郭牙)가 왔다. 관중은 '그것은 이 사람임
에 틀림없다' 고 생각하고, 빈자(賓者)로 하여금 그를 이끌어 계
단을 분리해서 서게 하고 말하기를

"그대인가? 거를 정벌할 것이라고 말한 것은."

하니, 그는

"그렇습니다."

하고 대답하는 것이었다. 이에 관중이

"나는 거를 정벌하겠다고 말한 일이 없는데 그대는 어찌하여 거를 정벌할 것이라고 하였는가."

하니, 대답하기를

"신은 군자는 모의를 잘하고, 소인은 생각을 잘한다고 들었습니다. 신은 남모르게 그런 생각을 했던 것입니다."

하는 것이었다. 관중이

"내가 거를 정벌하겠다고 말하지 않았는데 그대는 어찌 그런 생각을 했던 것인가."

하니, 그는 대답하였다.

"신은 군자에게는 세 가지 기색(氣色)이 있으니, 현연(顯然)하고 기뻐하는 것은 종고(鐘鼓)의 기색이요, 추연(湫然)하고 고요한 것은 최질(衰絰)의 기색이며, 불연(艴然)하게 충만(充滿)하고 수족(手足)에 긍지(矜持)가 있는 것은 병혁(兵革)의 기색이라고 들었습니다. 전날 신이 대상(臺上)에 계신 주군을 바라보니, 불연하게 충만하고 수족에 긍지가 있으셨는데, 이것은 병혁의 기색이었습니다. 주군께서는 입을 열고 닫지 않으셨으니 말씀하시는 것은 거(莒)였고, 주군께서 팔을 들어 가리키는 곳은 거(莒)에 해당하는 곳이었습니다. 신은 남모르게 제후로서 복종하지 않는 자를 생각해 보니 그것은 다만 거(莒)가 있을 뿐이었습니다. 신은 그래서 거(莒)를 정벌하게 될 것이라고 말하였던 것입니다."

무릇 귀가 들을 수 있는 것은 소리가 있는 까닭이다. 지금 그 소리를 듣지 않고 그 용모와 팔을 보고 알았으니, 귀로써 듣지 않고도 들을 수 있었던 것이다. 환공과 관중이 비록 비밀을 잘 지키려고 했더라도 지킬 수 없었던 것이다. 그러므로 성인은 소리없이 들을 수 있고, 형상이 없어도 볼 수 있는 것이다. 첨하(詹何)·전자방(田子方)·노담(老耽)이 그러했다.

齊桓公與管仲謀伐莒 謀未發而聞於國 桓公怪之曰 與仲父謀伐
莒 謀未發而聞於國 其故何也 管仲曰 國必有聖人也 桓公曰 譆 日
之役者[1] 有執蹠癗[2]而上視者 意者其是邪 乃令復役 無得相代 少頃
東郭牙至 管仲曰 此必是已 乃令賓者延[3]之而上 分級而立 管子曰
子邪言伐莒者 對曰 然 管仲曰 我不言伐莒 子何故言伐莒 對曰 臣
聞君子善謀 小人善意 臣竊意之也 管仲曰 我不言伐莒 子何以意之
對曰 臣聞君子有三色 顯然喜樂者 鐘鼓之色也 湫然[4]淸靜者 衰絰
之色也 艴然[5]充盈手足矜者 兵革[6]之色也 日者臣望君之在臺上也
艴然充盈手足矜者 此兵革之色也 君呿[7]而不唫[8] 所言者莒也 君擧
臂而指 所當者莒也 臣竊以慮諸侯之不服者 其惟莒乎 臣故言之 凡
耳之聞以聲也 今不聞其聲而以其容與臂 是東郭牙不以耳聽而聞也
桓公管仲雖善匿 弗能隱矣 故聖人聽於無聲 視於無形 詹何田子方
老耼是也

1) 役者(역자) : 공장(工匠).

2) 蹠癗(척의) : 자저(柘杵).

3) 延(연) : 이끌다. 인(引)과 같다.

4) 湫然(추연) : 쓸쓸한 모양.

5) 艴然(불연) : 성난 모양.

6) 兵革(병혁) : 전쟁.

7) 呿(거) : 입을 벌리다. 개구(開口).

8) 唫(음) : 입을 다물다. 폐구(閉口).

3. 깨닫기를 정밀하게 하라〔三曰精諭〕

가. 날아오는 갈매기가 한 마리도 없었다

성인은 서로 깨우침에 있어 말(言)을 기다리지 않고 말에 앞서서 이미 설명하는 바가 있는 것이다.

바닷가에 사는 사람으로 갈매기를 좋아하는 자가 있어 언제나 바닷가에서 갈매기를 따라 함께 놀며 즐겼다. 날아오는 갈매기의 수가 수백에 그치지 않고 전후 좌우가 온통 갈매기로 덮여 있었는데, 온종일 그것들과 놀고 즐기면서 떠날 줄을 몰랐다. 그래서 그의 아버지가 그에게 말하였다.

"들으니 갈매기들은 모두 너를 따라서 놀고 있다고 하는데 너는 그 갈매기를 잡아 오너라. 나도 앞으로는 그 갈매기들과 놀고 즐기련다."

그런데 다음 날 바닷가에 가서 보니, 날아오는 갈매기가 한 마리도 없었다고 한다.

聖人相諭不待言 有先言言者也 海上之人有好蜻¹⁾者 每居海上 從蜻游 蜻之至者百數而不止 前後左右盡蜻也 終日玩之而不去 其父告之曰 聞蜻皆從女居 取而來 吾將玩之 明日之海上 而蜻無至者矣

1) 蜻(청) : 잠자리. 여기서는 갈매기를 이르는 말이다. 혹 청조(靑鳥)로 풀이하기도 한다.

나. 조용하게 천천히 말하라

승서(勝書)가 주공단(周公旦)에게 말하였다.

"조정(朝廷)은 작은데 사람의 수는 많아 조용하게 천천히 말하면 사람들이 잘 듣지 못하고, 빠르고 크게 말해야 사람들이 모두 그 말을 알아듣습니다. 조용하게 천천히 말해야 하겠습니까, 빠르고 크게 말해야 하겠습니까."

주공단은 말하였다.

"조용하게 천천히 말하라."

승서가 또 말하였다.

"여기 한 건의 일이 있는데, 작고 간략하게 말하면 뜻이 분명하지 않고 이것을 말하지 않으면 일이 이루어지지 않습니다. 작고 간략하게 말해야 하겠습니까, 말하지 말아야 하겠습니까."

주공단은 말하였다.

"말하지 말라."

그러므로 승서는 잘 말할 수 없는 것으로써 설(說)하였고, 주공단은 잘 말할 수 없는 것으로써 들었으니, 이것은 말하지 않으면서 듣고, 말하지 않으면서 모의(謀議)하고, 말하지 않으면서 일하는 것을 이르는 말이다. 그래서 은나라가 비록 주(周)나라를 미워했어도 해치지는 못했던 것이다.

입을 다물어 말하지 않고 정성된 뜻으로써 서로 고한다. 은나라 주왕(紂王)은 주나라를 미워하는 마음이 많았다고 하더라도 주나라의 약점을 알 수가 없는 것이다. 눈은 형상이 없는 것을 보고, 귀는 소리 없는 것을 들으니, 상(商)나라가 정보(情報)를 많이 안다고 하더라도 그 비밀을 엿볼 수가 없는 것이다.

함께 미워하고 함께 좋아하는 것이 모두 바라는 바가 있는 것이다. 비록 천자라고 하더라도 벗어날 수는 없는 것이다.

勝書[1]說周公旦曰 廷小人衆 徐言則不聞 疾言則人知之 徐言乎 疾言乎 周公旦曰 徐言 勝書曰 有事於此 而精言之而不明 勿言之 而不成 精言乎 勿言乎 周公旦曰 勿言 故勝書能以不言說 而周公旦能以不言聽 此之謂不言之聽 不言之謀 不聞之事 殷雖惡周 不能 疵矣 口嗋[2]不言 以精相告 紂[3]雖多心 弗能知矣 目視於無形 耳聽於無聲 商聞雖衆 弗能窺矣 同惡同好 志皆有欲 雖爲天子 弗能離矣

1) 勝書(승서) : 주나라에 와 있던 객(客)의 이름.

2) 口嗋(구혼) : 입을 다물다.

3) 紂(주) : 주왕(紂王). 주왕은 이때 이미 죽은 뒤이므로 원문의 잘못인 듯하다.

다. 한 번 보고 사람을 안 공자(孔子)

공자가 온백설자(溫伯雪子)를 찾아가 보고는 말없이 그대로 나오는 것이었다. 그래서 자공(子貢)이 말하였다.

"선생님께서는 온백설자를 만나보고자 하신 지가 오래이신데, 만나보시고는 말이 없으시니 무슨 까닭이십니까?"

이에 대하여 공자가 말하였다.

"이와 같은 사람을 한 번 보고 그 도(道)있는 사람임을 알았으니, 다시 많은 말을 할 필요가 없는 것이다."

그러므로 아직 그 사람을 보지 않고서 이미 그의 뜻을 알고 그 사람을 한 번 보면 그의 마음과 뜻을 다 볼 수 있는 것이니, 천도(天道)는 합하는 것이다. 성인이 서로 아는 데에 어찌 설명을 기다릴 것인가.

孔子見溫伯雪子[1] 不言而出 子貢曰 夫子之欲見溫伯雪子 好矣[2] 今也見之而不言 其故何也 孔子曰 若夫人者目擊而道存矣 不可以容聲矣 故未見其人而知其志 見其人而心與志皆見 天符同[3]也 聖人之相知 豈待言哉

1) 溫伯雪子(온백설자) : 득도(得道)한 사람. 미상(未詳)하다.
2) 好矣(호의) : 오래다. 호(好)는 구(久)와 같다.
3) 天符同(천부동) : 하늘의 부절(符節)이 합하다. 천부는 천도(天道)와 같고 동은 합(合)과 같다.

라. 돌을 물에 던진다면 어떻게 됩니까?

백공(白公)이 공자에게 묻기를

"사람이 누구와 더불어 음모를 꾸밀 수 있는 것입니까?"

하니, 공자가 대답하지 않았다. 백공은 다시 묻기를

"만약 돌을 물에다 던진다면 어떻게 됩니까?"

하니, 공자는 대답하였다.

"몰인(沒人)이라면 능히 그것을 건져낼 수 있습니다."

백공이 또 묻기를

"만약 물을 물에다 던진다면 어떻게 되겠습니까?"

하니, 공자는 대답하였다.

"치수(淄水)와 승수(澠水)의 물이 합수(合水)하는 데서 역아(易牙)라면 물의 맛을 보아 그것을 분별할 것입니다."

백공이 또 묻기를

"그렇다면 사람이 누구와 더불어 음모를 꾸밀 수는 없다는 말입니까?"

하니, 공자는 대답하였다.

"어찌 할 수 없다고 하겠습니까. 다만 말의 깊은 뜻을 알 수 있는 사람만이 할 수 있을 뿐입니다."

백공은 말의 뜻을 이해하지 못하였다. 말의 참뜻을 아는 사람이라면 말을 하지 않는다. 말은 말의 속뜻에 달려 있는 것이다. 고기를 잡으려는 사람은 옷을 적시게 되고 짐승과 다투는 사람은 달리게 된다. 이것은 반드시 그렇게 되게 마련이지 그것을 좋아해서가 아니다.

그러므로 가장 고상한 말은 말을 떠나고, 가장 고상한 행위는 하지 않는 것이다. 지혜가 천박한 자의 다투는 것은 가장 마지막인 것이다. 이것이 백공이 법실(法室)에서 죽게 된 까닭이다.

白公¹⁾問於孔子曰 人可與微言²⁾乎 孔子不應 白公曰 若以石投水奚若³⁾ 孔子曰 沒人⁴⁾能取之 白公曰 若以水投水 奚若 孔子曰 淄澠之合者⁵⁾ 易牙嘗而知之 白公曰 然則人不可與微言乎 孔子曰 胡爲不可 唯知言之謂者⁶⁾爲可耳 白公弗得也 知謂則不以言矣 言者謂之屬也 求魚者濡 爭獸者趨 非樂之也 故至言去言 至爲無爲 淺智者之所爭則末矣 此白公之所以死於法室

1) 白公(백공) : 초(楚)나라 평왕(平王)의 손자요, 태자 건(建)이 아들로 이름은 승(勝). 정(鄭)나라로 망명(亡命)하여 진(晉)나라와 더불어 국제적인 음모를 꾸며 난리를 일으켰다가 피살되었다.
2) 微言(미언) : 음모(陰謀).
3) 奚若(해약) : 어찌 되겠는가.
4) 沒人(몰인) : 물속에서 다닐 수 있는 사람. 곧 잠수부.
5) 淄澠之合者(치승지합자) : 치수(淄水)와 승수(澠水)가 합수(合水)된 물.

치수와 승수는 다 제(齊)나라에 흐르는 두 강의 이름.
6) 知言之謂者(지언지위자) : 말의 깊은 뜻을 아는 사람. 곧 인(仁)과 의(義)를
   알아 인의(仁義)가 크게 백성에게 행하여져 백성이 즐겨 그것을 받들게 된
   다면 음모를 꾸며도 괜찮다는 뜻.

마. 행동을 보고 속마음을 아는 사람들

제(齊)나라 환공(桓公)이 제후를 모이게 하였는데 위(衛)나
라 제후가 늦게야 이르러 환공은 조정에서 관중과 더불어 위나라
를 정벌할 것을 모의하고, 조정에서 물러나 궁(宮)으로 들어갔다.
위희(衛姬)가 환공을 바라보고는 당(堂)에서 내려와 두 번 절하
고는 위나라 군주의 죄를 청하는 것이었다. 환공이 말하였다.

"나는 위나라에 대하여 아무 까닭도 없는데 그대는 어찌하여
그런 일을 청하는가?"

이에 대하여 위희는 말하였다.

"첩(妾)이 주군께서 들어오시는 것을 바라보니 발걸음이 높고
그 기운이 양양(揚揚)하시었습니다. 이것은 나라를 정벌하시겠
다는 뜻이 있으신 것입니다. 그리고 첩을 보시는데 기색이 움직
이셨으니, 이것은 위나라를 정벌하시려는 뜻이 있으신 것입니다."

다음 날 환공은 조정에 나가 관중을 읍(揖)하고 가까이 오게 하
니, 관중이 말하였다.

"주군께서는 위나라에 대한 정벌을 포기하시렵니까?"

그래서 환공이 말하기를

"중보(仲父)는 어찌 그것을 아시오"

하니, 관중이 말하였다.

"주군께서 조회에서 읍하시는 것이 공손하시고 말씀이 완만하
셨으며, 신을 보시는데 부끄러워하시는 기색이 있으셨습니다. 신
은 그것으로써 그것을 알 수 있었습니다."

이 말을 듣고 환공은 말하였다.

"좋습니다. 중보께서는 밖을 다스리고 부인은 안을 다스리니,

과인은 마침내 제후의 웃음거리가 되지 않을 것을 깨달았습니다."

　환공은 감추어 두어야 할 것은 말하지 않았으나 이제 관자는 그의 용모와 음성으로써 그것을 알았고, 부인은 그의 걸음걸이와 기색으로써 그것을 알았으니, 환공이 비록 말하지 않았으나 이미 어두운 밤에 촛불을 밝힌 것과 같았다.

　齊桓公合諸侯[1] 衛人後至 公[2]朝而與管仲謀伐衛 退朝而入 衛姬[3]望見君 下堂再拜 請衛君之罪 公曰 吾於衛無故 子曷爲請 對曰 妾望君之入也 足高氣彊 有伐國之志也 見妾而有動色 伐衛也 明日 君朝揖管仲而進之 管仲曰 君舍[4]衛乎 公曰 仲父安識之 管仲曰 君之揖朝也恭 而言也徐 見臣而有慙色 臣是以知之 君曰 善 仲父治外夫人治內 寡人知終不爲諸侯笑矣 桓公之所以匿者不言也 今管子乃以容貌音聲 夫人乃以行步氣志 桓公雖不言 若暗夜而燭燎也

1) 齊桓公合諸侯(제환공합제후) : 제(齊)나라 환공이 제후를 회합시키다. 제나라는 춘추 오패(春秋五霸)의 하나로 명분상으로는 천자를 받드는 천하의 많은 제후와 대등하였으나 실력면에 있어서는 패자(霸者)였으므로 천하의 제후를 호령하였고, 천하의 제후들은 그의 명령에 복종하였던 것이다.

2) 公(공) : 환공을 가리킨다.

3) 衛姬(위희) : 위나라에서 시집 온 환공의 부인.

4) 舍(사) : 버리다. 포기하다.

바. 말을 참뜻을 아는 자만이 결단한다

　진(晉)나라의 양공은 주(周)나라에 사람을 보내 말하였다.

　"저희 나라의 군주는 병으로 누워 있습니다. 수구(守龜)로써 점을 치니, 점괘에 이르기를 삼도산(三途山) 귀신의 탓이라고 하므로 저희 나라 군주는 하신(下臣)을 보내 그 산으로 가는 길을 빌려 그 산에 가 복을 받기를 원하옵니다."

　주나라의 천자는 이 청을 들어 허락하였다.

　조례(朝禮)에서 사자(使者)로서의 예를 마치고 객(客)이 나간 뒤에 장홍(萇弘)이 유강공(劉康公)에게 일러 말하였다.

"대저 삼도산에서 복을 빌겠다고 천자에게 예를 받았으니 그것은 부드럽고 가상한 일이나 객에게는 위무적(威武的)인 기색이 있으니 다른 뜻이 있는 것 같습니다. 원컨대 공(公)께서는 이에 대한 대비가 있어야 할 것입니다."

그래서 유강공은 곧 전차와 군사를 동원하여 그에 대한 대비를 하고 있었다. 진나라는 과연 제사지낼 사자(使者)들을 먼저 보내고 인하여 양자(楊子)로 하여금 장졸(將卒) 12만을 거느리고 그 뒤를 따르게 하여 극진(棘津)을 건너 요(聊)와 완량(阮梁)과 만씨(蠻氏)의 세 나라를 급습하여 멸망시켰다.

이것은 형(形)과 명(名)이 서로 맞지 않는 것으로써 성인이 살필 수 있는 것인데 장홍은 그것을 분명하게 살폈던 것이다.

그러므로 말은 그것으로써 작은 일을 판단하기에 부족하고 다만 말의 참뜻을 아는 자만이 일을 결단할 수 있는 것이다.

晉襄公[1] 使人於周曰 弊邑寡君寢疾 卜以守龜曰 三塗爲祟[2] 弊邑寡君使下臣[3] 願藉塗而祈福焉 天子[4] 許之 朝禮使者事畢 客出 萇弘[5] 謂劉康公曰 夫祈福於三塗 而受禮於天子 此柔嘉之事也 而客武色[6] 殆有他事 願公備之也 劉康公乃徹戎車[7] 卒士以待之 晉果使祭事先 因令楊子將卒十二萬而隨之 涉於棘津 襲聊阮梁蠻氏 滅三國焉 此形名不相當 聖人之所察也 萇弘則審矣 故言不足以斷小事 唯知言之謂[8]者可爲

1) 襄公(양공) : 오패의 한 사람이었던 진(晉)나라 문공(文公)의 아들.
2) 三塗爲祟(삼도위수) : 삼도산(三塗山) 귀신의 탓. 삼도는 산의 이름으로 주(周)나라를 지나가게 되어 있다.
3) 下臣(하신) : 천자 앞에서 제후국의 신하임을 뜻하는 말.
4) 天子(천자) : 주(周)나라의 경왕(景王)을 가리킨다.
5) 萇弘(장홍) : 주나라의 대부(大夫).
6) 武色(무색) : 무력(武力)으로 위압(威壓)하는 기색.
7) 戎車(융거) : 전차(戰車).

8) 言之謂(언지위) : 말의 참뜻. 말의 깊은 뜻.

4. 뜻이 떠나다〔四曰離意〕

가. 멸망하는 나라는 두 길이 없다
말이라는 것은 그것으로써 의지(意志)를 나타내는 것이다. 말과 의지가 서로 다르면 그것은 상서롭지 못한 것이다.

어지러운 나라의 풍속은 유언(流言)이 매우 많으나 그 사실을 돌아보지 않고, 혹은 서로 헐뜯기에 힘쓰고 혹은 서로 치켜세우기에 힘써, 헐뜯고 치켜세우는 데에 서로 무리를 이룬다.

대중의 입이 쇠를 녹이고, 현명하고 어리석음을 분간하지 못하면서 그것으로써 나라를 다스리니 현명한 군주라도 오히려 미혹됨을 깨닫게 되거늘 하물며 어리석은 군주에 있어서랴.

미혹된 자의 병폐는 스스로 미혹되었다고 하지 않으니 그래서 미혹된 것이다. 미혹된 가운데 때로는 또한 깨달은 때가 있고, 어두운 가운데에 때로는 또한 밝음이 있는 것이다.

멸망하는 나라의 군주에 이르러서는 스스로 미혹되었다고 하지 않는다.

걸왕(桀王)이나 주왕(紂王)이나 유왕(幽王)이나 여왕(厲王)은 모두 같다. 그러니 멸망이 있는 나라는 두 길이 없다.

言者以諭意也 言意相離 凶也 亂國之俗 甚多流言 而不顧其實 務以相毀 務以相譽 毀譽成黨 衆口熏天[1] 賢不肖不分 以此治國 賢主猶惑之也 又況乎不肖者乎 惑者之患 不自以爲惑 故惑惑之中有曉焉 冥冥之中有昭焉 亡國之主不自以爲惑 故與桀紂幽厲皆也 然有亡者國 無二道矣

1) 熏天(훈천) : 하늘을 지진다. 곧 쇠를 녹인다는 뜻과 상통한다.

나. 이치는 옳고 그른 것의 근본이다

정(鄭)나라에서는 자기의 생각을 글로 써서 거리에다 붙이는 사람이 많았다. 그래서 자산(子産)이 명령하여 거리에 글을 써 붙이는 것을 금하였다. 그랬더니 등석(鄧析)은 그 방법을 바꾸어 투체(投遞)로써 글을 보냈다. 자산이 또 명령하여 투체를 금지시켰더니 등석은 이번에는 누구에게 부탁해서 그것을 보내는 것이었다. 명령이 끝이 없으면 등석의 그것에 대응하는 방법이 또한 끝이 없으니, 이것은 옳고 옳지 않은 것의 분별이 없는 것이다.

옳고 옳지 않은 것의 분별이 없이 상과 벌로써 금지하면 벌은 더욱 빨라지고 어지러움 또한 더욱 빨라지는 것이다. 이것은 나라를 다스리는데 있어 마땅히 피해야 할 바다.

그러므로 분별하되 이치에 합당하지 않으면 그것은 거짓이요, 알되 이치에 합당하지 않으면 그것은 속이는 일이다. 속이고 거짓된 사람은 선왕(先王)의 주살(誅殺)하는 바이니, 이치라는 것은 옳고 그름이 근본이다.

鄭國多相縣[1]以書者 子産令無縣書[2] 鄧析[3]致之[4] 子産令無致書 鄧析倚之 令無窮則鄧析應之亦無窮矣 是可不可無辨也 可不可無辨 而以賞罰 其罰愈疾 其亂愈疾 此爲國之禁也 故辨而不當理則僞 知而不當理則詐 詐僞之民 先王之所誅也 理也者 是非之宗也

1) 縣(현) : 걸다. 여기서는 붙인다는 뜻.
2) 縣書(현서) : 길거리에 써서 붙이는 글. 벽보(壁報)와 같다.
3) 鄧析(등석) : 춘추시대 정나라 사람으로 명가(名家).
4) 致之(치지) : 치서(致書). 투체(投遞).

다. 죽고 사는 일은 이익으로부터

유수(洧水)의 물이 크게 불어 정(鄭)나라의 부자가 물을 건너

다가 물에 빠져 죽었는데, 어떤 사람이 그 죽은 사람의 시체를 찾
아냈다. 그래서 그 부자집에서 돈을 치르고 그 시체를 넘겨받고
자 하니 그 사람이 요구하는 돈의 액수가 너무 많았다. 부자가 그
사실을 등석(鄧析)에게 말하니 등석이 말하였다.

"안심하시오. 그 사람은 반드시 그 시체를 다른 사람에게는 팔
지 않을 것이오."

이번에는 시체를 가지고 있는 사람이 그것이 근심이 되어 등석
을 찾아가 말하니 등석은 도 그에 대하여 대답하였다.

"안심하시오. 그 사람은 반드시 다른 데 가서는 시체를 사지 못
할 것이오."

대저 충신을 해롭게 하는 사람은 이와 같은 데가 있다. 공이 없
어 백성을 얻지 못하면 그 공이 백성을 얻지 못한 것을 가지고 그
를 해롭게 하고, 공이 있어 백성을 얻으면 그 공이 있어 백성을 얻
은 것을 가지고 그를 해롭게 한다. 군주로서 도량이 없는 사람은
그것으로써 옳고 그름을 판단하지 못하니, 어찌 슬픈 일이 아닌가.

비간(比干)과 장홍(萇弘)은 이것으로 말미암아 죽음을 당하
였고, 기자(箕子)와 상용(商容)은 이것으로 말미암아 곤궁하게
되었고, 주공(周公)과 소공(召公)은 이것으로 말미암아 의심을
받았으며, 범려(范蠡)와 자서(子胥)는 이것으로 말미암아 추방
되었다.

죽고 사는 일이나 존속하고 멸망하는 일이나 편안하고 위태로
운 일들은 모두 이를 좇아 발생하는 것이다.

洧水[1]甚大 鄭之富人有溺者 人得其死[2]者 富人請贖之 其人求金
甚多 以告鄧析 鄧析曰 安之 人必莫之賣矣 得死者患之 以告鄧析
鄧析又答之曰 安之 此必無所更買矣 夫傷[3]忠臣者 有似於此也 夫
無功不得民 則以其無功不得民傷之 有功得民 則又以其有功得民
傷之 人主之無度者 無以知此 豈不悲哉 比干萇弘以此死 箕子商容[4]
以此窮 周公召公以此疑[5] 范蠡子胥以此流 死生存亡安危 從此生矣

1) 洧水(유수) : 강의 이름.

2) 死(사) : 여기서는 죽은 시체(屍體)를 뜻한다. 시(屍). 시(尸).

3) 傷(상) : 상처를 주다. 해롭게 하다. 중상(中傷).

4) 箕子商容(기자상용) : 기자는 은나라 주왕의 숙부. 상용은 은나라 주왕 때의
   현자(賢者).

5) 周公召公以此疑(주공소공이차의) : 주공과 소공은 이것으로 말미암아 의심
   을 받았다. 곧 성왕의 숙부들이요, 주공의 형제들인 관숙(管叔)과 채숙(蔡
   叔)이 퍼뜨린 유언(流言)으로 말미암아 한때 의심을 받은 일이 있다.

라. 등석(鄧析)을 죽여 정나라를 바로 잡다

  자산(子産)이 정(鄭)나라를 다스림에 있어 등석(鄧析)이 힘
써 이를 어렵게 만들고 있었다.

  등석은 백성으로써 옥중(獄中)에 있는 자의 가족과 약정(約
定)하여 대옥(大獄 : 큰 죄)은 의복 한 벌, 소옥(小獄 : 작은 죄)
은 바지저고리를 받았는데, 의복과 바지저고리를 바치고 소송에
관한 일을 등석에게 배우는 자가 셀 수 없이 많았다.

  이에 그른 것을 옳다고 하고 옳은 것을 그르다고 하여 옳고 그
른 것을 종잡을 수 없게 되었으며, 옳고 옳지 않은 것이 날로 바뀌
었다. 그리하여 승리하고자 하면 승리하게 하고, 사람으로 하여금
죄를 얻게 하고자 하면 죄를 얻게 했다. 그리하여 정나라 법도의
기강은 크게 어지러워지고, 백성들의 여론은 아주 시끄러워졌다.

  이를 근심한 자산은 이에 등석을 죽여 그 죄상을 널리 선포하
고 시체를 모든 사람에게 보이니, 민심은 곧 순종하게 되고 옳고
그른 것이 바로잡혔으며, 법률은 바르게 행하여졌다.

  지금 세상에서는 그 나라를 다스리고자 하는 사람이 많으면서
등석과 같은 부류의 인간들을 주살(誅殺)하지 않는다.

  이것이 다스리고자 하면서 더욱 어지러워지는 까닭이다.

  子産治鄭 鄧析務難之 與民之有獄者約 大獄一衣 小獄襦袴[1] 民
之獻衣襦袴而學訟者 不可勝數 以非爲是 以是爲非 是非無度 而可

與不可日變²⁾ 所欲勝 因勝³⁾ 所欲罪 因罪 鄭國大亂 民口讙譁⁴⁾ 子産
患之 於是殺鄧析而戮之 民心乃服 是非乃定 法律乃行 今世之人多
欲治其國 而莫之誅鄧析之類 此所以欲治而愈亂也

1) 襦袴(유고) : 바지저고리. 고이적삼. 곧 간단한 옷.
2) 日變(일변) : 날로 바뀌다. 곧 어제는 옳다고 하던 것이 오늘은 그른 것이 되
   고 오늘 그르다고 하던 것이 내일은 옳은 것이 되는 등 가(可)와 불가(不可)
   가 종잡을 수 없이 된다는 말.
3) 因勝(인승) : 이기게 하다.
4) 民口讙譁(민구훤화) : 백성들의 입이 시끄럽다.

마. 다능(多能)은 과능(寡能)만 못하다

　제(齊)나라에 남을 섬기는 사람이 있었는데, 그는 남을 섬기면
서 국난(國難)이 있었건만 죽음으로써 그것을 막지 않았다.
　그 뒤에 노상에서 옛 친구를 만났다. 옛 친구가 말하기를
　"진실로 죽지 않은 것인가."
하니, 그 사람은 대답하였다.
　"그렇다. 무릇 남을 섬기는 것은 그것으로써 유리한 것을 구하기
위함이다. 죽어서 유리할 것이 없으니 그래서 죽지 않은 것이다."
　그래서 옛 친구가 또 말하기를
　"그대는 그러고도 그 사람을 아직 대할 수 있단 말인가."
하니, 대답하기를
　"그대는 죽고 나면 그 사람을 볼 수 있다고 생각하는가."
하는 것이었다.
　이 사람은 여러 차례 전전하여 주군을 바꾸어 섬겼건만 그 주
군을 위해 죽지 않았으니 크게 의(義)롭지 않은 사람이다. 그 말
은 오히려 복종할 수 없으니 말로써 일을 결단하기에 부족한 것
이 분명하다.
　이른바 말이라는 것은 다만 마음속에 있는 생각을 겉으로 드러
내는 것이니, 그 겉으로 드러내는 것을 비추어 보고 마음속에 생

각하고 있는 것을 던져 버린다는 것은 어긋나는 일이다.

그러므로 옛 사람은 그 뜻을 얻으면 곧 그 말을 버렸다. 말을 듣는 사람은 말을 들음으로써 뜻을 보았다. 말을 들어서 뜻을 알 수 없다면 그것은 여언(戾言)과 다름이 없다.

제(齊)나라 사람으로서 순우곤(淳于髡)이라는 사람이 있어 합종설(合縱說)로써 위(魏)나라의 왕을 설득하니 위나라 왕은 그 변설을 받아들여 수레 열 승(乘)을 내주기로 약속하고 장차 형(荊 : 楚)나라로 가게 하기로 하여 순우곤은 물러나 떠나고자 하였다. 그런데 또 어떤 사람이 연횡설(連橫說)로써 위나라 왕을 설득하니, 위나라 왕은 곧 순우곤이 초나라로 가는 것을 막았다. 그것으로 합종설의 뜻을 잃고 또 연횡설의 일도 잃고 말았다.

대저 다능(多能)은 과능(寡能)만 같지 못하고, 언변이 있음은 언변이 없는 것만 같지 못하다.

주정(周鼎)에 수(倕)의 상(像)을 만들어 붙여서 그 손가락을 깨물게 한 것은 선왕(先王)들이 크게 공교로운 것은 가히 쓸모가 없다는 것을 경계하기 위하여 나타낸 것이다.

齊有事人者 所事有難而弗死也. 遇故人於塗 故人曰 固不死乎 對曰 然 凡事人以爲利也 死不利 故不死 故人曰 子尙可以見人乎 對曰 子以死爲顧可以見人乎 是者數傳[1] 不死於其君長 大不義也 其辭猶不可服 辭之不足以斷事也明矣 夫辭者意之表也 鑒其表而棄其意 悖 故古之人得其意則舍其言矣 聽言者以言觀意也 聽言而意不可知 其與橋言[2]無擇[3] 齊人有淳于髡者 以從[4]說魏王 魏王辯之 約車十乘 將使之荊 辭而行 有以橫[5]說魏王 魏王乃止其行 失從之意 又失橫之事 夫其多能不若寡能 其有辯不若無辯 周鼎著倕[6]而齕其指 先王有以見大巧之不可爲也

1) 數傳(수전) : 여러 차례 주군을 바꿔가면서 섬겼다는 뜻. 전은 전(轉)과 같다.
2) 嬌言(교언) : 어긋나는 말. 여언(戾言).
3) 擇(택) : 다르다. 이(異)와 같다.
4) 從(종) : 합종설(合從說). 전국시대에 소진(蘇秦)에 의해 주창(主唱)된 외

교정책의 하나.

5) 橫(횡) : 연횡설(連橫說). 전국시대 장의(張儀)가 합종설에 대항하여 내세운 동맹 정책.

6) 倕(수) : 주정(周鼎)에 새겨진 상(像)으로 스스로 손가락을 물어뜯는 형상.

5. 말은 점잖아야 한다〔五曰淫辭〕

가. 말과 행동이 어긋나면 불길하다

말이 아니면 그것으로써 서로 알 수가 없고, 말을 따르면 때때로 혼란이 생긴다. 혼란스런 말 중에 또 말이 있으니 그것을 마음이라 이른다.

말이 마음을 속이지 않으면 말을 따르는 것 또한 괜찮다.

무릇 말이라는 것은 그것으로써 마음 속의 뜻을 나타내는 것이다. 말과 마음 속의 뜻이 서로 분리되어 윗자리에 있는 사람이 거기에 참가하지 않으면 아랫사람이 많이 말하는 것은 행하는 바가 아니요, 행하는 것은 말하는 바가 아니다. 말과 행동이 서로 어긋나면 상서롭지 않음이 이보다 큰 것이 없다.

非辭無以相期 從辭則亂 亂辭之中又有辭焉 必之謂也 言不欺心則近之矣 凡言者以諭心¹⁾也 言心相離 而上無以參之 則下多所言非所行也 所行非所言也 言行相詭 不祥莫大焉

1) 諭心(유심) : 마음을 깨우치다. 곧 마음 속의 뜻을 나타낸다는 말.

나. 서로의 약정을 어기는 일이다

공락(空雒)의 만남에서 진(秦)나라와 조(趙)나라는 서로 약정(約定)을 했는데 그 약정에 씌어 있다.

"이제부터 앞으로는 진나라에서 하고자 하는 바는 조나라에서 그것을 돕고, 조나라에서 하고자 하는 바는 진나라에서 그것을 돕는다."

불과 몇 해 뒤에 진나라는 군사를 일으켜 위(魏)나라를 공격하니 조나라는 위나라를 구원하고자 하였다.

진나라 왕은 그것을 불쾌하게 여겨 사람을 보내 책망하였다.

"약정에 이르기를 '진나라에서 하고자 하는 바는 조나라에서 그것을 돕고, 조나라에서 하고자 하는 바는 조나라에서 돕는다' 라고 하였거늘 이제 진나라는 위나라를 공격하고자 하는데, 조나라에서는 도리어 위나라를 구원하고자 하니 이것은 약정을 어기는 일이다."

이에 대하여 조나라 왕은 평원군(平原君)에게 말하였고 평원군은 또 공손룡에게 말하니, 공손룡이 말하였다.

"또한 사신을 보내시어 진나라 왕을 책망하여 말하시기를 '조나라에서 위나라를 구원하고자 하는데 진나라 왕은 홀로 조나라를 돕지 않으니 이것은 약정을 어기는 일이다' 라고 하십시오."

空雄[1]之遇 秦趙相與約 約曰 自今以來 秦之所欲爲 趙助之 趙之所欲爲 秦助之 居無幾何 秦興兵攻魏 趙欲救之 秦王不說 使人讓[2] 趙王曰 約曰 秦之所欲爲 趙助之 趙之所欲爲 秦助之 今秦欲攻魏而趙因欲救之 此非約也 趙王以告平原君[3] 平原君以告公孫龍 公孫龍曰 亦可以發使而讓秦王曰 趙欲救之 今秦王獨不助趙 此非約也

1) 空雄(공웅) : 지명(地名)으로 진나라와 조나라가 만나 약정을 한 곳. 웅은 낙(雒)의 오자(誤字)로 공락(空雒)이 바른 말이다.
2) 讓(양) : 책망하다. 책(責)과 같다.
3) 平原君(평원군) : 조(趙)나라의 공자(公子)인 승(勝).

다. 공천(孔穿)과 다시는 변설하지 마시오

공천(孔穿)과 공손룡(公孫龍)이 함께 평원군(平原君)의 처소(處所)에서 변론을 하는데 그 뜻이 깊고 언변이 좋았다.

장삼아(藏三牙)를 말함에 이르러 공손룡의 장삼아에 대한 설명은 그 이론이 십분 발휘되었다. 이 이론에 대하여 공천은 대답하지 않았다. 그리고 잠시 후 사양하고 밖으로 나갔다. 다음날 공천이 평원군을 만났을 때 평원군은 공천에게 말하였다.

"어제 공손룡의 장삼아에 대한 말은 매우 달변(達辯)이었소"

이 말에 대하여 공천은 말하였다.

"그렇습니다. 참으로 장삼아에 대하여 잘 말하였습니다. 비록 그러하지만 장삼아의 이야기가 성립되기는 어려운 것입니다. 원컨대 군(君)께 묻겠습니다. 장삼아를 설명하는 것은 심히 어려우면서 실(實)에 있어서는 불합리하고, 장양아(藏兩牙)를 설명하는 것은 매우 쉬우면서 실에 있어서는 합리적입니다. 모르겠습니다만, 군께서는 장차 쉬우면서 합리적인 것을 따르시겠습니까, 아니면 아니면 장차 어려우면서 불합리한 것을 따르시겠습니까."

이에 대하여 평원군은 대답하지 못하였다. 다음 날 공손룡을 만나 말하였다.

"공(公)은 다시는 공천과 더불어 변론하지 마시오"

孔穿[1]公孫龍相與論於平原君所 深而辯 至於藏三牙[2] 公孫龍言藏之三牙甚辯 孔穿不應 少選辭而出 明日 孔穿朝 平原君謂孔穿曰 昔者公孫龍之言甚辯 孔穿曰 然 幾能令藏三牙矣[3] 雖然難 願得有問於君 謂藏三牙甚難 而實非也 謂藏兩牙甚易 而實是也 不知君將從易而是者乎 將從難而非者乎 平原君不應 明日 謂公孫龍曰 公無與孔穿辯

1) 孔穿(공천) : 공손룡(公孫龍)과 함께 당시의 변사(辯士)로 공자의 현손(玄孫). 자는 자고(子高).
2) 藏三牙(장삼아) : 장삼이(藏三耳)의 잘못이다. 장은 양(羊)과 같다. 양의 세 귀를 이르는 뜻으로 견백(堅白)의 흑백논리의 한 이론. 계삼족(鷄三足)과 같다.
3) 幾能令藏三牙矣(기능령장삼아의) : 참으로 장삼아에 대하여 잘 말하였다는 뜻.

라. 태양의 모양은 어떠합니까?

초(楚)나라의 주국(柱國)인 장백(莊伯)은 그의 부친으로 하여금 하늘을 쳐다보게 하여 말하기를

"태양은 하늘에 있습니다. 그 모양이 어떠합니까?"

하니, 그 부친이 말하였다.

"정히 둥글다. 그 시간을 보니, 바로 현재다."

장백이 알자(謁者)로 하여금 말을 수레에 매게 하니, 알자가 말하였다.

"말이 없습니다."

연인(涓人)으로 하여금 관(冠)을 가져오라 하니, 연인이 가져다 바쳤다. 장백은 또 말의 이빨이 몇이냐고 물었다. 어인(圉人)이 대답하였다.

"앞니가 열 둘, 어금니와 함께 서른입니다."

어떤 사람이 신하를 맡겨 신하가 도망하지 못하도록 부탁하였다. 그런데 신하는 도망쳤다. 장백은 신하를 맡은 사람에게는 죄가 없다고 결정내렸다.

송(宋)나라에 징자(澄子)라는 사람이 있어 그 사람이 검은 의복을 잃었다. 길에서 그것을 찾는데, 한 부인이 검은 의복을 입은 것을 보고는 그 옷을 당기며 놓지 않으면서 그 옷을 빼앗으려 하였다. 그러면서 말하기를

"지금 나는 검은 의복을 잃었소"

하는 것이었다. 그래서 부인이 말하기를

"선생께서 비록 검은 의복을 잃으셨다 하더라도 이 옷은 실로 내가 손수 만든 것입니다."

하니, 징자가 또 말하였다.

"그대는 빨리 그 옷을 나에게 주는 것이 좋을 것이오 지난 날 내가 잃은 것은 방치(紡緇)인데, 지금 그대가 입은 옷은 단치(襌緇)가 아니오 단치를 가지고 방치에 해당시키니 그대는 어찌

이롭지 않으리오."

莉柱國¹⁾莊伯令其父視日 日在天 視其奚如 曰 正圓 視其時 曰 當
今 今謁者駕 曰 無馬 令涓人²⁾取冠 進上 問馬齒 圉人³⁾曰齒十二與
牙三十⁴⁾ 人有任臣不亡者 臣亡 莊伯決之任者無罪

宋有澄子者亡緇衣 求之塗⁵⁾ 見婦人衣緇衣 援而弗舍 欲取其衣
曰 今者我亡緇衣 婦人曰 公雖亡緇衣 此實吾所自爲也 澄子曰 子
不如速與我衣 昔吾所亡者紡緇⁶⁾也 今子之衣襌緇⁷⁾也 以襌緇當紡
緇 子豈不得哉

1) 莉柱國(형주국) : 초(楚)나라의 주국(柱國). 형은 초나라의 다른 이름이요.
   주국은 초나라의 관명(官名)으로 재상에 해당한다.
2) 涓人(연인) : 주위에서 주로 청결을 주관하는 관원.
3) 圉人(어인) : 말을 모는 사람.
4) 齒十二與牙三十(치십이여아삼십) : 말의 이는 앞니가 아래위 열 둘, 어금니
   가 아래위 열 여덟으로 합하여 서른이다.
5) 求之塗(구지도) : 길에서 그것을 찾다. 도는 도(道)와 같다.
6) 紡緇(방치) : 곱게 짠 검은 옷.
7) 襌緇(단치) : 검은 홑옷.

마. 나를 두려워하지 않는 까닭은

송나라 왕이 그 재상인 당앙(唐鞅)에게 말하였다.
"과인이 살육(殺戮)한 자는 많다. 그렇건만 많은 신하들은 더
욱 두려워하지 않으니, 그 까닭이 무엇이오?"
이 물음에 대하여 당앙이 대답하여 말하였다.
"왕께서 죽이신 것은 모두 불선(不善)한 자들 뿐이었습니다.
불선한 자만 죽이시니 선(善)한 자들은 그런 까닭에 두려워하지
않습니다. 왕께서 많은 신하들이 두려워하기를 바라신다면 선하
고 불선한 것을 가리지 마시고 때로 그들을 죽이시는 것만 같지
못합니다. 이와 같이 하시면 많은 신하들이 두려워할 것입니다."

오래 지나지 않아 송나라 왕은 당앙을 죽였다. 결국 당앙의 대답은 대답하지 않은 것만 같지 못하였다.

宋王¹⁾謂其相唐鞅曰 寡人所殺戮者衆矣 而群臣愈不畏 其故何也
唐鞅對曰 王之所罪　盡不善者也　罪不善 善者故爲不畏 王欲群臣
之畏也 不若無辨其善與不善而時罪之 若此則群臣畏矣 居無幾何
宋君殺唐鞅 唐鞅之對也 不若無對²⁾

1) 宋王(송왕) : 송나라의 강왕(康王)으로 포학무도(暴虐無道)하였다.
2) 唐鞅之對也不若無對(당앙지대야불약무대) : 당앙이 송나라 왕에게 선(善)
   과 불선(不善)을 가리지 말고 벌줌으로써 왕의 위엄을 세우고자 한 것으로
   써 왕이 죄없는 당앙을 죽였으니, 당앙의 대답은 대답하지 않은 것만 같지 못
   했다는 뜻이다.

바. 법을 시행하는 것이 좋겠습니까?

혜자(惠子)가 위(魏)나라의 혜왕(惠王)을 위하여 법(法)을
제정하였다. 법이 이미 제정되어 백성들에게 공고(公告)하니 백
성들이 모두 그것을 좋아하였다.

그런 뒤에 혜왕에게 바치니 혜왕은 그것을 좋다고 하고 적전
(翟翦)에게 보였다. 적전이 말하였다.

"좋습니다."

그래서 혜왕이

"그렇다면 시행하는 것이 좋겠는가?"

하니, 적전이 말하였다.

"불가(不可)합니다."

혜왕이

"좋다고 하면서 시행은 불가하다고 하니, 무슨 까닭인가."

하니, 적전이 대답하였다.

"비유컨대 지금 많은 사람이 큰 나무를 드는데, 앞에서 '이영
차' 하면 뒤에서는 그것을 따라서 부릅니다. 이것은 그 큰 나무를

드는데 좋은 것일 뿐입니다. 어찌 여기에 왜 정(鄭)나라와 위(衛)
나라의 음악이 필요없겠습니까. 그러나 이것은 '이영차' 소리와
같이 마땅치 않기 때문입니다. 대저 나라라는 것은 또한 나무 중
의 큰 나무인 것입니다."

惠子¹⁾爲魏惠王爲法 爲法已成 以示諸民人 民人皆善之 獻之惠王
惠王善之 以示翟翦 翟翦曰 善也 惠王曰 可行邪 翟翦曰 不可 惠王
曰 善而不可行 何故 翟翦對曰 今擧大木者 前乎輿謣²⁾ 後亦應之 此
其於擧大木者善矣 豈無鄭衛之音³⁾哉 然不若此其宜也 夫國亦木之
大者也

1) 惠子(혜자) : 혜시(惠施). 송(宋)나라 사람으로 위(魏)나라에 벼슬하여 혜
   왕(惠王)의 재상이 되었다.
2) 輿謣(여우) : 무거운 것을 들 때 힘을 내기 위해 함께 부르는 소리. '이영차'
   하는 소리 따위. 앞에서 부르면 뒤에서 화답(和答)한다.
3) 鄭衛之音(정위지음) : 정(鄭)나라와 위(衛)나라의 음악. 정나라나 위나라의
   음악은 모두 음란한 것으로 정악(正樂)이 아니다. 그러나 많은 사람들이 좋
   아하는 음악이다.

6. 비굴하지 말라〔六曰不屈〕

가. 살피는 것이 도리어 화(禍)가 되는 것

밝게 살피는 인사(곧 名家)로써 도(道)를 얻는다고 하는 것은
아직 있지 않다. 또 그 사물에 대응하는데 있어서는 언사로써 다
하기가 어렵다. 언사가 다하기 어려우면 그 화(禍)가 되고 복이
되는 것은 오히려 아직 알 수가 없다. (결문(缺文)이 있는 것 같다.)
살피되 그것으로써 능히 이치에 통달하고 의(義)를 밝히면 살
피는 것이 복이 되지만, 살피되 그것으로써 옳지 않은 것을 그럴

듯하게 꾸미고 어리석은 것을 미혹(迷惑)되게 하면 살피는 것이
화가 된다.

옛날에 말을 잘 모는 것을 중하게 여겼다. 그것은 말을 잘 몰아
포악한 것을 쫓고 사악한 것을 금하는 데에 사용하였기 때문이다.

察士[1]以爲得道 則未也 雖然 其應物也辭難窮矣 辭難窮 其爲禍
福猶未可知 察而以達理明義 則察爲福矣 察而以飾非惑愚 則察爲
禍矣 古者之貴善御[2]也 以逐暴禁邪也

1) 察士(찰사) : 밝게 살피는 인사. 명찰지사(明察之士)

2) 善御(선어) : 말을 잘 몰다.

※ 이 문장은 탈문(脫文)이 있어서 문장이 연결되지 않는다.

나. 위(魏)나라를 사양한 혜시(惠施)

위(魏)나라의 혜왕(惠王)이 혜자(惠子)에게 말하였다.

"상고시대에 국가를 소유한 사람은 반드시 현인(賢人)이었습
니다. 지금 과인은 실로 선생에게 미치지 못합니다. 바라건대 선
생께 국가를 전하고자 합니다."

이에 대하여 혜자는 사양하고 그 청을 받아들이지 않았다. 왕은
굳이 또 청하여 말하기를

"과인은 이 나라를 소유할 자격이 없는 사람입니다. 그러므로
이 나라를 현인이신 선생에게 전하면 백성들의 탐욕과 다투는 마
음이 없어질 것입니다. 그러니 선생께서는 과인의 뜻을 좇아 들
어주실 것을 바랍니다."

하니, 혜자가 말하였다.

"왕께서 하시는 말씀과 같다면 이 사람 시(施)는 청하시는 왕
의 말씀을 따를 수가 없습니다. 왕께서는 진실로 만승(萬乘)의
군주이시니, 그것으로써 나라와 백성의 탐욕과 다투는 마음을 오
히려 막으실 수가 있습니다. 지금 이 사람 시(施)는 포의지사(布
衣之士)로서 만승의 나라를 가질 수 있다고 하더라도 그것을 사

양합니다. 그것은 탐욕과 다투는 마음을 멈추게 하기보다 더욱 심하게 하는 것이 되기 때문입니다."

혜왕은 또 혜자에게 말하였다.

"옛날의 국가를 소유하는 사람은 반드시 현인이었습니다."

대저 받아서 현인이 된 이는 순(舜)임금이었으니, 이것은 혜자가 순임금이 되기를 바라는 것이다. 사양해서 현인이 된 이는 허유(許由)였으니, 이것은 혜자가 허유가 되기를 바라는 것이다.

전해주어 현인이 된 이는 요(堯)임금이었으니, 이것은 혜왕이 요임금이 되기를 바라는 것이다.

요임금과 순임금과 허유의 행위는 홀로 순임금에게 전하고 허유가 그것을 사양한 것을 이를 뿐 아니라, 그밖의 언행이 모두 이와 더불어 서로 비슷한 것이었다.

그런데 지금 그밖의 좋은 행위는 없이 다만 요임금과 순임금과 허유가 되기를 바라는 것이다. 그러므로 혜왕은 포관(布冠)으로 견(鄄)에서 잡혔고, 제(齊)나라의 위왕(威王)은 위태롭게 그의 항복을 받지 못하였으며, 혜자는 옷을 갈아입고 관을 바꿔 쓰고 가마에 타고서 달아나 거의 위나라 국경을 벗어나지 않고 모면했던 것이다. 무릇 스스로 행하여 그것으로써 요행히 이루어짐이 있는 것은 옳지 않고 반드시 진실된 정성이 있어야 한다.

魏惠王謂惠子曰 上世之有國 必賢者也 今寡人實不若先生 願得傳國[1] 惠子辭[2] 王又固請曰 寡人莫有之國於此者也 而傳之賢者 民之貪爭之心止矣 欲先生之以此聽[3]寡人也 惠子曰 若王之言 則施[4]不可而聽矣 王固萬乘之主也 以國與人猶尙可 今施布衣也 可以有萬乘之國而辭之 此其止貪爭之心愈甚也 惠王謂惠子曰 古之有國者必賢者也 夫受而賢者舜也 是欲惠子之爲舜也 夫辭而賢者許由[5]也 是惠子欲爲許由也 傳而賢者堯也 是惠王欲爲堯也 堯舜許由之作 非獨傳舜而由辭也 他行稱此 今無其他而欲爲堯舜許由 故惠王布冠而拘於鄄[6] 齊威王幾弗受[7] 惠子易衣變冠乘輿而走 幾不出乎魏境[8] 凡自行不可以幸爲 必誠

1) 傳國(전국) : 자기가 다스리는 국가를 넘겨주어 다스리게 한다는 뜻.

2) 辭(사) : 사양하고 넘겨주겠다는 국가를 넘겨받지 않았다는 뜻.

3) 聽(청) : 듣다. 따르다. 좋다. 청종(聽從). 종(從)과 같다.

4) 施(시) : 혜자(惠子)의 이름.

5) 許由(허유) : 고대 중국의 전설상의 인물로 초세속적(超世俗的)인 사상을
가진 높은 선비. 요(堯)임금이 왕위를 물려주려 했으나 받지 않고 도리어 귀
가 더러워졌다고 하여 영천(潁川)의 물에다 귀를 씻고 기산(箕山)에 들어가
숨어살았다고 한다.

6) 鄄(견) : 고을 이름으로 혜왕(惠王)이 잡혀 있으면서 제(齊)나라에 항복하
려고 하던 곳.

7) 齊威王幾弗受(제위왕기불수) : 제나라 위왕은 위태롭게 혜왕의 항복을 받지
못했다는 뜻. 기(幾)는 위(危)와 같다.

8) 幾不出乎魏境(기불출호위경) : 겨우 난(難)을 위나라 경내에서 모면했다는 뜻.

다. 혜시를 면전에서 비판한 광장(匡章)

광장(匡章)이 위(魏)나라 왕의 면전에서 혜자(惠子)를 비판
하여 말하였다.

"황충(蝗蟲)이나 명충(螟蟲)은 농부가 보기만 하면 잡아서 죽
이는데 왜 그러하겠습니까? 그것은 벼를 해치기 때문입니다. 지
금 선생의 행차를 보면, 따르는 사람이 많을 때는 수백 대의 수레
와 걷는 사람이 수백 명, 적을 때는 수십 대의 수레와 걷는 사람
이 수십 명입니다. 이들은 농사를 짓지 않으면서 먹고 사는 자들
로 곡식을 축냄이 또한 심합니다."

이 말을 듣고 혜왕(惠王)이 말하기를

"혜자 시(施)는 말로는 그대와 상대하기가 어렵소. 그렇지만
혜시는 그 뜻을 설명하시오"

하니, 혜자가 말하였다.

"지금 성(城)을 쌓음에 있어 어떤 사람은 큰 나무공이를 들고
성 위에서 흙을 찧고, 어떤 사람은 삼태기를 지고 성 아래에서 흙

을 나르며, 또 어떤 사람은 측량 기기(機器)를 잡고 이쪽 저쪽을 바라보며 잘 살핍니다. 그런데 나같은 사람은 측량기기를 잡고 있는 사람입니다.

여공(女工)으로 하여금 물레를 돌려 실을 뽑게 하면 실을 잘 뽑지 못하고, 큰 장인(匠人)으로 하여금 나무를 자르게 하면 나무를 자르지 못하며, 성인으로 하여금 농부가 되게 하면 농사를 짓지 못합니다. 그러나 나 혜시는 능히 농부를 잘 다스립니다. 그런데 그대는 어찌하여 나를 등충(螣蟲)이나 멍충에다 견주는 것입니까."

그러나 혜자가 위나라를 다스림에 있어서는 치술(治術)을 근본으로 삼았으나 그 정치가 잘 다스려지지 않았다. 혜왕의 시대를 당하여 50번 전쟁에 20번을 패하였고, 살상된 백성의 수는 헤아릴 수가 없으며, 대장의 사랑하는 아들 또한 적에게 사로잡힌 바 되는 일이 있었다. 혜자의 큰 술수(術數)의 어리석음은 천하의 웃음거리가 되어 그 악(惡)을 기록하게 되었다. 이에 혜왕은 주(周)나라 태사(太史)에게 명하여 다시 그를 중보(仲父)라는 이름으로 드러낼 것을 청하였다.

위나라 군사는 한단(邯鄲)을 포위하기 3년 동안에 그곳을 탈취하지 못하였다. 사민(士民)은 피폐(疲弊)하였고, 나라의 창고는 텅비었다. 조(趙)나라를 구원하려는 천하의 병사들이 사방에서 이르렀고, 벌을 받은 백성들의 원망하는 소리가 높았으며, 제후들은 모두 위나라 왕을 악하다고 하였다.

마지막으로 혜왕은 적전(翟翦)에게 사과하고 그의 모의(謀議)를 좇아 겨우 위나라의 사직(社稷)을 보존할 수가 있었다. 이름 있는 보물들은 이웃 나라에 대한 뇌물로 흩어져 나갔고, 사방의 영토는 이웃 나라들에게 침탈되어, 위나라는 이로부터 쇠퇴하게 되었다.

중보라는 이름은 덕업(德業)을 일컫는 큰 이름이요, 나라를 양보함은 세상에서 칭송할 만한 큰 일이다. 설득하여 들리지 않고 믿어지지 않으며, 말을 들어 이와 같으면 공교(工巧)하다고 말할

수 없다. 공교하지 않고 다스려 천하에 해로움이 되는 것은 이보
다 더 큰 것이 없다. 다행하게도 혜자의 말이 위나라에서만 따라
서 행하여졌다. 천하를 해치는 것으로써 실(實)을 삼고 위나라를
다스리는 것으로써 명(名)을 삼은 광장의 비평 또한 옳은 것은
아니던가.

匡章[1]謂惠子於魏王之前曰 蝗螟 農夫得而殺之 奚故 爲其害稼也
今公行 多者數百乘 步者數百人 少者數十乘 步者數十人 此無耕而
食者 其害稼亦甚矣 惠王曰 惠子施也難以辭與公相應 雖然請言其
志 惠子曰 今之城者 或者操大築乎城上 或負畚而赴乎城下 或操表
掇[2]以善睎望[3] 若施者其操表掇者也 使工女化而爲絲 不能治絲 使
大匠化而爲木 不能治木 使聖人化而爲農夫 不能治農夫 施而治農
夫者也 公何事比施於螣螟乎 惠子之治魏爲本 其治不治 當惠王之
時 五十戰而二十敗 所殺者不可勝數 大將愛子有禽[4]者也 大術之愚
爲天下笑 得擧其諱[5] 乃請令周太史更著其名 圍邯鄲三年而弗能取
士民罷潞[6] 國家空虛 天下之兵[7]四至 罪庶誹謗[8] 諸侯不譽[9] 謝於
翟翦而更聽其謀 社稷乃存 名實散出 土地四削 魏國從此衰矣 仲父
大名也 讓國大實也 說以不聽不信 聽而若此 不可謂工矣 不工而治
賊天下莫大焉 幸而獨聽於魏也 以賊天下爲實 以治之爲名 匡章之
非 不亦可乎

1) 匡章(광장) : 맹자(孟子)의 제자.
2) 表掇(표철) : 측량(測量)하는 기기(機器).
3) 睎望(희망) : 이쪽 저쪽을 바라보며 살핀다는 뜻.
4) 禽(금) : 사로잡히다. 포로가 되다. 금(擒)과 같다.
5) 擧其諱(거기휘) : 그 악을 기록하다. 거(擧)는 서(書)와 같고 휘(諱)는 악
   (惡)과 같다.
6) 罷潞(파로) : 피폐(疲弊).
7) 天下之兵(천하지병) : 조(趙)나라를 구원하려는 천하의 군사.
8) 罪庶誹謗(죄서비방) : 벌을 받은 백성들의 원망하는 소리. 서(庶)는 백성을
   뜻한다.

9) 諸侯不譽(제후불예) : 천하의 제후들이 모두 위(魏)나라 왕을 악하다고 하
   였다는 뜻.

라. 혜자와 백규(白圭)의 비방

 백규(白圭)가 새로이 혜자(惠子)와 더불어 서로 만났는데, 혜
자가 그에게 강압적인 태도로써 설명하였다. 백규는 그에 대하여
응답하지 않았다.
 혜자가 나간 뒤에 백규는 사람에게 말하였다.
 "사람이 있어 새로 부인을 맞이함에 부인이 남편의 집에 이를
때는 마땅히 안정하고 긍지를 가지며 눈을 작게 뜨고 보며 천천
히 걷는다. 동자(童子)가 횃불을 드는데, 그 불이 너무 크면 신부
가 말하기를 '횃불이 너무 크다'고 한다. 문으로 들어오는데 문
안에 패인 구덩이가 있으면 신부가 말하기를 '그것을 메워라. 누
가 발을 다칠라'라고 한다. 이것은 불편이 그 남편의 집에만 있는
것은 아니다. 크게 잘못된 것이다. 이제 혜자가 나를 만난 것이 아
직 새롭거늘 그는 나에게 말하는 것이 또한 크게 잘못된 것이다."
 혜자가 이 말을 전해 듣고 말하였다.
 "그렇지 않다. '시경(詩經)'에 이르기를 '개제군자(愷悌君
子)는 백성의 부모다'라고 하였다. 개(愷)는 크다는 뜻이요, 제
(悌)는 길다는 뜻이니, 군자의 덕(德)이 길고 또한 큰 것은 곧 백
성의 부모가 되는 것이다. 부모가 자식을 가르치는데 어찌 오래
기다릴 것인가. 어찌하여 나를 신부에게 비교한단 말인가.
 '시경(詩經)'에 어찌 개제신부(愷悌新婦)라고 하였는가."
 남의 더러운 것을 비방함은 또한 더러운 것에 말미암고, 남의
사벽(邪辟)을 비방함은 또한 사벽에 말미암는 것이니, 남을 비방
하는 것이나 비방을 받는 것은 서로 같은 것이다.
 백규는 말하기를
 "혜자가 나를 만남은 아직 새롭거늘 그는 나를 대하여 설득하
는 것이 크게 잘못되었다."

라고 하였고, 혜자는 그 말을 전해 듣고 그를 비방하기를 스스로
백성의 부모라고 자처하였으니, 그 잘못은 백규보다 심하고 또한
크게 잘못된 것이다.

白圭[1]新與惠子相見也 惠子說之以彊 白圭無以應 惠子出 白圭告
人曰 人有新取婦者婦至 宜安矜[2] 煙視媚行[3] 豎子操蕉火而鉅 新婦
曰 蕉火大鉅 入於門 門中有斂陷[4] 新婦曰 塞之 將傷人之足 此非不
便之家氏[5]也 然而有大甚者 今惠子之遇我尙新 其說我有大甚者 惠
子聞之曰 不然 詩曰 愷悌君子 民之父母 愷者 大也 悌者長也 君子
之德長且大者 則爲民父母 父母之敎子也 豈待久哉 何事比我於新
婦乎 詩豈曰愷悌新婦哉 誹汙因汙 誹辟因辟 是誹者與所非同也 白
圭曰惠子之遇我尙新 其說我有大甚者 惠子聞而誹之 因自以爲爲
之父母 其非有甚於白圭 亦有大甚者

1) 白圭(백규) : 이름은 단(丹)으로 궤변가(詭辯家).
2) 安矜(안긍) : 안정(安靜)과 긍지(矜持).
3) 煙視媚行(연시미행) : 연시는 눈을 작게 뜨고 본다는 뜻. 미행은 천천히 걷
  는다는 뜻.
4) 斂陷(염함) : 패인 구덩이.
5) 家氏(가씨) : 남편의 집. 곧 시가.

7. 언어로 대응하라〔七曰應言〕

가. 쓸모가 없는 시구(市丘)의 큰 솥

백규(白圭)가 위(魏)나라 왕에게 말하였다.

"시구(市丘)의 큰 솥에다가 닭을 삶는데, 물을 많이 부으면 묽
어서 먹을 수가 없고 물을 적게 부으면 타기만 하고 익지를 않습
니다. 그래서 그 큰 솥을 보니, 보기에만 크고 우람할 뿐 실제로는

쓸모가 없었습니다. 혜자(惠子)의 말이 이와 같은 데가 있습니다."

혜자가 이 말을 전해 듣고 말하였다.

"그렇지 않다. 삼군(三軍)으로 하여금 굶주리게 하여 솥 곁에 있게 하고 맞추어 시루로 삼는다면 이 솥보다 더 마땅한 것은 없을 것이다."

백규가 이 말을 전해 듣고 말하였다.

"쓸모없는 것이 겨우 생각해 낸 것이 고작 시루를 더했을 뿐인가."

백규의 논리는 스스로 어긋난다. 그 위나라 왕을 가벼이 여긴 것은 너무 심하다. 생각건대 혜자의 말이 헛되이 겉으로 크고 우람하게 아름답지만 쓸모가 없다고 하는 것은 위나라 왕이 말의 쓸모가 없는 것을 가지고 중보(仲父)로 삼은 것을 말함이다. 이것은 쓸모 없는 말을 가지고 아름답게 여기는 것이다.

白圭謂魏王¹⁾曰 市丘²⁾之鼎以烹鷄 多洎³⁾之則淡而不可食 少洎之則焦而不熟 然而視之蜎焉美⁴⁾ 無所可用 惠子之言 有似於此 惠子聞之曰 不然 使三軍饑而居鼎旁 適爲之甑 則莫宜之此鼎矣 白圭聞之曰 無所可用者 意者徒加其甑邪 白圭之論自悖 其少⁵⁾魏王大甚 以惠子之言蜎焉美無所可用 是魏王以言無所可用者爲仲父⁶⁾也 是以言無所用者爲美也

1) 魏王(위왕) : 위나라 왕. 곧 혜왕(惠王)을 이르는 말이다.

2) 市丘(시구) : 위나라 고을의 이름.

3) 洎(계) : 물을 붓다. 첨수(添水).

4) 蜎焉美(우언미) : 아름답고 보기에 좋다는 뜻.

5) 少(소) : 가벼이 여긴다는 뜻. 경시(輕視).

6) 仲父(중보) : 위나라 혜왕이 혜자를 높여 부르는 말.

나. 언병(偃兵)으로 연왕을 설득한 공손룡

공손룡(公孫龍)이 언병(偃兵)으로써 연(燕)나라 소왕(昭王)

을 설득하니, 소왕이 말하였다.

"매우 좋은 말입니다. 과인은 객(客)과 더불어 그것을 헤아려 의논하고 싶습니다."

이 말에 대하여 공손룡이 말하기를

"저는 남몰래 생각하기를 대왕께서는 언병에 뜻이 없으실 것으로 알고 있습니다."

하니, 왕이 말하였다.

"그것은 무슨 까닭입니까."

이에 공손룡이 대답하였다.

"근래 대왕께서는 제(齊)나라를 격파(擊破)하고자 하십니다. 제나라를 격파하고자 하는 뜻을 가진 천하의 모든 인사를 대왕께서는 모두 거두어 양성하십니다. 제나라의 험조(險阻)한 요새와 군신(君臣)의 관계를 아는 사람을 대왕께서는 모두 거두어 양성하십니다. 비록 제나라의 정세를 안다고 하더라도 격파하고자 하지 않는 사람은 대왕께서는 오히려 거두어 양성하지 않는 것 같이 하십니다. 그것은 과연 마침내 제나라를 격파한 것으로써 공을 삼으시려는 것입니다. 지금 대왕께서 말씀하시기를 '내가 매우 언병을 하고자 한다'고 하셨는데, 제후의 인사로서 대왕의 조정에 있는 사람들은 모두 용병(用兵)을 잘하는 사람들입니다. 신은 그것으로써 대왕께서 언병에 뜻이 없으신 것을 알고 있습니다."

이에 대하여 왕은 응답이 없었다.

公孫龍說燕昭王[1]以偃兵 昭王曰 甚善 寡人願與客計之 公孫龍曰 竊意大王之弗爲也 王曰 何故 公孫龍曰 日者大王欲破齊 諸天下之士其欲破齊者 大王盡養之 知齊之險阻要塞 君臣之際者 大王盡養之 雖知而弗欲破者 大王猶若弗養 其卒果破齊以爲功 今大王曰 我甚取偃兵 諸侯之士在大王之本朝者 盡善用兵者也 臣是以知大王之弗爲也 王無以應

1) 昭王(소왕) : 연(燕)나라 왕으로 제(齊)나라 선왕(宣王)이 연나라를 공격한데 대한 복수심에 차 있었다.

다. 대답을 못한 사마희(司馬喜)

사마희(司馬喜)는 중산왕(中山王)의 면전에서 묵자사(墨者師)의 비공(非攻) 이론을 책난(責難)하여 말하기를

"선생의 학술은 공격을 옳지 않다고 하시는 겁니까?"

하니, 묵자사가 말하였다.

"그렇습니다."

사마희가 또 말하기를

"지금 왕께서는 군사를 일으켜 연(燕)나라를 공격하십니다. 그래도 선생은 왕을 옳지 않다고 하십니까."

하니, 묵자사가 대답하기를

"그러면 상국(相國)께서는 그 공격을 옳다고 여기십니까?"

하니, 사마희가 말하였다.

"그렇습니다."

묵자사가 말하기를

"지금 조(趙)나라에서 군사를 일으켜 중산(中山)을 공격한다면 상국께서는 장차 그것을 옳다고 하시겠습니까?"

하니, 사마희는 대답이 없었다.

노설(路說)이 주파(周頗)에게 일러 말하기를

"공(公)께서 조(趙)나라를 사랑하지 않으시면 천하는 반드시 합종(合從)이 될 것입니다."

하니, 주파가 말하였다.

"진실로 천하가 합종되기를 바랍니다. 천하가 합종이 되면 그것은 진(秦)나라에 유익한 일입니다."

노설이 이에 대하여 말하기를

"그렇다면 공께서는 진나라에 이익이 있기를 바랍니까?"

하니, 주파가 대답하였다.

"그렇습니다."

이에 대하여 노설이 말하였다.

"공께서 그것을 바라신다면 왜 합종을 하지 않으십니까."

司馬喜[1]難墨者師[2]於中山王前以非攻[3]曰 先生之所術非攻夫 墨
者師曰 然 曰 今王興兵而攻燕 先生將非王乎 墨者師對曰 然則相
國是攻之乎 司馬喜曰 然 墨者師曰 今趙興兵而攻中山 相國將是之
乎 司馬喜無以應

路說[4]謂周頗[5]曰 公不愛趙 天下必從 周頗曰 固欲天下之從也 天
下從則秦利也[6] 路說應之曰 然則公欲秦之利夫 周頗曰 欲之 路說
曰 公欲之 則胡不爲從矣

1) 司馬喜(사마희) : 조(趙)나라의 재상(宰相).

2) 墨者師(묵자사) : 묵가(墨家)의 학설을 신봉하는 사람.

3) 非功(비공) : 묵가의 정치 주장. 비공론(非功論).

4) 路說(노설) : 조(趙)나라 사람.

5) 周頗(주파) : 진(秦)나라 사람.

6) 天下從則秦利也(천하종즉진이야) : 천하가 합종이 되면 진나라는 유익하다.
   그러나 합종은 진(秦)나라에 대항하기 위하여 여섯 나라가 합하여 맺는 동
   맹이니, 실은 진나라에게 불리한 것으로 진나라 사람인 주파(周頗)로서는 큰
   실언(失言)이다.

라. 맹앙을 등용하지는 않을 것입니다

위(魏)나라에서 맹앙(孟卬)으로 하여금 강분(絳翢) 안읍(安
邑)의 땅을 쪼개 진(秦)나라 왕에게 주도록 하였다.

진나라 왕이 기뻐하여 기고(起賈)로 하여금 맹앙을 위하여 위
나라 왕에게 사도(司徒) 자리를 구하게 하였다. 이에 위나라 왕
이 기분이 좋지 않아 기고에게 대답하였다.

"맹앙은 과인의 신하입니다. 과인은 차라리 장획(臧獲)으로써
사도를 삼을지언정 맹앙은 등용하지 아니합니다. 원컨대 대왕께
서는 다시 다른 사람을 말하십시오"

기고가 물러나 마당에서 맹앙을 만났는데 맹앙이 묻기를

"공의 하신 일은 어찌되었습니까?"

하니, 기고가 말하였다.

"공은 공의 주군으로부터 매우 푸대접을 받으시오. 공의 주군께서 말씀하시기를, 차라리 장획을 등용하여 사도를 삼을지언정 공은 등용하지 않겠다고 하시었소."

맹앙이 들어가 왕을 뵙고 말하기를

"진나라의 객(客)이 무슨 말을 하였습니까?"

하니, 왕이 말하였다.

"그대를 등용하여 사도를 삼아달라고 하더군요."

이에 대하여 맹앙이

"왕께서는 그 말에 대하여 무어라 대답하시었습니까?"

하고 물으니, 왕이 대답하였다.

"차라리 장획을 등용하지 맹앙은 등용하지 않겠다고 하였소."

이 말을 듣고 맹앙은 크게 한숨을 지으면서 말하였다.

"과연 그렇군요. 왕께서 진나라의 통제를 받으신다고 해서 왕께서 어찌 호의를 표시하는 진나라의 신하에 대하여 의심을 하십니까. 강분 안읍 땅을 가지고 소(牛)에게 책을 짊어지게 하여 진나라로 보내셨고, 진나라 또한 오히려 이 소를 좋게 본 것입니다. 앙이 비록 어리석지만 홀로 소와 같지 않습니까.

또한 왕께서는 세 장군으로 하여금 신(臣)의 선봉이 되게 하시어 그들에게 말씀하시기를 앙 보기를 왕 자신과 같이 하라고 하셨습니다. 이것은 신을 중히 여기신 것이온데 지금은 의심하시어 신을 가벼이 여기시는 것이옵니다. 신으로 하여금 책임을 떠맡게 하시면 이 앙이 비록 현명하다 하더라도 진실로 그 책임을 떠맡을 수 있겠습니까."

사흘이 지난 뒤에 위나라 왕은 기고의 말을 받아들여 맹앙을 등용하여 사도로 삼았다. 무릇 군주가 큰 벼슬을 내리는 것은 그렇게 함으로써 유익함이 있기 때문인데, 이제 맹앙은 이미 국가의 중요한 요지를 갈라 남의 나라에 주고도 그 뒤에 그로 인하여 큰 벼슬을 얻은 것이니, 장차 이런 종류의 일이 다시 발생하여 또 어떤 땅을 주어야 할 것인가.

큰 벼슬은 신하된 자로서 바라는 바이다. 맹앙은 진나라로 하여
금 그 바라는 바를 얻게 하고, 진나라 또한 맹앙으로 하여금 그 바
라는 바를 얻게 하여 각각 이미 원하는 바와 같은 보상을 받았으
니 더욱 무슨 보상이 있겠는가.

위나라가 비록 강성하더라도 오히려 책임없는 자를 책임지울
수 없으니, 또한 하물며 위나라 왕의 명령이 쇠약해짐에 있어서
랴. 위나라 왕이 맹앙을 등용하여 사도로 삼고 그것으로써 그 책
임을 버린 것은 곧 어리석고 졸렬한 짓이었다.

魏令孟卬[1]割絳猣[2]安邑之地[3] 以與秦王 王喜 令起賈[4]爲孟卬求
司徒於魏王 魏王不說 應起賈曰 卬寡人之臣也 寡人寧以臧[5]爲司徒
無用卬 願大王之更以他人詔之也 起賈出 遇孟卬於廷曰 公之事何
如 起賈曰 公甚賤於公之主 公之主曰 寧用臧爲司徒 無用公 孟卬
入見謂魏王曰 秦客何言 王曰 求以女爲司徒 孟卬曰 王應之謂何 王
曰 寧以臧無用卬也 孟卬太息曰 宜矣王之制於秦也 王何疑秦之善
臣也 以絳猣安邑 令負牛書[6]與秦 猶乃善牛也 卬雖不肖 獨不如牛
乎 且王令三將軍爲臣先 曰 視卬如身 是重臣也 令二[7] 輕臣也 令臣
責 卬雖賢 固能乎 居三日 魏王乃聽起賈 凡人主之與其大官也 爲
有益也 今割國之錙錘矣 而因得大官 且何地以給之 大官 人臣之所
欲也 孟卬令秦得其所欲 秦亦令孟卬得其所欲 責以償矣 尚有何責
魏雖彊 猶不能責無責 又況於弱 魏王之令乎孟卬爲司徒 以棄其責
則拙也

1) 孟卬(맹앙) : 맹묘(孟卯)의 오자(誤字)로 제(齊)나라 사람.
2) 猣(분) : 강희자전(康熙字典)에서도 그 음이 미상(未詳)하다고 하였는데,
   아마도 분(汾)의 다른 글자가 아닌가 하는 설도 있다.
3) 安邑之地(안읍지지) : 안읍(安邑)은 위(魏)나라의 국도(國都)니, 국도를
   남에게 준다는 것은 믿기 어려운 이야기나 이때 위나라는 이미 대량(大梁)
   으로 천도(遷都)한 뒤라는 설도 있다.
4) 起賈(기고) : 진(秦)나라의 신하. 혹은 수고(須賈)의 오자(誤字)인지 모르

겠다.

5) 臧(장) : 위나라의 신하로 장획(臧獲).

6) 負牛書(부우서) : 소에게 책을 짊어지게 하여 진나라로 보냈다는 뜻. 곧 자
   신을 땅을 떼어준다는 문서를 짊어지고 간 소에게 견주어 하는 말. 사우부서
   (使牛負書).

7) 令二(영이) : 영(令)은 금(今)의 오자. 이는 이(貳)와 같은 글자로 의심한다
   는 뜻. 지금은 의심한다는 말.

8) 以棄其責(이기기책) : 사도를 삼음으로써 그 책임을 버리게 하다. 곧 벼슬을
   줌으로써 면책(免責)이 된다는 뜻.

마. 어느 쪽이 더 중요합니까?

　진(秦)나라 왕이 의양(宜陽)에서 황제(皇帝)를 칭하여 허관
(許綰)으로 하여금 위(魏)나라 왕을 속여 입조(入朝)하게 하니,
위나라 왕이 진나라에 입조하려고 하였다.

　이에 위경(魏敬)이 위나라 왕에게 일러 말하기를

　"생각건대 하내(河內)와 양(梁)을 비교하여 어느 쪽이 중요합
니까?"

하니, 왕이 대답하였다.

　"양이 중요하오"

　위경이 또 묻기를

　"양과 왕 자신과 비교하여 어느 쪽이 중요합니까?"

하니, 왕이 대답하였다.

　"내 몸이 중요하오"

　위경이 또 묻기를

　"만약 진나라로 하여금 하내를 요구하게 하면 왕께서는 장차
그것을 내주시겠습니까?"

하니, 왕이 대답하였다.

　"주지 않겠소"

　이에 대하여 위경이 말하기를

"하내는 세 가지 중 가장 아래이고, 왕 자신의 몸은 세 가지 중 가장 위입니다. 진나라에서 그 가장 아래인 것을 요구하는데 왕께서는 들어주지 않으시고, 그 가장 위인 것을 요구하는데 왕께서는 들어주신다면 신의 뜻으로는 감히 찬동할 수가 없습니다."

하니, 왕은 말하기를

"매우 좋은 말이오"

하고, 가는 것을 중지하였다.

진나라는 비록 장평(長平)에서 크게 승리를 거두었다고 하나 3년 동안의 힘을 기울여 결판을 낸 것이니 군사와 백성들은 피폐하고 양식은 떨어졌다. 이때를 당하여 위나라의 형세는 동주(東周)와 서주(西周)의 두 주(周)나라가 아직 보전되어 있고, 한(韓)나라가 그 북쪽에 아직 존재하고 있었으며, 또 위나라 자체는 동으로 도(陶) 땅을 취하고 위(衛)나라의 땅을 잠식하여 얻은 영토가 6백리였다.

이와 같은 형세가 있었으니 진나라에 입조(入朝)하기는 크게 이른데, 어찌 반드시 위경의 설득을 기다릴 것인가.

대저 아직 입조할 필요가 없는데 입조하는 것은 그 화환(禍患)이 장차 입조해야 할 때 입조하지 않는 것보다 심함이 있다.

입조해야 하고 입조해서는 안되는 시기는 깊이 분별하고 익히 생각하지 않으면 안된다.

秦王立帝[1]宜陽 許綰誕魏王[2] 魏王將入秦 魏敬謂王曰 以河內孰與梁重 王曰 梁重 又曰 梁孰與身重 王曰 身重 又曰 若使秦求河內 則王將與之乎 王曰 弗與也 魏敬曰 河內三論[3]之下也 身三論之上也 秦索其下 而王弗聽 索其上而王聽之 臣竊不取[4]也 王曰 甚然 乃輟行 秦雖大勝於長平[5] 三年然後決 士民倦糧食[6] 當此時也 兩周全[7] 其北存[8] 魏擧陶[9]削衛[10] 地方六百 有之勢是 而入大蚤 奚待於魏敬之說也 夫未可以入而入 其患有將可以入而不入 入與不入之時 不可不熟論也

1) 立帝(입제) : 황제(皇帝)를 칭한다는 뜻.

2) 許綰誕魏王(허관탄위왕) : 허관으로 하여금 위나라 왕에게 거짓말을 하게 한
    다는 뜻. 사실 이때 진(秦)나라는 아직 황제가 되지 않았는데 위나라 왕으로
    하여금 입조(入朝)하게 하기 위해 거짓말을 한 것이다. 탄은 거짓말이라는
    뜻이며 허관은 진나라의 신하.

3) 三論(삼론) : 하내(河內)와 양(梁)과 왕의 몸의 세 가지.

4) 不取(불취) : 입조하는 것을 찬동하지 않는다는 뜻.

5) 大勝於長平(대승어장평) : 장평에서 크게 이기다. 곧 진나라의 장군 백기(白
    起)가 조(趙)나라를 공격하여 3년 동안에 40만 사졸(士卒)을 묻어 죽인 사
    실을 말한다.

6) 倦糧食(권양식) : 피폐하고 양식은 다하다. 끝에 진(盡)자가 더 있어야 한다.

7) 兩周全(양주전) : 두 주(周)나라가 보전되어 있다. 양주(兩周)는 동주(東
    周)와 서주(西周).

8) 其北存(기북존) : 그 북쪽에 한(韓)나라가 존재한다는 뜻. 곧 양주(兩周)와
    한(韓)나라가 진나라의 직접 공격을 막아준다는 뜻.

9) 擧陶(거도) : 도(陶)를 취하다. 거는 취(取)와 같다.

10) 削衛(삭위) : 위나라를 잠식(蠶食)하다.

8. 모두 갖추어라〔八曰具備〕

가. 구비된 조건이 있은 뒤에 이루어진다

지금 예(羿)나 봉몽(逢蒙)이 있고 여기에 좋은 활인 번약(繁
弱)이 있다고 해도 활의 시위가 없다면 반드시 활을 쏘아 명중시
킬 수 없을 것이다.

명중시키는 것은 홀로 활시위만이 아니다. 활시위는 활 가운데
에 반드시 갖추어야 할 기구의 한 가지에 불과하다.

대저 공명을 세움에 있어서도 또한 기구는 있어야 한다.

그 기구를 얻지 못하면 현능(賢能)함이 비록 탕왕이나 무왕을

앞지른다 하더라도 또한 수고만 하고 공이 없을 것이다.

　상(商)나라의 탕왕은 일찍이 위박(郼薄)에서 절약하면서 지냈
고 주(周)나라의 무왕은 일찍이 필정(畢程)에서 곤궁하게 지냈
다. 이윤(伊尹)은 일찍이 푸줏간에서 몸을 굽혔고, 태공(太公)은
일찍이 고기를 낚으면서 숨어 지냈다.

　현능한 것이 쇠멸해져서가 아니고 지혜가 어리석어져서가 아
니니다. 모두 구비된 조건이 없어서였다.

　그러므로 무릇 공명을 세움에는 비록 현능하다 하더라도 반드
시 구비된 조건이 있은 뒤에 이루어지는 것이다.

　今有羿蠭蒙¹⁾ 繁弱²⁾於此 而無弦 則必不能中也 中非獨弦也 而弦
爲弓中之具也 夫立功名亦有具 不得其具 賢雖過湯武 則勞而無功
矣 湯嘗約³⁾於郼薄⁴⁾矣 武王嘗窮於畢程⁵⁾矣 伊尹嘗居於炮廚矣 太公
嘗隱於釣魚矣 賢非衰也 智非愚也 皆無其具也 故凡立功名 雖賢必
有其具然後可成

1) 羿蠭蒙(예봉몽) : 예는 하(夏)나라의 제후로 유궁국(有窮國)의 군주였는데
　 활을 잘 쏘아 백발백중(百發百中)하였다고 하는 전설적인 인물. 봉몽은 예
　 의 제자로 또한 활을 잘 쏘아 백발백중하였다고 한다.

2) 繁弱(번약) : 좋은 활(良弓)의 이름.

3) 約(약) : 절약(節約).

4) 郼薄(위박) : 탕왕이 제후였을 때 소유한 땅 이름. 위박(郼亳).

5) 畢程(필정) : 필(畢)과 정(程)은 둘 다 주(周)나라의 지명으로 지금의 섬서
　 성(陝西省)에 해당한다.

나. 밀자천(宓子賤)이 단보 고을을 잘 다스리다

　밀자천(宓子賤)이 단보(亶父)를 다스리게 되었을 때의 일이
었다. 밀자천은 노(魯)나라 군주가 참소(讒訴)하는 사람의 말을
들어 그 말을 믿고 자기로 하여금 치술(治術)을 시행하지 못하
게 할까 두려워하였다. 그래서 장차 임지로 떠나게 되었을 때 노

나라 군주에게 군주가 신임하는 서리(書吏) 두 사람을 파견해 줄
것을 청하여 함께 단보에 부임하였다.

단보에 이르니 고을 안의 관리들이 모두 와 인사를 드렸다. 밀
자천이 서리 두 사람으로 하여금 서류를 작성하게 하였다. 서리
가 바야흐로 서류를 작성하려 하는데 밀자천이 곁에 앉아 가끔씩
서리의 팔꿈치를 당겨 흔들리게 하므로 서리가 글씨를 잘못 쓰게
되고, 잘못 쓰면 밀자천은 그것을 탓하며 화를 내는 것이었다.

서리는 그것을 몹시 괴로워하여 사퇴하고 돌아갈 것을 청하였
다. 그랬더니 밀자천이 말하였다.

"그대들의 글씨는 매우 좋지 않다. 빨리 돌아가거라."

그래서 두 서리는 돌아가 노나라 군주에게 보고하였다.

"밀자천은 서리를 둘 수가 없습니다."

군주가 묻기를

"그것은 무슨 까닭이냐?"

하니, 서리들이 대답하였다.

"밀자천은 신들로 하여금 서류를 작성하게 하고는 가끔씩 신들
의 팔꿈치를 잡아당겨 흔들리게 하여 글씨가 잘못되면 몹시 성을
냅니다. 그러면 고을의 관리들이 모두 밀자천을 비웃습니다. 이것
이 신들이 사직하고 돌아온 까닭입니다."

이 말을 들은 노나라 군주는 크게 한숨을 지으며 탄식하여 말
하였다.

"밀자천은 그것으로써 과인의 어리석음을 간(諫)한 것이다. 과
인이 밀자천의 정사를 간섭하여 밀자천으로 하여금 그의 치술을
실행할 수 없게 한 일이 이미 때때로 있었다. 그대들 두 사람이 없
었다면 과인은 참으로 잘못을 저지를 뻔했다."

그러고는 마침내 사랑하는 관리를 단보로 판견하여 밀자천에
게 말하게 하였다.

"이제부터 단보는 과인의 소유가 아니라 그대의 소유이니, 단보
를 다스림에 있어 그대의 편리할대로 그대가 결정하여 처리하라.
그리고 5년이 지난 뒤에 다시 시정의 대요(大要)를 보고하라."

이에 밀자천은 그것을 그것을 삼가 받들고 이에 그 치술을 단보에서 행할 수 있었다. 3년이 지난 뒤에 무마기(巫馬旗)가 남루한 갖옷을 걸치고 밀자천의 교화(敎化)를 관찰하기 위하여 단보에 가 밤에 고기 잡는 것을 보니, 어부가 고기를 잡아서는 도로 놓아주는 것이었다. 무마기가 이상히 여겨 어부에게 물었다.

"고기를 잡는 것은 고기를 얻기 위한 것인데 지금 그대는 고기를 잡아서 도로 놓아주니, 그것은 무슨 까닭이오?"

이 물음에 대하여 어부가 대답하였다.

"밀자천은 사람이 작은 고기 잡는 것을 바라지 않습니다. 그래서 놓아주는 것은 모두 작은 고기들입니다."

무마기가 돌아와 공자에게 고하여 말하기를

"밀자천의 덕정(德政)은 성공을 거두었습니다. 백성으로 하여금 밤에 일을 하게 하면서도 형벌을 곁에서 엄하게 하는 듯이 합니다. 감히 여쭈어 보겠는데 밀자천은 무엇으로써 그 경지에 이른 것입니까?"

하니, 공자가 말하였다.

"나는 일찍이 이렇게 말하였다. '여기에 성의를 다하는 자는 저쪽에 형벌한다' 라고 밀자천은 반드시 그 치술을 단보에서 행하는 것이다."

대저 밀자천이 이 치술을 시행할 수 있었던 것은 노나라 군주가 뒤에 그것을 얻게 한 것이다. 노나라 군주가 뒤에 그것을 얻게 한 것은 밀자천이 먼저 갖춘 준비가 있어서였다. 먼저 갖추어진 준비가 있으면 어찌 반드시 달성함이 어렵겠는가. 이것은 노나라 군주의 현명함으로 말미암은 것이다.

宓子賤[1]治亶父[2] 恐魯君之聽讒人 而令己不得行其術也 將辭而行 請近吏[3]二人於魯君 與之俱至於亶父 邑吏皆朝[4] 宓子賤令吏二人書 吏方將書 宓子賤從旁時掣搖其肘 吏書之不善 則宓子賤爲之怒 吏甚患之 辭而請歸 宓子賤曰 子之書甚不善 子勉[5]歸矣 二吏歸報於君曰 宓子不得爲書 君曰 何故 吏對曰 宓子使臣書 而時掣搖

臣之肘 書惡而有甚怒 吏⁶⁾皆笑宓子 此臣所以辭而去也 魯君太息而
歎曰 宓子以此諫寡人之不肖也 寡人之亂子 而令宓子不得行其術
必數有之矣 微二人⁷⁾ 寡人幾過 遂發所愛⁸⁾而令之亶父 告宓子曰 自
今以來 亶父非寡人之有也 子之有也 有便於亶父者 子決爲之矣 五
歲而言其要 宓子敬諾 乃得行其術於亶父 三年巫馬旗⁹⁾短褐衣弊
裘¹⁰⁾ 而往觀化於亶父 見夜漁者得則舍¹¹⁾之 巫馬旗問焉 曰 漁爲得
也 今子得而舍之 何也 對曰 宓子不欲人之取小魚也 所舍者小魚也
巫馬旗歸告孔子曰 宓子之德至矣 使民闇行¹²⁾ 若有嚴刑於旁 敢問
宓子何以至於此 孔子曰 丘嘗與之言曰 誠乎此者刑乎彼 宓子必行
此術於亶父也 夫宓子之得行此術也 魯君後得之也 魯君後得之者
宓子先有其備也 先有其備 豈遽心哉 此魯君之賢也

1) 宓子賤(밀자천) : 공자의 제자로 성은 밀, 이름은 부제(不齊). 자천은 그의 자.
2) 亶父(단보) : 지명으로 지금은 산동성 단현(單縣) 남쪽. 단보(單父).
3) 近吏(근리) : 군주를 좌우에서 모시는 관리. 이(吏)는 서리(書吏).
4) 朝(조) : 조회(朝會)한다. 곧 인사를 드린다는 뜻.
5) 勉(면) : 빨리. 속(速)과 같다.
6) 吏(이) : 단보(亶父)의 읍리(邑吏)들.
7) 微二人(미이인) : 두 사람이 없었다면, 두 사람이 아니었더라면.
8) 發所愛(발소애) : 발은 보내다. 소애는 사랑하는 관리의 뜻.
9) 巫馬旗(무마기) : 공자의 제자. 진(陳)나라 사람으로 성은 무마, 이름은 시
   (施), 자는 자기(子旗).
10) 短褐衣弊裘(단갈의폐구) : 천인이 입는 막된 옷과 헐어빠진 갖옷. 곧 남루
    한 옷차림의 뜻.
11) 舍(사) : 버리다. 사(捨)와 같다. 곧 놓아준다는 뜻.
12) 闇行(암행) : 밤일. 야간 작업.

다. 지성이면 감천(感天)이라는 것은

세 살짜리 젖먹이는 초헌(軺軒)이나 면류관(冕旒冠)이 앞에
있어도 좋아할 줄을 모르고, 큰 도끼와 작은 도끼가 뒤에 있어도

싫어할 줄을 모른다.

자모(慈母)의 사랑은 이에 견주어 말해서 지성스럽다. 그러므로 지성스럽고 또 지성스러우면 곧 정리에 합한다.

정성스럽고 또 정성스러우면 곧 하늘의 뜻에 통한다. 정성스러움이 하늘의 뜻에 통하면 물이나 나무나 돌의 성정이 모두 감동하게 할 수 있거늘, 또 하물며 혈기(血氣) 있는 사람에게 있어서이랴.

그러므로 무릇 설득하는 것과 다스리는 것의 요무(要務)는 지성스러움만 같은 것이 없다.

남의 설득을 듣고 비애에 잠기는 자는 남의 통곡을 보는 것만 같지 못하다. 남의 설득을 듣고 노하는 자는 남의 결투를 보는 것만 같지 못하다. 설득하는 것과 다스리는 것이 지성에서 나오지 않으면 사람의 마음을 움직여 감화시킬 수가 없다.

三月嬰兒 軒冕¹⁾在前 弗知欲也 斧鉞在後 弗知惡也 慈母之愛諭焉 誠也 故誠有²⁾誠 乃合於情 精有精 乃通於天 乃通於天 水木石之性 皆可動也 又況於有血氣者乎 故凡說與治之務 莫若誠 聽言哀者不若見其哭也 聽言怒者 不若見其鬪也 說與治不誠 其動人心不神³⁾

1) 軒冕(헌면) : 초헌(軺軒)과 면류관(冕旒冠). 초헌은 귀인(貴人)이 타는 가마요, 면류관은 귀인이 쓰는 관. 곧 높은 지위를 말한다.

2) 有(유) : 또. 우(又)와 같다.

3) 神(신) : 감화(感化).

제19권 세속을 초월하라
(卷十九 離俗覽 : 第七, 凡八篇)

무릇 백성을 부려 쓰는 방법으로써
가장 좋은 것은
의(義)로써 하는 것이요,
그 다음은 상과 벌로써 하는 것이다.
의로써 하면 백성으로 하여금
죽음을 즐거이 하는 데에 부족하고
상과 벌로써 하면 또 백성으로 하여금
거취(去就)를 결정하게 하는 데에 부족하다.
이와 같이 하여 그 백성을 잘 부려쓰는 사람은
고금을 통하여 없다.
백성은 언제나 부려 쓸 수 없고
언제나 부려 쓰지 않을 수 없으니…

제19권 세속을 초월하라

1. 속세를 떠나다〔一曰離俗〕

가. 세상의 이치는 부족한 것을 귀하게 여긴다

세상 사람들에게 부족한 바는 이치와 의리요, 남아 돌아가는 것은 망령된 것과 구차한 것들이다.

사람의 심정은 다 부족한 것을 귀하게 여기고 남아 돌아가는 것을 천하게 여긴다.

그러므로 벼슬이 없는 선비의 행위가 결백하고 청렴하여 법도에 맞으면 생활은 더욱 곤궁하고 이름은 더욱 영광스러운 바가 있어, 비록 곤궁한 것으로 말미암아 죽는다고 하더라도 천하의 사람들은 더욱 그 부족한 바를 고상(高尙)하다고 기린다.

그러나 엄격한 이(理)와 의(義)로써 헤아리면 신농씨(神農氏)와 황제(黃帝)는 오히려 비(非)라고 할 수 있는 것이 있으니, 홀로 순(舜)임금과 탕왕(湯王)만이 아니다. 비토(飛兎)와 요요(要褭)는 옛날의 준마(駿馬)였으나 힘이 아직 모자라는 바 있었다.

그러므로 먹줄쳐서 아주 바르게 나무를 자르면 궁실(宮室)을 세워 이룰 수가 없다.

世之所不足者理義也 所有餘者妄苟[1]也 民之情貴所不足 賤所有餘 故布衣人臣[2]之行 潔白淸廉中繩[3] 愈窮愈榮[4] 雖死 天下愈高之所不足也 然而以理義斲削[5] 神農黃帝猶有可非 微[6]獨舜湯 飛兎要

裏⁷⁾ 古之駿馬也 材⁸⁾猶有短 故以繩墨取木 則宮室不成矣

1) 妄苟(망구) : 거짓되고 임시변통으로 일을 처리하다.

2) 布衣人臣(포의인신) : 벼슬이 없는 선비. 신(臣)은 사(士)와 같다. 포의지사
   (布衣之士).

3) 中繩(중승) : 법도에 맞다. 승(繩)은 먹줄이니 법도(法度) 또는 정(正)의 뜻
   으로 쓰인다.

4) 愈窮愈榮(유궁유영) : 더욱 곤궁하고 더욱 영광스럽다. 곤궁한 것은 생활이
   고, 영광스러운 것은 이름이다.

5) 斮削(착삭) : 헤아린다는 뜻으로 풀이된다.

6) 微(미) : 아니다. 비(非)와 같다.

7) 飛兎要裏(비토요요) : 비토와 요요는 다 준마(駿馬)의 이름.

8) 材(재) : 힘. 역(力)과 같다.

나. 창령(蒼領)의 깊은 못에 몸을 던진 사람

순(舜)임금이 천자의 자리를 그의 벗인 석호지농(石戶之農)에게 선양(禪讓)하고자 하였다.

석호지농이 말하였다.

"힘을 다하여 일하는 임금의 사람됨이여, 전생(全生)의 힘을 보유하는 사람이로다."

그것으로써 순임금의 덕(德)은 아직 미흡(未洽)한 바가 있는 것이 된다.

이에 석호지농은 짐을 등에 지고 아내는 짐을 머리에 이고 자식의 손을 이끌고 바다 위 섬으로 몸을 피해 들어가 생애를 마치도록 돌아오지 않았다.

순임금은 또 천자의 자리를 또다른 벗인 북인무택(北人無擇)에게 선양하고자 하였다.

북인무택이 말하기를

"괴이하도다. 임금의 사람됨이여. 전야(田野) 사이에 살다가 요(堯)임금의 문중(門中)으로 들어갔으면서도 도리어 그만 멈

줄 줄을 모르고 또 그 치욕적인 행위로써 나까지 더럽히려고 하
니, 나는 이것을 부끄럽게 여긴다."
라고 말하면서 인하여 스스로 창령(蒼領)의 깊은 못에 몸을 던
졌다.

　상(商)나라의 탕왕(湯王)이 장차 하(夏)나라의 걸왕(桀王)을
토벌하고자 하여 인하여 변수(卞隨)와 더불어 일을 도모하려고
하였다. 변수가 사절하며 말하였다.
　"그것은 내가 할 일이 아닙니다."
　그래서 탕왕이
　"그러면 누구와 더불어 도모함이 좋겠습니까?"
하고 물으니, 변수가 말하였다.
　"나는 그런 것은 모릅니다."
　탕왕은 또 인하여 무광(務光)과 더불어 도모하고자 하니, 무광
이 말하였다.
　"그것은 내가 할 일이 아닙니다."
　그래서 탕왕이
　"그러면 누구와 더불어 도모함이 좋겠습니까?"
하고 물으니, 무광이 말하였다.
　"나는 그런 것은 모릅니다."
　탕왕이 또 묻기를
　"이윤(伊尹)과 더불어 도모하는 것이 어떻겠습니까?"
하니, 무광이 말하였다.
　"굳센 힘을 가졌고 능히 부끄러운 것을 참을 수 있습니다. 나
는 그 밖에는 알지 못합니다."
　탕왕은 드디어 이윤과 더불어 하나라 토벌을 도모하여 걸왕을
토벌하였고, 그래서 승리하였다.
　탕왕이 천하를 변수에게 넘겨주고자 하였다.
　변수가 사절하며 말하기를
　"임금이 걸왕을 토벌하고자 할 때 나와 더불어 도모하려고 한
것은 반드시 나를 하나라를 뺏는 도적으로 삼고자 한 것이요, 이

미 걸왕과 싸워 이기고 천하를 나에게 넘겨주려고 하는 것은 반
드시 나를 탐욕(貪慾)이 있는 사람으로 만들고자 하는 것입니다.
나는 불행하게도 어지러운 세상에 태어났지만 무도(無道)한 사
람이 다시 찾아와 나를 모욕하는 것을 여러 번 참고 들을 수가 없
습니다."
하고는 이로 인하여 스스로 영수(穎水)에 몸을 던져 죽었다.

   탕왕은 또 천하를 무광에게 넘겨주고자 말하였다.

   "지혜있는 사람이 일을 도모하고, 무력이 있는 사람이 그 일을
달성하며, 인덕(仁德)있는 사람이 그것을 다스린다는 것은 예로
부터 내려오는 도리입니다. 선생께서는 어찌하여 천자의 지위에
오르지 아니하십니까. 청컨대 나는 선생을 돕겠습니다."

   이 말에 대하여 무광이 사절하면서 말하기를

   "천자를 폐(廢)한 것은 의(義)가 아니요, 토벌하는 싸움에서
백성들을 죽게 한 것은 불인(不仁)한 짓이며, 남이 그 어려운 일
을 저지르고 나는 앉아서 그 이득을 누린다는 것은 염치가 아닙
니다. 나는 의(義)가 아니면 그 이득을 받지 않고, 무도한 세상에
서는 그 흙을 밟지 않는다는 말을 들었으니, 하물며 나를 존귀(尊
貴)하게 하는데 있어서이겠습니까. 나는 차마 그런 일을 오래 볼
수 없습니다."
하고는 이로 인하여 돌을 등에 지고 모수(募水)에 빠졌다.

   그러므로 석호지농이나 북인무택이나 변수나 무광같은 사람은
그 천하를 보기를 천지와 사방 밖에 있어 사람이 관찰할 수 없는
것과 같이 하고, 그 부귀를 대하기를 구차하게 얻을 뿐 그것으로
반드시 이로운 것을 생각하지 않는다.

   고절(高節)과 여행(厲行)은 홀로 그 뜻을 즐기고 만물은 서로
해치는 바가 없다. 이록(利祿)에 더럽히지 않고 권세에 집착하지
않는다. 혼탁하고 어지러운 세상에 사는 것을 수치스럽게 여기는
것은 오직 이 네 선비의 절조이다.

   저 순임금이나 탕왕에 이르러서는 만상(萬象)을 싸서 용납하
니, 부득이함으로 말미암아 움직이고 때로 인연에 따라 행하며,

세상을 구원하는 것으로써 근본을 삼고, 만백성을 구원하는 것으로써 의(義)를 삼는다.

이것을 비유하여 말하면 낚시하는 사람과 같이 물고기의 크고 작은 것이 있는 것을 보고, 미끼로 적당한가, 낚시찌의 동정(動靜)이 어떠한가 등이 있는 것이다.

舜讓[1]其友石戶之農 石戶之農曰 棬棬[2]乎后之爲人也 葆力[3]之士也 以舜之德爲未至也 於是乎夫負妻戴 攜子以入於海 去之終身不反 舜又讓其友北人無擇 北人無擇曰 異哉后之爲人也 居於畎畝[4]之中 而游入於堯之門 不若是而已 又欲以其辱行漫[5]我 我羞之 而自投於蒼領[6]之淵 湯將伐桀 因卞隨而謀 卞隨辭曰 非吾事也 湯曰 孰可 卞隨曰 吾不知也 湯又因務光而謀 務光曰 非吾事也 湯曰 孰可 務光曰 吾不知也 湯曰 伊尹何如 務光曰 彊力忍詢[7] 吾不知其他也 湯遂與伊尹謀夏伐桀 克之 以讓卞隨 卞隨辭曰 后之伐桀也 謀乎我 必以我爲賊也 勝桀而讓我 必以我爲貪也 吾生乎亂世 而無道之人 再來詢我 吾不忍數聞[8]也 乃自投於潁水[9]而死 湯又讓於務光曰 智者謀之 武者遂之 仁者居之 古之道也 吾子胡不位之 請相吾子[10] 務光辭曰 廢上 非義也 殺民 非仁也 人犯其難 我享其利 非廉也 吾聞之 非其義不受其利 無道之世不踐其土 況於尊我乎 吾不忍久見也 乃負石而沈於募水[11] 故如石戶之農北人無擇卞隨務光者 其視天下若六合之外人之所不能察 其視貴富也 苟可得已 則必不之賴[12] 高節厲行 獨樂其意 而物莫之害 不漫於利 不牽於勢 而羞居濁世 惟此四士者[13]之節 若夫舜湯 則苞裹覆容[14] 緣不得已而動 因時而爲 以愛利[15]爲本 以萬民爲義 譬之若釣者 魚有小大 餌有宜適 羿[16]有動靜

1) 讓(양) : 천자의 자리를 선양(禪讓)한다는 뜻.

2) 棬棬(권권) : 힘을 다하여 일한다는 뜻.

3) 葆力(보력) : 전생(全生)의 힘을 보유하다. 보는 보(保)와 같다.

4) 畎畝(견묘) : 전야(田野). 민간(民間).

5) 漫(만) : 더럽히다. 오(汚)와 같다.

6) 蒼領(창령) : 못의 이름. 청령(淸泠)으로 기록된 곳도 있다.

7) 詢(구) : 부끄럽다. 수치(羞恥). 치욕(恥辱).

8) 數聞(삭문) : 자주 듣다. 여러 번 듣다.

9) 穎水(영수) : 물 이름. 지금의 하남성(河南省) 임여현(臨汝縣)에 있는데, 변 수(卞隨)의 사적(事蹟)일 뿐 아니라 요(堯)임금 때의 허유(許由)의 사적이 기도 하다.

10) 相吾子(상오자) : 나는 선생을 돕겠다. 상은 돕는다는 뜻이요, 자는 그대 곧 선생.

11) 募水(모수) : 물 이름.

12) 賴(뢰) : 이(利) 또는 선(善)과 같다.

13) 四士者(사사자) : 석호지농(石戶之農)과 북인무택(北人無擇)과 변수(卞 隨)와 무광(務光)의 네 선비.

14) 苞裏覆容(포리복용) : 만상(萬象)을 싸서 용납하다.

15) 愛利(애리) : 세상을 구원한다는 뜻.

16) 羽(우) : 낚시의 찌.

다. 청렴지사(淸廉之士)는 힘써 구해야 한다

제(齊)나라와 진(晉)나라가 서로 더불어 전쟁을 하는데, 제나 라 평아(平阿) 땅의 여자(餘子)가 극(戟)을 잃고 진나라 사람의 모(矛)를 얻었다.

퇴각한 뒤에 생각하니 스스로 마음이 불쾌하여 길에서 만난 사 람에게 말하였다.

"극을 잃고 모를 얻었는데 가지고 돌아가도 되겠소."

길에서 만난 사람이 말하였다.

"극도 무기(武器)이고 모도 무기이니, 무기를 잃고 무기를 얻 었는데 어찌하여 돌아가서는 안 된다는 말입니까."

그래서 돌아가는데 마음은 아직도 불쾌하였다. 그러던 차에 고 당(高唐)을 지키는 관리인 숙무손(叔無孫)을 만났다. 숙무손의 말 앞으로 가 말하기를

"오늘 싸움에서 극을 잃고 모를 얻었습니다. 가지고 돌아가도 되겠습니까."

하니, 숙무손이 말하였다.

"모는 극이 아니요, 극은 모가 아닙니다. 극을 잃고 모를 얻었으니, 어찌 책임을 감당했다고 하겠습니까."

이에 평아의 여자(餘子)가 말하기를

"아아, 다시 돌아가 싸워야겠다. 달려가면 아직 미칠 수가 있을 것이다."

하고는 드디어 다시 싸우다가 죽었다.

숙무손이 말하기를

"군자는 환난(患難)중에 사람을 건지려면 반드시 그 환난속으로 빠져 들어간다고 들었다."

하고는 빠르게 달려 그의 뒤를 따라가 또한 죽어서 돌아오지 않았다.

이 사람으로 하여금 군중을 영솔하게 하면 또한 반드시 패배(敗北)하는 일을 당하지 않는다. 이 사람으로 하여금 군주의 좌우에 있게 하면 또한 반드시 의(義)를 위해 죽을 것이다.

이제 죽어 큰 공이 없는 것은 그가 맡은 바 책임이 작기 때문이다. 책임을 작게 진 사람은 큰 일을 알지 못한다.

지금 어찌하여 천하에 평아 땅의 여자나 숙무손같은 사람이 없음을 알겠는가. 그러므로 군주가 청렴지사(淸廉之士)를 얻고자 하면 힘써 구하지 않으면 안 되는 것이다.

齊晉相與戰 平阿[1]之餘子[2] 亡戟得矛[3] 却而去 不自快 謂路之人曰 亡戟得矛 可以歸乎 路之人曰 戟亦兵也 矛亦兵也 亡兵得兵 何爲 不可以歸 去行 心猶不自快 遇高唐之孤[4] 叔無孫[5] 當其馬前曰 今者 戰 亡戟得矛 可以歸乎 叔無孫曰 矛非戟也 戟非矛也 亡戟得矛 豈 亢[6]責也哉 平阿之餘子曰 嘻 還反戰 趨尙及之 遂戰而死 叔無孫曰 吾聞之 君子濟人於患 必離其難 疾驅而從之 亦死而不反 令此將衆 亦必不北矣 令此處人主之旁 亦必死義矣 今死矣 而無大功 其任小

故也 任小者不知大也 今焉知天下之無平阿餘子與叔無孫也 故人
主之欲得廉士者 不可不務求

1) 平阿(평아) : 제(齊)나라 고을의 이름.

2) 餘子(여자) : 관씨(官氏).

3) 亡戟得矛(망극득모) : 극을 잃고 진(晉)나라 사람의 모를 얻다. 극은 갈라진
   창. 모는 세모진 창.

4) 高唐之孤(고당지고) : 고당을 지키는 관리. 고당은 제나라 고을의 이름. 고
   (孤)는 수리(守吏).

5) 叔無孫(숙무손) : 성은 숙, 이름은 무손. 고당을 지키는 대부(大夫).

6) 亢(항) : 감당하다. 당(當)과 같다.

라. 꿈에 모욕을 당하고 죽은 사나이

제(齊)나라 장공(莊公) 때 한 용사(勇士)가 있었는데 이름을
빈비취(賓卑聚)라고 하였다.

자다가 꿈에 한 장사(壯士)가 있어 백호(白縞)의 관(冠)을 쓰
고, 단적(丹績)으로 된 관의 끈을 달고, 동포(東布)의 의복을 입
고, 새로운 흰 신발을 신고, 검을 빛깔의 칼집을 차고 빈비취를 따
라와 큰 소리로 꾸짖으면서 얼굴에다 침을 뱉는 것이었다.

깜짝 놀라 눈을 뜨니 그것은 다만 한낱 꿈이었다. 밤이 마치기
를 기대하며 앉아서 생각해 보아도 스스로 불쾌하기 짝이 없었다.

다음 날 그의 벗을 불러 꿈 이야기를 하면서 말하였다.

"나는 젊어서부터 용기(勇氣)를 좋아하여 지금 나이 60이 되
도록 남에게 모욕을 당해 본 일이 없는데, 간밤 꿈에 모욕을 당하
였소. 나는 장차 그렇게 생긴 사람을 찾아내 기필코 그런 사람을
찾으면 좋거니와 찾지 못한다면 나는 죽어 버리고 말 것이오."

그리하여 매일 아침 일찍부터 그 벗과 함께 거리에 서서 꿈에
본 사람과 같게 생긴 사람을 찾았으나 사흘이 지나도록 찾지 못
하였다. 그는 할 수 없이 집으로 돌아와 스스로 목숨을 끊었다.

이와 같은 일에 대한 마땅한 말은 아직 없다. 그렇다고 하더라

도 그의 마음으로부터 모욕당하는 것을 즐기지 않는 것은 달리 더
할 말이 있겠는가.

　齊莊公之時 有士曰賓卑聚 夢有壯子白縞[1]之冠 丹績之袧[2] 東布
之衣[3] 新素履 墨劍室 從而叱之 唾其面 惕然而寤 徒夢也 終夜坐不
自快 明日 召其友而告之曰 吾少好勇 年六十而無所挫辱 今夜辱吾
將索其形 期得之則可 不得將死之 每朝與其友俱立乎衢 三日不得
却而自歾[4] 謂此當務則未也 雖然 其心之不辱也 有可以加乎

1) 白縞(백호) : 흰 비단.
2) 丹績之袧(단적지순) 붉은 채색의 관끈. 적은 궤(績)의 오자인 것 같고, 순은
　　영(纓)과 같은 것으로 갓끈 또는 관끈을 뜻한다.
3) 東布之衣(동포지의) : 대포지의(大布之衣)와 같은 뜻.
4) 自歾(자몰) : 스스로 목숨을 끊다. 자살(自殺).

2. 의리를 높이 사라〔二曰高義〕

가. 군자의 통달은 세속적인 관념과 다르다

　군자의 행위는 움직이면 반드시 의(義)에 말미암고, 행하면 반
드시 의에 성실하다. 세속적인 사람들이 비록 이것을 일러 곤궁
하다고 하더라도 실은 통달(通達)한 것이다.

　행함에 있어 의에 성실하지 않고, 움직임에 있어 의에 말미암지
않으면 세속적인 사람들이 비록 이것을 일러 통달했다고 하더라
도 실은 곤궁한 것이다.

　그렇다면 군자의 곤궁함과 통달함은 세속적인 사람이 보는 바
의 그것과는 일치하지 않는 것이 있다.

　공이 있으면 마땅히 상을 받고, 죄가 있으면 마땅히 벌을 받게
된다. 상을 받을 만한 일이 아니면 비록 상을 준다 하더라도 반드

시 그것을 사양해야 하고, 벌을 마땅히 받아야 할 일이면 비록 용
서해 준다 하더라도 또한 피해서는 안된다.

　그것을 국가에서 법도로 삼으면 반드시 그 유리(有利)함이 장
구(長久)하다. 장구하게 다스리는 군주는 반드시 모름지기 내심
(內心)에 반성하여 부끄러울 것이 없는 뒤에야 움직인다.

　君子之自行也 動必緣義 行必誠義 俗雖謂之窮 通[1]也 行不誠義
動不緣義 俗雖謂之通 窮也 然則君子之窮通 有異乎俗者也 故當功
以受賞 當罪以受罰 賞不當 雖與之 必辭 罰誠當 雖赦之不外[2] 度之
於國 必利長久 長久之於主 必宜內反於心 不愧然後動

1) 通(통) : 통달(通達)하다.
2) 不外(불외) : 피하여 벗어나려고 하지 않는다.

나. 취하고 버리는 것을 신중하게 한 공자

　공자(孔子)가 제(齊)나라 경공(景公)을 뵈니, 경공은 공자에
게 늠구(廩丘)의 땅을 봉(封)하여 식읍(食邑)으로 삼도록 하고
자 하였다.

　그러나 공자는 사양하고 받지 않았다. 그리고 돌아와 제자에게
이르기를

　"나는 듣건대 군자는 마땅히 공이 있음으로써 녹(祿)을 받는
다고 하였는데, 이제 경공에게 나라를 다스리는 도(道)를 설(說)
하였건만 경공은 그것을 시행하지 않으면서 나에게 늠구의 땅을
주겠다고 하니, 그는 진실로 이 구(丘)를 모르는구나."

하고는 제자에게 수레를 준비하게 하여 제나라에서 물러가고 말
았다.

　공자는 포의(布衣)의 선비로 관직은 겨우 노(魯)나라 사구(司
寇)에 불과하였다. 그러나 만승(萬乘)의 나라 군주도 그와 더불
어 견주어 행하기 어렵고, 삼왕(三王)을 보좌한 이들도 다 이것
보다 드러나지는 못하였으니, 취하고 버리는 것을 소홀하게 하지

않아서였다.

孔子見齊景公 景公致廩丘以爲養[1] 孔子辭不受 入謂弟子曰 吾聞
君子當功以受祿 今說[2]景公 景公未之行[3] 而賜之廩丘 其不知丘亦
甚矣 令弟子趣駕 辭而行 孔子布衣也 官在魯司寇 萬乘難與比行 三
王之佐不顯焉 取舍不苟也夫

1) 景公致廩丘以爲養(경공치름구이위양) : 경공이 공자에게 늠구의 땅을 봉
   (封)함으로써 그의 식읍(食邑)을 삼도록 하고자 하였다는 뜻.
2) 說(설) : 나라를 다스리는 도(道)를 설하였다는 말.
3) 景公未之行(경공미지행) : 경공은 공자가 설한 나라를 다스리는 도를 시행
   에 옮기지 않았다는 뜻. 따라서 자신의 공은 없는 것이니 식읍의 봉함을 받을
   수 없다는 말.

다. 의(義)를 팔 수는 없는 것이다

자묵자(子墨子)가 공상과(公上過)로 하여금 월(越)나라로 가
유세(遊說)를 하게 하였다. 공상과가 월나라에 가 묵자(墨子)의
도(道)를 설명하니, 월나라 왕이 기뻐하여 공상과에게 말하였다.
"그대의 스승께서 진실로 즐겨 우리 월나라에 오신다면 예전
오(吳)나라의 땅인 음강(陰江) 포구(浦口)의 서사(書社) 3백으
로써 선생님을 봉하겠으니 들어주시기 바랍니다."
공상과가 자묵자에게 돌아가 보고하니, 자묵자가 말하기를
"자네가 월나라 왕을 관찰하건대 그가 능히 나의 말을 따르고
나의 도를 행할 것 같던가."
하니, 공상과가 대답하였다.
"거의 그렇게는 하지 못할 것 같습니다."
이 말을 듣고 묵자가 말하였다.
"월나라 왕만이 이 적(翟)의 뜻을 알지 못할 뿐 아니라 자네 또
한 이 적의 뜻을 알지 못하는 것일세. 만약 월나라 왕이 나의 말
을 따르고 나의 도를 행한다면 이 적은 몸을 헤아려 입고 배를 헤

아려 먹으면서 객(客)과 백성이 한가지로 감히 벼슬할 것을 바라지 않을 것일세. 그러나 월나라 왕이 나의 말을 따르지 않고 나의 도를 행하지 않는다면 비록 월나라 전체를 나에게 준다 하더라도 나는 그것을 쓸 데가 없네.

월나라 왕이 나의 말을 따르지 않고 나의 도를 행하지 않는데 내가 그 나라를 받는다면 그것은 의(義)를 파는 것이다. 의를 팔려면 어찌 반드시 월나라이겠는가. 비록 중국이라 하더라도 또한 할 수 없는 것일세."

무릇 사람은 익히 의논하지 않을 수 없다. 진(秦)나라의 야인(野人)이 작은 이득(利得) 때문에 형제가 서로 소송을 제기하고 친척끼리 서로 반목(反目)하였다.

이제 그 나라를 얻을 수 있다고 해도 그 의가 일그러질까 두려워 그것을 사양하는 것이 능히 의를 지키는 것이라 말할 수 있는 것이니, 그것은 진나라의 야인과는 그 거리가 참으로 먼 것이다.

子墨子[1]游[2]公上過[3]於越 公上過語墨子之義 越王說之 謂公上過曰 子之師苟肯至越 請以故吳之地[4] 陰江之浦書社三百以封夫子 公上過往復[5]於子墨子 子墨子曰 子之觀越王也 能聽吾言用吾道乎 公上過曰 殆未能也 墨子曰 不唯越王不知翟之意 雖子亦不知翟之意 若越王聽吾言用吾道 翟度身而衣 量腹而食 比於賓萌[6] 未敢求仕 越王不聽吾言不用吾道 雖全越以與我 吾無所用之 越王不聽吾言不用吾道 而受其國 是以義翟[7]也 義翟何必越 雖於中國亦可 凡人不可不熟論 秦之野人以小利之故 弟兄相獄 親戚相忍[8] 今可得其國 恐虧其義而辭之 可謂能守行[9]矣 其與秦之野人相去亦遠矣

1) 子墨子(자묵자): 묵자(墨子). 묵가(墨家)에서 묵자를 높이는 뜻에서 자(子)를 하나 더 위에다 얹어 불렀다.

2) 游(유): 유는 유세(遊說)로 유(遊)와 같다.

3) 公上過(공상과): 공상과는 묵자의 제자.

4) 故吳之地(고오지지): 예전 오나라의 땅. 이때 오(吳)나라는 월(越)나라에 합병(合倂)되어 있었으므로 고(故)자를 붙인 것이다.

5) 復(복) : 아뢰다. 백(白)과 같다.

6) 賓萌(빈맹) : 빈은 객(客), 맹은 백성.

7) 義翟(의적) : 의(義)를 팔다. 곧 도(道)를 굽혀 녹(祿)를 탐(貪)한다는 뜻.
   적(翟)은 조(糶)의 오자로 판다는 뜻.

8) 忍(인) : 반목(反目)한다는 뜻.

9) 守行(수행) : 의(義)를 지키다. 행은 의(義)와 같다.

라. 장군의 높은 의를 이루게 하련다

초(楚 : 荊)나라와 오(吳)나라가 장차 싸우려고 하는데 초나라
군사는 적고 오나라 군사는 많았다. 그래서 초나라의 장군인 자
낭(子囊)이 말하기를

"나는 오나라와 더불어 싸워 반드시 지게 되있는데 왕의 군대
가 패전(敗戰)하면 왕의 명예를 욕되게 하고 국토를 잃게 될 것
이니, 이것은 충신으로서 참을 수 없는 일이다."

하고는, 왕에게는 아무 말도 하지 않고 교외(郊外)로 몸을 피하
였다. 그러고는 사람을 시켜 왕에게 아뢰었다.

"신은 청하옵건대 죽게 하여 주십시오."

이에 대하여 왕이 말하기를

"장군이 몸을 피한 것은 그렇게 함으로써 국면을 유리하게 하
기 위함이었소 이제 국면이 유리하게 되었거늘 장군은 어찌 하
여 죽겠다고 하는 것이오"

하고 그의 죽음을 말렸다. 이에 자낭이 또 말하기를

"몸을 피한 것이 죄가 되지 않는다면 후세에 왕의 신하된 자들
이 모두 국면이 불리하다는 것을 핑계삼아 신을 본받아 몸을 피
하려 할 것입니다. 그와 같이 되면 초나라는 마침내 천하의 약한
나라가 될 것입니다."

하고는 드디어 칼로 배를 찔러 죽고 말았다. 그래서 왕은

"장군의 높은 의(義)를 이루게 하고자 한다."

하고는 이에 세 치나 되는 두께의 오동나무로 관을 만들고 그 위

에다 도끼를 얹어 놓았다.

군주로서의 화환(禍患)은 존립(存立)하되 존립하는 까닭을 알지 못하고, 멸망하되 멸망하는 까닭을 알지 못하는 것이다. 이것이 국가의 존립과 멸망이 때때로 있게 되는 까닭이다.

위(郼)나 기(岐)의 광대함과 만국이 순종한 것은 이로 좇아 생긴 것이다. 초나라는 42세(世)라는 장구한 세월을 나라를 이어 내려오면서, 비록 일찍이 건계(乾谿)의 난(亂)과 백공(白公)이 난이 있었고, 일찍이 정(鄭)나라 양주후(襄州侯)를 피(避)한 일은 있었으나 지금도 오히려 만승(萬乘)의 대국이다.

그 시대에 신하로서 자낭과 같거나 자낭의 절조가 있었다면 홀로 한 세대의 신하만을 격려하는 것만이 아니었을 것이다.

莉人與吳人將戰 莉師寡 吳師衆 莉將軍子囊¹⁾曰 我與吳人戰 必敗 敗王師 辱王名 虧壤土²⁾ 忠臣不忍爲也 不復於王而遁 至於郊 使人復於王曰 臣請死 王曰 將軍之遁也 以其爲利也 今誠利 將軍何死 子囊曰 遁者無罪 則後世之爲王臣者 將皆依不利之名 而效臣遁 若是則莉國終爲天下撓³⁾ 遂伏劍⁴⁾而死 王曰 請成將軍之義 乃爲之桐棺三寸 加斧鑕其上⁵⁾ 人主之患 存而不知所以存 亡而不知所以亡 此存亡之所以數至也 郼之廣也 萬國之順也 從此生矣 莉之爲四十二世矣 嘗有乾谿白公之亂⁶⁾矣 嘗有鄭襄州侯之避⁷⁾矣 而今猶爲萬乘之大國 其時有臣如子囊與 子囊之節 非獨屬一世之人臣也

1) 子囊(자낭): 초(楚)나라의 영윤(令尹). 초나라 장왕(莊王)의 아들인 공자(公子) 정(貞).
2) 虧壤土(휴양토): 국토가 이지러진다. 곧 국토를 잃는다는 말.
3) 撓(요): 약한 나라. 약(弱)과 같다.
4) 伏劍(복검): 칼에 엎어지다. 곧 칼로 배를 찌른다는 뜻.
5) 加斧鑕其上(가부질기상): 그 위에다 도끼를 얹다. 곧 형벌을 가한다는 뜻을 나타낸다. 부와 질은 다 도끼의 뜻.
6) 乾谿白公之亂(건계백공지난): 건계와 백공의 난. 건계의 난은 초나라의 영왕(靈王)이 건계에다 대(臺)를 지으니 백성들이 원망하는지라 공자(公子)

기질(棄疾)이 난을 일으켜 영왕을 시해(弑害)하고 스스로 왕이 되어 평왕 (平王)이라 한 일을 말한다. 백공의 난은 평왕(平王)의 태자 건(建)의 아들 인 백공승(白公勝)이 정(鄭)나라로 출분(出奔)했는데, 정나라에서 그를 살 해하려 하므로 그 원수를 갚고자 했는데 초나라에서 도리어 정나라를 도우므 로 분개하여 일으킨 난을 이르는 말이다.

7) 鄭襄州侯之避(정양주후지피) : 정(鄭)나라의 양주후(襄州侯)가 진(晉)나 라를 섬기면서 초(楚)나라를 토벌하므로 초나라에서는 그것을 피하여 역경 (逆境)에 처했던 일을 말한다.

마. 도끼로 머리를 쳐 죽은 석저(石渚)

초(楚)나라 소왕(昭王) 때 한 현사(賢士)가 있었으니, 이름을 석저(石渚)라고 하였다. 그 사람됨이 공명하고 정직하여 사사로 움이 없어 왕은 그를 사법을 담당하는 관리로 삼았다.

그런데 어느 날 길에서 사람을 죽이는 자가 있어 석저는 살인 자를 추격하였는데 그 살인자는 바로 그의 아버지였다.

수레를 돌려 돌아와 왕정(王廷)에 서서 왕에게 말하기를

"살인자는 바로 저의 아버지였습니다. 아버지에게 형벌을 가하 는 일은 참을 수 없는 일입니다. 그리고 죄가 있는데 사사로운 정 리로 나라의 법을 폐(廢)할 수는 없는 일입니다. 법을 잃고 죄를 받는 것은 신하의 큰 의(義)입니다."

하고는 왕에게 도끼로 배를 쳐 죽이기를 청하였다.

왕이 말하였다.

"추격하다가 따르지 못하였으면 그만이지 어찌 반드시 죄를 받 아야 하겠는가. 그대는 다시 직무에 힘쓰도록 하여라."

그러나 석저는 그것을 사양하면서 말하기를

"그 어버이에게 사사로운 정리를 두지 않는 것을 효자라 말할 수 없고, 임금을 섬기면서 법을 굽히는 것을 충신이라 말할 수 없 습니다. 왕께서 용서해 주시는 것은 왕의 은덕이요, 감히 법을 폐 하지 못하는 것은 신하의 도리입니다."

하고는 도끼를 들어 왕정에서 머리를 쳐 죽었다.

그는 법이 굽어지는 것을 바로잡기 위해 죽음을 택한 것이다. 아버지가 죄를 범하였으니 차마 법을 집행하지 못하고, 왕이 용서하였으되 법을 폐하는 일을 즐기지 않았으니, 석저의 남의 신하됨은 가히 충신이요, 또한 효자라 이를 수 있다.

荊昭王[1]之時有士焉曰石渚 其爲人也 公直無私 王使爲政[2] 道有殺人者 石渚追之 則其父也 還車而反立於廷曰 殺人者僕[3]之父也 以父行法 不忍. 阿[4]有罪 廢國法 不可 失法伏罪 人臣之義也 於是乎伏斧鑕請死於王 王曰 追而不及 豈必伏罪哉 子復事矣 石渚辭曰 不私其親 不可謂孝子 事君枉法 不可謂忠臣 君令赦之 上之惠也 不敢廢法 臣之行也 不去斧鑕 歿頭乎王廷 正法枉必死 父犯法而不忍 王赦之而不肯 石渚之爲人臣也 可謂忠且孝矣

1) 昭王(소왕) : 건계(乾谿)의 난을 일으켰던 평왕(平王)의 아들.

2) 政(정) : 정(正)과 같은 것으로 사법(司法)을 담당하는 관리.

3) 僕(복) : 나. 아(我)와 같다.

4) 阿(아) : 사사로운 정리. 사정(私情). 사(私)와 같다.

3. 덕을 높인다〔三曰上德〕

가. 하늘의 성(性)에 순응하는 것

천하와 국가를 다스리는데 있어서는 덕(德)으로써 하는 것만 같은 것이 없고, 의(義)를 행하는 것만 같은 것이 없다. 덕으로써 하고 의로써 하면 상을 주지 않아도 백성들은 열심히 일하고 벌을 주지 않아도 간사한 짓을 하지 않는다.

이것은 신농씨(神農氏)나 황제(黃帝)의 정치다. 덕으로써 하고 의로써 하면 사해(四海)의 큼과 강하(江河)의 물도 대항하여

막을 수 없고, 태화산(太華山)의 높음과 회계산(會稽山)의 험악
한 것으로도 장애(障碍)가 되지 못하며, 합려(闔閭)의 군사 훈
련이나 손자(孫子)·오자(吳子)의 병법(兵法)으로도 저항하여
막을 수 없다.

그러므로 고대의 왕자(王者)는 덕화(德化)가 하늘과 땅에 통
하고, 사해(四海)에 넘치고, 동서남북 해와 달이 비치는 데까지
멀리 도달하고, 하늘처럼 덮고 땅처럼 실어 사랑함과 미워함을 감
추지 않고, 허무(虛無)하고 소박(素朴)하되 공정하고, 백성들은
그것을 함께 하며, 적에게 가서도 그러한 까닭을 알지 못하는데,
이것을 일러 천리(天理)에 순응한다고 한다. 백성을 가르침에 모
양을 바꾸고 풍속을 고쳐도 그것이 어떻게 받아들여지는가를 알
지 못한다. 이것을 일러 천성(天性)에 순응한다고 한다.

그러므로 옛날 사람들은 몸을 감추어 벼슬하지 않으면서도 공업
(功業)은 밝게 드러나고, 형체는 이미 세상을 떠났건만 명성을 더
욱 빛나며, 학설(學說)이 통하여 교화(敎化)를 떨치고, 백성을 이
롭게 하는 덕이 천하에 행하여지건만 백성은 그것을 알지 못했다.

어찌 반드시 엄한 벌과 후한 상으로써 할 것인가. 엄한 벌과 후
한 상은 쇠퇴(衰退)한 세상의 정치다.

爲天下及國 莫如以德 莫如行義 以德以義 不賞而民勸 不罰而邪
止 此神農黃帝之政也 以德以義 則四海之大 江河之水 不能亢[1]矣
太華之高 會稽之險 不能障矣 闔廬之敎[2] 孫吳之兵[3] 不能當矣 故
古之王者 德廻[4]乎天地 澹[5]乎四海 東西南北 極日月之所燭 天覆地
載 愛思不臧[6] 虛素[7]以公 小民皆之 其之敵而不知其所以然 此之謂
順天 敎變容改俗 而莫得其所受之 此之謂順情[8] 故古之人身隱而功
著 形息[9]而名彰 說通而化奮 利行乎天下 而民不識 豈必以嚴罰厚
賞哉 嚴罰厚賞 此衰世之政也

1) 亢(항): 당(當)하다. 대항하다.
2) 闔廬之敎(합려지교): 합려의 군사 훈련. 교는 연병(練兵).
3) 孫吳之兵(손오지병): 손자(孫子)·오자(吳子)의 병법(兵法).

4) 廻(회) : 통하다.

5) 澹(담) : 넘치다. 일(溢)과 같다.

6) 愛思不臧(애사부장) : 사랑하고 미워하는 것을 감추지 않다. 사는 미워하다 로 풀이되며, 오(惡)와 같고 장은 감추다의 뜻으로 익(匿)과 같다.

7) 虛素(허소) : 허무(虛無)와 소박(素朴).

8) 情(정) : 천성(天性).

9) 形息(형식) : 형체는 쉬다. 곧 육신은 이미 죽었다는 뜻.

나. 덕을 먼저하고 무(武)를 뒤에 하는 것

삼묘(三苗)가 복종하지 않으니 우(禹)가 군대를 동원하여 공 격할 것을 청하였다. 이에 대하여 순(舜)임금이 말하였다.

"덕화(德化)로써 할 수 있을 것이다."

그리하여 덕정(德政)을 시행한 지 3년 만에 삼묘는 복종했다. 공자가 이 일에 대하여 말하였다.

"덕화의 정형(情形)이 통하면 맹문(孟門)이나 태행(太行)과 같은 험조(險阻)한 곳도 문제가 되지 않는다."

그러므로 말하기를 덕화의 유행이 매우 빠른 것은 우편소의 역 마의 전달로써 하는 명령보다도 빠르다고 하였다.

주대(周代)의 명당(明堂)에서 음악을 행하되 금박(金鎛)이 뒤에 놓이는 것은 또 덕(德)을 먼저 하고 무(武)를 뒤로 하는 뜻 을 나타낸 것이다.

순임금의 뜻이 더욱 이와 같은 것은 주나라의 명당에서 덕(德) 을 먼저하고 무(武)를 뒤로 하는 뜻과 서로 통하는 것이다.

三苗[1]不服 禹請攻之 舜曰 以德可也 行德三年 而三苗服 孔子聞 之曰 通乎德之情 則孟門太行[2]不爲險矣 故曰德之速 疾乎以郵傳命 周明堂金[3]在其後 有以見先德後武也 舜其猶此乎 其臧武[4]通於周矣

1) 三苗(삼묘) : 후세에 묘족(苗族)이라 불리는 중국 주변에 있던 미개한 이민 족(異民族). 현재는 중국 남부에 흩어져 사는 소수 민족이지만 상고시대에

는 지금의 강서성(江西省) 일대에 살고 있었다.

2) 孟門太行(맹문태행) : 맹문(孟門)과 태행(太行)은 다 험악한 요새.

3) 金(금) : 금박(金鎛). 큰 종(鐘).

4) 臧武(장무) : 무(武)를 감추다. 곧 무를 뒤로 하다.

다. 태자 신생(申生)을 죽인 진헌공(晉獻公)

진(晉)나라의 헌공(獻公)은 여희(麗姬)를 사랑하는 나머지 태자(太子)를 소원(疏遠)하게 대우하였다.

그래서 태자 신생(申生)으로 하여금 곡옥(曲沃)에 살게 하고, 공자(公子)인 중이(重耳)는 포(蒲) 땅에 살게 하고, 또다른 공자인 이오(夷吾)는 굴(屈) 땅에 살게 하였다.

어느 때 여희가 태자에게 말하였다.

"지난 밤에 군주께서는 꿈에 태자의 모친인 강씨(姜氏)를 보셨습니다."

이에 태자는 그 어머니에게 제사를 지내고 나서 그 제사 지낸 고기를 헌공에게 진헌(進獻)하였다. 여희는 그것을 독이 든 고기로 바꿔 놓고는 헌공이 그 음식을 먹으려 하니, 말하였다.

"그 고기는 먼 데서 온 것이니 먼저 사람을 시켜 그것을 맛보게 하십시오"

사람을 시켜 맛보게 하니 맛본 사람이 죽고, 개에게 먹여보니 그 개가 죽는 것이었다. 그래서 헌공은 태자를 벌주어 죽이라고 하였다.

태자는 굳이 풀려나려 하지 않고 말하기를

"군주께서는 여희가 아니면 사시는 것이 편안하지 않으시고, 음식의 맛이 달지 않으십니다."

하고는 드디어 칼로 배를 찔러 죽고 말았다.

사태가 이렇게 되니, 신변의 위협을 느낀 공자 이오는 굴(屈) 땅에서 양(梁)으로 달아났고, 공자 중이는 포(蒲) 땅에서 적(翟)으로 달아났다가 그 뒤에 적을 떠나 위(衛)나라를 지나니 위나라 문공(文公)은 그를 예(禮)로써 대하지 않았다. 그래서 오록(五鹿)을 지나 제(齊)나라로 갔다.

제나라에서 환공(桓公)이 세상을 떠나니 또 제나라를 떠나 조(曹)나라로 갔는데, 조나라의 공공(共公)은 중이의 힘을 시험해 보기 위해 그로 하여금 옷을 벗고 연못 속에 들어가 고기를 잡게 하였다. 그래서 조나라를 떠나 송(宋)나라를 지나니 송나라의 양공(襄公)은 예로써 상대해 주었다. 다시 정(鄭)나라로 갔다. 정나라 문공(文公)이 그를 예로써 상대해 주지 않았다. 이에 정나라의 신하인 피첨(被瞻)이 정나라 문공에게 간(諫)하였다.

"신은 들으니 현명한 군주는 곤궁한 사람을 가벼이 여겨 업신여기지 않는다고 합니다. 이에 진(晉)나라 공자를 따르는 사람들은 모두 현명한 사람들입니다. 군주께서 예로써 상대하지 않으실 바에야 아예 그들을 죽이시는 것만 같지 못합니다."

정나라 문공은 그 말을 듣지 않았다. 공자 중이는 정나라를 떠나 초(楚)나라로 갔다. 초나라 성왕(成王)이 또한 거만하였다. 그래서 초나라를 떠나 진(秦)나라로 가니, 진나라 목공(穆公)은 그를 받아들여 군대로 보호하여 그를 진(晉)나라로 보냈다.

진나라는 안정을 되찾고는 군사를 일으켜 정나라를 공격하며 피첨을 내놓으라고 요구하였다. 이에 피첨이 정나라 군주에게 일러 말하기를

"신을 그들에게 보내시는 것만 같지 못합니다."

하니, 정나라 군주가 말하였다.

"이것이 고(孤)의 과실이다."

피첨이 다시 말하였다.

"신이 죽음으로써 국가의 화환(禍患)을 면할 수 있습니다. 원컨대 신을 가게 해주십시오."

피첨은 진나라 군중(軍中)으로 들어갔다. 그랬더니 진나라 문공은 장차 피첨을 삶아 죽이려고 하였다.

이에 피첨이 가마솥전을 잡고 서서 큰소리로 외쳤다.

"삼군(三軍)의 장사 여러분, 피첨의 말을 들으십시오. 이제부

터 이후로는 그 군주에게 충성을 바치지 마십시오. 그 군주에게 충성하는 사람은 나와 같이 삶아져 죽을 것입니다."

문공은 그 말을 듣고 사과하면서 군대를 거두어 물러갔고 피첨으로 하여금 정나라로 돌아가게 하였다.

피첨은 그 군주에게 충성함으로써 그 군주로 하여금 진나라의 화환을 면하게 하였다. 피첨은 의(義)를 정나라에 행함으로써 진나라의 문공을 기쁘게 하였던 것이다. 그러므로 의를 행함으로써 생기는 이로움은 대단히 넓고 크다고 할 것이다.

晉獻公爲麗姬遠太子 太子申生居曲沃 公子重耳居蒲 公子夷吾居屈 麗姬謂太子曰 往昔[1]君夢見姜氏[2] 太子祠而膳[3]於公 麗姬易之 公將嘗膳 姬曰 所由遠 請使人嘗之 嘗人人死 食狗狗死 故誅太子 太子不肯自釋 曰 君非麗姬居不安 食不甘 遂以劍死 公子夷吾自屈奔梁[4] 公子重耳自蒲奔翟[5] 去翟過衛 衛文公無禮焉 過五鹿如齊 齊桓公死 去齊之曹 曹共公視其駢脅[6] 使袒[7]而捕池魚 去曹過宋 宋襄公加禮焉 之鄭 鄭文公不敬 被瞻諫曰 臣聞賢主不窮窮[8] 今晉公子之從者皆賢者也 君不禮也 不如殺之 鄭君不聽 去鄭之荊 荊成王慢焉 去荊之秦 秦繆公入之[9] 晉既定 興師攻鄭 求被瞻 被瞻謂鄭君曰 不若以臣與之 鄭君曰 此孤之過也 被瞻曰 殺臣以免國[10] 臣願之 被瞻入晉軍 文公將烹之 被瞻據鑊而呼曰 三軍之士皆聽瞻也 自今以來 無有忠於其君 忠於其君者將烹 文公謝焉 罷師 歸之於鄭 且被瞻忠於其君 而君免於晉患也 行義於鄭 而見說於文公也 故義之爲利博矣

1) 往昔(왕석) : 지난날. 여기서는 지난밤으로 풀이된다.
2) 姜氏(강씨) : 태자(太子)의 죽은 어머니
3) 膳(선) : 음식을 진헌(進獻)하다.
4) 公子夷吾自屈奔梁(공자이오자굴분량) : 공자 이오는 굴 땅에서 양으로 달아나다. 태자를 죽이는 사태가 되니 공자도 신변의 위협을 느꼈기 때문이었다. 자(自)는 ~으로부터 또는 ~에서로 풀이된다.
5) 翟(적) : 적(狄)과 같다. 북방의 이민족이다.

6) 骿脅(병협) : 협이 갈비라는 뜻이니, '힘' 이라는 뜻으로 말하는 것이 아닌가
   한다.
7) 袒(단) : 옷을 벗는다는 뜻.
8) 不窮窮(불궁궁) : 곤궁한 사람을 업신여기지 않는다. 앞의 궁은 업신여긴다
   는 뜻, 뒤의 궁은 곤궁하다는 뜻.
9) 入之(입지) : 그를 받아들이다. 목공(繆公)은 그들을 군대로 보호하여 본국
   인 진(晉)나라로 보내 군주가 되게 하였다고 한다.
10) 免國(면국) : 국가의 화환(禍患)을 면하게 한다는 뜻.

라. 묵자(墨者)의 도를 위하여 죽은 맹승(孟勝)

묵자(墨者)의 거자(鉅子)인 맹승(孟勝)과 초(楚)나라 양성
군(陽城君)은 서로 벗으로서 사이좋게 지냈다.

양성군이 맹승으로 하여금 자신의 영지(領地)를 수비하게 하
면서 옥(玉)을 깨뜨려 부신(符信)을 삼아 차고는 서로 약속하여
말하였다.

"부신이 서로 맞으면 들어서 따르리라."

초나라 왕이 세상을 떠나니 많은 신하가 오기(吳起)를 공격하
여 왕의 빈소(殯所)에서 죽였는데 양성군 또한 그 사건에 가담
하였다. 초나라에서는 그 난동의 죄를 추궁하였고 양성군은 다른
지방으로 도피하니, 초나라에서는 그의 영지를 몰수하려고 하였
다. 이에 맹승이 말하였다.

"나는 남에게서 그 영지를 지켜달라는 부탁을 받아 부신으로
약정한 바가 있는데, 지금 그 부신은 볼 수 없고 힘은 막을 수 없
으니 이미 지킬 수 없을 바에는 죽지 않음이 옳지 않다."

이 말에 대하여 그의 제자인 서약(徐弱)이 충고하여 이르기를

"죽어서 양성군에게 도움이 된다면 죽는 것이 옳지만 아무런
도움도 되지 않는 것으로 묵자의 도(道)를 지키다가 묵자를 세상
에서 끊어지게 하는 것은 옳지 않습니다."

하니, 맹승이 말하였다.

"그렇지 않다. 나와 양성군과의 관계는 스승이 아니면 벗이요, 벗이 아니면 신하다. 죽지 않는다면 이제로부터 앞으로 엄한 스승을 구함에 있어 반드시 묵자에서 구하지 않을 것이고, 현명한 벗을 구함에 있어 반드시 묵자에서 구하지 않을 것이며, 어진 신하를 구함에 있어 반드시 묵자에게서 구하지 않을 것이다. 죽는 까닭은 묵자의 도를 행함으로써 그 사업이 계속되게 하려는 것이다. 나는 장차 거자의 지위를 송(宋)나라의 전양자(田襄子)에게 부탁하려고 하는데, 전양자는 현명한 사람이니 어찌 묵자의 존재가 세상에서 끊어질 것을 근심하느냐."

이 말을 듣고 서약이 말하기를

"선생님의 말씀과 같다면 저 약(弱)은 청하옵건대 제가 먼저 죽어 그것으로써 길을 열게 해주십시오"

하고는 돌아와 맹승보다 먼저 자살하였다.

인하여 맹승은 제자 두 사람으로 하여금 전양자에게 거자의 지위를 전달하게 하고는 죽으니, 제자로서 그의 뒤를 이어 따라 죽은 자가 183인이었다.

전양자에게 전달한 두 사람의 제자도 초나라로 돌아와 맹승을 따라 죽고자 하니, 전양자가 그들을 말려 말하기를

"맹자(孟子)께서는 이미 거자의 지위를 나에게 전하시었다. 나는 그대들의 죽음을 허락하지 않는다."

하였으나 그들은 드디어 초나라로 돌아와 죽었다.

묵자의 제자가 거자의 명을 따르지 않았다. 엄벌과 두터운 상을 살피지 않더라도 이와같은 것에 이르지 않는가? 지금 세상에는 나라를 다스리는 도리를 논하는 사람이 허다하지만 많이는 엄벌과 두터운 상으로 할 것을 주장하는데, 상고시대에는 허용되지 않았던 것이다.

墨者鉅子孟勝善荊之陽城君 陽城君令守於國[1] 毀璜[2]以爲符 約曰 符合聽之 荊王薨 群臣攻吳起 兵於喪所[3] 陽城君與焉 荊罪之 陽城君走 荊收其國 孟勝曰 受人之國 與之有符 今不見符 而力不能

禁 不能死不可 其弟子徐弱諫孟勝曰 死而有益陽城君 死之可矣 無
益也 而絶墨者於世 不可 孟勝曰 不然 吾於陽城君也 非師則友也
非友則臣也 不死 自今以來 求嚴師必不於墨者矣 求賢友必不於墨
者矣 求良臣必不於墨者矣 死之所以行墨者之義而繼其業者也 我
將屬鉅子於宋之田襄子[4] 田襄子賢者也 何患墨者之絶世也 徐弱曰
若夫子之言 弱請先死以除路[5] 還歿頭前[6]於孟勝 因使二人傳鉅子
於田襄子 孟勝死 弟子死之者百八十三人 以致令於田襄子 欲反死
孟勝於荊 田襄子止之曰 孟子[7]已傳鉅子於我矣 不聽 遂反死之 墨
者以爲不聽鉅子[8] 不察嚴罰厚賞不足以致此 今世之言治 多以嚴罰
厚賞 此上世之若客[9]也

1) 國(국) : 이것은 제후국(諸侯國)을 말하는 것이 아니라 초나라에서 양성군
   (陽城君)에게 봉한 영지를 뜻한다.
2) 璜(황) : 패옥(佩玉)의 일종.
3) 兵於喪所(병어상소) : 시체를 모셔둔 빈소(殯所)에서 죽이다. 병은 무기로
   죽였다는 뜻이요. 상소는 빈소라는 뜻.
4) 田襄子(전양자) : 송(宋)나라에 사는 묵자(墨者).
5) 除路(제로) : 길에 가로걸리는 것을 제거하다. 곧 길을 열다.
6) 頭前(두전) : 앞서다. 먼저.
7) 孟子(맹자) : 맹승(孟勝)을 높이는 말.
8) 墨者以爲不聽鉅子(묵자이위불청거자) : 문장의 뜻을 이해할 수 없다.
9) 若客 (약객) : 뜻을 알 수 없다. 혹 막용(莫容)의 잘못으로 허용되지 않다. 용
   납되지 않는다는 뜻이 아닌가 한다.

4. 백성을 부리는 것〔四曰用民〕

가. 백성을 부리고 쓰는 방법

무릇 백성을 부려쓰는 방법으로서 가장 좋은 것은 의(義)로써

하는 것이요, 그 다음은 상과 벌로써 하는 것이다.

의로써 하면 백성으로 하여금 죽음을 즐거이 여기게 하는 데에 부족하고, 상과 벌로써 하면 또 백성으로 하여금 거취(去就)를 결정하게 하는 데에 부족하다.

이와 같이 하여 그 백성을 잘 부려 쓰는 사람은 고금을 통하여 없다. 백성은 언제나 부려 쓸 수 없고, 언제나 부려쓰지 않을 수 없으니, 오직 그 운용하는 방법을 얻어야 부려 쓸 수 있는 것이다.

합려(闔閭)가 병사를 부려 쓴 것이 3만을 넘지 않았고, 오기(吳起)가 병사를 부려 쓴 것이 5만을 넘지 않았다. 만승(萬乘)의 대국(大國)은 부려 쓸 수 있는 것이 3만이나 5만보다 오히려 많다.

지금 대외적으로 적(敵)에게 항거할 수 없고, 대내적으로 나라를 지킬 수 없는 것은 그 백성을 부려 쓸 수 없어서가 아니라 그 백성을 부려쓰는 도리를 얻지 못해서이기 때문이다.

백성을 부려쓰는 도리를 얻지 못하면 나라가 비록 크고, 형세가 비록 좋고 병졸이 비록 많다고 하더라도 어찌 유익함이 있겠는가.

고대에 천하를 지니고서도 마침내 멸망한 자가 많은 것은 백성의 효력을 즐기지 않았기 때문이다. 백성을 부려쓰는 도리를 익히 생각하고 깊이 생각하지 않을 수 없는 것이다. 칼은 저절로 물건을 자르지 못하며, 수레는 스스로 전진하지 못하고 반드시 그것을 부리는 어떤 사람이 있는 것이다.

보리를 심어 보리를 거두고 기장을 심어 기장을 거두는 것을 사람들이 괴이하게 여기지 않는다. 백성을 부려쓰는 데에도 또한 종자가 있다. 부려 쓸 바의 종자를 밝게 살피지 않고 백성에게서 효력을 얻기를 바라는 것은 미혹(迷惑)됨이 그보다 큰 것은 없다.

凡用民太上[1]以義 其次以賞罰 其義則不足死[2] 賞罰則不足去就
若是而能用其民者 古今無有 民無常用也 無常不用也 唯得其道爲
可 闔廬之用兵也 不過三萬 吳起之用兵也 不過五萬 萬乘之國 其
爲三萬五萬尙多 今外之則不可以拒敵 內之則不可以守國 其民非
不可用也 不得所以用之也 不得所以用之 國雖大 勢雖便 卒雖衆 何

益 古者多有天下而亡者矣 其民不爲用也 用民之論 不可不熟 劍不
徒斷 車不自行 或使之也 夫種麥而得麥 種稷而得稷 人不怪也 用
民亦有種 不審其種 而祈民之用 惑莫大焉

1) 太上(태상) : 최상(最上). 최고(最高).
2) 不足死(부족사) : 백성으로 하여금 죽음을 즐거이 여기게 하기에 부족하다
   는 뜻.

나. I만의 나라가 있는 우(禹) 임금 시대

하(夏)나라 우왕(禹王) 당시에는 천하에 만(萬)이나 되는 나
라가 있었고, 상(商)나라 탕왕(湯王)시대에 이르러서는 3천여
나라가 있었는데, 지금까지 존재하는 나라는 하나도 없다. 그것은
모두 그 백성을 부려 쓰지 못해서였다.

백성을 부려쓰지 못한 것은 상과 벌의 운용이 마땅하지 않아서
이다. 탕왕이나 무왕이 천하를 차지하게 된 것은 하(夏)나라·상
(商)나라 백성을 이용하여 백성을 부려 쓰는 도리를 얻었기 때문
이요, 관중(管仲)이나 상앙(商鞅)이 제(齊)나라·진(秦)나라 백
성을 이용한 것도 또한 백성을 부려 쓰는 도리를 얻었기 때문이
었다. 백성을 부려씀에는 일의 까닭이 있다. 그 일의 까닭을 얻으
면 백성을 부려 쓰지 못할 것이 없다.

백성을 부려씀에는 기(紀)가 있고 강(綱)이 있는데, 한번 그 기
를 당기면 모든 사람의 눈이 일어나고 한번 그 강을 당기면 모든
사람의 눈이 긴장된다.

백성의 기강(紀綱)이라는 것은 무엇인가. 그것은 욕망이요, 그
것은 미움이다. 무엇을 욕심내고 무엇을 미워하는가. 영화롭고 이
로운 것을 욕심내고, 욕되고 해로운 것을 미워한다.

욕되고 해로운 것은 중한 벌이 충실(充實)하기 때문이요, 영화
롭고 이로운 것은 상이 충실하기 때문이다.

상과 벌이 모두 충실하면 백성의 마음이 기뻐져 부려 쓰지 못
할 것이 없다.

當禹之時 天下萬國¹⁾ 至於湯而三千餘國 今無存者矣 皆不能用其
民也 民之不用 賞罰不充也 湯武因夏商之民也 得所以用之也 管商²⁾
亦因齊秦之民也 得所以用之也 民之用也有故³⁾ 得其故 民無所不用
用民有紀有綱 壹引其紀 萬目⁴⁾皆起 壹引其綱 萬目皆張 爲民紀綱
者何也 欲也 惡也 何欲 何惡 欲榮利 惡辱害 辱害所以爲罰充也 榮
利所以爲賞實也 賞罰皆有充實 則民無不用矣

1) 萬國(만국) : 제후의 나라가 만이었다는 뜻. 이것으로 당시의 제후국의 정도
   를 알 수 있다.
2) 商(상) : 상앙(商鞅). 진(秦)나라의 정치가. 효공(孝公) 밑에서 법제(法
   制)·전제(田制)·세제를 크게 개혁하여 진나라를 융성하게 함.
3) 故(고) : 일의 까닭.
4) 萬目(만목) : 세상 모든 사람의 눈.

다. 신의(信義)로써 법도를 삼아야

오왕(吳王)인 합려(闔閭)는 그 백성을 오호(五湖)에서 훈련
시키는데 칼은 모두 어깨를 치게 하여 땅에 피가 흘러 거의 멈추
게 할 수 없었다.

월왕(越王)인 구천(句踐)은 그 백성을 침궁(寢宮) 안에서 훈
련시키는데 침궁에다 불을 질러 백성이 다투어 물과 불 속으로 뛰
어들게 하니 죽는 자가 이미 천여 명이라, 갑자기 징을 쳐 백성들
로 하여금 퇴각(退却)하게 하였다. 이것은 모두 상과 벌이 충실
한 효과였다.

막야(莫邪)라는 명검(名劍)은 용감한 자에게 날카롭게 하고
겁많은 자에게 무디게 하는 것이 아니다. 용감한 자는 재주 있게
쓰고, 겁많은 자는 서투르게 쓰는 것이니, 쓸 줄 알고 쓸 줄 모르
는 데에 달린 것이다. 숙사(夙沙)의 백성은 스스로 그 군주를 공
격하고 신농씨(神農氏)에게로 귀순(歸順)하였고, 밀수(密須)
의 백성은 스스로 그 군주를 결박하여 문왕(文王)에게 투항(投

降)하였다.

탕왕(湯王)이나 무왕(武王)이 천하를 차지하게 된 것은 다만 자기의 백성을 잘 부려썼을 뿐 아니라, 또한 자기의 백성이 아닌 것을 잘 부려 쓴 것이다.

자기의 백성이 아닌 것을 잘 부려 쓰면 나라가 비록 작아도 병졸이 비록 적어도 오히려 공명을 이룰 수 있는 것이다.

그러므로 옛날의 많은 제왕(帝王)은 포의(布衣)로 일어나서 천하를 평정하였는데 모두 자기 소유의 백성이 아닌 것을 잘 부려 썼다. 그리고 자기 소유의 백성이 아닌 것을 부려 쓰는 마음은 그 근본을 살피지 않을 수 없으니, 삼대(三代)의 도(道)는 둘이 아니요, 신의(信義)로써 법도(法度)를 삼은 것이다.

闔廬試其民於五湖 劍皆加於肩 地流血幾不可止 句踐試其民於寢宮 民爭入水火 死者千餘矣 遽擊金而却之 賞罰有充也 莫邪[1]不爲勇者興[2] 懼者變[3] 勇者以工 懼者以拙 能與不能也 夙沙[4]之民自攻其君而歸神農 密須[5]之民自縛其主而與文王 湯武非徒能用其民也 又能用非己之民 能用非己之民 國雖小 卒雖少 功名猶可立 古昔多由布衣定一世者矣 皆能用非其有也 用非其有之心 不可察之本 三代之道無二 以信爲管

1) 莫邪(막야) : 명검(名劍)의 이름.

2) 興(흥) : 날카롭다. 이(利)와 같다.

3) 變(변) : 무디다. 둔(鈍)과 같다.

4) 夙沙(숙사) : 전설시대의 대정씨(大庭氏)의 말세(末世). 그 군주가 무도하였다.

5) 密須(밀수) : 문왕(文王) 때의 제후국.

라. 은나라와 하나라가 망한 까닭

송(宋)나라 사람으로 길을 가는 자가 있었는데 그 말이 앞으로 나아가지 않아 말을 죽여 계수(鷄水) 물에다 던져 버렸다.

또 다시 길을 가는데 그 말이 또한 앞으로 나아가지 않는지라 또 말을 죽여 계수 물에다 던져 버렸다. 이와 같이 하기를 세 차례나 하였다. 비록 조보(造父)가 그 말을 위세있게 부리듯이 흉내낸다 하더라도 이에 지나지 않는다. 조보의 말을 부리는 도(道)를 얻지 않고 헛되이 그 위세로써 하는 방법만 안다면 말을 부리는 데에 아무 도움되는 것이 없다.

군주로서 어리석은 사람은 이와 같은 것이 있다. 백성을 부려쓰는 도(道)를 얻지 못하고 헛되이 그 위세(威勢)를 많이 쓰는 것만 알면 위세는 더욱 많아지고 백성의 마음은 더욱 잃게 되어 부려 쓸 수 없다.

망국(亡國)의 군주는 위세를 많이 써서 그 백성을 부린다. 그러므로 위세는 없을 수 없으면서 오로지 믿을 것이 못된다.

이것을 비유하여 말하건대 소금의 맛에 있어서와 같다. 무릇 소금의 용도는 반드시 맡기는 바가 있다. 알맞지 않으면 맡긴 바가 실패되어 먹을 수가 없다. 위세 또한 이와 같아 반드시 맡긴 바가 있은 뒤에 행할 수 있다.

무엇을 맡긴다는 것인가. 그것은 애(愛)와 이(利)를 맡기는 것이다. 애리(愛利)의 마음을 씀에 밝게 깨우쳐지면 이에 위세를 부릴 것이다. 위세를 부림이 너무 심하면 애리의 마음이 없어질 것이다.

애리(愛利)의 마음이 없으면서 헛되이 위세를 빠르게 행하면 몸은 반드시 죄를 저지르게 될 것이다. 이것이 은(殷)나라와 하(夏)나라가 멸망한 까닭이다.

군주가 가진 것은 이세(利勢)요, 다음은 관리를 임용하는 것이다. 관리를 임용함에 있어 이세로 집행함은 이에 살피지 않을 수 없다. 대저 금지하지 않으면서 금지하는 것은 오직 깊이 그 논(論)을 보는 일인가.

宋人有取道者[1] 其馬不進 倒[2]而投之鸂水[3] 又復取道 其馬不進 又倒而投之鸂水 如此者三 雖造父[4]之所以威馬[5] 不過此矣 不得造

父之道 而徒得其威 無益於御 人主之不肖者 有似於此 不得其道 而
徒多其威 威愈多 民愈不用 亡國之主多以多威使其民矣 故威不可
無有 而不足專恃 譬之若鹽之於味 凡鹽之用 有所託也 不適則敗託
而不可食 威亦然 必有所託 然後可行 惡乎託 託於愛利 愛利之心
諭 威乃可行 威太甚 則愛利之心息 愛利之心息 而徒疾行威 身必
咎矣 此殷夏之所以絶也 君利勢也 次官也 處次官 執利勢 不可而
不察於此 夫不禁而禁者 其唯深見此論邪

1) 取道者(취도자) : 길을 가는 사람. 취는 행(行)과 같다.
2) 倒(도) : 쓰러뜨리다. 곧 죽인다는 말.
3) 灕水(계수) : 강의 이름.
4) 造父(조보) : 옛날에 말을 잘 부렸다는 사람.
5) 威馬(위마) : 위세 있게 말을 부리다.

5. 위세는 알맞게 하라〔五曰適威〕

가. 잘 다루면 순종하고 잘못 다루면 원수다

선왕(先王)이 그 백성을 부리는 데에는 말을 부리는 사람이 양
마(良馬)를 다루듯이 했다. 새 채찍으로 가볍게 때려 말로 하여
금 달리고자 하되 달리 수 없게 함으로써 말의 힘을 아껴 멀리 천
리에 이를 수 있게 하는 것처럼, 그 백성을 잘 쓰는 사람 또한 마
땅히 이와 같아야 한다.

백성은 밤낮으로 쓰여지기를 구하지만 쓰여지지 않는다. 만약
윗사람을 위하여 쓰일 기회를 얻으면 백성은 달릴 것인데, 그것
은 가두어 두었던 물이 천 길 계곡으로 터져 흐르는 것과 같을 것
이다. 그 물의 힘을 누가 능히 감당할 수 있을 것인가.

'주서(周書)'에 이르기를

"백성은 잘 다루면 순종하고 잘못 다루면 원수가 된다."

라고 하였다. 원수가 있되 많으면 없는 것만 같지 못하다.

주(周)나라 여왕(厲王)은 천자였으나 원수가 많았으므로 체(彘)라는 땅으로 쫓겨갔는데 그 화환(禍患)은 자손에게까지 미쳐 소공호(召公虎)가 없었으면 후사(後嗣)가 끊어졌을 것이다.

지금 세상의 군주는 백성이 많아지기를 바라면서 그들을 잘 쓸 줄 모르는데 그것은 원수를 많게 하는 것이다. 백성을 잘 다루지 못하면 그 백성을 지닐 수 없는 것이다. 그 백성을 지니려면 반드시 백성의 마음을 얻는 데에 말미암은 것이니, 그 마음은 인애(仁愛)를 말하는 것이다. 형식적으로만 백성을 지니는 것은 백성을 지녔다고 말할 수 없다.

순(舜)임금은 포의(布衣)로서 천하를 차지하였고, 하(夏)의 걸왕(桀王)은 천자였으되 그 지위에 편안함을 얻지 못한 것은 이로 말미암아 생긴 것이다. 있고 없는 것의 의의는 익히 생각하지 않으면 안 된다. 탕왕(湯王)이나 무왕(武王)은 그 의의에 통달하였으므로 공명(功名)을 세웠던 것이다.

옛날에 백성을 다스리는 군주는 인의(仁義)로써 백성을 다스렸고, 애리(愛利)로써 백성을 편안하게 했으며, 충신(忠信)으로써 백성을 이끌었다. 백성의 재앙을 제거하기에 힘썼고, 백성에게 행복이 찾아들게 할 것을 생각하였다. 그러므로 백성은 군주에 대하여 인장(印章)의 도장밥과 같은 것이었다. 모진 도장으로 누르면 모진 형상이 찍히고, 둥근 도장으로 누르면 둥근 형상이 찍힌다. 그리고 또 오곡(五穀)의 종자를 땅에 심는 것과 같이 반드시 각각 그 종자에 따라 대량으로 생산된다.

이것은 오제(五帝)와 삼왕(三王)이 천하에 적이 없었던 까닭이다. 한 몸이 이미 끝나고 후세에 그 교화(敎化)가 신명(神明)과 같음이 있어 우러르게 되니, 그 행한 바가 백성의 마음을 얻을 수 있었음은 가히 사람의 법도(法度)가 되었음을 알 수 있다.

先王之使其民 若御良馬 輕任新節[1] 欲走不得 故致千里 善用其民者亦然 民日夜祈用而不可得 若得爲上[2]用 民之走之也 若決積水[3]

於千仞之谿 其誰能當之 周書曰 民善之則畜⁴⁾也 不善則讐也 有讐
而衆 不若無有 屬王天子也 有讐而衆 故流于彘⁵⁾ 禍及子孫 微召公
虎⁶⁾而絶無後嗣 今世之人主 多欲衆之⁷⁾ 而不知善 此多其讐也 不善
則不有 有必緣其心愛之謂也 有其形不可謂有之 舜布衣而有天下
桀天子也而不得息 由此生矣 有無之論 不可不熟⁸⁾ 湯武通於此論
故功名立 古之君民者 仁義以治之 愛利以安之 忠信以導之 務除其
災 思致其福 故民之於上也 若璽之於塗也 抑之以方則方 抑之以圜
則圜 若五種之於地也 必應其類 而蕃息於百倍⁹⁾ 此五帝三王之所以
無敵也 身已終矣 而後世化之如神 其人事審也

1) 輕任新節(경임신절) : 채찍으로 가볍게 때리다. 절은 책(策)과 같다.

2) 上(상) : 윗사람. 곧 군주.

3) 決積水(결적수) : 가두어 두었던 물을 트다.

4) 畜(축) : 순종한다는 뜻.

5) 彘(체) : 지명(地名).

6) 微召公虎(미소공호) : 소공호(召公虎)가 없었다면. 소공호는 여왕(厲王)의
   아들인 선왕(宣王)의 신하. 미(微)는 무(無)와 같다.

7) 欲衆之(욕중지) : 백성이 많아지기를 바란다.

8) 熟(숙) : 익히 생각하다. 숙려(熟廬).

9) 蕃息於百倍(번식어백배) : 백배로 번식한다. 곧 대량으로 생산된다는 뜻. 식
   은 식(殖)과 같다.

나. 오(吳)나라가 멸망한 까닭이 무엇인가?

위(魏)나라의 무후(武侯)가 중산(中山)에 있을 때 이극(李
克)에게 묻기를

"오(吳)나라가 멸망한 까닭은 무엇이오?"

하니, 이극이 대답하였다.

"자주 싸워서 자주 이긴 것입니다."

이 대답에 대하여 무후가 말하기를

"자주 싸워서 자주 이긴 것은 국가로서는 복된 일이거늘 어찌

하여 오나라만이 홀로 멸망한 것은 무슨 까닭이오?"
하니, 이극이 대답하였다.

"자주 싸우면 백성은 지치고, 자주 이기면 군주는 교만해집니
다. 교만해진 군주가 지친 백성을 부리고도 나라가 망하지 않는
경우는 천하에 드뭅니다. 교만하면 방자(放恣)해지고, 방자하면
하고자 하는 사물을 다하려고 합니다. 지치면 원망하게 되고, 원
망하면 불순한 생각을 다하게 됩니다. 위와 아래가 함께 극한적
인 생각을 하게 된다면 오나라의 멸망은 오히려 늦었다고 할 것
입니다. 이것은 부차(夫差)가 간수(干遂)에서 스스로 목숨을 끊
는 까닭입니다."

魏武侯[1]之居中山也 問於李克[2]曰 吳之所以亡者何也 李克對曰
驟[3]戰而驟勝 武侯曰 驟戰而驟勝 國家之福也 其獨以亡 何故 對曰
驟戰則民罷[4] 驟勝則主驕 以驕主使罷民 然而國不亡者 天下少矣
驕則恣 恣則極物[5] 罷則怨 怨則極慮 上下俱極 吳之亡猶晚 此夫差
之所以自殺於干隧[6]也

1) 武侯(무후) : 문후(文侯)의 아들.
2) 李克(이극) : 자하(子夏)의 제자로 위(魏)나라 문후(文侯)의 재상.
3) 驟(취) : 자주. 삭(數)과 같다.
4) 罷(파) : 지치다. 피(疲)와 같다.
5) 極物(극물) : 하고자 하는 사물(事物)을 다하려고 하는 생각.
6) 干隧(간수) : 지명(地名).

다. 그대는 동야직(東野稷)을 만났는가?
동야직(東野稷)이 말을 잘 부리는 것으로써 노(魯)나라 장공
(莊公)을 만났다. 그의 말 부리는 솜씨가 앞으로 나아가고 뒤로
물러나는 것이 먹줄에 맞추듯이 똑바르고, 좌우로 도는 것이 둥
글기가 규(規)에 꼭 맞았다. 그래서 장공이
"참 잘한다."

하고 칭찬을 아끼지 않았다.

생각건대 조보(造父)라 하더라도 이보다 더 잘 부리는 못할 것 같았다. 둥글게 하고 달리게 하는 것이 갈고리의 자취를 밟고 왔다갔다 하는데 백 번을 되풀이 해도 틀리지 않고 멈춤을 알지 못했다.

안합(顏闔)이 들어와 장공을 뵈니 장공이 말하였다.

"그대는 동야직을 만났는가?"

안합이 대답하기를

"그렇습니다. 신은 그를 만났습니다. 그의 말은 반드시 쓰러지고 말 것입니다."

하니, 장공이 물었다.

"어찌하여 쓰러진다는 말인가."

그런데 얼마 지나지 않아 동야직의 말이 쓰러졌다는 소식이 전달되었다. 그래서 장공이 안합을 불러 그 일에 대하여 묻기를

"그대는 무엇으로써 그 말이 쓰러지리라는 것을 알았는가?"

하니, 안합이 대답하였다.

"앞뒤로 나아갔다 물러났다 하는 것이 먹줄을 친 듯이 곧고 좌우로 도는 것이 둥글기가 규(規)에 맞아 조보의 말 부리는 솜씨도 그보다 더 나을 것이 없었습니다. 그러나 앞서 신이 그를 보았을 때 그는 오히려 그 말에게 가혹하게 더 요구해 마지 않았습니다. 신은 그것으로써 그 말이 쓰러지리라는 것을 알았습니다."

東野稷[1] 以御見莊公[2] 進退中繩 左右旋中規 莊公曰 善 以爲造父不過[3]也 使之鉤百而少及焉 顏闔[4] 入見 莊公曰 子遇東野稷乎 對曰 然 臣遇之 其馬必敗[5] 莊公曰 將何敗 少頃 東野之馬敗而至[6] 莊公召顏闔而問之 曰 子何以知其敗也 顏闔對曰 夫進退中繩 左右旋中規 造父之御 無以過焉 鄕[7]臣遇之 猶求其馬 臣是以知其敗也

1) 東野稷(동야직) : 성은 동야(東野), 이름은 직(稷). 말을 잘 몰았다.
2) 莊公(장공) : 노(魯)나라의 제후. 노나라가 아니라 위(衛)나라의 장공이라고 주장하는 사람도 있다.

3) 過(과) : 낫다. 잘하다. 승(勝)과 같다.

4) 顔闔(안합) : 당시 득도(得道)한 사람.

5) 敗(패) : 쓰러지다.

6) 敗而至 (패이지) : 쓰러졌다는 소식이 전달되어 왔다는 뜻.

7) 鄕(향) : 앞서. 지난번. 향(嚮)과 같다.

라. 군주와 백성이 서로 원망하는 이유

어지러운 나라에서 그 백성을 부리는 데에는 사람의 성품을 논하지 않고 사람의 인정을 고려하지 않으며, 번거롭게 교령(敎令)을 내려 백성이 이해하지 못하면 꾸짖고, 법령을 자주 바꾸어 백성이 복종하지 않으면 나무라고, 크게 위태롭게 하고 용감하지 못하다고 죄를 뒤집어 씌우며, 무거운 책임을 지워 감당하지 못하면 처벌한다.

백성은 나아가서는 상 받을 것을 바라고 물러나서는 죄가 될 것을 두려워한다. 스스로 능력이 부족한 것을 알면 계속해서 하기가 어렵고, 계속해서 하기 어려우면 군주는 또 따라서 그것을 벌준다. 이것은 죄로써 죄를 부르는 것으로 군주와 백성이 서로 원망하는 것은 이로 말미암아 생기는 것이다.

그러므로 예절이 번거로우면 백성이 공경하지 않고, 사업이 번거로우면 업적이 빛나지 않고, 정령(政令)이 가혹(苛酷)하면 군중은 복종하지 않으며, 금제(禁制)가 과다하면 명령이 행해지지 않는다.

걸왕(桀王)이나 주왕(紂王)의 금령(禁令)은 이루 헤아릴 수 없었다. 그러므로 백성은 괴로웠고 자신은 죽임을 당하였던 것이다. 이것은 괴롭고 흉(凶)한 것의 극악(極惡)한 것이니, 위세(威勢)를 적당하게 쓸 수 없는 것이다.

자양(子陽)이 정치를 함에 있어 극한적으로 엄하게 형벌(刑罰)하기를 좋아하였다. 실수를 하여 활을 꺾어지게 한 자가 있었는데 반드시 사형에 처해질 것을 두려워하다가 드디어 제구(狾

狗)의 난(亂)에 가담하여 자양을 시해(弑害)하였다. 이것은 자양이 너무 지나쳐서였다.

주정(周鼎)에 절형(竊形)이 새겨져 있는데 굽은 형상이 너무 길고 위와 아래가 모두 굽었다. 이것은 무절제(無節制)를 경계한 것으로 궁극적으로 실패를 나타낸 것이다.

故亂國之使其民 不論人之性 不反人之情 煩爲敎而過[1]不識 數[2] 爲令而非不從 巨爲危而罪不敢 重爲任而罰不勝[3] 民進則欲其賞 退則畏其罪 知其能力之不足也 則以爲繼矣 以爲繼知[4] 則上又從而罪之 是以罪召罪 上下之相讐[5]也 由是起矣 故禮煩則不莊[6] 業煩則無功 令苟則不聽 禁多則不行 桀紂之禁不可勝數 故民因[7]而身爲戮極也 不能用威適 子陽極也 好嚴有過 而折弓者恐必死 遂應猵狗而弑子陽 極也 周鼎有竊 曲狀甚長 上下皆曲 以見極之敗也

1) 過(과) : 꾸짖다. 책(責)과 같다.

2) 數(삭) : 자주. 때때로.

3) 勝(승) : 견디다.

4) 則以爲繼矣以爲繼知(즉이위계의이위계지) : 즉난이위계의난이위계(則難以爲繼矣難以爲繼)의 잘못으로 계속해서 하기가 어렵고, 계속해서 하기 어려우면…의 뜻이다.

5) 讐(수) : 원수. 여기서는 원망한다는 뜻으로 풀이된다.

6) 莊(장) : 공경하다. 경(敬)과 같다.

7) 因(인) : 곤(困)의 오자로 곤궁하다. 괴롭다의 뜻.

6. 욕망이 있게 하라〔六曰爲欲〕

가. 백성은 욕심이 있게 해야 한다

백성으로 하여금 욕망이 없게 하면 군주는 비록 현명하다 하더라도 오히려 그 백성을 부려 쓸 수 없다.

대저 욕망이 없는 사람은 그 천자 보기를 가마 메는 사람과 대등하게 여기고, 천하를 지닌 부자 보기를 송곳 꽂을 땅도 없는 가난한 사람과 대등하게 여기며, 장수(長壽)한 팽조(彭祖)보기를 단명(短命)하는 상자(殤子 : 어릴 때 죽은 것)과 대응하게 여긴다.

천자는 지극히 귀한 존재요, 천하를 지닌 사람은 지극한 부자이며, 팽조는 가장 오래 산 사람이다. 진실로 욕망이 없다면 이 세 가지는 권장할 것이 못된다.

가마 메는 사람은 지극히 천한 사람이요, 송곳 꽂을 땅도 없는 사람은 지극히 가난한 사람이며, 어릴 때 죽는 것은 지극히 단명한 것이다. 진실로 욕망이 없다면 이 세 가지는 금할 것이 못된다.

어쩌다가 한 가지 욕망이 생기면 타인으로 하여금 북으로는 대하(大夏)에 이르고, 남으로는 북호(北戶)에 이르고, 서로는 삼위(三危)에 이르고, 동으로는 부목(扶木)에 이르게 하는 것도 감히 어렵게 여기지 않는다. 타인으로 하여금 흰 칼날을 범하고, 날아오는 화살을 무릅쓰고 물불로 뛰어들게 하는 일도 감히 멈추지 않는다. 새벽에 일어나 오로지 경작(耕作)에 힘써 땅을 뒤집고 풀을 뽑아주게 하는 일도 쉬는 일이 없다.

그러므로 사람으로서 욕망이 많은 자는 그 부려 쓸 수 있는 것을 얻는 것 또한 많고, 사람으로서 욕망이 적은 자는 그 부려 쓸 것을 얻는 것 또한 적으며, 욕망이 없는 사람은 부려 쓸 것을 얻지 못한다.

사람이 욕망이 많다고 하더라도 군주가 그 사람을 부려 쓰는 까닭을 알지 못하면 비록 사람을 부려 쓸 욕망을 얻었다 하더라도 오히려 부려 쓸 수 없다. 그러므로 어떻게 하여 사람으로 하여금 그 욕망하는 바의 도리를 얻어서 만족할 수 있게 하는가를 소상하고 신중하게 살피지 않으면 안 된다.

使民無欲 上雖賢 猶不能用 夫無欲者 其視爲天子也 與爲輿隷同[1] 其視有天下也 與無立錐之地[2]同 其視爲彭祖也 與爲殤子[3]同 天子

至貴也 天下至富也 彭祖至壽也 誠無欲則是三者不足以勸 輿隷至
賤也 無立錐之地至貧也 殤子至夭也 誠無欲則是三者不足以禁 會⁴⁾
有一欲 則北至大夏 南至北戶 西至三危 東至扶木 不敢亂⁵⁾矣 犯白
刃 冒流矢 趣水火 不敢却⁶⁾也 晨寤興 務耕疾庸 糧⁷⁾爲煩辱 不敢休
矣 故人之欲多者 其可得用亦多 人之欲少者 其得用亦少 無欲者不
可得用也 人之欲雖多 而上無以令之 人雖得其欲 人猶不可用也 令
人得欲之道 不可不審矣

1) 興隷同(여예동) : 가마 메는 사람과 대등하다. 여예는 가마꾼. 동은 같다. 곧
   대등(對等)하다는 뜻.
2) 立錐之地(입추지지) : 송곳 꽂을 땅. 곧 지극히 작은 땅이라는 뜻.
3) 殤子(상자) : 어려서 죽는 것. 아홉 살 전에 죽는 것을 하상(下殤)이라 하고
   일곱 살 전에 죽는 것을 무복상(無服殤)이라 한다.
4) 會(회) : 어쩌다가.
5) 亂(난) : 어렵다. 난(難)과 같다.
6) 却(각) : 멈추다. 지(止)와 같다.
7) 糧(익) : 밭갈다. 경(耕)과 같다.

나. 인간의 욕망은 쓰이는 것이 동일

군주 노릇을 잘하는 사람은 능히 백성으로 하여금 욕망을 얻게
하는 일이 무궁(無窮)하다. 그러므로 백성을 부려 쓸 수 있는 것
또한 무궁하다.

만족(蠻族)이나 이족(夷族) 등 미개 민족의 말이 다르고 풍속
이 다르고 습관이 다른 나라들은 그 의복과 관대(冠帶), 궁실(宮
室)과 거처(居處), 주거(舟車)와 기계(器械), 성색(聲色)과 자
미(滋味)가 다 다르지만 그 욕망을 위해 쓰이는 것은 한 가지다.

삼왕(三王)도 개혁하지 못하였다. 개혁하지 못하고도 공(功)
이 이루어진 것은 그 천성(天性)에 순응하여서이다.

걸왕(桀王)과 주왕(紂王)은 분리(分離)하지 못하였다. 분리
하지 못하고도 나라가 멸망한 것은 그 천성에 거스렀기 때문이다.

거스리면서 그 거스리는 것을 알지 못한 것은 습속(習俗)에 잠
겨 있었기 때문이다. 오래도록 잠겨 버리지 못하면 습관이 이루
어져 저절로 천성과 같이 된다. 천성은 천성이 아닌 것과 다르니
익히 알지 않으면 안 된다.

선왕(先王)의 도(道)를 듣지 않은 자가 무엇으로써 천성이 아
닌 것을 버릴 수 있겠는가. 천성이 아닌 것을 버릴 수 없으면 욕
망이 일찍이 바르지 않은 것이다. 욕망이 바르지 않으면서 그것
으로써 몸을 다스린다면 목숨이 짧아지고, 그것으로써 나라를 다
스리면 나라가 멸망한다.

그러므로 옛날의 성왕(聖王)은 소상하고도 신중하게 살펴 백
성들의 천성에 순응함으로써 욕망을 행하였다. 그러면 백성은 명
령을 어기는 일이 없고, 공명(功名)을 세우지 않음이 없다. 성왕
이 하나를 잡아 사방의 미개인들이 모두 순종해 오는 것은 이것
을 이르는 것이다.

하나를 잡는 사람은 지극히 귀한 존재다. 지극히 귀한 존재에게
는 적(敵)이 없다. 성왕이 적이 없는 것에 의탁하였으므로 백성
의 생명은 온전하였던 것이다.

善爲上者能令人得欲無窮 故人之可得用 亦無窮也 蠻夷[1]反舌[2]
殊俗異習之國 其衣服冠帶 宮室居處 舟車器械 聲色滋味皆異 其爲
欲使一[3]也 三王不能革 不能革而功成者 順其天[4]也 桀紂不能離 不
能離而國亡者 逆其天也 逆而不知其逆也 湛於俗也 久湛而不去則
若性 性異非性 不可不熟 不聞道者何以去非性哉 無以去非性 則欲
未嘗正矣 欲不正 以治身則夭 以治國則亡 故古之聖王 審順其天而
以行欲 則民無不令矣 功無不立矣 聖王執一 四夷皆至者 其此之謂
也 執一者至貴也 至貴者無敵 聖王託於無敵 故民命敵[5]焉

1) 蠻夷(만이) : 만족과 이족. 둘 다 중국 주변에 있던 미개 민족.
2) 反舌(반설) : 중국 민족과 말이 다른 이민족(異民族)의 말을 뜻함.
3) 一(일) : 한 가지. 같다. 동(同)과 같다.
4) 天(천) : 천성(天性).

5) 敵(적) : 감당하다. 거기에 맞추어 온전하다는 뜻.

다. 싸우는 데에도 복과 화가 있다

많은 개가 서로 더불어 살면 모두 조용하게 싸우지 않는다. 그러나 구운 닭고기를 던져주면 서로 가지려고 싸워 혹은 뼈가 부러지고 혹은 살을 물어 뜯고 한다.

그것은 싸우는 재주가 있기 때문이다. 싸우는 재주가 있기 때문에 그것으로 인하여 싸우는 것이요, 싸우지 않는 재주가 있으면 그것으로 인하여 싸우지 않게 된다. 이는 싸우는 재주를 제거하고 나면 서로 더불어 싸우는 일은 I만 나라 가운데 한 나라도 없을 것이기 때문이다.

무릇 다스려지는 나라에서 그 백성으로 하여금 싸우게 하면 의(義)를 행하고, 어지러운 나라에서 그 백성으로 하여금 싸우게 하면 불의(不義)를 행하고, 강한 나라에서 그 백성으로 하여금 싸우게 하면 그것을 즐기고, 약한 나라에서 그 백성으로 하여금 싸우게 하면 경쟁할 필요가 없다.

싸워서 의를 행하고 즐겁게 쓰는 것과 싸워서 불의를 행하고 경쟁할 필요가 없는 것은 그것이 화(禍)가 되고 복이 되는 관건(關鍵)이니, 그 결과의 차이가 큰 것은 하늘도 덮을 수 없고, 땅도 실을 수가 없다.

群狗相與居 皆靜無爭 投以炙鷄 則相與爭矣 或折其骨 或絶其筋 爭術存也 爭術存因爭 不爭之術存因不爭 取爭之術而相與爭 萬國無一 凡治國令其民爭行義也 亂國令其民爭爲不義也 彊國令其民爭樂用也 弱國令其民爭競不用也 夫爭行義樂用 與爭爲不義競不用 此其爲禍福也 天不能覆 地不能載[1]

1) 天不能覆地不能載(천불능복지불능재) : 하늘도 덮을 수 없고 땅도 실을 수가 없다. 곧 그 결과의 차이가 지극히 크기 때문에 그것을 얻기 위해 싸우게 되는 것이라는 뜻.

라. 원읍(原邑)을 공격하고 위(衛)나라를 얻다

진(晉)나라의 문공(文公)이 원읍(原邑)을 토벌함에 있어 군사들과 더불어 7일을 기약하였는데 7일이 되어도 원읍은 투항되지 않았다. 이에 문공은 물러날 것을 명령하였다.

이에 대하여 모사(謀士)가 말하기를

"원읍은 장차 항복할 것입니다."

하였고, 군인과 관리들은 모두 그것을 기다리자고 청하였다.

그러나 문공은 말하기를

"신(信)은 국가의 보배다. 원읍을 얻고 보배를 잃는 짓은 나는 못할 일이다."

하고는 드디어 원읍을 버리고 물러났다.

다음 해에 다시 원읍을 공벌하는데 군사들과 기약하기를 꼭 원읍을 얻은 뒤에 돌아오기로 하였다. 원읍 사람들이 이 말을 듣고 이에 투항하였다. 위(衛)나라에서 이런 사실을 알고는 문공이 진실로 신(信)이 있는 것을 인정하고 또한 문공에게 귀순하였다. 그러므로 이르기를

"원읍을 공격하여 위나라를 얻었다."

고 하는 말은 이것을 이르는 것이다.

문공이 원읍을 얻을 필요가 없어서 그런 것이 아니다. 신(信)이 아닌 것으로써 원읍을 얻는 것은 얻지 않는 것만 같지 못해서였다. 반드시 진실한 신(信)으로써 그것을 얻은 것이며, 그것으로 귀순하는 자는 홀로 위나라 뿐이 아니었다. 문공은 욕망하는 것을 구하는 방법을 알았다고 할 것이다.

晉文公伐原[1] 與士期七日 七日而原不下[2] 命去之 謀士言曰 原將下矣 師吏請待之 公曰 信國之寶也 得原失寶 吾不爲也 遂去之 明年復伐之 與士期必得原然後反 原人聞之 乃下 衛人聞之 以文公之信爲至矣 乃歸文公 故曰 攻原得衛者 此之謂也 文公非不欲得原也

以不信得原 不若勿得也 必誠信以得之 歸之者非獨衛也 文公可謂
知求欲矣

1) 原(원) : 진(晉)나라의 고을 이름. 원읍(原邑). 문공(文公)이 진나라로 다시
   돌아오니 원읍에서는 그에 대하여 불복(不服)하였다. 그래서 문공은 자기 나
   라 고을인 원읍을 공벌(攻伐)하게 된 것이다.
2) 下(하) : 항복하다. 투항하다. 아래 나오는 하(下)도 다 항복의 뜻.

7. 신의를 귀하게 여겨라〔七曰貴信〕

가. 군주가 신의를 터득하면 천자가 된다

무릇 군자는 반드시 신의(信義)가 있어야 한다. 신의가 있고 또
신의가 있으면 그 누구인들 친해지지 않겠는가.

그러므로 '주서(周書)'에 말하였다.

"성실하구나, 성실하구나."

말이 신의가 없으면 백 가지 일이 원만하게 성공할 수 없다. 그
러므로 신의의 공효(功效)는 매우 큰 것이다.

신의가 있으면 헛된 말이라도 상을 줄 수 있다. 헛된 말에 상을
줄 수 있다면 우주가 다 자기의 한 집안이 되는 것이다.

신의가 미치는 곳에는 모두 그것을 제재할 수가 있다. 그것을
제재하고서 이용하지 않으면 남의 소유가 된다. 그것을 제재하고
그것을 이용하면 자기의 소유가 된다. 이미 자기의 소유가 되면
천지간의 만물을 다 이용할 수 있다.

군주가 이 이론을 터득하면 오래지 않아 천자가 될 수 있다. 신
하가 이 이론을 알면 천자의 보좌(輔佐)가 될 수 있다.

凡人主必信 信而又信 誰人不親 故周書曰 允哉允哉 以言非信 則
百事不滿也 故信之爲功大矣 信立則虛言可以賞矣 虛言可以賞 則

六合之內皆爲己府¹⁾矣 信之所及 盡制之矣 制之而不用 人之有也
制之而用之 己之有也 己有之 則天地之物畢爲用矣 人主有見²⁾此論
者 其王不久矣 人臣有知此論者 可以爲王者佐³⁾矣

1) 己府(기부) : 자기의 마음. 곧 자기의 한 집안이라는 뜻.

2) 見(견) : 터득하다.

3) 王者佐(왕자좌) : 천자를 보좌하는 사람.

나. 하늘과 땅이 신의가 없으면

　하늘의 운행(運行)이 신의가 없으면 한 해(歲)를 이루지 못하
고, 땅의 운행이 신의가 없으면 초목이 자라지 못한다.

　봄철의 덕행(德行)은 바람이다. 봄에 바람이 신의가 없어 불어
오지 않는다면 초목의 꽃과 잎이 무성하지 않고, 꽃과 잎이 무성
하지 않으면 과실이 열지 않는다.

　여름철의 덕행은 더위다. 여름의 더위가 신의가 없어 뜨겁지 않
으면 토양(土壤)이 비옥(肥沃)해지지 않고, 토양이 비옥해지지
않으면 곡식의 성장이 좋지 않아진다.

　가을철의 덕행은 비다. 가을에 비가 신의가 없어 고르지 않으면
곡물이 잘 굳어지지 않고, 곡물이 잘 굳어지지 않으면 오곡(五穀)
이 여물지 않는다.

　겨울철의 덕행은 추위다. 겨울의 추위가 신의가 없어 춥지 않으
면 땅이 굳세어지지 않고, 땅이 굳세어지지 않으면 땅이 얼고 닫
혀서 지기(地氣)가 통하지 못한다.

　천지의 큼과 사시의 변화로서도 오히려 신의가 없음으로써 만
물을 이루지 못하니, 또 하물며 사람의 일에 있어서랴!

　군주와 신하 사이에 신의가 없으면 백성은 헐뜯고 국가는 편안
하지 않다. 관직에 있으면서 신의가 없으면 젊은 사람이 어른을
두려워하지 않고 귀한 신분의 사람과 천한 신분의 사람이 서로 가
벼이 여긴다. 상(賞)과 벌(罰)이 신의가 없으면 백성은 업신여겨
법을 어기고 명령하여 부릴 수 없다. 벗을 사귐에 신의가 없으면

헤어지고 원한이 쌓여 서로 친할 수 없다. 모든 장인(匠人)이 신의가 없으면 기계·투공(偸工)·감료(減料)·단칠(丹漆)·염색(染色)이 바르지 않아진다.

　대저 더불어 시작할 수 있고, 더불어 끝마칠 수 있고, 더불어 존귀할 수 있고, 더불어 낮고 곤궁할 수 있는 것은 오직 신의일 뿐인가. 믿고 또 믿을 수 있는 것이 한 몸에 집중된다면 그 지극한 정성은 하늘과 통한다. 이것으로써 인사(人事)를 다스린다면 하늘에서는 기름진 비와 단 이슬을 내리고, 춥고 더운 것이 봄·여름·가을·겨울에 알맞을 것이다.

　天行¹⁾不信 不能成歲 地行不信 草木不大 春之德風 風不信²⁾ 其華不盛 華不盛 則果實不生 夏之德暑 暑不信 其土不肥 土不肥則長遂不精³⁾ 秋之德雨 雨不信 其穀不堅 穀不堅則五種不成 冬之德寒 寒不信 其地不剛 地不剛則凍閉不開⁴⁾ 天地之大 四時之化 而猶不能以不信成物 又況乎人事 君臣不信 則百姓誹謗 社稷不寧 處官不信 則少不畏長 貴賤相輕 賞罰不信 則民易⁵⁾犯法 不可使令⁶⁾ 交友不信 則離散鬱怨 不能相親 百工不信 則器械苦僞 丹漆染色不貞 夫可與爲始 可與爲終 可與尊通 可與卑窮者 其唯信乎 信而又信 重襲於身⁷⁾ 乃通於天 以此治人 則膏雨甘露降矣 寒暑四時當矣

1) 行(행) : 운행(運行).
2) 風不信(풍불신) : 바람이 신의가 없다. 곧 봄에 바람이 불어오지 않는다는 뜻.
3) 長遂不精(장수부정) : 곡식의 성장이 좋지 않아진다는 뜻.
4) 不開(불개) : 지기(地氣)가 통하지 못한다는 뜻.
5) 易(이) : 쉽게 여기다. 곧 업신여긴다는 뜻.
6) 不可使令(불가사령) : 명령하여 부릴 수가 없다.
7) 重襲於身(중습어신) : 한 몸에 집중된다는 뜻.

다. 그것은 죽고 또 죽는 길입니다
　제(齊)나라 환공(桓公)이 노(魯)나라를 정벌하는데, 노나라 사람들은 감히 가벼이 맞아 싸우지 않고 노나라 안으로 50리 되는 지방에다 관(關)을 설치하여 관내후(關內侯)에 견주어 봉하고 제나라에 복종하게 할 것을 청하였다.

환공은 그것을 허락하였다. 조홰(曹劌)가 노나라 장공(莊公)에게 일러 말하였다.

"주군께서는 차라리 죽고 또 죽으시렵니까. 아니면 차라리 살고 또 사시렵니까."

그래서 장공이

"그것이 무슨 말이오"

하고 물으니, 조홰가 말하였다.

"신의 말을 따르시면 나라는 반드시 광대(廣大)해지고 몸은 반드시 안락하게 되실 것이니 그것이 살고 또 사는 길이요, 신의 말을 따르지 않으시면 나라는 반드시 멸망하고 몸은 반드시 위태롭고 욕될 것이니 그것이 죽고 또 죽는 길입니다."

이에 장공이 말하였다.

"장군의 말을 따르겠소"

다음 날 장차 회맹(會盟)에 나가는데 장공과 조홰는 다 날카로운 칼을 감추어 품고 회맹의 단상(壇上)에 올랐다. 그리하여 장공은 왼손으로 환공을 움켜잡고 오른손으로는 칼을 뽑아 자기의 목을 겨누면서 말하였다.

"노나라는 국경에서 떨어지기 수백리였으나 지금은 국경에서 떨어지기 50리니, 또한 살 수가 없습니다. 이것은 죽는 것이나 다름없으니 제나라 군주인 당신의 면전에서 스스로 죽을 것입니다."

이 광경을 보고 관중(管仲)과 포숙(鮑叔)이 앞으로 나아가니, 조홰가 칼을 어루만지면서 두 군주 사이로 들어가 자리잡고 서서 말하였다.

"또한 두 군주가 장차 맹약(盟約)을 수정하여 고치려고 하는데 누구라도 단상에 오르지 마시오"

그리고 장공은 말하였다.

"문(汶) 땅에다 관(關)을 설치한다면 모르거니와 그렇지 않으면 곧 죽을 것입니다."

이 말에 대하여 관중이 환공에게 말하였다.

"땅으로써 군주를 보위(保衛)하는 것이지 군주로서 땅을 보위
하는 것이 아니오니, 주군께서는 그것을 허락하십시오."

이렇게 하여 드디어 문남(汶南)에다 관을 설치하기로 제나라
와 노나라는 맹약하였다.

환공은 제나라로 돌아와서 그 땅을 주지 않으려는 생각을 가지
고 있었다. 그래서 관중이 말하였다.

"옳지 않습니다. 사람 특히 주군을 위협해서 맺은 맹약이 아니
니, 주군께서 알지 못한 것은 지혜라 이를 수 없습니다. 어려운 경
우를 당하여 들어주지 않을 수 없었던 것은 용기라고 이를 수 없
습니다. 이미 그것을 주겠다고 허락하고 나서 주지 않는 것은 신
의(信義)라고 이를 수 없습니다. 부지(不智)와 불용(不勇)과 불
신(不信)의 이 세 가지를 가지고는 공명(功名)을 세울 수 없습
니다. 지금 땅을 주는 것이 비록 땅을 잃었다고 하더라도 또한 신
의를 얻은 것이니, 4백 리의 땅으로써 천하에 신의를 보인 것은
주군께서 오히려 얻은 바가 있는 것입니다. 장공은 원수이고, 조
홰는 도적입니다. 원수와 도적에게 신의를 잃지 않는다면 또 하
물며 원수나 도적이 아닌 사람에게 있어서이겠습니까."

그 뒤에 아홉 나라의 제후(諸侯)를 모아 제후의 회합을 열어
한 번 천하를 바로잡고 천하를 복종하게 한 것은 다 이 일로 해서
생긴 바의 영향인 것이다. 관중은 능히 사물에 말미암았다고 할
것이다.

욕됨을 참으로써 영화를 이루고 궁핍을 견딤으로써 통달함을 이
루어 비록 먼저는 잃었다고 하더라도 뒤에 그것을 얻었다고 할 것
이다. 세간의 사물은 진실로 온전한 것을 구할 수는 없는 것이다.

齊桓公伐魯 魯人不敢輕戰 去魯國五十里而封[1]之 魯請比關內侯
以聽[2] 桓公許之 曹劌[3]謂魯莊公曰 君寧死而又死乎 其寧生而又生
乎 莊公曰 何謂也 曹劌曰 聽臣之言 國必廣大 身必安樂 是生而又

生也 不聽臣之言 國必滅亡 身必危辱 是死而又死也 莊公曰 請從 於是明日將盟 莊公與曹翽皆懷劍 至於壇上 莊公左搏桓公 右抽劍 以自承[4] 曰 魯國去境數百里 今去境五十里 亦無生矣 鈞[5]其死也 戮[6] 於君前 管仲鮑叔進 曹翽按劍當兩陛之間[7] 曰 且二君將改圖[8] 毋或 進者 莊公曰 封於汶則可[9] 不則請死 管仲曰 以地衛[10]君 非以君衛 地 君其許之 乃遂封於汶南 與之盟 歸而欲勿予 管仲曰 不可 人特 劫君而不盟 君不知不可謂智 臨難而不能勿聽 不可謂勇 許之而不 予 不可謂信 不智不勇不信 有此三者 不可以立功名 予之 雖亡地 亦得信 以四百里之地 見信於天下 君猶得也 莊公仇也[11] 曹翽賊也 信於仇賊 又況於非仇賊者乎 夫九合之而合[12] 壹匡之而聽[13] 從此生 矣 管仲可謂能因物矣 以辱爲榮 以窮爲通 雖失乎前 可謂後得之矣 物固不可全也

1) 封(봉) : 봉하다. 곧 관(關)을 설치하여 관내후(關內侯)에 견주어 봉하고 제 나라에 복종하게 한 것을 이르는 말이다.

2) 聽(청) : 복종한다는 뜻.

3) 曹翽(조홰) : 노(魯)나라의 장군.

4) 自承(자승) : 스스로 자기의 목을 겨누다.

5) 鈞(균) : 같다. 등(等)과 같다.

6) 戮(육) : 여기서는 스스로 목숨을 끊는다는 뜻.

7) 當兩陛之間(당양폐지간) : 두 군주(君主) 사이에 자리잡다. 당은 자리잡다 의 뜻. 양폐는 제나라 환공과 노나라 장공의 두 군주.

8) 改圖(개도) : 맹약을 고치다.

9) 封於汶則可(봉어문즉가) : 문(汶) 땅에 관(關)을 설치하는 것은 좋다. 봉은 관을 설치한다는 뜻. 문은 지명.

10) 衛(위) : 보위(保衛)하다. 지키다.

11) 莊公仇也(장공구야) : 장공은 원수다. 곧 노나라 장공의 아버지 노환공(魯 桓公)이 제나라 환공의 아버지인 양공(襄公)을 죽였던 것이다. 그러므로 노 나라 장공은 제나라 환공의 아버지를 죽인 사람의 아들이니, 장공은 환공의 원수가 된다는 말이다.

12) 九合之而合(규합지이합) : 아홉 나라의 제후를 모아 제후의 회합을 열었다

는 뜻. 곧 제나라 환공이 천하의 패자(覇者)가 된 것을 이르는 말.

13) 壹匡之而聽(일광지이청) : 한 번 천하를 바로잡고 천하를 복종하게 하다. 곧 천하의 패자 노릇을 하게 된 것을 이르는 말.

8. 어렵게 등용하라 [八曰擧難]

가. 한 자 되는 나무는 반드시 마디가 있다

온전한 인재(人才)를 거용(擧用)하기가 진실로 어려운 것은 사물(事物)의 진정(眞情)이다.

사람들은 요(堯)임금은 자비심이 없다는 것으로써 비방하고 순(舜)임금은 그의 아버지를 경시(輕視)하였다는 것으로써 비방하고, 우왕(禹王)은 지위를 탐하였다는 것으로써 비방하고, 탕왕(湯王)은 걸왕(桀王)을 내쫓고, 무왕(武王)은 주왕(紂王)을 시해(弑害)할 것을 도모했다는 것으로써 비방하며, 오패(五覇)는 남의 나라를 침략하여 영토를 탈취한 일로써 비방하는데, 이로 말미암아 그것을 본다면 일체의 사물에 어찌 온전한 것을 구할 수 있겠는가.

그러므로 군자는 남을 책망함에 있어서는 인(仁)으로써 하고, 자기를 책망함에 있어서는 의(義)로써 한다.

남을 책망하는데 인(仁)으로써 하면 뜻을 채우기가 쉽고 뜻을 채우기가 쉬우면 사람을 얻을 수 있다.

자기를 책망하는데 의(義)로써 하면 일을 그르치기가 어렵고 일을 그르치기가 어려우면 행동이 바르게 되므로 천하의 큰 일을 맡아도 남는 힘이 있다.

어리석은 사람은 그렇지 않다. 남을 책망함에는 의(義)로써 하고, 자기를 책망함에는 인(仁)으로써 한다.

남을 책망함에 있어 의(義)로써 하면 뜻을 채우기가 어렵고 뜻을 채우기가 어려우면 그 친한 사람을 잃게 된다. 자기를 책망함에 있어 인(仁)으로써 하면 일을 따르기가 쉽고, 일을 따르기가 쉬우면 행동이 구차(苟且)해지므로 천하의 큰 일을 받아들이지 못한다.

이와 같이 되면 몸은 위태로움을 취하고 나라는 멸망을 취하게 되니, 이것은 걸왕(桀王)과 주왕(紂王), 유왕(幽王)과 여왕(厲王)의 행위이다.

한 자 되는 나무에는 반드시 마디가 있고, 한 치의 옥에는 반드시 흠집이 있게 마련이다. 선왕(先王)이 사물의 온전한 것을 구할 수 없었던 것을 알겠다.

그러므로 넓은 데에서 선택하여 구하는 데에 힘쓰고 신중하게 살펴 그 하나의 좋은 것을 취할 것이다.

以全擧人固難 物之情也 人傷[1]堯以不慈之名 舜以卑父[2]之號 禹以貪位之意 湯武以放弒之謀[3] 五伯以侵奪之事 由此觀之 物豈可全哉 故君子責人則以人[4] 自責則以義 責人以人則易足 易足則得人 自責以義則難爲非 難爲非則行飾[5] 故任天地而有餘 不肖者則不然 責人則以義 自責則以人 責人以義責難瞻[6] 難瞻則失親 自責以人則易爲 易爲則行苟 故天下之大而不容也 身取危 國取亡焉 此桀紂幽厲之行也 尺之木必有節目 寸之玉必有瑕瓋[7] 先王知物之不可全也 故擇務而貴取一也

1) 傷(상) : 다치게 하다. 곧 헐뜯다. 비방(誹謗)한다는 뜻.
2) 卑父(비부) : 아버지를 경시(輕視)하다. 비(卑)는 업신여기다. 경시하다의 뜻. 순(舜)임금은 그 아버지에 대한 효성이 지극했으나 그 아버지가 악한 사람이었으므로 그를 비방하는 측에서 하는 말.
3) 湯武以放弒之謀(탕무이방시지모) : 탕왕(湯王)이 하왕조의 폭군인 걸왕(桀王)을 추방하였고, 무왕(武王)이 은왕조(殷王朝)의 폭군인 주왕(紂王)을 주살(誅殺)한 사실을 두고 이르는 말이다.
4) 人(인) : 인(仁)으로 보아야 한다.
5) 飾(식) : 바르다. 정(正)과 같다.

6) 贍(첨) : 뜻을 채우다고 풀이된다. 이족(易足)과 같다.

7) 瑕璃(하적) : 하자(瑕疵). 흠집.

나. 물에 빠진 자를 구하려면 옷을 적셔야

계손씨(季孫氏)가 공가(公家)의 정권(政權)을 겁탈(劫奪)하
였다. 공자가 그것을 도술(道術)로써 계씨(季氏)를 깨우쳐 주고
자 했으나 그것으로 인하여 밖으로 밀려날까 두려워 진언(進言)
할 기회를 얻지 못하고 있다가 진언하기 편하게 하기 위해 계씨
에게 벼슬하여 녹(祿)을 받기로 하였는데, 노(魯)나라 사람들은
이것으로 인해 공자를 많이 헐뜯었다.

이에 대하여 공자가 말하였다.

"용은 맑은 물에서 먹으며 맑은 물에서 놀고, 이(螭)는 맑은 물
에서 먹고 흐린 물에서 놀며, 물고기는 흐린 물에서 먹고 흐린 물
에서 논다. 지금 나 구(丘)는 위로는 용에 미치지 못하고, 아래로
물고기와는 같지 않으니 나는 이(螭)인가 보다."

대저 공을 세우고자 하는 자가 어찌 일을 먹줄에 맞게만 할 수
있겠는가.

물에 빠진 사람을 구하려면 반드시 옷을 적셔야 하고, 도망가는
사람을 쫓으려면 반드시 빠르게 달려야 한다.

季孫氏劫公家[1] 孔子欲諭術則見外[2] 於是受養[3]而便說[4] 魯國以
訾孔子曰 龍食乎淸而游乎淸 螭[5]食乎淸而游乎濁 魚食乎濁而游乎
濁 今丘上不及龍 下不若魚 丘其螭邪 夫欲立功者 豈得中繩哉 救
溺者濡 追逃者趨

1) 季孫氏劫公家(계손씨겁공가) : 계손씨가 공가를 겁탈하다. 계손씨는 노(魯)
   나라의 대부로 실력자(實力者). 겁은 공가의 정권을 겁탈했다는 뜻. 공가는
   제후의 집안을 뜻한다.

2) 見外(견외) : 밖으로 밀려난다는 뜻.

3) 受養(수양) : 벼슬하여 녹(祿)을 받는다는 뜻.

4) 便說(편세) : 편하게 유세(遊說)하다. 유세하기에 편리하다.

5) 螭(이) : 용(龍)의 일종인데 뿔이 없다고 한다.

다. 누구를 재상으로 삼아야 합니까

위(魏)나라 문후(文侯)에게 아우가 있는데 이름을 계성(季成)이라 하였고 벗이 있는데 이름을 적황(翟璜)이라 하였다.

문후는 그 두 사람 중에서 한 사람을 가려 재상을 삼고자 하면서도 아직 결정을 내리지 못하고 이극(李克)에게 물었다.

이극이 대답하기를

"주군께서 재상을 두고자 하시면 악등(樂騰)과 왕손구단(王孫苟端)에게 두 사람 중 누가 현명한가를 물으십시오"

하니, 이에 문후가

"좋다."

하고는 인하여 두 사람에게 물으니 왕손구단은 어리석다고 하면서 적황을 추천하였고, 악등은 현명하다고 하면서 계성을 추천하였으므로 계성을 재상으로 삼았다.

무릇 군주에게 신임을 받아 사람을 논(論)함에 있어서는 삼가지 않으면 안 된다.

계성은 아우요, 적황은 벗으로 아직 알 수 없는 것인데 무엇으로 인하여 악등과 왕손구단이 알 것인가. 소원(疏遠)한 사이는 알고 친숙한 사이는 모른다는 것은 이치가 스스로 그런 까닭이 없건만 스스로 그렇다고 재상을 세우는 큰 일을 단정한 것은 문후의 과실이다.

그리고 이극이 문후에 대하여 말한 바 또한 과실이다. 비록 다 과실이라고 하더라도 이것을 비유해 말한다면 금(金)이 나무에 있어서와 같으니, 금이 비록 부드럽다고 하더라도 오히려 나무보다는 굳은 것이다.

맹상군(孟嘗君)이 백규(白圭)에게 묻기를

"위나라 문후의 명성은 제(齊)나라 환공(桓公)에게 앞서지만 공업(功業)은 오패에게 미치지 못하는 까닭이 무엇일까."
하니, 백규가 대답하였다.

"문후는 자하(子夏)를 스승으로 섬기고, 전자방(田子方)을 벗
으로 사귀며, 단간목(段干木)을 공경합니다. 그것이 그의 명성을
환공보다 앞서게 하는 까닭입니다."

문후가 재상을 등용한데 대하여 말하였다.

"계성과 적황 중 누가 재상으로서 가(可)한가 하는 문제는 문
후의 공업이 오패에게 미치지 못하는 까닭과 같은 것입니다."

재상은 모든 관직의 우두머리이니 그것을 선택하는 데에는 범
위를 넓게 잡아야 하는데, 지금 문후는 재상을 선택함에 있어 두
사람에서 벗어나지 못하니 환공이 그 원수를 등용할 수 있었던 것
과는 또한 거리가 크게 먼 것이다.

그리고 또한 스승과 벗은 공적인 뜻에서 옳은 것이요, 친척을
사랑하는 것은 사적인 정리로 편안한 것이다. 사적인 것으로써 공
적인 것을 앞서는 것은 쇠퇴(衰退)한 나라의 정치다.

문후의 명성이 일세(一世)에 영달하고 영화로운 것은 세 현사
(賢士)가 도와 이루어진 것이다.

魏文侯弟曰季成 友曰翟璜 文侯欲相之而未能決 以問李充[1] 李充
對曰 君欲置相 則問樂騰與王孫苟端孰賢 文侯曰 善 以王孫苟端爲
不肖 翟璜進之 以樂騰爲賢 季成進之 故相季成 凡聽[2]於主 言人不
可不愼 季成弟也 翟璜友也 而猶不能知 何由知樂騰與王孫苟端哉
疏賤者知 親習者不知 理無自然 自然而斷相過 李充之對文侯也亦
過 雖皆過 譬之若金之與木 金雖柔猶堅於木 孟嘗君問於白圭曰 魏
文侯名過桓公 而功不及五伯 何也 白圭對曰 文侯師子夏 友田子方
敬段干木 此名之所以過桓公也 卜[3]相曰 成與璜孰可 此功之所以不
及五伯也 相也者百官之長也 擇者欲其博也 今擇而不去二人 與用
其讐[4]亦遠矣 且師友也者公可也 戚愛也者私安也 以私勝公 衰國之
政也 然而名號顯榮者 三士[5]羽翼[6]之也

1) 李充(이충) : 이극(李克). 충(充)은 극(克)의 오자(誤字).

2) 聽(청) : 듣다. 곧 군주에게 신임을 받아서 묻는 말을 들었다는 뜻.

3) 卜(복) : 등용하다. 선택하다. 택(擇)과 같다.

4) 讐(수) : 원수. 제나라 환공(桓公)이 공자(公子)로 있을 때 제후의 후계 쟁
  탈전이 벌어졌는데 이때 관중(管仲)은 환공의 반대편에 서서 환공을 죽이려
  다가 실패한 일이 있다. 그래서 관중을 일러 원수라고 한 것이다.

5) 三士(삼사) : 세 현사(賢士). 곧 자하·전자방·단간목을 이르는 말.

6) 羽翼(우익) : 도와서 이루어지게 하다. 조성(助成).

라. 제환공은 마땅한 것을 얻었다

영척(甯戚)이 제(齊)나라 환공(桓公)에게 벼슬을 구하고자
하나 곤궁하여 스스로 나아가지 못하고 상려(商旅)가 되어 장차
수레에 짐을 싣고 제나라에 이르고자 하여 저녁에 성문(城門) 밖
에서 노숙(露宿)을 하고 있었다.

환공이 손님을 맞이하기 위해 교외에 이르러 밤에 성문을 활짝
열고 짐을 실은 수레를 피하여 횃불을 매우 성대하게 밝혔는데 따
르는 사람이 매우 많았다.

이때 영척은 수레에서 내려 소에게 먹이를 주고 있다가 환공을
바라보면서 마음 속으로 슬픈 생각이 들어 소의 뿔을 두드리면서
크게 소리내 노래를 불렀다.

환공이 그 광경을 보고 노래를 듣고는 그 소 먹이는 손을 쓰다
듬으며

"이상하도다. 이 노래를 부르는 그대는 보통사람이 아닌 것 같
구나."

하고는 뒤에 따르는 수레에 명하여 그를 태워 궁중으로 돌아왔다.

환공이 돌아온 뒤에 수종(隨從)하는 사람들이 영척을 어떻게
대할 것이냐고 물으니 환공은 그에게 의관(衣冠)을 내주라 명하
고, 장차 그를 만나보겠다 하였다.

영척은 환공을 만나보고 먼저 나라를 다스리는 일에 대하여 설
명하였다. 그리고 다음 날 또 만나서는 환공에게 천하를 다스리

는 일에 대하여 설명하였다.

환공은 매우 기분이 좋아 그에게 관직을 맡기려 하였다. 이에 많은 신하들이 다투어 가면서 찬성할 수 없다는 뜻으로 간(諫)하였다.

"객(客)은 위(衛)나라 사람입니다. 위나라는 제나라와 거리가 멀지 않습니다. 여러 사람으로 하여금 그와 문답해 보게 하는 것만 같지 못합니다. 그러한 뒤에 그가 진실로 현자(賢者)라는 것이 인정된 뒤에 그를 등용해도 아직 늦지 않습니다."

환공은 이에 대하여 대답하였다.

"그렇지 않다. 여러 사람과 문답하면 그에게 작은 결함이 있는 것을 발견하게 될 것이니 나는 그것을 걱정한다. 사람의 작은 결함으로 해서 사람의 큰 아름다움을 잃는 것은 군주로서 천하의 큰 인물을 잃는 까닭일 뿐이다."

무릇 남의 의견을 듣는 데에는 반드시 목적이 있게 마련인데 지금 묻고는 다시 묻지 않는 것은 그 목적에 합치되는 바가 있는 까닭이다.

또한 사람은 진실로 온전한 사람을 구하기는 어려운 것이요, 저울로 달아 그 좋은 점만 쓰는 것은 거용(擧用)하기에 합당한 것을 얻었기 때문이다. 환공은 그 마땅한 것을 얻은 것이다.

甯戚欲干[1]齊桓公 窮困無以自進 於是爲商旅[2] 將任車[3]以至齊 暮宿於郭門之外 桓公郊迎客 夜開門 辟[4]任車 爝火甚盛 從者甚衆 甯戚飯牛居車下 望桓公而悲 擊牛角疾歌[5] 桓公聞之 撫其僕之手曰 異哉 之歌者非常人也 命後車載之 桓公反至 從者以請[6] 桓公曰 賜之衣冠 將見之 甯戚見 說桓公以治境內 明日復見 說桓公以爲天下 桓公大說將任之 群臣爭之曰[7] 客衛人也 衛之去齊不遠 君不若使人間之 而固賢者也 用之未晚也 桓公曰 不然 間之 患其有小惡[8] 以人之小惡 亡人之大美 此人主之所以失天下之士也已 凡聽 必有以矣 今聽而不復問 合其所以也 且人固難全 權而用其長者 當擧也 桓公得之矣

1) 干(간) : 벼슬을 구한다는 뜻.

2) 商旅(상려) : 타향으로 다니면서 장사하는 사람. 상객(商客).

3) 任車(임거) : 수레에 짐을 맡기다. 곧 짐을 싣는다는 뜻. 임은 재(載)와 같다.

4) 辟(피) : 피(避)와 같다.

5) 疾歌(질가) : 소리를 높여 노래 부르다.

6) 請(청) : 묻다. 곧 영척을 어떻게 대할 것인가를 물었다는 뜻. 문(問)과 같다.

7) 爭之曰(쟁지왈) : 그것을 다투어 말하다. 곧 영척에게 관직을 주는 일에 대하여 찬성할 수 없다는 뜻을 다투어 간(諫)하였다는 뜻.

8) 小惡(소악) : 작은 결함.

제20권 군주를 의지하라
(卷二十 恃君覽 : 第八, 凡八篇)

다스려지는데 그것을 공격하면
상서롭지 못한 일이
이보다 더 큰 것이 없고
어지러워지는데 토벌하지 않는 것은
백성을 해롭게 하는 일이
이것보다 더한 것이 없다.
이것은 다스려지고 어지러워지는 변화이고
문(文)과 무(武)가 말미암아 일어나는 것이다.
문(文)은 사랑의 상징이요,
무(武)는 미워함의 표상이다.
사랑함과 미워함은 의(義)에 의하여 따르고
문과 무가 스스로 항상 있는 것은
성인(聖人)이 다스리는 보배다.

제20권 군주를 의지하라

1. 임금에게 의지하는 것〔一曰恃君〕

가. 군도(君道)란 무엇인가?

무릇 사람의 본능은 손톱과 이빨로는 스스로 지켜 막기에는 부족하고, 살갗으로는 추위와 더위를 막기에 부족하고, 근육과 골격으로는 이로움을 따르고 해로움을 피하기에 부족하며, 용감한 것으로는 사납고 흉악한 것을 물리치고 막기에 부족하다.

그러나 또한 이것은 도리어 만물을 재량하여 이루고, 금수(禽獸)를 금제(禁制)하고, 해충(害蟲)을 극복하고, 추위와 더위 또는 건조하고 습한 것이 인체에 해로움이 될 수 없게 할 수가 있는데, 이것은 다만 먼저 그의 방비가 있었을 뿐이요, 무리가 합하여 서로 모이는데서 오는 것은 아닐 것이다.

무리가 모일 수 있는 것은 서로 더불어 돕는 이로움에 말미암는 것이니, 서로 돕는 이로움이 무리에서 나오는 것을 군주의 도리가 서는 것이라고 한다.

그러므로 많은 사람을 관리하는 군도(君道)가 서면 이로움이 무리에서 나와 서로 도움이 되고 인류의 가지가지 방비가 완성될 수 있다.

옛날 태고시대에는 일찍이 군주가 없었다. 그 백성들이 무리진 곳으로 나와 모여 어미 있음은 알고 아비 있음은 모르며, 친척과 형제와 남편과 아내, 남자와 여자의 구별이 없으며, 윗사람과 아랫사람, 어른과 어린이의 도의(道義)도 없고, 나아가고 물러나며 읍(揖)하고 사양하는 예절도 없고, 의복과 신발·관대(冠帶)·궁실(宮室) 등 축적(蓄積)하는 편리도 없고, 기계(器械)·배·수레·성곽(城郭) 따위 험하고 막힌 데에 대비한 설비도 없었다. 이것은 군주가 없는데서 오는 화환(禍患)이었다. 이것은 군주와 신하의 의(義)를 밝히지 않을 수 없는 것이다.

상세(上世)로부터 오늘에 이르기까지 천하에는 멸망한 나라가 많건만 군도(君道)를 폐지할 수 없는 것은 군도가 천하에 이로움이 있기 때문이다. 그러므로 군도를 행할 수 없는 자를 폐(廢)하고 군도를 행할 수 있는 사람을 세우는 것이다.

그러면 군도라는 것은 무엇인가. 백성을 이롭게 하고 스스로의 이로움을 추구하지 않음을 보이는 데에 있을 뿐이다.

凡人之性[1] 爪牙不足以自守衛[2] 肌膚不足以扞寒暑 筋骨不足以從利辟害 勇敢不足以却猛禁悍[3] 然且猶裁萬物 制禽獸 服狡蟲 寒暑燥濕弗能害 不唯先有其備而以群聚邪 群之可聚也 相與利之也 利之出於群也 君道立也 故君道立則利出於群 而人備可完矣 昔太古嘗無君矣 其民聚生群處 知母不知父 無親戚兄弟夫妻男女之別 無上下長幼之道 無進退揖讓之禮[4] 無衣服履帶宮室畜積之便 無器械舟車城郭險阻之備 此無君之患 故君臣之義 不可不明也 自上世以來 天下亡國多矣 而君道不廢者 天下之利也 故廢其非君[5] 而立其行君道者 君道何如 利而物利章[6]

1) 性(성) : 성정(性情). 곧 타고난 능력이라는 뜻. 본능(本能).

2) 衛(위) : 막다. 방(防)과 같다.

3) 却猛禁悍(각맹금한) : 사납고 흉악한 것을 물리치고 막다.

4) 進退揖讓之禮(진퇴읍양지례) : 일상 생활에서의 모든 예의 범절.

5) 非君(비군) : 군도(君道)를 행할 수 없는 사람.

6) 利而物利章(이이물리장) : 백성을 이롭게 하고 스스로의 이로움을 추구하지 않음을 보이는 데에 있을 뿐이라는 뜻. 물은 물(勿)과 같고 장은 보이다. 나타내다의 뜻.

나. 군주(君主)가 없는 여러 나라들

비빈(非濱)의 동쪽 이예(夷穢)의 고장인 대해(大解)·능어(陵魚)·기록(其鹿)·야요산(野搖山)·양도(揚島) 지방에는 대인(大人)이 살고 있는데, 그곳에는 모두 군주가 없다.

양주(揚州)의 한수(漢水) 남쪽과 백월(百越) 일대의 폐개(敝凱)·제부풍(諸夫風)·여미(餘靡:여진)의 땅과 박루(縛婁)·양우(陽禺)·환두(驩兜)의 나라에도 모두 군주가 없다.

저강(氐羌)·호당(呼唐)과 이수(離水) 서쪽의 북인(僰人)·야인(野人)과 편책지천(篇笮之川)의 주인(舟人)·송룡(送龍)과 돌인(突人)들의 고장에도 모두 군주가 없다.

안문(鴈門)의 북쪽인 응준(鷹隼)이 억센 곳, 수규(須窺)의 나라, 도철궁기(饕餮窮奇)의 땅, 숙역(叔逆)의 곳, 담이(儋耳)가 사는 데 등에도 모두 군주가 없다.

이 사방의 군주 없는 곳에서는 백성들이 예의를 모름으로 미록(麋鹿)과 금수(禽獸)와 같아 나이 어린 사람이 연장자를 부리고, 연장자가 젊은 사람을 두려워하며, 강건한 힘을 가진 자가 현호(賢豪)가 되고 포학하고 거만한 자가 존귀하게 되니, 이에 있어 서로 잔인하게 죽여 밤낮으로 쉴 틈이 없이 그 족류(族類)를 멸진(滅盡)시킨다.

성인은 군주가 없으므로 생기는 화환(禍患)을 깊이 알고 있다. 그래서 천하를 장구하게 다스리고 안정되게 하기 위하여 천자를 세우는 것만 같은 것이 없고, 한 나라를 장구하게 다스려 안정시키려면 나라의 군주를 세우는 것만 같은 것이 없다. 나라에 군주를 세우는 것은 군주에게 아첨하기 위해서라 아니고, 천하에 천자를 세우는 것은 천자에게 아첨하기 위해서가 아니며, 관장(官長)을 세우는 것은 관장에게 아첨하기 위해서가 아니다.

덕(德)이 쇠퇴(衰退)하고 세상이 어지러워진 뒤에 천자는 천하로써 자기에게 이롭게 하고, 군주는 나라로써 자기에게 이롭게 하며, 관장은 직위(職位)로써 자기를 이롭게 한다.

이것은 나라가 바뀌어가며 일어나고 바뀌어가며 멸망하는 까닭이며, 난리와 어려운 일이 때때로 발생하는 까닭이다.

또 충신과 청렴한 현사(賢士)는 안으로는 그 군주의 과실을 간(諫)하고 밖으로는 신하의 의(義)에 죽는 것이다.

非濱之東[1] 夷穢[2]之鄉 大解陵魚其鹿野搖山揚島 大人之居 多無君 揚漢之南[3] 百越[4]之際 敝凱諸夫風 餘靡之地 縛婁陽禺驩兜之國 多無君 氐羌[5]呼唐離水之西 僰人[6]野人[7] 篇笮之川 舟人送龍突人[8] 之鄉 多無君 鴈門之北[9] 鷹隼所鷙 須窺之國 饕餮窮奇之地 叔逆之 所 儋耳之居 多無君 此四方之無君者也 其民麋鹿禽獸 少者使長 長 者畏壯 有力者賢 暴傲者尊 日夜相殘 無時休息 以盡其類 聖人深 見此患也 故爲天下長慮 莫如置天子也 爲一國長慮 莫如置君也 置 君非以阿君也 置天子非以阿天子也 置官長非以阿官長也 德衰世 亂 然後天子利天下 國君利國 官長利官 此國所以遞興遞廢也 亂難 之所以時作也 故忠臣廉士 內之則諫其君之過也 外之則死人臣之 義也

1) 非濱之東(비빈지동) : 비(非)는 북(北)의 오자인 듯 하다. 북쪽 바닷가의 동쪽. 곧 중국의 동쪽 지방으로 우리 국토를 가리키는 말.

2) 夷穢(이예) : 이(夷)는 우리의 선민(先民)을 중국인들이 이르던 말이요, 예(穢)는 이족(夷族)의 부족국가였던 예맥(濊貊)을 이르는 말.

3) 揚漢之南(양한지남) : 양주(揚州)의 한수(漢水) 남쪽. 양자강(楊子江) 남쪽 지방을 이르는 말인데 상고시대의 이 지역은 아직 미개한 이민족들이 살고 있었다.

4) 百越(백월) : 월(越)나라의 모든 부족. 상고시대의 월나라는 아직 미개민족으로서 그 부족의 수가 백(百)에 이르렀다고 한다.

5) 氐羌(저강) : 저와 강. 둘 다 고대 중국 서쪽에 있던 티벳족(族)의 한 갈래.

6) 僰人(북인) : 고대 중국 서부에 있던 종족의 이름. 지금도 중국 서남지방 여러 성(省)에 더러 남아 있다.

7) 野人(야인) : 고대 중국 서부에 살던 종족의 이름. 지금 운남성(雲南省)이 그

들의 거주지였던 듯 하다.

8) 突人(돌인) : 고대 중국 서부에 살던 돌궐족(突厥族).

9) 鴈門之北(안문지북) : 안문의 북쪽. 여기 사는 이민족은 다 적인(狄人)의 부
족들이다.

다. 군신(君臣)의 의(義)를 밝히기 위해서

예양(豫讓)이 조양자(趙襄子)를 죽이고자 하여 스스로 수염
과 눈썹을 없애 그 얼굴 모습을 다르게 만들고 거지가 되어 그 아
내에게 가서 구걸을 하니, 그 아내가 말하였다.

"생김새는 내 남편과 비슷한 데가 없건만 그 목소리는 어쩌면
내 남편과 그리도 닮았는지 모르겠다."

그래서 숯을 먹고 그 목소리를 바꾸었다. 그랬더니 그 친구가
말하였다.

"자네가 뜻하는 바는 매우 어려운 일이면서 성공하기는 쉽지
않을 것이다. 자네의 뜻하는 바는 이해하지만 자네가 지혜롭다고
는 할 수 없다. 자네의 재능으로 양자에게 섬길 것을 구한다면 양
자는 반드시 자네를 가까이 할 것일세. 자네가 양자를 가까이 모
시게 된 뒤에 자네가 하고자 하는 바를 행한다면 그것은 매우 쉬
운 일이고 반드시 성공할 수 있을 것일세."

이 말에 대하여 예양은 웃으면서 대답하였다.

"먼저의 지인(知人)을 위해 나중의 지인에게 원수를 갚는다는
말인가. 옛 주인을 위하여 새주인을 죽인다는 것은 크게 군신(君
臣)의 의(義)를 어지럽히는 것으로 이보다 지나친 것은 없네. 그
것은 내가 목적한 바의 까닭을 잃는 것이네. 대저 내가 그 일을 하
려는 까닭은 군신의 의를 밝히려는 데에 있는 것이지, 쉽게 복종
하는 데에 있는 것이 아니네."

豫讓欲殺趙襄子[1] 滅鬚去眉 自刑以變其容 爲乞人 而往乞於其妻
之所 其妻曰狀貌無似吾夫者 其音何類[2]吾夫之甚也 又吞炭以變其

音 其友謂之曰 子之所道³⁾ 甚難而無功 謂子有志 則然矣 謂子智 則
不然 以子之材 而索事襄子 襄子必近子 子得近而行所欲 此甚易而
功必成 豫讓笑而應之曰 是先知報後知也 爲故君賊新君矣 大亂君
臣之義者無過此 失吾所爲爲之矣 凡吾所爲爲此者 所以明君臣之
義也 非從易也

1) 豫讓欲殺趙襄子(예양욕살조양자) : 예양은 자기의 주군(主君)이었던 지백
 (智伯)의 원수를 갚기 위해 조양자를 죽이고자 한 것이다.
2) 類(유) : 닮다.
3) 所道(소도) : 뜻하는 바.

라. 죽음으로써 알려지게 한 주여숙(柱厲叔)

　주여숙(柱厲叔)은 거(莒)나라 오공(敖公)을 섬겼는데, 스스
로 오공에게 알려지지 않는다고 하여 멀리 물러가 바닷가에 살면
서 여름에는 마름과 연밥을 먹고 겨울에는 상수리와 밤을 먹으면
서 목숨을 이어갔다.
　거나라 오공이 난(難)을 당하니 주여숙은 그 벗에게 인사하고
오공을 위하여 가서 죽겠노라고 하는 것이었다.
　벗이 말하기를
　"그대는 스스로 알려지지 않는다고 해서 버리고 멀리 떠나왔는
데 지금은 또 가서 그 난(難)에 죽겠다고 하니, 이것은 알려지고
알려지지 않는 것의 구별이 없는 것이 아닌가."
하니, 주여숙이 말하였다.
　"그렇지 않다. 스스로 알려지지 않는다고 해서 멀리 떠나왔지
만 지금 오공이 죽게 되었는데 가서 따라 죽지 않으면 이것은 과
연 오공이 나를 알게 되어 어질지 않은 신하라고 할 것이다. 내가
장차 가서 죽으면 후세의 군주로 하여금 그 신하를 알아주지 않
는 것에 대하여 부끄러운 바가 있게 하는 것이다."
　이것은 남의 군주된 사람의 행위를 격발(激發)하게 하고, 군주
로서의 절의를 권장하기 위해서이다. 격발하는 절의를 행하고 충

신을 권장하면 그 군주에게 알려지게 된다.

충신이 알려지면 군주의 도(道)는 안정되어 위태롭지 않을 것이다.

柱厲叔事莒敖公 自以爲不知 而去居於海上 夏日則食菱芰 冬日則食橡栗 莒敖公有難 柱厲叔辭其友而往死之 其友曰 子自以爲不知 故去 今又往死之 是知與不知無異別也 柱厲叔曰 不然 自以爲不知故去 今死而弗往死[1] 是果知我也 吾將死之 以醜後世人主之不知其臣者也 所以激君人者之行 而厲[2]人主之節也 行激節厲忠臣 幸於得察 忠臣察 則君道固矣

1) 今死而弗往死(금사이불왕사) : 금사는 지금 오공이 죽게 되었다는 뜻. 왕사는 주여숙이 가서 오공을 위하여 따라 죽는다는 뜻.

2) 厲(여) : 권장하다.

2. 이익을 멀리 바라보라〔二曰長利〕

가. 후세의 불편한 일은 하지 않는 현사(賢士)

천하의 현사(賢士)는 천하의 장구한 이익을 헤아려 생각하는 것이 있는 것으로 진실로 몸소 하는 것이다.

비록 유리(有利)함이 지금보다 배(倍)가 된다고 하더라도 후세에 불편한 일은 하지 않고, 편안함이 장구하다 하더라도 그것으로써 자기 자손에게 유리한 일은 행하지 않는다.

이것으로 인하여 그것을 살피건대 진무우(陳無宇)의 추악함은 매우 심하다. 그와 더불어 백성자고(伯成子高)나 주공단(周公旦)이나 융이(戎夷)를 서로 견주면 형체는 서로 같다고 하더라도 이록(利祿)에 대하여 가지고 버리는 점에 있어서는 어찌 서로의 그 거리가 멀다고 하지 않을 수 있으랴.

天下之士也者 慮天下之長利 而固處之以身若[1]也 利雖倍於今 而
不便於後 弗爲也 安雖長久 而以私[2]其子孫 弗行也 自[3]此觀之 陳
無宇[4]之可醜亦重矣 其與伯成子高[5]周公旦戎夷[6]也 形雖同 取舍之
殊 豈不遠哉

1) 若(약) : 이것은 자(者)의 오자(誤字)로 보아야 한다.

2) 私(사) : 이(利)와 같다.

3) 自(자) : 인하다. 인(因)와 같다.

4) 陳無宇(진무우) : 제(齊)나라 대부인 진환자(陳桓子)로 포문자(鮑文子)와
   더불어 난고씨(欒高氏)를 정벌하고, 난고씨가 패함에 난고씨의 재산을 포문
   자와 나누어 취하였으니, 그 탐욕이 추악하다는 말.

5) 伯成子高(백성자고) : 요(堯)임금 때의 제후.

6) 戎夷(융이) : 제(齊)나라의 어진 사람.

나. 제후(諸侯)를 사양하고 농사지은 백성자고

요(堯)임금이 천하를 다스릴 때 백성자고(伯成子高)를 세워
제후로 삼았다. 그 뒤 요임금은 순(舜)임금에게 천하를 주었고,
순임금은 또 우왕(禹王)에게 천하를 넘겼는데, 이때 백성자고는
제후를 사퇴하고 농사를 지었다.

우왕이 가서 그를 만났는데 그는 그때 들판에서 밭을 갈고 있
었다. 우왕이 달려가 그의 면전(面前)에 이르러 물었다.

"요임금이 천하를 다스릴 때 그대를 세워 제후를 삼았거늘 지
금 내 시대에 이르러 제후를 사퇴하고 물러나니 그 까닭이 무엇
입니까?"

백성자고가 말하기를

"요임금 당시에는 상을 주지 않았어도 백성은 선(善)을 권장
하였고, 벌을 주지 않았어도 백성은 죄를 두려워하였으며, 백성이
원한을 모르고 기뻐할 줄도 모르며, 유쾌한 낯빛은 어린 아이와
같은 바가 있었습니다. 지금은 상과 벌이 매우 자주 있되 백성들

은 이(利)를 다투고 또한 복종하지 않습니다. 도덕은 이로부터 쇠
퇴하고, 이(利)를 다투는 일도 이로부터 일어나며, 후세의 영화
(榮華)를 다투는 어지러움도 장차 이로부터 시작될 것입니다. 선
생께서는 어찌하여 돌아가주지 않으십니까. 나의 농사일을 어지
럽히지 말아 주십시오."
하고는, 기쁜 마음으로 밭을 갈며 다시는 돌아보지 않는 것이었다.
　대저 제후라는 명예는 현달하고 영화로운 것이며, 생활은 즐겁
고, 그 자손들은 모두 그 끼친 혜택을 입는 것인데 백성자고는 당
연한 이 사실을 알면서도 제후가 되는 것을 사퇴한 것은 그것으
로써 후세에 영화를 다투는 어지러움을 막은 것이다.

　堯治天下 伯成子高立爲諸侯 堯授舜 舜授禹 伯成子高辭諸侯而
耕 禹往見之 則耕在野 禹趨就下風[1]而問曰 堯理天下 吾子[2]立爲諸
侯 今至於我而辭之 故何也 伯成子高曰 當堯之時 未賞而民勸 未
罰而民畏 民不知怨 不知說 愉愉其如赤子 今賞罰甚數 而民爭利 且
不服 德自此衰 利自此作 後世之亂[3]自此始 夫子盍行乎 無慮[4]吾農
事 協而耰[5] 遂不顧 夫爲諸侯名顯榮 實[6]佚樂 繼嗣[7]皆得其澤 伯成
子高不待問而知之 然而辭爲諸侯者 以禁後世之亂也

1) 下風(하풍) : 면전(面前)으로 풀이된다.
2) 吾子(오자) : 그대. 당신.
3) 後世之亂(후세지란) : 후세에 영화를 다투는 어지러움.
4) 慮(여) : 어지럽히다. 난(亂)과 같다.
5) 協而耰(협이우) : 기쁜 마음으로 밭갈다. 협은 기쁘다, 우는 밭갈다는 뜻으로
　　경(耕)과 같다.
6) 實(실) : 생활로 풀이된다.
7) 繼嗣(계사) : 자손(子孫).

다. 연작(燕雀)이 어찌 홍곡(鴻鵠)의 뜻을 알랴

　신관(辛寬)이 노(魯)나라 목공(繆公)을 만나보고 말하였다.

"신은 이제로부터 뒤에 우리 선군(先君)이신 주공(周公)께서 태공망(太公望)에게 봉(封)한 지혜에 미치지 못하시다는 것을 알았습니다. 옛날에 태공망은 영구(營丘)의 분지(澨地)에 봉하여졌는데 바다가 막히고 산이 높은 험악하고 견고한 지방입니다. 그래서 국토는 날로 넓어지고 자손은 더욱더 융성(隆盛)해집니다. 그런데 우리 선군이신 주공께서는 노(魯)나라에 봉하여졌는데 산림과 계곡의 험하고 막힌 데가 없어 제후들이 사면으로부터 통하여 이를 수 있습니다. 그래서 국토는 날로 깎이고 자손은 더욱더 쇠약해집니다."

신관은 물러나왔고 남궁괄이 들어가 목공을 만나니 목공이 말하였다.

"지금 신관이 주공(周公)을 비방하였는데 그의 말이 이와 같을 수 있는가?"

이에 남궁괄이 대답하였다.

"신관은 아직 어려서 잘 모르는 것입니다. 주군께서는 홀로 성왕(成王)이 성주(成周)에다 도읍을 정한 이야기를 듣지 못하셨습니까. 그 말씀에 이르기를 '오직 나 한 사람이 성주(成周)에 영거(營居)하면서 오직 나 한 사람이 선(善)을 쉽게 얻어 보임이 있고, 불선(不善)을 또한 쉽게 얻어 주륙(誅戮)됨이 있을 것이다'라고 하셨습니다. 그러므로 이르기를 '선한 자는 탕왕(湯王)이나 무왕(武王)같은 성군(聖君)이 되고, 불선한 자는 걸왕(桀王)이나 주왕(紂王)같은 폭군이 된다'고 하였는데 이것이 옛날의 도리입니다. 대저 현자(賢者)가 어찌 그 자손이 산림의 험하고 막힌 것을 의지하여 오래도록 무도(無道)한 짓을 하기를 바라겠습니까. 소인이로군요, 신관이라는 자는…."

연작(燕雀)으로 하여금 홍곡(鴻鵠)이나 봉황(鳳凰)을 위한 생각을 헤아리라고 하면 반드시 이룸을 얻지 못할 것이다. 그것은 연작이 구할 수 있는 것은 기와의 틈서리나 집의 추녀밑일 것이기에 말이다.

더불어 한번 거사하면 천 리의 뜻이 있는 것이니 덕이 왕성하지 못하고, 의(義)가 크지 못하면 그 교외에 이르지 못한다.

　어리석고 낮은 백성들도 그 현자를 위한 생각을 헤아림에는 또
한 이와 같은 것이니 진실로 망령되이 비방하고 헐뜯는 것이 어
찌 슬픈 일이 아닌가.

　辛寬見魯繆公曰 臣而今而後[1] 知吾先君周公之不若太公望封之
知也 昔者太公望封於營丘之渚[2] 海阻山高 險固之地也 是故地日廣
子孫彌隆 吾先君周公封於魯 無山林谿谷之險 諸侯四面以達 是故
地日削 子孫彌殺[3] 辛寬出 南宮括[4]入見 公曰 今者寬也非周公 其
辭若是也 南宮括對曰 寬少者弗識也 君獨不聞成王之定[5]成周之說
乎 其辭曰 惟余一人 營居于成周 惟余一人[6] 有善易得而見也 有不
善易得而誅也 故曰善者得之 不善者失之 古之道也 夫賢者豈欲其
子孫之阻山林之險 以長爲無道哉 小人哉寬也 今使燕爵[7]爲鴻鵠鳳
皇慮 則必不得矣 其所求者瓦之間隙 屋之翳蔚[8]也 與一擧則有千里
之志 德不盛 義不大 則不至其郊 愚陋之民 其爲賢者慮 亦猶此也
固妄誹訾 豈不悲哉

1) 而今而後(이금이후) : 이제로부터 뒤. 자금이후(自今而後)와 같다.
2) 渚(저) : 사방의 물 가운데에 홀로 높아 사람이 살 수 있는 지역. 분지(溢地).
3) 彌殺(미쇄) : 더욱 쇠퇴하다. 쇄는 쇠(衰)와 같다.
4) 南宮括(남궁괄) : 공자의 제자.
5) 定(정) : 도읍을 정하다. 정도(定都).
6) 惟余一人(유여일인) : 이하 3구절은 덕(德)을 의지하고 험준한 지형을 의
　지하지 않는다는 뜻이다.
7) 燕爵(연작) : 제비와 참새. 도량이 좁은 사람이라는 뜻. 작은 작(雀)과 같다.
8) 翳蔚(예울) : 추녀밑으로 풀이된다.

라. 죽음을 각오하고 의(義)를 행하다

　융이(戎夷)가 제(齊)나라를 떠나 노(魯)나라로 가는데 날씨
가 몹시 추웠다. 노나라에 이르렀을 대 날은 이미 늦어 성문(城

門)이 닫혀 있었다.

이때 그 제자 한 사람과 함께 성문 밖에서 자게 되었는데 밤이 깊을수록 더욱 추워져 견딜 수가 없으므로 그 제자에게 일러 말하기를

"너의 옷을 벗어 나를 주면 내가 살 수 있고, 내 옷을 벗어 너를 주면 네가 살 수 있다. 나는 나라의 국사(國士)이니 천하를 위해서도 죽는 것이 아깝지만 너는 무능한 자이니 아까울 것이 없다. 그러니 너의 의복을 벗어 나에게 다오"

하니, 제자가 이에 대하여 말하였다.

"저는 무능한 인간입니다만 어찌 옷을 벗어 국사님게 드릴 수 있겠습니까."

융이는 이 말을 듣고 크게 한숨지으며 탄식하여 말하기를

"아아, 죽음의 도(道)는 구제할 수 없는 것이로구나."

하고는 자기의 옷을 벗어 제자에게 주고는 자기는 한밤중에 얼어 죽고 마침내 제자를 살려냈다.

융이의 재능으로는 반드시 한 세상을 안정시킬 수 있다고 말하지만 아직 그것은 알지 못한다. 그러나 그 남을 이롭게 하고자 하는 마음과 같은 것은 그보다 더할 수가 없다.

통달하였구나. 죽고 사는 분수에 인애의 마음이 진실하다.

그러므로 능히 죽기를 각오하고 그 의(義)를 나타낸 것이다.

戎夷違齊如魯[1] 天大寒而後門[2] 與弟子一人宿於郭外 寒愈甚 謂其弟子曰 子與我衣[3] 我活也 我與子衣 子活也 我國士也 爲天下惜死 子不肖人也 不足愛[4]也 子與我子之衣 弟子曰 夫不肖人也 又惡能與國士之衣哉 戎夷太息歎曰 嗟乎 道[5]其不濟夫 解衣與弟子 夜半而死 弟子遂活 謂戎夷其能必定一世 則未之識 若夫欲利人之心 不可以加矣 達乎分仁愛之心識[6]也 故能以必死見其義

1) 違齊如魯(위제여로) : 제(齊)나라를 떠나 노(魯)나라로 가다. 위는 거(去)와 같고, 여는 왕(往)과 같다.
2) 後門(후문) : 늦어 이미 성문(城門)을 닫은 뒤라는 뜻.

3) 子與我衣(자여아의) : 네가 나에게 옷을 주다. 여는 준다는 뜻.

4) 不足愛(부족애) : 아까울 것이 못된다. 애는 석(惜)고 같다.

5) 道(도) : 죽음의 도(道).

6) 識(식) : 진실하다. 성(誠)의 오자(誤字)로 보아야 한다.

3. 분수를 알라〔三曰知分〕

가. 3번이나 정승이 된 손숙오

도리에 통달(通達)한 사람은 죽고 사는 분수에 밝다. 죽고 사는 분수에 밝으면 이해(利害)나 존망(存亡)에 대하여 미혹(迷惑)되지 않는다.

그러므로 안자(晏子)는 최저(崔杼)와 더불어 맹서하고 그 의(義)를 바꾸지 않았다.

연릉(延陵)의 계자(季子)는 오(吳)나라에서 왕이 되기를 원하였지만 그것을 즐기지 않았다.

손숙오(孫叔敖)는 세 번이나 영윤(令尹)이 되는 것을 기뻐하지 않았고, 세 번이나 영윤의 자리에서 물러나는 것을 언짢아하지 않았다.

이것은 모두 도리에 통달한 바가 있어서였으니 통달하는 바가 있으면 곧 사물에 미혹되는 일이 없다.

達士[1]者達乎死生之分 達乎死生之分 則利害存亡弗能惑矣 故晏子與崔杼盟[2]而不變其義 延陵季子[3]吳人願以爲王而不肯 孫叔敖三爲令尹而不喜 三去令尹而不憂 皆有所達也 有所達則物弗能惑

1) 達士(달사) : 의(義)를 위해 죽고, 구차하게 생(生)을 구하지 않으며, 불의에 의해 살려고 하지 않는 사람. 달도지사(達道之士).

2) 晏子與崔杼盟(안자여최저맹) : 안자와 최저가 더불어 맹세하다.

3) 延陵季子(연릉계자) : 연릉은 지명. 계자는 오(吳)나라 왕인 수몽(壽夢)의
작은 아들로 이름은 찰(札). 오나라 왕 수몽은 계자가 여러 아들 중 가장 현
명하였으므로 그에게 왕위를 넘겨주려 하였으나, 계자는 왕 되기를 즐기지 않
고 연릉으로 달아나 다시는 오나라로 들어가지 않았다고 한다. 그래서 연릉
의 계자라 한다.

나. 교룡(蛟龍)을 찔러죽인 차비(次非)

초(楚)나라에 차비(次非)라는 사람이 있었다. 간수(干遂)라
는 고을에서 보검(寶劍)을 얻고 돌아가는 길에 강을 건너게 되
었다. 강 한가운데에 이르렀을 때 두 마리의 교룡(蛟龍)이 그가
탄 배를 끼고 둘러싸는 것이었다.

차비가 뱃사공에게 물었다.

"그대는 일찍이 두 마리의 교룡이 배를 에워싸고서도 능히 양
쪽이 다 사는 것을 본 일이 있는가?"

뱃사공이 대답하였다.

"아직 그런 일을 본 일이 없습니다."

차비는 팔뚝을 걷어올리며 옷을 벗고 보검을 빼들고 말하기를

"이것은 강 속에 있는 썩은 살덩이와 썩은 뼈다귀에 불과하다.
칼을 버려 나의 온전함을 구하리라. 내 어찌 칼 따위를 아끼겠는
가."

하고는 강으로 뛰어들어 교룡을 찔러 죽이고는 다시 배로 올라오
니 배 안의 사람들이 모두 살아날 수 있었다.

초나라 왕이 이 용감한 이야기를 듣고 그에게 벼슬을 주어 신
규(信圭)를 잡게 하였다.

공자는 이 이야기를 듣고 말하였다.

"좋은 일이로다. 썩은 살덩이와 썩은 뼈다귀를 위하여 칼을 버
리지 않은 사람은 이 차비를 두고 이르는 말이로구나."

荊有次非者 得寶劍於干遂[1] 還反涉江 至於中流 有兩蛟夾繞其船

次非謂舟人曰 子嘗見兩蛟繞船 能兩活者乎 船人曰 未之見也 次非
攘臂袪衣 拔寶劍曰 此江中之腐肉朽骨也 棄劍以全己 余奚愛焉 於
是赴江刺蛟 殺之而復上船 舟中之人皆得活 荊王聞之 仕之執圭[2]
孔子聞之曰 夫善哉 不以腐肉朽骨而棄劍者 其次非之謂乎

1) 干遂(간수) : 오(吳)나라의 고을 이름.
2) 執圭(집규) : 규(圭)를 잡다. 규는 신규(信圭)로 제후를 봉(封)하는 신표(信
   表)로서 주는 것. 초나라 왕은 차비의 용감함을 기려 그에게 후작(侯爵)의
   작위를 주었다.

다. 황룡(黃龍)이 도망을 갔다

우(禹)가 남방의 치수(治水) 사업장을 시찰하고 바야흐로 강
을 건너는데 황룡(黃龍)이 나타나 타고 있는 배를 등에 지고 일
어나는 것이었다. 배에 탄 사람들이 모두 놀라고 두려워 낯빛이
변하였다.

이에 우가 우러러 하늘을 쳐다보며 탄식하여 말하기를
"나는 하늘에서 명을 받아 힘을 다하여 백성을 어루만져 살게
합니다. 사는 것은 천성(天性)이요, 죽는 것은 천명(天命)이니,
내 어찌 용을 두려워하겠습니까."
하니 황룡은 이에 귀를 늘어뜨리고 꼬리를 끌면서 가 버렸다.

우(禹)는 죽고 사는 분별과 이해(利害)의 도(道)에 통달하였
던 것이다.

무릇 인물이라는 것은 음양(陰陽)의 화신(化身)이요, 음양은
하늘로 말미암아 이루어지는 것이며, 하늘은 본래 허(虛)와 소
(消)가 있고, 영(盈)과 장(長)이 있으니, 사람 또한 곤궁함과 굴
궤(屈匱)함이 있고 충실함과 달성함이 있다. 이것은 모두 하늘
이 만물의 이치를 받아들이는 것이다. 이와 같지 않음을 얻지 못
함은 운수인 것이다.

그러므로 옛날의 성인은 그것으로써 사(邪)된 생각을 느끼고
신성(神性)을 상하게 하는 일을 하지 않고 편안하게 천명(天命)

을 기다릴 뿐이었다.

禹南省¹⁾ 方濟乎江 黃龍負舟 舟中之人五色無主²⁾ 禹仰視天而歎
曰 吾受命於天 竭力以養人³⁾ 生性也 死命也 余何憂於龍焉 龍俛耳
低尾而逝⁴⁾ 則禹達乎死生之分 利害之經⁵⁾也 凡人物者陰陽之化也
陰陽者造⁶⁾乎天而成者也 天固有衰嗛廢伏⁷⁾ 有盛盈蚠息⁸⁾ 人亦有困
窮屈匱 有充實達逡 此皆天之容物理也 而不得不然之數也 古聖人
不以感私傷神 愈然⁹⁾而以待耳

1) 禹南省(우남성) : 우왕(禹王)이 아직 천자가 되기 전 치수(治水) 사업을 할
   때, 남방의 치수 사업장을 시찰하였다는 뜻.
2) 五色無主(오색무주) : 두려워 낯빛이 변했다는 뜻으로 두려워 얼굴빛이 두
   려움으로 가득찼다는 말.
3) 養人(양인) : 사람들을 살도록 한다는 뜻.
4) 龍俛耳低尾而逝(용면이저미이서) : 용이 귀를 늘어뜨리고 꼬리를 끌면서 가
   다. 면이는 귀를 늘어뜨리다는 뜻으로 수이(垂耳)와 같고, 저미는 꼬리를 끈
   다는 뜻으로 예미(曳尾)와 같다.
5) 經(경) : 도(道)와 같다.
6) 造(조) : 말미암다. 유(由)와 같다.
7) 衰嗛廢伏(쇠겸폐복) : 쇠겸은 허(虛). 곧 곤궁(困窮)함. 폐복은 소(消). 곧
   굴궤(屈匱)함.
8) 盛盈蚠息(성영분식) : 성영은 영(盈). 곧 충실(充實)함. 분식은 장(長). 곧
   달성(達成)함.
9) 愈然(유연) : 편안한 모양.

라. 이 사람은 현인이라 죽일 수 없다

안자(晏子)와 최저(崔杼)가 서로 맹서(盟誓)하였는데 그 맹
서하는 말에 이르기를

"최씨(崔氏)에게 편들지 않고 공손씨(公孫氏)에게 편드는 자
는 상서롭지 못한 일이 생길 것이다."

라고 하였다.

그런데 안자는 고개를 숙여 피를 마시고 나서 우러러 하늘에 부르짖어 맹세하였다.

"공손씨를 편들지 않고 최씨를 편드는 자는 상서롭지 못한 일이 생길 것이다."

최저는 매우 불쾌하게 여겨 창을 그의 가슴에 들이대고 극(戟)으로 그의 목을 겨누면서 안자에게 말하기를

"그대는 그대가 한 맹서의 말을 바꾸면 나와 그대가 제(齊)나라를 함께 차지할 것이지만 그대가 그대의 맹서의 말을 바꾸지 않는다면 그대의 목숨은 지금으로 끝장날 것이오."

하니, 안자가 말하였다.

"최자(崔子)여, 그대는 홀로 저 '시경(詩經)'을 읽지 않았는가? '시경(詩經)'에 이르기를 '무성하게 자라는 칡덩굴이 퍼진다. 개제(凱弟)한 군자는 행복을 구하여 어긋나지 않는다' 라고 하였다. 나 영(嬰)이 어찌 정도(正道)를 어기면서 행복을 구하겠는가. 그대는 그것을 생각하라."

이 말을 듣고 최저는

"이 사람은 현자(賢者)다. 죽일 수가 없다."

라고 하면서 창과 극을 거두어 물러갔다.

안자가 줄을 당겨 수레에 오르니 그의 하인이 빠르게 달리고자 하였다. 안자는 그 하인의 손을 어루만지면서 말하였다.

"허둥대지 말고 마음을 편안히 가지며 절제(節制)를 잃지 말라. 빨리 달린다고 반드시 사는 것이 아니고, 천천히 간다고 반드시 죽는 것이 아니다. 사슴은 산중에 살지만 그의 목숨은 주방(廚房)에 걸려 있다. 지금 나의 목숨은 이미 걸려 있는데 가 있다."

안자는 천명(天命)을 알고 있었다고 할 것이다. 목숨이라는 것은 그러한 까닭을 알지 못하면서 그러한 것이다. 사람의 일이란 지교(智巧)와는 관계가 없이 의를 행하여 죽고자 하면 죽지 않고 불의(不義)에 의해 살기를 구하면 반드시 살지 못하는 것이다. 그러므로 그것을 버리려 해도 잃는 일이 없다. 국사(國士)는

이 도리를 알기 때문에 의(義)로써 일을 결정하니 편안하게 거기에 처(處)한다.

晏子與崔杼盟 其辭曰 不與崔氏而與公孫氏¹⁾者 受其不祥 晏子俛而飮血²⁾ 仰而呼天曰 不與公孫氏而與崔氏者 受此不祥 崔杼不說 直兵造胸³⁾ 句兵鉤頸⁴⁾ 謂晏子曰 子變子言 則齊國吾與子共之 子不變子言 則今是已⁵⁾ 晏子曰 崔 子獨不爲⁶⁾夫詩乎 詩曰 莫莫葛藟 延於條枚 凱弟君子 求福不回 嬰且可以回而求福乎 子惟⁷⁾之矣 崔杼曰 此賢者 不可殺也 罷兵而去 晏子授綏而乘 其僕將馳 晏子撫其僕之手曰 安之 毌失節 疾不必生 徐不必死 鹿生於山而命懸於廚 今嬰之命有所懸矣 晏子可謂知命矣 命也者不知所以然而然者也 人事智巧以擧錯者 不得與焉 故命也者就之未得 去之未失 國士知其若此也 故以義爲之決 而安處之

1) 公孫氏(공손씨) : 제나라 공자(公子)의 아들.
2) 飮血(음혈) : 피를 마시다. 곧 맹서하는 절차.
3) 直兵造胸(직병조흉) : 창을 가슴에다 들이대다. 직병은 세모진 창.
4) 句兵鉤頸(구병구경) : 창으로 목을 겨누다. 구병은 갈래진 창.
5) 今是已(금시이) : 지금으로 끝장이 난다는 뜻.
6) 爲(위) : 여기서는 배우다, 읽다의 뜻.
7) 惟(유) : 생각하다. 사(思)와 같다.

마. 할 수 없는 것은 천하도 어찌할 수 없다

백규(白圭)가 추(鄒)의 공자(公子) 하후계(夏后啓)에게 묻기를

"정직한 절조나 현사(賢士)의 의지와 취향이나 삼진(三晉)의 사실들은 모두 천하의 영웅이요, 호걸입니다. 진(晉)나라에 오래 살면서 이미 삼진의 사실은 자주 들었으나 아직 일찍이 정직한 절조와 현사의 의지와 취향에 대하여는 들을 수 없었으니, 바라건대 그에 대하여 들려 주십시오."

하니, 하후계가 말하였다.

"나는 비루(鄙陋)한 사람입니다. 어찌 나에게 물을 것이 있겠습니까."

백규가 또 말하기를

"바라건대 공자께서는 사양하지 마십시오."

하니, 하후계가 말하였다.

"가히 할 수 있는 것을 하는 것은, 하는 것으로 천하도 그 하는 것을 금지시키지 못하고, 하지 못하는 것을 하는 것은 버리는 것으로, 버리는 것은 천하도 사용할 수 없습니다."

백규가 묻기를

"이(利)는 사용할 수 없습니까? 위세(威勢)는 막을 수 없는 것입니까?"

하니, 하후계가 말하였다.

"보장된 삶을 족히 사용할 수 없다면 이익된 것을 어찌 사용할 수 있으며, 죽음을 족히 금지할 수 없으면 해로운 것을 어떻게 금할 수 있겠습니까?"

이 말에 대하여 백규는 대답하지 않았고 하후계는 작별하고 물러갔다.

무릇 현명한 사람과 어리석은 사람을 사용함에는 다름이 있다. 어리석은 사람을 사용하는 데에는 상과 벌로써 할 수 있고, 현명한 사람을 사용하는 데에는 의(義)로써 해야 한다.

그러므로 현명한 군주가 신하를 사용함에는 반드시 의로써 하고, 또한 상과 벌을 반드시 분명하고 신중하게 한 뒤라야 현명한 사람과 어리석은 사람을 다 쓸 수 있는 것이다.

白圭問於鄒公子夏后啓曰 踐繩之節[1] 四上之志[2] 三晉之事[3] 此天下之豪英 以處於晉 而迭聞晉事 未嘗聞踐繩之節 四上之志 願得而聞之 夏后啓曰 鄙人也 焉足以問 白圭曰 願公子之毋讓也 夏后啓曰 以爲可爲故爲之 爲之天下弗能禁矣 以爲不可爲故釋之 釋之天下弗能使矣 白圭曰 利弗能使乎 威弗能禁乎 夏后啓曰 生不足以使

之 則利曷足以使之矣 死不足以禁之 則害曷足以禁之矣 白圭無以
應 夏后啓辭而出 凡使賢不肯異 使不肯以賞罰 使賢以義 故賢主之
使其下也必義 審賞罰 然後賢不肯盡爲用矣

1) 踐繩之節(천승지절) : 똑바로 쳐진 먹줄을 밟고 가는 듯하는 절조(節操). 곧
   정직한 절조.

2) 四上之志(사상지지) : 사(四)는 사(士)·농(農)·공(工)·상(商)의 사민(四
   民)을 가리키며, 상(上)은 사민의 우두머리인 사(士)를 가리킨다. 따라서 사
   상지지는 사(士), 곧 현사(賢士)의 지취(志趣)라는 뜻이다. 이와는 달리 사
   (四)를 군주(君主)·경(卿)·대부(大夫)·사(士)로 보아 사상(四上)을 군
   주로 보는 설도 있다.

3) 三晉之事(삼진지사) : 한씨(韓氏)·위씨(魏氏)·조씨(趙氏)가 진(晉)나라
   의 정치를 전횡(專橫)하다가 마침내 진나라를 삼분(三分)하여 조(趙)·위
   (魏)·한(韓)이 세 나라를 세워 제후가 되었고, 각각 왕(王)을 칭하게 된 역
   사적인 사실을 이르는 말이다.

4. 같은 부류를 부른다〔四曰召類〕

가. 유유상종(類類相從)하는 것

종류가 서로 같으면 서로 부르고, 기(氣)가 서로 같으면 서로
만나고, 소리가 서로 비슷하면 서로 응(應)한다.

그러므로 대궁(大宮)을 치면 소궁(小宮)이 응하고, 대각(大
角)을 치면 소각(小角)이 동(動)한다.

용(龍)으로써 비는 내리고, 형상으로써 그림자는 쫓는 것이니,
재화(災禍)와 행복이 말미암아 오는 바가 있으나 많은 사람은 다
운명이라 하며 그 말미암아 오는 바를 알지 못한다.

그러므로 국가가 어지러운 것은 홀로 어지러운 것이 아니라 반
드시 외적(外敵)을 불러들인다. 홀로 어지러우면 반드시 국가가

멸망하는 것은 아니지만 외적을 불러들이고는 국가가 존재할 수
없다.

무릇 군대를 사용함에 있어서는 유리(有利)하게 사용하여야
하고, 의(義)롭게 사용하여야 한다.

어지러운 국가를 공격하면 적(敵)은 굴복하고, 적이 굴복하면
공격한 자는 유리함을 얻을 수 있다. 어지러운 국가를 공격하는
것은 의(義)로움에 합당하고, 의로움에 합당하면 공격하는 자는
영광스러운 이름을 얻을 수 있다. 영광스러운 이름을 얻고 또한
유리함이 있다면 보통의 군주라도 오히려 또한 그렇게 할 것이거
늘 또 어찌 현명한 군주에 있어서이겠는가.

그러므로 땅과 보배로운 기구와 무기를 떼준다든가 비사(卑辭)
나 굴복하는 것을 가지고는 적으로 하여금 공격을 멈추게 하기에
는 부족하고, 오직 국가가 다스려짐이 있어야 적으로 하여금 공
격을 멈추게 하기에 족하다.

국가가 다스려지면 유리한 것을 위한 자는 공격하지 않을 것이
며, 명성(名聲)을 위한 자도 공벌(攻伐)하지 않을 것이다. 대개
군대로써 남을 공벌함에는 유리한 것이 아니면 명성을 위해서다.

명(名)과 실(實)을 다 얻을 수 없는 것이라면 국가가 비록 강
하고 커 공격하여 승리할 가능성이 있다 하더라도 공벌하는 일을
하지 않을 것이다.

類同相召 氣同則合 聲比則應 故鼓宮而宮應[1] 鼓角[2]而角動 以龍
致雨 以形逐影 禍福之所自來 衆人以爲命焉 不知其所由 故國亂非
獨亂 有必召寇 獨亂未必亡也 召寇則無以存矣 凡兵之用也 用於利
用於義 攻亂則服 服則攻者利 攻亂則義 義則攻者榮 榮且利 中主[3]
猶且爲之 有況於賢主乎 故割地寶器戈劍[4] 卑辭[5]屈服 不足以止攻
唯治爲足 治則爲利者不攻矣 爲名者不伐矣 凡人之攻伐也 非爲利
則固爲名也 名實不得 國雖彊大 則無爲攻矣

1) 鼓宮而宮應(고궁이궁응): 궁성(宮聲)을 치면 궁성이 응한다. 고(鼓)는 여
기서 친다는 뜻으로 격(擊)과 같고, 궁은 궁(宮)·상(商)·각(角)·치(徵)·

우(羽)의 오성(五聲) 중의 궁성(宮聲). 앞의 궁은 대궁(大宮), 뒤의 궁은 소궁(小宮)이다.

2) 角(각) : 오성(五聲) 중의 각성(角聲). 앞의 각은 대각(大角), 뒤의 각은 소각(小角)이다.

3) 中主(중주) : 보통의 군주.

4) 戈劍(과검) : 무기를 통들어 이르는 말.

5) 卑辭(비사) : 싸우던 상대 국가에게 항복하고, 상대국 군주에 대하여 자신을 신하로 자처하는 일.

나. 무(武)는 미워하는 것의 표상이다

군대의 유래(由來)는 이미 오래다. 요(堯)임금은 단수(丹水)의 포구(浦口)에서 싸워 남만(南蠻)을 복종시켰고, 순(舜)임금은 묘족(苗族)을 물리쳐 다시 그 풍속을 바꾸게 하였으며, 우왕(禹王)은 조위(曹魏)·굴오(屈驁)·유호(有扈)를 공격하여 그 교화(敎化)를 행하였다.

세 왕(王)의 위와 같은 일은 실제로 모두 군대를 사용했던 것이니, 어지러워지면 군대를 사용하였고, 다스려지면 멈추었던 것이다.

다스려지는데 그것을 공격하면 상서롭지 못한 일이 그보다 더 큰 것이 없고, 어지러워지는데 토벌하지 않는 것은 백성을 해롭게 하는 일이 이것보다 더한 것이 없다.

이것은 다스려지고 어지러워지는 변화이고, 문(文)과 무(武)가 말미암아 일어나는 것이다.

문(文)은 사랑의 상징이요, 무(武)는 미워함의 표상이다. 사랑함과 미워함은 의(義)에 의하여 따르고, 문과 무가 스스로 항상 있는 것은 성인(聖人)이 다스리는 보배다.

이것을 비유하여 말한다면 춥고 더운 것의 질서와 같다. 제철이 되면 추위와 혹은 더위가 이루어지는데 성인은 철을 만들지는 못하지만 능히 일로써 철에 맞출 수가 있으니, 일이 철에 맞으면 일이 이루어지고 그 공이 크게 되는 것이다.

　兵所自來者久矣 堯戰於丹水¹⁾之浦 以服南蠻 舜却苗民 更易其俗
禹攻曹魏屈驁有扈²⁾ 以行其敎 三王以上 固皆用兵也 亂則用 治則
止 治而攻之 不祥莫大焉 亂而弗討 害民莫長焉 此治亂之化也 文
武之所由起也 文者愛之徵也 武者惡之表也 愛惡循義 文武有常 聖
人之元³⁾也 譬之若寒暑之序 時至而事生之 聖人不能爲時 而能以事
適時 事適於時者其功大

1) 丹水(단수) : 물 이름. 한수(漢水)의 지류로 지금의 하남성(河南省) 석천현
　(淅川縣)에 있다.

2) 曹魏屈驁有扈(조위굴오유호) : 조위와 굴오, 유호로 셋 다 지명으로 나라 이
　름이나 현재는 상고할 수가 없다.

3) 元(원) : 다스리는 보배. 보(寶)와 같다.

다. 3대에 걸쳐 재상을 역임한 자한(子罕)

　사윤지(士尹池)가 초(楚)나라를 위하여 송(宋)나라에 사신으
로 갔는데, 사성(司城)인 자한(子罕)이 그를 자기 집으로 초청
하여 연회를 베풀었다.

　사윤지가 자한의 집을 보니, 남쪽의 이웃집은 담장이 앞으로 툭
튀어나와 곧바르지 못하고, 서쪽 이웃집에서 흐르는 도랑물이 그
의 집으로 흘러들어 멈추지 않았다. 사윤지가 그렇게 하고 사는
까닭을 물으니 사성 자한이 대답하였다.

　"남쪽 집은 공장(工匠)의 집으로 신발을 만드는 사람입니다.
내가 다른 곳으로 이사를 가려고 하였더니 그 사람의 부친이 말
하기를 '우리는 신발 만드는 일에 의지하여 3대째 먹고사는데 이
제 상국(相國)께서 다른 곳으로 집을 옮기신다면 이로부터 송나
라에서 신발을 사려는 사람은 제가 사는 집을 알지 못할 것이니,
신발을 팔지 못하면 저희는 장차 먹고 살길이 없습니다. 원컨대
상국께서는 저희 집안의 먹고 살 일을 헤아려 주십시오' 하는 것

이었습니다. 그런 까닭으로 해서 나는 다른 곳으로 집을 옮기지 않는 것입니다. 그리고 서쪽 집은 지대가 높고 우리집은 낮으니 도랑물의 흐름이 우리 집을 지나는 것은 자연의 이치입니다. 그래서 나는 그것을 막지 않습니다."

사윤지는 초나라로 돌아왔다. 초나라 왕이 마침 군사를 일으켜 송나라를 공격하고자 하니, 사윤지가 초나라 왕에게 간(諫)하여 그것을 저지시키면서 말하였다.

"송나라는 공격할 수 없습니다. 그 군주는 현명하고 그 재상은 어진 사람입니다. 현명한 사람은 백성의 마음을 얻을 수 있고, 어진 사람은 백성의 힘을 이용할 수 있습니다. 초나라가 송나라를 공격하더라도 성공을 거두지 못하고 천하의 웃음거리가 될까 두렵습니다."

그래서 초나라 왕은 송나라에 대한 공격을 중지하고 대신 정(鄭)나라를 공격하였다.

공자가 이 이야기를 듣고 말하였다.

"대저 묘당(廟堂) 위에서 정사를 다스리고 충거(衝車)가 천리 밖에서 적을 꺾고 돌아온다는 것은 사성 자한을 두고 이르는 말인가."

송나라는 세 나라의 만승지국(萬乘之國) 사이에 끼어 있으면서 자한이 재상으로 있을 때에는 서로 침략하고 공벌(攻伐)하는 일이 없이 네 변경이 평정하였으며, 평공(平公)·원공(元公)·경공(景公) 3대의 재상을 역임하면서 그 몸을 마쳤으니, 그것은 다만 인애(仁愛)와 절검(節儉)으로 말미암은 것이 아니었겠는가. 인애와 절검의 공효(功效)는 매우 큰 것이다.

그러므로 주(周)나라 때의 명당(明堂)이 띠로 지붕을 덮고 쑥대로 기둥을 삼았으며, 흙으로 된 계단 3층은 그것으로써 절검을 표시한 것이다.

士尹池爲荆使於宋 司城子罕觴之[1] 南家之牆犨[2]於前而不直 西家之潦[3]徑其宮而不止 士尹池問其故 司馬[4]子罕曰 南家工人也 爲

鞔[5]者也 吾將徙之 其父曰 吾恃爲鞔以食三世矣 今徙之 是宋國之
求鞔者不知吾處也 吾將不食 願相國之憂吾不食也 爲是故 吾弗徙
也 西家高 吾宮庳 潦[2]之經吾宮也利 故弗禁也 士尹池歸荊 荊王適[6]
興兵而攻宋 士尹池諫於荊王曰 宋不可攻也 其主賢 其相[7]仁 賢者
能得民 仁者能用人 荊國攻之 其無功而爲天下笑乎 故釋宋而攻鄭
孔子聞之曰 夫脩之於廟堂之上 而折衝[8]乎千里之外者 其司城子罕
之謂乎 宋在三大萬乘之間 子罕之時 無所相侵 邊境四益 相平公元
公景公 以終其身 其唯仁且節與 故仁節之爲功大矣 故明堂茅茨蒿
柱[9] 土階三等[10] 以見節儉

1) 司城子罕觴之(사성자한상지) : 사성인 자한이 잔치를 베풀다. 사성은 사공
(司空)을 이르는 말인데 송(宋)나라 무공(武公)의 이름이 사공(司空)이었
으므로 송나라에서는 그 글자를 피해 사성이라 하였다. 사성은 삼공(三公)의
하나로 토지와 민사(民事)를 맡아보던 관직, 자한의 이름은 낙희(樂喜)로 춘
추시대 송나라의 현신(賢臣). 공자는 그의 인애(仁愛)와 절검(節儉)을 극
구 칭찬하였다. 상(觴)은 술잔이라는 뜻인데 술자리, 곧 잔치를 뜻한다.

2) 雔(주) : 여기서는 툭 튀어나온 부분을 뜻한다. 돌출부(突出部).

3) 潦(요) : 여기서는 도랑이라는 뜻.

4) 司馬(사마) : 사성(司城)의 오자(誤字).

5) 鞔(만) : 신발의 울이라는 뜻이나 여기서는 신발로 풀이된다.

6) 適(적) : 마침. 때맞추어.

7) 相(상) : 재상(宰相). 자한(子罕)을 가리킨다.

8) 衝(충) : 충거(衝車). 적군에게 충돌하여 격파시키는 전차(戰車).

9) 茅茨蒿柱(모자호주) : 띠로 지붕을 덮고 쑥대로 기둥을 삼았다는 뜻인데, 이
말은 주(周)나라 명당(明堂)의 절검(節儉)을 지나치게 표현한 말이다.

10) 土階三等(토계삼등) : 흙으로 쌓은 삼층의 계단이란 뜻인데 이것도 주나라
명당의 절검을 지나치게 표현한 것.

라. 위(衛)를 공격하려다 중지한 조간자

조간자(趙簡子)가 장차 위(衛)나라를 습격하고자 하여 사묵

(史默)으로 하여금 먼저 가 정세를 관찰하게 하였다. 그런데 1개
월을 기약하고 갔건만 6개월이 지난 뒤에야 돌아왔다.

조간자가 말하였다.

"무슨 일로 그렇게 오래 걸렸는가?"

사묵이 말하였다.

"이(利)를 도모하다가 해(害)를 얻는 것은 도리어 알지 못하
는 것과 같습니다. 지금 위나라에는 거백옥(蘧伯玉)이 재상이 되
어 있고, 사추(史鰌)가 보좌하고 있습니다. 그리고 공자가 위나
라의 객(客)으로 있으며, 자공(子貢)이 위나라에 있으면서 군주
앞에서 매우 신임을 얻고 있습니다.

'주역(周易)'에 이르기를

"그 군(群)을 환(渙)하면 크게 길(吉)하다."
라고 하였습니다. 환(渙)은 현자(賢者)가 흩어진 인심을 결합할
수 있다는 뜻이고, 군(群)은 많다는 뜻이며, 원(元)은 길(吉)함
의 시작입니다. 환기군원길(渙其群元吉)이라는 것은 그 보좌하
는 사람에게 현명한 인사가 많다는 뜻입니다."

조간자는 이에 군대를 위로하고 출동시키지 않았다.

무릇 일을 도모하려면 반드시 의심되는 바가 있어야 하고, 의심
되는 바가 있으면 의(義)에 따라서 일을 결단한다. 의에 따라 일
을 결단하면 도모하는 일에 실수가 없다. 도모하는 일에 실수가
없으면 명(名)과 실(實)이 모두 따르게 된다.

현명한 군주가 일을 행함에 있어 어찌 반드시 군기(軍旗)가 꺾
어지고, 장수가 죽은 뒤에야 승부를 알 수 있을 것인가. 그 사리
(事理)를 살피고서 얻는 것과 잃는 것, 영화로움과 치욕됨이 결
정되는 것이다. 그러므로 삼대(三代)의 존귀(尊貴)한 바는 현명
함만 같은 것이 없다.

趙簡子將襲衛 使史默往睹[1]之 期以一月 六月而後反 趙簡子曰
何其久也 史默曰 謀利而得害 猶弗察[2]也 今蘧伯玉[3]爲相 史鰌[4]佐
焉 孔子爲客 子貢使令於君前甚聽[5] 易曰 渙其群 元吉[6] 渙者賢也

群者衆也 元者吉之始也 渙其群元吉者 其佐多賢也 趙簡子按兵而
不動 凡謀者疑也 疑則從義 斷事從義 斷事則謀不虧 謀不虧則名實
從之 賢主之擧也 豈必旗僨將斃⁷⁾而乃知勝敗哉 察其理而得失榮辱
定矣 故三代之所貴 無若賢也

1) 睹(도) : 보다. 곧 정세를 관찰한다는 뜻.

2) 察(찰) : 살피다. 여기서는 알다의 뜻. 지(知)와 같다.

3) 蘧伯玉(거백옥) : 위(衛)나라의 대부(大夫).

4) 史鰌(사추) : 위나라의 대부.

5) 聽(청) : 청종(聽從)하다. 곧 신임한다는 뜻.

6) 元吉(원길) : 크게 길(吉)하다. 원은 대(大)와 같다.

7) 旗僨將斃(기분장폐) : 군기가 꺾이고 장수가 죽다. 곧 패전(敗戰)을 뜻한다.

5. 답답한 것을 뚫어라〔五曰達鬱〕

가. 국가의 답답한 것을 통하게 하다

무릇 사람의 몸뚱이에는 360의 뼈마디와 9개의 구멍과 5가지
장기(臟器)와 여섯 가지 내장이 있으며, 살갗은 치밀(緻密)하기
를 바라고, 혈맥(血脈)은 유통(流通)되기를 바라고, 살과 뼈는
견고(堅固)하기를 바라고, 심지(心志)는 조화(調和)를 이루기
를 바라며, 정기(精氣)는 통행(通行)을 바라는데, 이와 같으면
모든 병이 머물러 있을 곳이 없고, 악(惡)이 따라서 발생하지 않
는다.

병이 머무르고 악(惡)이 생기는 것은 정기(精氣)가 울적하게
막혀 통하지 못하기 때문이다. 그러므로 물이 꽉차 막히면 더러
운 냄새가 되고, 나무가 울창하면 좀벌레가 생기고, 풀이 무성하
면 거칠고 더러워져 시들어 버린다.

국가 또한 막힘이 있으면 군주의 덕(德)이 막혀 백성에게 통하

지 않고, 백성의 뜻이 군주에게 도달하지 못하는데, 이것이 국가의 울적이다.

국가의 울적이 오래 경과하면 온갖 악한 일이 아울러 일어나고 만 가지 재앙이 떼지어 닥치는데, 상하(上下)가 서로 친애(親愛)하지 않는데에 따라 발생하는 것이다.

그러므로 성왕(聖王)이 호걸(豪傑)과 충신을 존귀하게 여기는 것은 그들이 감히 직언(直言)하는 것으로써 군주의 꽉차 막힌 것을 터주기 때문이다.

凡人三百六十節[1] 九竅[2] 五藏六府[3] 肌膚欲其比[4]也 血脈欲其通也 筋骨欲其固也 心志欲其和也 精氣欲其行也[5] 若此則病無所居而惡無由生矣 病之留惡之生也 精氣鬱也 故水鬱則爲汚 樹鬱則爲蠹 草鬱則爲蕢 國亦有鬱 生德[6]不通 民欲不達 此國之鬱也 國鬱處久則百惡竝起 而萬災叢至矣 上下之相忍[7]也 由此出矣 故聖王之貴豪士與忠臣也 爲其敢直言而決鬱塞也

1) 節(절) : 마디. 뼈마디. 골절(骨節).
2) 九竅(구규) : 아홉 구멍. 인체에 딸린 두 눈, 두 코, 두 귀, 입 그리고 항문(肛門)과 오줌나오는 구멍 등 아홉 구멍을 가리킨다.
3) 五藏六府(오장육부) : 오장육부(五臟六腑).
4) 比(비) : 치밀(緻密).
5) 精氣欲其行也(정기욕기행야) : 정기는 통행을 바란다. 곧 정기는 혈맥과 360의 뼈마디를 지키는 것이므로 그 통행을 바란다는 뜻이다.
6) 生德(생덕) : 주덕(主德)의 오자(誤字). 군주의 덕(德).
7) 相忍(상인) : 서로 친애하지 않는다는 뜻. 불상친애(不相親愛).

나. 백성들이 목숨을 견뎌낼 수 없다

주(周)나라의 여왕(厲王)이 백성을 학대(虐待)하니 나라 사람들이 모두 원한을 품고 비방하였다.

이에 소공(召公)이 왕에게 고하였다.

"백성들이 목숨을 견뎌낼 수 없습니다."

그러자 왕은 위무(衛巫)에게 비방하는 자를 감시하게 하여 비방하는 자를 발견하면 잡아 죽였다.

이에 나라 안에서는 감히 말하는 사람이 없어져 길에서 만나더라도 말 대신 눈으로 서로 의사를 전달하기에 이르렀다.

이 지경에 이르니 왕은 기분이 좋아져 소공에게 말하였다.

"나는 나에 대한 비방을 그치게 하였다."

이에 대하여 소공이 말하였다.

"그것은 입을 막은 것이지 그치게 한 것이 아닙니다. 백성의 입을 막는 것은 하천의 물을 막는 것보다 그 피해가 더욱 심합니다. 하천을 막은 방죽이 무너지면 반드시 많은 사람에게 해를 입힙니다. 사람의 입을 막는 일도 또한 이와 같습니다. 이와 같으므로 하천을 다스리는 사람은 물을 터서 소통시키고, 백성을 다스리는 사람은 그것을 베풀어 말을 하게 하는 것입니다. 그러므로 천자는 정사에 대한 의견을 듣고, 공경(公卿)과 열사(列士)로 하여금 정면으로 간(諫)하게 하며, 학문을 좋아하고 견문(見聞)이 넓은 사람은 시(詩)를 지어 바치고, 그것을 맹인으로 잠(箴)을 읊게 하고 사(師 : 맹인)로 하여금 낭독하게 하며, 일반 서민은 의견을 전달하여 건의(建議)하고, 근신(近臣)은 규간(規諫)하고, 친척은 보조(補助)하게 하여 소상하게 살핀 뒤에 천자의 헤아림을 더하여 채납(採納)하십니다. 이런 까닭으로 해서 신하는 선(善)을 남기는 일없이 천자에게 전달하고, 천자는 과실을 행하는 일이 없게 하는 것입니다. 이제 천자께서는 아랫사람들의 입을 막고 천자 자신의 과실을 이루십니다. 아마도 사직(社稷)의 근심거리가 되는 일이 없도록 하십시오."

그러나 여왕은 이 말을 듣지 않았다.

3년이 지난 뒤에 나라 사람들이 난(亂)을 일으켜 여왕을 체(彘)라는 곳으로 유배(流配)시켰다. 이것은 꽉차 막힌 울(鬱) 때문에 생긴 실패였다.

이른바 울(鬱)이란 것은 음침하고 어두워 볕을 보지 못하는 것이다.

주정(周鼎)에 쥐를 조각하고 그것을 말로 하여금 밟게 한 것은 쥐가 오래도록 어두운 곳에 있어 볕을 보지 못하기 때문이니, 볕을 보지 못하는 것은 나라를 멸망하게 하는 풍속이다.

周厲王虐民 國人皆謗 召公[1]以告曰 民不堪命矣 王使衛巫監謗者 得[2]則殺之 國莫敢言 道路以目[3] 王喜 以告召公曰 吾能弭[4]謗矣 召 公曰 是障之也 非弭之也 防民之口 甚於防川 川壅而潰 敗人必多 夫民猶是也 是故治川者決之使導 治民者宣之使言 是故天子聽政 使公卿列士正諫 好學博聞獻詩 矇箴師誦[5] 庶人傳語[6] 近臣盡規[7] 親戚補察 而後王斟酌焉 是以下無遺善 上無過擧[8] 今王塞下之口 而遂上之過 恐爲社稷憂 王弗聽也 三年 國人流王于彘 此鬱之敗也 鬱者不陽也 周鼎著鼠 令馬履之 爲其不陽[9]也 不陽者亡國之俗也

1) 召公(소공) : 주(周)나라 대부(大夫)인 소공석(召公奭)을 가리킴.

2) 得(득) : 비방하는 자를 발견한다는 뜻.

3) 道路以目(도로이목) : 길에서는 눈으로써 하다. 곧 길에서 만나면 서로 눈으로 의사를 전달한다는 뜻.

4) 弭(미) : 그치다. 지(止)와 같다.

5) 矇箴師誦(몽잠사송) : 몽은 잠(箴)을 읊고 사는 외우다. 몽과 사는 맹인들로 잠언과 공로를 읊다의 뜻.

6) 庶人傳語(서인전어) : 서인(庶人)은 벼슬이 없는 사람이니 왕을 직접 만날 수 없으므로 의견을 전달하여 건의(建議)한다는 뜻.

7) 規(규) : 규간(規諫)하다. 간(諫)과 같다.

8) 無過擧(무과거) : 과실을 행하는 일이 없다.

9) 不陽(불양) : 음침하고 어둡다. 음암(陰暗). 볕을 보지 못하다.

다. 패업(覇業)을 성취시킨 원인

관중(管仲)이 환공(桓公)을 청하여 향응(饗應)을 베풀었는데 해가 저물었다. 환공은 즐겁게 여겨 촛불을 밝히자고 했다. 이 말에 대하여 관중이 말하였다.

"신은 낮을 좋아하지 밤을 좋아하지 않습니다. 주군께서는 물러가 주십시오."

이 말을 들은 환공은 불쾌하게 여겨 말하기를

"중보(仲父)는 늙으셨군요. 과인과 중보가 함께 서로 즐겁게 지낸 것이 얼마만입니까. 청컨대 밤으로 이어서 마십시다."

하니, 관중이 말하였다.

"주군께서는 잘못 생각하십니다. 대저 맛에 두터운 것은 덕에 엷고, 즐거움에 빠지는 자는 근심으로 돌아옵니다. 장년기(長年期)에 태만하면 공업(功業)을 세울 때를 잃고, 노년기에 해이(解弛)해지면 끝을 잘 맺는 이름이 없어집니다. 신은 지금 장차 주군을 위해 드리는 말씀이니, 어찌 주흥(酒興)에 빠질 수 있겠습니까."

관중은 능히 행위의 표준을 정립(定立)했다고 할 수 있겠다.

무릇 행위를 타락시키는 것은 술을 많이 즐기는 것에 말미암는 것이니 지금 즐기고자 하나 더욱 바로잡는다. 행위를 깨뜨리는 것은 교만으로 말미암는 것이니 지금 군주가 즐거움에 머무르고자 하나 허락하지 않고 그 의지를 펴 이의(理義)로써 행한다. 즐거움을 귀히 여기는 것으로 고쳐 바꾸지 않고, 그것으로써 그 군주를 받들어 섬긴다. 이것이 환공으로 하여금 패업(覇業)을 성취하게 한 것이다.

管仲觴桓公 日暮矣 桓公樂之 而徵燭[1] 管仲曰 臣卜[2]其畫 未卜其夜 君可以出矣 公不說曰 仲父年老矣 寡人與仲父爲樂將幾之 請夜之 管仲曰 君過矣 夫厚於味者薄於德 沈於樂者反於憂 壯而怠則失時 老而解則無名[3] 臣乃今將爲君勉之[4] 若何其沈於酒也 管仲可謂能立行矣 凡行之墮也於樂 今樂而益飭[5] 行之壞也於貴[6] 今主欲留而不許 伸志行理 貴樂弗爲變 以事其主 此桓公之所以覇也

1) 徵燭(징촉) : 촛불을 밝히고자 한다는 뜻.

2) 卜(복) : 좋아한다는 뜻.

3) 無名(무명) : 이름이 없다. 곧 끝을 잘 맺는 이름이 없어진다는 뜻.

4) 爲君勉之(위군면지) : 주군을 위해 힘쓰다. 곧 주군을 위해 말하는 것이라는 뜻.

5) 飭(칙) : 바르다. 정(正)과 같다.

6) 貴(귀) : 교만하다. 교(驕)와 같다.

라. 내 모습이 어떠한가?

열정자고(列精子高)는 제(齊)나라 민왕(湣王)에게 존경을 받았다. 어느 날 동포의(東布衣)를 입고 백호관(白縞冠)을 쓰고 상추(顙推)의 신발을 신고 이른 아침에 비가 내리는데 옷을 걷어 올리고 뜰아래로 걸어오면서 그 시종에게 묻기를

"내 모습이 어떠한가?"

하니, 시종이 대답하였다.

"공(公)의 모습은 영준(英俊)하면서 미려(美麗)합니다."

이에 열정장고가 인하여 우물가로 걸어가 우물을 들여다 보니 완연히 추악(醜惡)한 남자의 모습이었다. 그래서 한숨지으며 탄식하여 말하였다.

"시자(侍者)는 나를 위하여 제나라 왕에게 공경을 받게 하는데 있어 어찌 아첨을 하는가. 하물며 만승(萬乘)의 군주에게 공경을 받는데 있어서이냐. 사람이 거기에 아첨함이 또한 심하도다. 거울로 삼아 비추어 볼 데가 없었다면 그것은 잔악한 일이다. 머지않아 멸망할 것이다. 누가 마땅히 비추어 볼 거울이 될 것인가. 오직 현사(賢士)가 있을 뿐이다."

일반 사람은 모두 거울이 자기를 비춰주는 것을 기뻐할 줄을 알지만 현사는 자기의 결점을 비춰주는 것을 싫어한다. 거울이 자기를 비춰주는 것은 공효(功效)가 작고, 현사가 자기의 결점을 지적하여 밝히는 것은 공효가 크다. 그 작은 것을 얻고 큰 것을 잃는 것은 사물의 분별을 알지 못하는 것일 뿐이다.

列精子高[1]聽行[2]乎齊湣王 善衣東布衣 白縞冠 顙推之履[3] 特會朝

雨 袪步⁴⁾堂下 謂其侍者曰 我何若 侍者曰 公姣⁵⁾且麗 列精子高因
步而窺於井 粲然惡丈夫之狀也 喟然歎曰 侍者爲吾聽行於齊王也
夫何阿哉 又況於所聽行乎萬乘之主 人之阿之亦甚矣 而無所鏡其
殘 亡無日矣 孰當可而鏡 其唯士乎 人皆知說鏡之明己也 而惡士之
明己也 鏡之明己也功細 士之明己也功大 得其細 失其大 不知類耳

1) 列精子高(열정자고) : 육국(六國) 때의 현인(賢人)으로 그 덕행(德行)이
   제나라 왕에게 공경을 받았다.
2) 聽行(청행) : 덕행(德行)에 대한 공경.
3) 顙推之履(상추지이) : 헐어빠진 신발. 앞의 동포의(東布衣)와 백호관(白縞
   冠)과 아울러 풍속과는 다른 옷차림으로 추악(醜惡)한 모습을 나타낸다.
4) 袪步(거보) : 옷을 걷어올리고 걷다.
5) 姣(교) : 영준(英俊).

마. 현명했던 조간자(趙簡子)

조간자(趙簡子)가 말하였다.

"궐(厥)은 나를 아끼는데, 탁(鐸)은 나를 아끼지 않는다. 궐은
나를 간(諫)함에 있어 반드시 사람이 없는 데서 하고, 탁은 나를
간함에 있어 즐겨 많은 사람 속에서 나를 바로잡아줌으로써 반드
시 나로 하여금 부끄러운 일을 당하게 한다."

이에 대하여 윤탁이 대답하였다.

"궐은 주군의 부끄러워하는 것을 아끼고 주군의 과실은 아끼지
않습니다. 탁은 주군의 과실을 아끼고 주군의 부끄러워하는 것을
아끼지 않습니다. 신은 일찍이 사람의 상(相)에 대하여 스승에게
들은 일이 있습니다. 낯갖이 두껍고 누런 빛깔이 나는 사람은 부
끄러움을 참을 수 있다고 하였습니다. 주군을 많은 사람 속에서
바로잡지 않아 주군께서 고치지 않을까 두려워해서입니다."

이것은 간자(簡子)의 현명함을 말하는 것이다. 군주가 현명하
면 신하의 간언(諫言)은 심각하다. 간자가 현명하지 않았으면 탁
은 또한 마침내 조(趙)나라 땅에서 살 수가 없었을 것이다. 하물

며 간자의 측근에 있을 수 있었으랴.

趙簡子曰 厥[1]也愛我 鐸[2]也不愛我 厥之諫我也 必於無人之所 鐸
之諫我也 喜質[3]我於人中 必使我醜[4] 尹鐸對曰 厥也愛君之醜也 而
不愛君之過也 鐸也愛君之過也 而不愛君之醜也 臣嘗聞相人[5]於師
敦顔而土色者忍醜 不質君於人中 恐君之不變也 此簡子之賢也 人
主賢 則人臣之言刻[6] 簡子不賢 鐸也卒不居趙地 有況乎在簡子之側
哉

1) 厥(궐) : 조궐(趙厥)로 조간자의 신하.

2) 鐸(탁) : 윤탁(尹鐸)으로 조간자의 신하.

3) 質(질) : 바로잡다. 정(正)과 같다.

4) 醜(추) : 부끄러움. 치(恥)와 같다.

5) 相人(상인) : 사람을 상(相)보다. 곧 사람을 관상(觀相)한다는 뜻.

6) 言刻(언각) : 간언(諫言)이 심각(深刻)하다.

6. 논(論)을 행하라〔六曰行論〕

가. 순임금의 환심을 얻은 우임금

군주의 행사(行事)는 포의지사(布衣之士)와 같지 않다. 형세
가 불편하고 시기가 불리하면 부득이 몸을 굽혀 원수를 섬김으로
써 생존을 구하여 백성의 생명을 유지 보호한다.

백성의 생명을 유지 보호하는 일은 중대한 책임이다. 원수를 섬
겨 백성의 생명을 유지 보호하는데 뜻을 두고, 백성의 생명을 유
지 보호하지 못하는 것으로 일을 삼는다.

반면 포의지사가 이와 같이 군주와 같은 뜻을 두어 행하면 나
라 사람들의 배척은 물론이려니와 향리(鄕里)에서조차 용납되지
않을 것이다.

요임금이 천하를 순임금에게 선양(禪讓)하였다. 곤(鯀)은 제후였는데 요임금에게 대하여 노기를 발하여 말하기를

"하늘의 도(道)를 얻은 사람은 제(帝)가 될 수 있고, 땅의 도를 얻은 사람은 삼공(三公)이 될 수 있거늘, 이제 나는 땅의 도를 얻었건만 삼공이 되지 못하였습니다."

하고는 요임금의 처사가 이치에 어긋난다고 하였다.

인하여 삼공이 되고자 하여 격노(激怒)함이 맹수보다 심하고, 그것으로써 난(亂)을 일으키고자 하여 짐승의 뿔에 견줄 만한 성원(城垣)을 쌓고, 짐승이 꼬리를 치켜 든 것과 같은 정기(旌旗)를 만들었다.

이에 순임금이 불렀으나 그는 오지 않고 광야에서 일정하지 않게 오락가락하면서 제(帝)의 근심거리가 되게 하였다.

그래서 순임금은 그를 우산(羽山)에서 주살(誅殺)하고 그 배를 가르는데 오도(吳刀)를 사용하였다. 곤의 아들 우(禹)는 감히 원망하지 않고 도리어 순임금을 섬겼다. 벼슬이 사공(司空)에 오르고 홍수를 다스리는데 얼굴빛은 검어졌고 걸음걸이는 아주 빨랐으며 숨쉴 사이도 없게 부지런히 힘써 순제(舜帝)의 환심을 얻었다.

人主之行與布衣異 勢不便 時不利 事讐以求存 執民之命[1] 執民之命 重任也 不得以快志爲故[2] 故布衣行此 指[3]於國 不容鄕曲[4]

堯以天下讓舜 鯀[5]爲諸侯 怒於堯曰 得天之道者爲帝 得地之道者爲三公[6] 今我得地之道 而不以我爲三公 以堯爲失論[7] 欲得三公 怒甚猛獸 欲以爲亂 比獸之角 能以爲城 擧其尾能以爲旌[8] 召之不來 仿佯[9]於野以患帝 舜於是殛[10]之於羽山[11] 副之[12]以吳刀 禹不敢怨[13] 而反事之 官爲司空 以通水潦 顏色黎黑 步不相過[14] 竅氣不通[15] 以中[16]帝心

1) 執民之命(집민지명) : 백성의 생명을 유지 보호한다는 뜻.

2) 故(고) : 일. 사(事)와 같다.

3) 指(지) : 지(志)와 같다.

4) 鄕曲(향곡) : 향리(鄕里).

5) 鮌(곤) : 곤(鯀)의 오자(誤字)로 우왕(禹王)의 아버지다. 요(堯)임금 때 9
   년 동안이나 치수 사업(治水事業)을 전담했으나 실패하였다.

6) 三公(삼공) : 고대 중국에서 최고 지위에 있으면서 천자를 보좌하던 세 사람
   의 관명(官名).

7) 失論(실론) : 이치에 어긋나다. 논은 이(理)와 같다.

8) 擧其尾能以爲旌(거기미능이위정) : 그 꼬리를 들어 정기를 만들 수 있다. 곧
   맹수가 꼬리를 치켜든 것과 같은 정기를 만들었다는 뜻으로 풀이될 수 있겠다.

9) 仿佯(방양) : 일정하지 않게 오락가락한다. 방은 방(彷)과 같다.

10) 殛(극) : 죄인을 죽이는 일. 주살(誅殺).

11) 羽山(우산) : 지명(地名).

12) 副之(부지) : 배를 가르다. 부는 부(剖)와 같다.

13) 禹不敢怨(우불감원) : 곤의 아들인 우(禹)는 아버지가 주살되었건만 자기
    아버지의 잘못을 알았으므로 순임금을 원망하지 않았다는 뜻.

14) 步不相過(보불상과) : 걸음걸이가 아주 빨랐다는 뜻.

15) 竅氣不通(규기불통) : 숨쉴 사이도 없이 바쁘다는 뜻.

16) 中(중) : 얻다. 득(得)과 같다.

나. 아버지가 무도하다고 아버지가 아닌가

옛날에 주왕(紂王)은 포학무도(暴虐無道)하여 매백(梅伯)을
죽여 소금에 절였고, 귀후(鬼侯)를 죽여 포(脯)를 만들어 그것
으로써 제후를 묘당(廟堂)으로 청하여 잔치를 베풀었다.

문왕(文王)이 이에 눈물을 흘리면서 탄식하니 주왕은 문왕이
배반할까 두려워하여 문왕을 죽이고 주(周)나라를 멸망시키고자
하니, 문왕이 말하였다.

"아비가 비록 무도(無道)하다 하더라도 자식이 감히 아비를 섬
기지 않을 것이며, 군주가 비록 은혜롭지 못하다 하더라도 신하
가 감히 섬기지 않을 것인가. 누가 왕에게 배반할 수 있을 것인
가."

이에 주왕은 곧 문왕을 용서하였다.

천하가 이 이야기를 듣고, 문왕은 위로 왕을 두려워하고 아래로
백성을 가엾이 여긴다고들 하였다.

'시경(詩經)'에 이르기를

"문왕은 공경하고 삼가서 밝게 상제(上帝)를 섬겨 많은 복을
얻었다."

라고 하였다.

　昔者紂爲無道 殺梅伯[1]而醢之[2] 殺鬼侯[3]而脯之[4] 以禮[5]諸侯於廟
文王流涕而咨之[6] 紂恐其畔 欲殺文王而滅周 文王曰 父雖無道 子
敢不事父乎 君雖不惠 臣敢不事君乎 孰王而可畔也 紂乃赦之 天下
聞之 以文王爲畏上而哀下也 詩曰 惟此文王 小心翼翼[7] 昭事上帝
聿懷[8]多福

1) 梅伯(매백) : 주왕(紂王)의 제후.

2) 醢之(해지) : 살을 소금에 절여 젓을 담았다는 뜻.

3) 鬼侯(귀후) : 주왕의 제후. 매백과 귀후는 다 주왕의 제후였는데 매백이 주왕
에게 귀후의 딸이 미녀이니 취(取)하라고 권하였다. 주왕의 총희(寵姬)인 달
기(妲己)가 이 사실을 알게 되어 그의 미움을 받았으므로 두 사람이 다 죽임
을 당한 것이다.

4) 脯之(포지) : 살을 저며 말려 건육(乾肉)으로 만든 것.

5) 禮(예) : 청하여 잔치를 베풀었다는 뜻.

6) 咨之(자지) : 탄식하다. 자는 차(嗟)와 같다.

7) 小心翼翼(소심익익) : 공경하고 삼가다.

8) 懷(회) : 득(得)과 같다.

다. 이것은 모두 과인(寡人)의 죄입니다

　제(齊)나라가 송(宋)나라를 공벌(攻伐)하니 연(燕)나라 왕은
장괴(張魁)로 하여금 연나라 군대를 이끌고 가 참전하게 하였다.
이에 제나라 왕이 장괴를 죽였다.

연나라 왕이 이 소식을 듣고 눈물을 몇 줄기 흘리고 나서 담당 관원들을 소집하고 그에 대하여 말하였다.

"내가 군대를 파견하여 송나라 공격에 참가하였거늘 제나라에서 내가 보낸 사람을 죽였다. 나는 군사를 일으켜 제나라를 공격하게 하겠다."

그리하여 사자(使者)는 이미 명령을 받았는데, 범요(凡繇)가 나아가 연왕(燕王)을 보고 그것을 막아 간(諫)하기를

"저는 왕께서 현명한 군주로 여겼으므로 신하되기를 원하였는데 이제보니 왕께서는 현명한 군주가 아니십니다. 그래서 사직하고 물러가기를 원합니다."

하니, 소왕(昭王)이 말하였다.

"그것이 무슨 말씀이오"

이에 대하여 범요가 대답하였다.

"송하(松下)의 난(亂)에 선군(先君)께서는 그 지위가 편안하지 않아 많은 신하를 버리셨습니다. 그래서 왕께서는 그것을 괴롭고 통탄하게 여기시며 부득이 제나라를 섬기시게 된 것은 힘이 부족해서였습니다. 지금 장괴가 피살되었다고 해서 왕께서는 제나라를 공벌하고자 하시는데, 이것은 장괴를 선군보다 중하게 여기시는 것입니다."

이 말을 듣고 왕은

"그렇소"

하였고, 범요는 왕에게 청하기를

"출병(出兵)을 거두십시오"

하니, 왕이 물었다.

"그렇다면 어떻게 대처하는 것이 좋겠소"

이에 대하여 범요가 대답하였다.

"청하옵건대 왕께서는 흰옷을 입으시고 거처를 교외로 옮기시어, 사자를 제나라 객(客)에게 보내 사과하는 말씀을 하시되 '이것은 모두 과인의 죄이고 대왕께서는 현명한 군주이십니다. 어찌 제후들의 사자를 모두 죽이려하면 죽이지 못하시겠습니까. 그러

나 연나라 사자만이 홀로 죽은 것은 저희 나라에서 사람을 선택함에 있어 삼가지 않은 탓입니다. 원컨대 다시 바꾸어 죄를 청하겠습니다.' 라고 하십시오"

사자는 돌아가 제나라에 이르렀다. 그때 제나라 왕은 바야흐로 크게 잔치를 베풀어 술을 마시고 있었는데 좌우에는 관장(官長)과 시어(侍御)등의 참가 인원이 매우 많았다. 인하여 사자로 하여금 나아가 보고하게 하였다.

사자가 보고하기를 연나라 왕이 매우 두려워하면서 죄를 청한다고 말하니, 보고를 마친 뒤에 또 그것을 다시 되풀이하게 하여 좌우의 관장들에게 자랑하고, 이어 신분이 낮은 사람을 사자로 삼아 보내서 연나라 왕을 궁중으로 돌아가게 하였다.

이것이 제수(濟水) 가에서의 실패한 원인으로 제나라의 70성(城)은 폐허가 되었는데, 전단(田單)이 없었다면 진실로 거의 나라를 다시 찾지 못했을 것이다.

민왕(湣王)은 제나라가 크다는 것으로써 교만하게 굴다가 실패하였고, 전단이 묵성(墨城)의 백성을 이끌어 공을 세워 나라를 회복한 것이다.

그러므로 '시경'에 이르기를

"장차 그것을 깨뜨리고자 하면 반드시 무겁게 그것을 거듭하고, 그것을 넘어뜨리고자 하면 반드시 그것을 높이 들어라."
라고 한 것은 이것을 이르는 말인가.

무겁게 거듭하여 깨지지 않고 높이 들어 넘어지지 않는 것은 다만 유도자(有道者)일 뿐인가.

齊攻宋 燕王使張魁將燕兵以從焉 齊王殺之 燕王聞之 泣數行而下 召有司而告之曰 余興事[1]而齊殺我使 請令擧兵以攻齊也 使受命矣 凡繇進見爭之曰 賢王故願爲臣 今王非賢主也 願辭不爲臣 昭王[2]曰 是何也 對曰 松下亂[3] 先君[4]以不安棄群臣也 王苦痛之而事齊者 力不足也 今魁死而王攻齊 是視魁而賢[5]於先君 王曰 諾 請王止兵 王曰 然則若何 凡繇對曰 請王縞素[6]辟舍於郊[7] 遣使於齊客而謝焉

曰 此盡寡人之罪也 大王賢主也 豈盡殺諸侯之使者哉 然而燕之使
者獨死 此弊邑之擇人不謹也 願得變更請罪 使者行[8]至齊 齊王方大
飮 左右官實御者[9]甚衆 因令使者進報 使者報言燕王之甚恐懼而請
罪也 畢又復之 以矜左右官實 因乃發小使[10]以反令燕王復舍 此濟
上之所以敗[11] 齊國以虛也 七十城 微田單固幾不反[12] 湣王以大齊驕
而殘 田單以卽墨城而立功 詩曰 將欲毀之 必重累之 將欲踣之 必
高擧之 其此之謂乎 累矣而不毀 擧矣而不踣 其唯有道者乎

1) 興事(흥사) : 일을 일으키다. 곧 군대를 파견하여 송나라 공격에 참가시킨 일
   을 이르는 말이다.

2) 昭王(소왕) : 연왕(燕王)이었던 자쾌(子噲)의 아들.

3) 松下亂(송하란) : 송하의 난. 송하는 지명으로 소왕(昭王)의 아버지 자쾌가
   그의 신하 자지(子之)에게 나라를 넘겨주니 연나라는 어지러워졌고, 그 기
   회를 이용하여 제나라의 선왕(宣王)이 연나라를 공격하니 연나라 군대는 송
   하(松下)에서 패전하여 자쾌는 제나라의 포로가 되었다.

4) 先君(선군) : 먼저의 주군. 곧 자쾌를 가리킨다.

5) 賢(현) : 여기서는 중히 여긴다는 뜻.

6) 縞素(호소) : 흰옷을 입는다는 뜻.

7) 辟舍於郊(피사어교) : 집을 교외로 피하다.

8) 行(행) : 돌아가다. 환(還)과 같다.

9) 官實御者(관실어자) : 관장(官長)과 모시는 사람. 어자는 시어자(侍御者).

10) 小使(소사) : 미천(微賤)한 사람을 사자(使者)로 보내는 일. 상대방을 얕
    잡아 보고 하는 짓.

11) 濟上之所以敗(제상지소이패) : 제수(濟水) 가에서 실패한 원인. 연나라의
    소왕(昭王)은 그 뒤에 악의(樂毅)로 하여금 제나라를 치게 하여 제수 가에
    서 제나라 민왕(湣王)의 군대를 대파(大破)하고 제나라의 70성(城)을 점령
    하였다. 이에 민왕은 위(衛)나라로 도피하였다가 그 신하에게 피살되었다.

12) 微田單固幾不反(미전단고기불반) : 전단(田單)이 없었다면 진실로 거의
    나라를 회복하지 못했다. 미(微)는 없었다면으로 풀이된다. 뒤에 전단은 묵
    성(墨城)의 백성을 이끌어 연나라 군대를 밀어내고 제나라를 회복했던 것이
    다.

라. 송공(宋公)의 말이 진실인가

초(楚)나라 장왕(莊王)이 문무외(文無畏)를 제(齊)나라의 사자(使者)로 가게 하였다. 송(宋)나라 땅을 통과하는데 먼저 길을 빌려달라는 청이 없었다. 문무외가 돌아올 때였다.

화원(華元)이 송나라 소공(昭公)에게 말하였다.

"갈 때에도 길을 빌려달라고 하지 않고, 올 때에도 길을 빌려달라고 하지 않는 것은 송나라 보기를 쓸모없는 촌으로 여겨 초나라 교외의 들과 같이 여기는 것입니다.

그러므로 일찍이 송나라와 초나라가 사냥을 하다가 맹제(孟諸)에서 회동(會同)하였을 때 그들은 고의(故意)로 군주의 하인에게 매질을 하였습니다. 청컨대 돌아오는 길에서 문무외를 주살(誅殺)하십시오"

이에 문무외를 양양(揚梁)의 뚝 위에서 죽였다.

초나라 장왕은 정히 소매를 늘어뜨리고 한가로이 지내다가 이 소식을 듣고 노하여 "아아"하고는 소매를 털고 일어나 마당앞에 이르러 비로소 신을 신고, 침문(寢門) 밖에 이르러 비로소 칼을 차고, 포소(蒲疏) 거리에 이르러 비로소 수레를 탔다.

그리고 드디어 교외에 머물면서 군대를 일으켜 송나라를 포위하기 9개월이 되니, 송나라 사람들은 자식을 팔아 밥을 먹고, 뼈를 갈라 밥 지을 불로 쓸 정도로 곤궁함이 극에 이르렀다.

이에 송공(宋公)은 웃옷의 한쪽을 벗어 상체(上體)를 드러내고는 희생(犧牲)을 들어 초나라에 굴복하면서 괴로운 정황을 고하여 말하였다.

"대국에서 만약 너그럽게 죄를 다스려 주신다면 오직 명령에 따르겠습니다."

이에 장왕이 말하였다.

"송공의 말이 진실인가?"

이에 군대를 40리 밖으로 후퇴시켜 노문(盧門) 곁에 머무르게 하였다. 그러고는 송나라와 화의(和議)를 성립시키고 초나라로 돌아갔다.

무릇 일의 성패(成敗)의 근본은 군주에게 있고, 군주가 하는 처사의 화근은 일에 앞서 사람에게 교만하게 대접하는 데에 있다. 남에게 교만하면 일이 어렵게 된다.

지금 신하의 죽음이 마땅하지 않아 친히 군대를 거느리고 송나라의 죄를 토벌한 것은 남에게 교만한 것이 아니라고 말할 수 있다. 송공이 굴복하여 괴로움을 호소함으로써 군사를 돌린 것은 사정의 어려움이 아니라고 말할 수 있다.

대저 제후를 한수(漢水) 이북에 머무르게 하고 종묘에서 먹을 것이 오게 하는 것은 진퇴(進退)가 다 의(義)에 맞는 것인가. 강하되 의가 아닌 것은 큰 공을 이루는 데에 부족하다고 하는 것은 이것이다.

楚莊王使文無畏於齊 過於宋不先假道 還反 華元言於宋昭公曰 往不假道 來不假道 是以宋爲野鄙[1]也 楚之會田[2]也 故鞭[3]君之僕於孟諸 請誅之 乃殺文無畏於揚梁之隄 莊王方削袂[4] 聞之曰 嘻 投袂[5] 而起 履及諸庭[6] 劍及諸門 車及之蒲疏之市 遂舍[7]於郊 興師圍宋九月 宋人易子[8]而食之 析骨而爨之 宋公肉袒[9]執犧 委服告病[10]曰 大國若宥圖之 唯命是聽 莊王曰 情矣 宋公之言也 乃爲却四十里 而舍於盧門之閫[11] 所以爲成而歸也 凡事之本在人主 人主之患在先事而簡[12]人 簡人則事窮矣 今人臣死而不當 親帥士民以討其故 可謂不簡人矣 宋公服以病告而還師 可謂不窮矣 夫舍諸侯於漢陽[13] 而飮至者 其以義進退邪 彊不足以成此也

1) 野鄙(야비) : 교외(郊外)의 들판.

2) 田(전) : 사냥. 전렵(田獵).

3) 故鞭(고편) : 고의(故意)로 매질하다. 문무외(文無畏)가 군주의 하인을 매질했다는 말.

4) 削袂(삭메) : 소매를 늘어뜨리다. 곧 한가롭게 지낸다는 뜻.

5) 投袂(투메) : 소매를 털다.

6) 履及諸庭(이급제정) : 마당 앞에 이르러 비로소 신을 신었다는 말로 다음 두
구(句)와 아울러 몹시 허둥대는 모양을 나타낸다.

7) 舍(사) : 머무른다는 뜻.

8) 易子(역자) : 자식을 바꾸다. 곧 자식을 판다는 뜻.

9) 肉袒(육단) : 웃옷의 한쪽을 벗어 상체(上體)의 일부를 드러내는 일. 곧 상
대방에게 굴복함을 뜻한다.

10) 病(병) : 괴로움이라는 뜻.

11) 盧門之闔(노문지합) : 송나라 성문의 곁.

12) 簡(간) : 교만하다. 교(驕)와 같다.

13) 漢陽(한양) : 한수(漢水)의 북쪽. 산의 북쪽인 산북(山北)은 음(陰)이요,
강의 북쪽인 강북(江北)은 양(陽)이다.

7. 교만하고 방자한 것〔七曰驕恣〕

가. 군주가 나라를 다스리는 세 가지 길

나라를 망친 군주는 반드시 스스로 교만하고, 반드시 스스로 지
혜롭다 하여 반드시 사물을 가벼이 여긴다.

스스로 교만하면 오만(傲慢)한 현사(賢士)가 되고, 스스로 지
혜롭다고 하면 오로지 홀로 하게 되며, 사물을 가벼이 여기면 방
비(防備)가 없게 된다.

방비가 없으면 화(禍)를 부르고, 오로지 홀로 하면 군주의 지
위가 위태로워지며, 거만한 현사의 충성된 말이 막힌다.

충성된 말이 막히지 않기를 바라면 반드시 선비를 예(禮)로써
대우해야 하고, 군주의 지위가 위태로워지지 않기를 바라면 반드
시 백성의 마음을 얻어야 하며, 화를 부르지 않게 되기를 바라면
반드시 방비를 완전하게 하여야 한다.

이 세가지는 군주가 나라를 다스리는 큰 길이다.

亡國之主必自驕 必自智 必輕物 自驕則簡[1]士 自智則專獨 輕物
則無備 無備召禍 專獨位危 簡士壅塞 欲無壅塞必禮士 欲位無危必
得衆 欲無召禍必完備 三者 人君之大經也
1) 간(簡) : 오만(傲慢)하다.

나. 지혜의 힘이 모자라면

진(晉)나라 여공(厲公)은 사치하고 황음(荒淫)하고, 참소(讒
訴)하는 사람의 말을 듣기 좋아하며, 모든 대신(大臣)들을 다 내
보내고 그 좌우에 아첨하는 근신(近臣)들을 세우고자 하였다.

서동(胥童)이 여공에게 말하였다.

"반드시 먼저 삼극(三郤)을 죽이십시오. 그들은 족속이 크고
원망이 많으니, 큰 족속을 제거하면 공실(公室)을 핍박(逼迫)하
는 일이 없을 것입니다."

이에 여공이 대답하였다.

"그렇게 하겠다."

이에 곧 장어교(長魚矯)에게 극주(郤犨)·극기(郤錡)·극지
(郤至)를 조정에서 죽이게 하여 그 시체를 진열하여 많은 사람
에게 보였다. 이로 인하여 여공은 장려씨(匠麗氏)에게 가서 노는
데 난서(欒書)와 중행언(中行偃)이 위협하여 그를 유폐(幽閉)
하였다. 그러나 제후들은 그를 구원하려 하지 않았고, 백성들도
그를 가엾이 여기지 않았으며, 3개월이 지난 뒤에 여공을 죽였다.

군주의 환난은 근심이 능히 사람을 해치는데 있고 사람을 해치
는 것이 부당하여 그 해로움이 자신에게 돌아오는 것을 알지 못
하는데 있다. 이것은 무엇을 말하는가. 지혜의 힘이 모자라서이
다. 지혜의 힘이 모자라면 사정의 변화를 알지 못하게 되니, 사정
의 변화를 알지 못하면 반드시 장차 스스로가 위험해진다.

晉厲公侈淫 好聽讒人 欲盡去其大臣 而立其左右 胥童[1]謂厲公曰

必先殺三郤²⁾ 族大多怨 去大族不偪³⁾ 公曰 諾 乃使長魚矯殺郤犨郤
錡郤至于朝而陳其尸 於是厲公遊于匠麗氏 欒書中行偃劫而幽之
諸侯莫之救 百姓莫之哀 三月而殺之 人主之患 患在知能害人 而不
知害人之不當 而反自及也 是何也 智短也 智短則不知化 不知化者
擧自危

1) 胥童(서동) : 좌우에서 모시는 시신(侍臣) 중의 나이 어린 사람.
2) 三郤(삼극) : 극주(郤犨)·극기(郤錡)·극지(郤至)의 세 사람으로 그 족속
   이 크며 모든 권리를 전횡(專橫)하고 있었다.
3) 偪(핍) : 공실(公室)을 핍박(逼迫)하다. 핍(逼)과 같다.

다. 임금의 근심은 지혜가 많다는데 있다

위(魏)나라 무후(武侯)가 일을 도모하여 적중하였다. 그래서
팔을 휘두르며 조정에서 큰소리로 말하기를
"여러 대부(大夫)들의 생각은 모두 과인만 같지 못하다."
하고는 잠시 서 있다가 두 번 세 번 거듭 말하였다.
이에 이회(李悝)가 빠른 걸음으로 나아가 말하였다.
"옛날에 초(楚)나라 장왕(莊王)은 일을 도모하였는데 그것이
적중하여 큰 공이 있었건만 조정에서 물러나와서는 얼굴에 근심
하는 빛을 띠었습니다.
그래서 좌우의 사람들이 말하기를 '왕께서는 큰 공이 있으시건
만 조정에서 물러나셔서는 근심하시는 빛을 띠시니 감히 그 까닭
을 묻겠습니다.' 하니, 왕이 말하기를 '중훼(仲虺)의 말이 있다.
나는 그것을 매우 좋아한다. 그가 말하기를 제후의 덕행(德行)은
능히 스스로 스승을 선택할 수 있으면 왕자(王者)가 될 수 있으
며, 능히 스스로 벗을 선택할 수 있으면 지위를 보존할 수 있고
그 선택하는 바의 사람이 도리어 자기와 같지 못하면 멸망한다고
하였다. 이제 내가 어리석은 데다가 많은 신하들의 지혜와 도모
하는 일들이 또 나에게 미치지 못하니 나는 멸망할 것이 아닌가.'
라고 하였습니다. 그러므로 일을 도모하여 그것이 적중됨은 패왕

(霸王)의 근심하는 바인데 주군께서는 홀로 그것을 스스로 자랑하시니, 그것이 옳은 일입니까?"

이 말을 듣고 무후는 말하였다.

"좋은 말씀이오"

군주의 화환(禍患)은 스스로 지혜가 적다고 생각하는 데에 있지 않고, 스스로 지혜가 많다고 생각하는 데에 있다. 스스로 지혜가 많다고 생각하면 응당 받아야 할 충언(忠言)을 받지 않고, 충언을 받지 않으면 충언의 원천(源泉)이 말라버린다. 이회는 능히 그 군주를 간(諫)하여 권장하였다고 이를 것이다. 한 차례의 이야기로 무후로 하여금 더욱 군주의 도리를 터득하게 한 것이다.

魏武侯謀事而當 攘臂疾言[1]於庭曰 大夫之慮 莫如寡人矣 立有間 再三言 李悝[2]趨進曰 昔者楚莊王謀事而當 有大功 退朝而有憂色 左右曰 王有大功 退朝而有憂色 敢問其說 王曰 仲虺有言 不穀說 之曰 諸侯之德 能自爲取師者王 能自取友者存 其所擇而莫如己者 亡 今以不穀之不肖也 群臣之謀又莫吾及也 我其亡乎 曰 此霸王之 所憂也 而君獨伐[4]之 其可乎 武侯曰 善 人主之患也 不在於自少 而 在於自多 自多則辭受[5] 辭受則原竭 李悝可謂能諫其君矣 壹稱而令 武侯益知君人之道

1) 疾言(질언) : 큰 소리로 말한다는 뜻.

2) 李悝(이회) : 이극(李克).

3) 仲虺(중훼) 상(商 : 殷)나라 탕왕(湯王) 때의 재상(宰相).

4) 伐(벌) : 자랑한다는 뜻. 과(誇)와 같다.

5) 辭受(사수) : 받는 것을 사양한다. 곧 충언(忠言)을 받아들이지 않는다는 뜻.

5. 제(齊)나라에 어진 신하가 있다고 생각하십니까?

제(齊)나라 선왕(宣王)이 큰 집을 건축하는데 크기는 백묘(百畝)를 넘고, 당상(堂上)이 3백호(戶)로서, 제나라의 큰 재력(財力)을 가지고도 그것을 갖추는데 3년이 걸렸건만 아직 완성을 보지 못하였다. 그런데 많은 신하들 중에서 감히 왕에게 간(諫)하는 사람이 없었다.

이에 춘거(春居)가 선왕에게 물어 말하기를

"초(楚)나라 왕은 선왕(先王)의 예악(禮樂)을 버리고 경박한 음악을 좋아합니다. 이에 대하여 감히 묻사옵니다. 초나라에 현명한 군주가 있다고 생각하십니까?"

하니, 왕이 대답하였다.

"현명한 군주가 없는 것이오."

춘거는 또 말하기를

"초나라에는 현명한 신하가 천으로 헤아리건만 감히 간하는 사람이 없습니다. 이에 대하여 감히 묻자옵니다. 초나라에 과연 현명한 신하가 있다고 생각하십니까?"

하니, 왕이 대답하였다.

"현명한 신하가 없는 것이오."

춘거는 또 말하기를

"지금 왕께서 큰 집을 세우시는데 그 크기는 백묘를 넘고, 당상이 3백호로, 제나라의 많은 재물로도 그것을 갖추는데 3년이 걸렸건만 아직 완성을 보지 못했습니다. 그런데 많은 신하들 중에 감히 왕께 간하는 사람이 없습니다. 이에 대하여 감히 묻자옵니다. 왕께서는 현명한 신하가 있다고 생각하십니까?"

하니, 왕이 대답하였다.

"현명한 신하가 없는 것이오."

춘거는 말하기를

"신은 그만 물러가겠습니다."

하고는 빠른 걸음으로 나갔다. 이에 왕은

"춘자(春子), 춘자는 돌아오라."

하고는, 말하였다.

"어찌 과인에게 간하는 것이 이리 늦었소? 과인은 지금 곧 그 공사를 멈추게 하겠소."

이에 급히 문서 주관하는 관리를 불러들여 말하였다.

"이것을 기록하라. '과인이 어리석어 큰 집 짓기를 좋아했는데 춘자가 과인의 어리석은 짓을 막았다.'라고"

무릇 잠언(箴言)과 간언(諫言)은 익히 생각하지 않으면 안되는 것이 사람이 간함이 없는 것은 간하고자 하지 않음이 아닌 것과 같다. 춘거가 그것을 간하고자 하는 까닭은 남과 더불어 같은데 그것을 진언(眞言)하는 방법은 남과 더불어 같지 않다. 선왕은 춘거가 없었다면 거의 천하 사람들의 웃음거리가 되었을 것이다.

이 일로 말미암아 그것을 논하면 나라를 잃는 군주는 선왕과 매우 같다. 그러나 근심거리는 춘거가 없는 데에 있다. 그러므로 충신이 나아가 간하는 데에는 삼가지 않을 수 없다. 이것이 득실(得失)의 근본이다.

齊宣王爲大室 大益¹⁾百畝 堂上三百戶 以齊之大 具之三年而未能成 群臣莫敢諫王 春居問於宣王曰 荊王釋²⁾先王之禮樂 而樂爲輕 敢問荊國爲有主乎 王曰 爲無主 賢臣以千數而莫敢諫 敢問荊國爲有臣乎 王曰 爲無臣 今王爲大室 其大益百畝 堂上三百戶 以齊國之大 具之三年而弗能成 群臣莫敢諫 敢問王爲有臣乎 王曰 爲無臣 春居曰 臣請辟³⁾矣 趨而出 王曰 春子春子反何諫寡人之晚也 寡人請今止之 遽召掌書曰 書之 寡人不肖而好爲大室 春子止寡人 箴諫不可不熟 莫敢諫若非弗欲也 春居之所以欲之與人同 其所以入之與人異 宣王微⁴⁾春居 幾爲天下笑矣 由是論之 失國之主多如宣王 然患在乎無春居 故忠臣之諫者 亦從入之 不可不愼 此得失之本也

1) 益(익) : 넘다. 과(過)와 같다.
2) 釋(석) : 버리다로 풀이된다.
3) 辟(피) : 피(避)하다. 곧 물러간다는 뜻.
4) 微(미) : 없다로 풀이된다.

마. 난요를 강물에 던져버린 조간자
조간자(趙簡子)가 난요(鸞徼)를 강물에 던지면서 말하였다.

"내 일찍이 성색(聲色)을 좋아하였는데 저 난요가 그것을 이루게 해주었다. 내 일찍이 궁실에 누각과 정자를 좋아하였는데 저 난요가 나를 위하여 그것을 지어 주었다. 내 일찍이 좋은 말과 좋은 마부(馬夫)를 좋아하였는데 저 난요가 그것을 데려왔다. 지금 내가 현사(賢士)를 좋아하기 6년이 되건만 난요는 아직 일찍이 한 사람도 추천하지 않았다. 이것은 그가 나의 과실을 조장하고 나의 선(善)을 물리친 것이다."

그러므로 조간자와 같은 사람은 이의(理義)로서 그 신하를 독책(督責)할 수 있다. 이의로써 그 신하를 독책하면 군주는 그와 함께 좋은 일을 하고 그와 함께 옳지 않은 일을 하지 않으며, 그와 함께 정직하게 하고 그와 함께 굽은 일을 하지 않는다. 이것이 삼대(三代) 성세(盛世)의 교화(敎化)이다.

趙簡子沈[1]鸞徼於河曰 吾嘗好聲色矣 而鸞徼致之 吾嘗好宮室臺榭矣 而鸞徼爲之 吾嘗好良馬善御矣 而鸞徼來之 今吾好士六年矣 而鸞徼未嘗進[2]一人也 是長吾過而絀善也 故若簡子者 能厚以理督責於其臣矣 以理督責於其臣 則人主可與爲善 而不可與爲非 可與爲直 而不可與爲枉 此三代之盛敎[3]

1) 沈(침) : 가라앉히다. 곧 던진다로 풀이된다.
2) 進(진) : 추천(推薦)하다.
3) 盛敎(성교) : 성세(盛世)의 교화(敎化).

8. 징표를 관찰하라〔八曰觀表〕

가. 마음의 결정은 욕망의 변화에 따른다

무릇 사람의 마음을 논(論)하고 그 행한 일을 관찰함에는 익히 생각하지 않으면 안 되고, 깊이 생각하지 않으면 안 된다.

하늘이 높다고 하지만 일월성신과 운기(雲氣)나 우로(雨露)가 일찍이 멈춘 적이 없고, 땅이 크다고 하지만 수천초목(水泉草木)과 모우나린(毛羽裸鱗)이 일찍이 멈춘 적이 없다.

무릇 하늘과 땅 사이, 육합(六合) 안에 살면서 겉으로는 서로 편안하고 서로 유리하게 살려고 힘쓰지만 실상은 서로 해롭게 하고 서로 위태롭게 하는 일이 헤아릴 수 없다.

사람의 일도 다 이와 같다. 일의 진전(進展)은 마음의 결정에 따르고, 마음의 결정은 욕망의 변화에 따른다. 욕망의 변화에 법도(法度)가 없는 것은 마음의 결정에 법도가 없는 것이다. 마음의 결정에 법도가 없으면 그 일의 진전을 알 수 없다.

사람의 마음은 숨겨져 있어 보기가 어렵고 호수의 깊이는 측량하기가 어렵다.

그러므로 성인은 일에 있어 먼저 그 뜻을 관찰한다. 성인이 일반인을 앞서는 까닭은 먼저 알 수 있기 때문이다. 먼저 안다는 것은 반드시 일의 징조(徵兆)와 표시를 분명하게 살피는 것이다.

징조와 표시없이 먼저 알고자 한다면 요(堯)임금이나 순(舜)임금도 일반 사람과 다를 바 없다.

징조는 비록 쉽게 보이고 표시는 비록 알기가 어렵다 하더라도, 성인은 그것으로써 다 가볍고 소홀하게 여기지 않는데 일반인은 도(道)가 여기에 이르지 못한다.

도에 이르지 못하면 징조와 표시를 신기하게 여겨 먼저 아는 사람을 신(神)이라 하고 행운이라 하나 그것은 신도 아니고 행운도 아니다. 그 변화의 이치가 이와 같지 않을 수 없으니 후성자(郈成子)나 오기(吳起)같은 사람은 먼저 아는 것에 가깝다.

凡論人心 觀事傳[1] 不可不熟 不可不深 天爲高矣 而日月星辰雲氣雨露未嘗休也 地爲大矣 而水泉草木毛羽裸鱗[2]未嘗息也 凡居於天地之間 六合之內者 其務爲相安利也 夫爲相害危者不可勝數 人事皆然 事隨心[3] 心隨欲[4] 欲無度者其心無度 心無度者 則其所爲不可知矣 人之心隱匿難見 淵深難測 故聖人於事志焉 聖人之所以過

人 以先知 先知必審徵表 無徵表而欲先知 堯舜與衆人同等 徵雖易
表雖難 聖人則不可以驅⁵⁾矣 衆人則無道至焉 無道至則以爲神⁶⁾ 以
爲幸 非神非幸 其數⁷⁾不得不然 邱成子吳起近之矣

1) 觀事傳(관사전) : 이미 행한 일을 관찰하다. 관사적(觀事迹).

2) 毛羽裸鱗(모우나린) : 모는 털을 가진 뛰어다니는 짐승. 우는 깃을 가진 날
   아다니는 새. 나는 털이나 깃이 없이 기어다니는 짐승. 인은 비늘을 가진 물
   고기 따위.

3) 事隨心(사수심) : 일은 마음을 따르다. 곧 일의 진전은 마음의 결정에 따른
   다는 뜻.

4) 心隨欲(심수욕) : 마음은 욕망을 따르다. 곧 마음의 결정은 욕망의 변화에 따
   른다는 뜻.

5) 驅(표) : 가볍고 소홀하게 여긴다는 뜻.

6) 無道至則以爲神(무도지즉이위신) : 도에 이르지 못하면 징조와 표시를 신기
   하게 생각하여 먼저 아는 사람을 신(神)으로 여긴다는 뜻.

7) 數(수) : 이치. 이(理)와 같다.

나. 사람의 일을 살핀 후성자(邱成子)

후성자(邱成子)가 노(魯)나라를 위하여 진(晉)나라에 초빙
(招聘)되어 갈 때 위(衛)나라를 거쳐 가는데, 위나라의 우재곡
신(右宰穀臣)이 그를 머무르게 하고 술자리를 베풀었다.

그런데 악기를 베풀어 놓고는 연주를 하지 않으며, 술자리가 무
르익었을 때 벽옥(璧玉)을 후성자에게 주는 것이었다.

후성자가 진나라에서 일을 마치고 돌아오는 길에 또 위나라를
거치는데 우재곡신을 찾아 인사를 하지 않는 것이었다.

그의 종복(從僕)이 그에게 말하기를

"지난번에 우재곡신이 선생님께 술자리를 베풀었고, 선생님께
서도 매우 좋아하셨습니다. 그런데 지금은 어찌하여 이리도 소홀
하시어 경계를 통과하시면서도 우재곡신에게 인사를 하지 않으
십니까?"

하니, 후성자가 말하였다.

"그가 나를 머무르게 하여 술자리를 베푼 것은 나와 함께 즐겁게 지내고자 함이였고, 악기들을 베풀어 놓고도 연주하지 않은 것은 나에게 근심거리가 있음을 알려 준 것이며, 술자리가 무르익었을 때 나에게 벽옥을 준 것은 그것을 나에게 맡긴 것이다. 이것으로 좇아 그것을 관찰하건대 아마도 위나라에 어지러운 일이 있는 것 같다."

위나라를 등지고 떠나기 30리쯤에서 위나라에서 영희(甯喜)가 난을 일으켰고 우재곡신이 피살되었다는 소리가 들렸다. 후성자는 즉각 수레를 돌려 우재곡신의 집에 이르러 조상하고 세 번 무릎을 굽혀 배례를 행한 뒤에 노나라로 돌아왔다.

노나라로 돌아와서는 사람을 보내 우재곡신의 처자를 맞이하여 자기 집을 막아 집을 주어 따로 살게 하고, 녹미(祿米)를 나누어 주어 그들을 살게 하였다. 또한 그의 아들이 장성하니 벽옥을 그에게 돌려주었다.

공자가 이 소문을 듣고 말하였다.

"그 지혜는 작은 도모함을 알 수 있고, 인(仁)은 재물을 맡기는 것을 안다는 것은 후성자를 두고 이르는 말이로구나."

후성자가 우재곡신을 관찰한 것은 참으로 심오하고도 미묘하다. 그 일을 보지 않고도 그 뜻을 알았으니 사람의 일을 능히 살핀다고 말할 수 있겠다.

郈成子[1]爲魯聘於晉 過衛 右宰穀臣[2] 止而觴之 陳樂而不樂 酒酣而送之以璧 顧反過而弗辭[3] 其僕曰 曩者[4]右宰穀臣之觴吾子[5] 吾子也甚歡 今侯渫[6] 過而弗辭 郈成子曰 夫止而觴我 與我歡也 陳樂而不樂 告我憂也 酒酣而送我以璧 寄之我也 若由是觀之 衛其有亂乎 倍[7]衛三十里 聞甯喜之難作[8] 右宰穀臣死之 還車而臨 三擧[9]而歸 至使人迎其妻子 隔宅而異之 分祿而食之 其子長而反其璧 孔子聞之曰 夫智可以微謀 仁可以託財者 其郈成子之謂乎 郈成子之觀右宰穀臣也 深矣妙矣 不觀其事 而觀其志 可謂能觀人矣

1) 邱成子(후성자) : 노(魯)나라의 대부(大夫).
2) 右宰穀臣(우재곡신) : 위(衛)나라의 대부.
3) 弗辭(불사) : 인사하지 않다. 불사(不辭).
4) 曏者(향자) : 지난번. 전자(前者).
5) 吾子(오자) : 나의 선생. 선생님.
6) 侯漢(후설) : 어찌 소홀히 하는가. 후는 하(何)와 같다.
7) 倍(배) : 등지고 떠나다. 배(背)와 같다.
8) 甯喜之難作(영희지난작) : 영희가 난을 일으키다. 영희는 위나라의 대부.
9) 三擧(삼거) : 무릎을 굽혀 세 번 배례한 사실을 이르는 말.

다. 눈물을 흘린 오기(吳起)

오기(吳起)가 서하(西河) 밖의 땅을 다스리는데 왕착(王錯)이 위(魏)나라 무후(武侯)에게 무고로 모함하였다.

무후가 사람을 시켜 오기를 소환(召喚)하였다. 오기는 서하의 안문(岸門)에 이르러 수레를 세우고 쉬면서 서하를 멀리 바라보고 몇 줄기 눈물을 흘렸다.

그의 종복(從僕)이 그것을 보고 말하기를

"제가 공(公)의 뜻을 관찰하건대 천하를 가볍게 보시기 헌신짝 버리듯이 하심이 있었는데 이제 서하를 떠나시면서 눈물을 흘리시니 무슨 까닭이십니까?"

하니, 오기가 눈물을 닦고 대답하였다.

"그대는 알지 못한다. 군주가 진실로 나를 알아 주고 나로 하여금 능력을 다하게 하면 반드시 진(秦)나라를 멸망시킬 수 있고 서하로써 천하의 왕자(王者)가 될 수 있게 할 것이다. 그러나 군주가 소인의 참소(讒訴)를 듣고 나를 믿어주지 않으니 서하가 진나라로 돌아가게 되는 것도 오래지 않다. 위나라는 이로부터 약해질 것이다."

오기는 마침내 위나라를 버리고 초(楚)나라로 갔고 서하는 과연 진나라로 돌아갔다. 그리하여 위나라는 날로 약해졌고 진나라는 날로 강대해졌다. 이것이 오기가 앞을 내다보면서 눈물을 흘린 까닭이다.

吳起¹⁾治西河之外 王錯譖²⁾之於魏武侯 武侯使人召之 吳起至於岸門 止車而休 望西河 泣數行而下 其僕謂之曰 竊³⁾觀公之志 視舍天下若舍屣⁴⁾ 今去西河而泣 何也 吳起雪⁵⁾泣而應之曰 子弗識也 君誠知我而使我畢能 秦必可亡 而西河可以王 今君聽讒人之議 而不知我 西河之爲秦也不久矣 魏國從此削矣 吳起果去魏入荊 而西河畢入秦 魏日以削 秦日益大 此吳起之所以先見而泣也

1) 吳起(오기) : 위(衛)나라 사람으로 위(魏)나라 무후(武侯)를 섬겨 서하(西河)를 다스리고 있었다.
2) 譖(참) : 비방하다. 무함(誣陷)하다.
3) 竊(절) : 제 생각으로는.
4) 屣(사) : 신발의 일종. 여기서는 헌신짝으로 풀이된다. 폐리(弊履).
5) 雪(설) : 닦다. 씻다.

라. 세상사에는 항상 특징이 있다

고대(古代)에 말을 잘 보는 사람으로 한풍시(寒風是)는 입 안의 이빨을 보고, 마조(麻朝)는 두 볼을 보고, 자녀려(子女厲)는 눈을 보고, 위기(衛忌)는 수염을 보고, 허비(許鄙)는 궁둥이를 보고, 투벌갈(投伐褐)은 가슴과 양쪽 갈빗대를 보고, 관청(管靑)은 입술을 보고, 진비(陳悲)는 네 다리를 보고, 진아(秦牙)는 앞을 보고, 찬군(贊君)은 뒤를 보았는데 무릇 이 열사람은 다 천하의 양공(良工)들이었다.

조(趙)나라의 왕량(王良)과 진(秦)나라의 백락(伯樂)·구방인(九方堙)같은 사람에 이르러서는 더욱 그 말을 보는 묘(妙)를 다하였다. 그들이 말을 보는 방법은 각각 서로 달랐으니, 말 몸뚱이의 한 특징을 보고는 말의 골절(骨節)의 높고 낮음과 다리 힘의 활이(滑易), 마재(馬材)의 굳고 연함, 능력의 장단점 등을 알 수 있었다.

홀로 말을 보는 데에만 그런 것은 아니라 사람에게도 또한 특징이 있고 무슨 일이나 국가에 있어서도 모두 특징이 있다.

성인은 위로 천 년을 알고 아래로 천 년을 아는데, 이것은 억측(臆測)이 아니라 대개 스스로 생각하는 근거가 있는 것으로 녹도번부(綠圖幡簿)는 이것으로부터 생기는 것이다.

古之善相馬[1]者 寒風是相口齒 麻朝相頰 子女厲相目 衛忌相髭 許鄙相尻[2] 投伐褐相胸脅 管青相膹肳[3] 陳悲相股脚[4] 秦牙相前 贊君相後 凡此十人者 皆天下之良工也 若趙之王良 秦之伯樂 九方堙 尤盡其妙矣 其所以相者不同 見馬之一徵也 而知節之高卑 足之滑易 材之堅脆 能之長短 非獨相馬然也 人亦有徵 事與國皆有徵 聖人上知千歲 下知千歲 非意之也 蓋有自云也 綠圖幡薄[5]從此生矣

1) 相馬(상마) : 말을 보다. 곧 말의 상(相)이라는 상태를 본다는 뜻.

2) 尻(고) : 궁둥이. 구(尻)와 같다.

3) 膹肳(분문) : 입술.

4) 股脚(고각) : 앞뒤의 네 다리.

5) 綠圖幡薄(녹도번부) : 뜻이 자세하지 않다.

시간과 공간을 초월하여 영원한 고전으로 남아질 수 있는
과거속의 유산을 캐내어 메마른 마음밭을 기름지게 가꾸어 줄 수 있는 —

자유문고의 책들

1. 정관정요
오긍 지음 ●576쪽

당나라 이후 중국의 역대 왕실이 모든 제왕의 통치철학으로 삼았던 이 저서는 「도꾸가와 이에야스(德川家康)」가 일본 통일의 기틀을 마련하는데 큰 힘이 되었다.

2. 식경
편집부 해역 ●328쪽

어떤 음식을 어떻게 섭취하면 몸에 좋은가? 어떻게 하면 무병장수 할 수 있는가 등. 옛 중국인들의 조리와 저장방법에서 해답을 얻을 수 있다.

3. 십팔사략
증선지 지음 ●254쪽

고대 중국의 3황 5제부터 송나라 말기까지 유구한 역사의 노정에서 격랑에 휘말린 인물과 사건을 시대별로 나눈 5천년 중국사를 한눈에 볼 수 있는 역사서.

4. 소학
조형남 해역 ●338쪽

자녀들의 인격 완성을 위해 성인이 되기 전 한번쯤 읽어야 하는 고전. 인간이 지켜야 할 예절과 우리 선조들의 예의범절을 되돌아 볼 수 있다.

5. 대학
정우영 해역 ●156쪽

사회생활에서 지도자가 되거나 조직의 일원이 될 때 행동과 처세, 자신의 수양 등에 도움은 물론, 훌륭한 지도자로 성장하도록 하는 조직관리의 길잡이이다.

6. 중용
조강환 해역 ●192쪽

인간의 성(性) 도(道) 교(敎)의 구체적 사항 제시. 도(道)와 중화(中和)는 항상 성(誠)을 가지고 살아야 한다는 것과 귀신에 대한 문제 등이 논의됐다.

7. 신음어
여곤 지음 ●256쪽

한 국가를 경영하는 요체. 인간의 도리, 국가공복의 의무, 세상의 운세 그리고 성인과 현인. 국가를 경영하는 요체 등을 주제로 한 공직자의 필독서이다.

8. 논어
김상배 해역 ●376쪽

공자와 제자들의 사랑방 대화록. 공자(孔子)의 '배우고 때때로 익히면 즐겁지 아니한가.' 로 시작되는 논어를 통해 공문 제자의 교육법을 알 수 있다.

9. 맹자
전일환 해역 ●464쪽

난세를 다스리는 정치철학. 백성이란 생활을 유지할 생업이 있어야 변함없는 마음을 가질 수 있고, 생업이 없으면 변함없는 마음을 가질 수 없다.

10. 시경
이상진·황송문 역 ●576쪽

공자는 시(詩) 3백편을 한 마디로 한다면 '사무사(思無邪)' 라 했다. 옛 성인들은 시경을 인간의 마음을 정화시키는 교육서로 삼았다. 관련 그림도 수록되었다.

11. 서경
이상진·강명관 역 ●444쪽

요순(堯舜)부터 서주(西周)까지의 정사(政事)에 관한 모든 문서(文書)를 공자(孔子)가 수집하여 편찬한 책이다. 유학의 정치에 치중한 경전의 하나.

12. 주역
양학형·이준영 역 ●496쪽

주역은 보는 자의 관점에 따라 판단을 내리도록 하는 것이 역의 기본이치이다. 주역은 하나의 암시로 그 암시를 통해 문제를 해결해 나가는 것이다.

13. 노자도덕경
노재욱 해역 ●272쪽

난세를 쉽게 사는 생존철학. 인생은 속절없고 천지는 유구하다. 천지가 유구한 것은 무위 자연의 도를 수행하고 있기 때문이다. 제일 귀한 것은 자기 생명이다.

14. 장자
노재욱 편저 ●260쪽

바람따라 구름따라 정처없이 노닐며 온 천하의 그 무엇에도 속박되는 것 없이 절대 자유로운 삶을 영위하는 장주(莊周)의 자유무애한 삶의 이야기.

15. 묵자
박문현·이준영 역 ●552쪽

묵자(墨子)는 '사랑' 을 주창한 철학자이며 실천가다. 그의 이론은 단순하지만 그 이론을 지탱하는 무게는 끝없이 크다. 묵자의 '사랑' 은 구체적이고 적극적이다.

16. 효경
박명용·황송문 역 ●232쪽

효의 개념을 정립한 것. 공자가 제자인 증자(曾子)가 효도하는 마음가짐이 뛰어난 점을 간파하고 효도에 관한 언행을 전하여 기록하게 한 효의 이론서.

17. 한비자
노재욱·조강환 역 ●상532쪽·하512쪽

약육강식이 횡행하던 춘추전국시대에 순자의 성악설(性惡說)을 사상적 배경으로 받아들여 법의 절대주의를 역설. 법 위주의 냉엄한 철학으로 이루어졌다.

18. 근사록
정영호 해역 ●424쪽

내 삶의 지팡이. 송(宋)나라 논어라 일컬어진 송나라 성리학(性理學)을 집대성한 유학의 진수. 높은 차원의 철학적 사상과 학문이 쉽고 짧은 문장으로 다루어짐.

19. 포박자
갈홍 저/장영창 역 ●280쪽

불로장생은 모든 인간의 소망이다. 죽음을 초월할 수 있는가? 불로불사(不老不死)의 약은 있는가? 등등. 인간들이 궁금해 하는 내용들이 조명되었다.

20. 여씨춘추
정영호 해역 ●12기372쪽●8람464쪽●6론240쪽

여불위가 3천여 학자와 이룩한 사론서(史論書)로 '12기(紀), 8람(覽), 6론(論)' 으로 나뉘어 선진(先秦)시대의 학설과 사상을 총망라해 다룬 백과전서.